当徐志摩遇上林徽因（上）

林徽因

人间四月天

姜文漪◎编著

中国华侨出版社

北京

前　言

　　世间女子，纷丽多姿。唯独有她，哀艳如诗。

　　她是一个女人，一个母亲，一个作家，一个建筑学家，一段传奇。

　　她不仅有美丽的外貌，更有机智幽默的谈吐，优雅迷人的气质；她是一个才情横溢的诗人，一个入木三分的评论家，也是一个卓有成就的建筑学家；她对任何美的景、美的人、美的事都会兴奋……她，就是林徽因。

　　林徽因，福建闽县（今福建福州）人，出身于官宦世家。祖父林孝恂进士出身，父亲林长民曾任北洋政府司法总长等职。1904 年，林徽因生于浙江杭州，随祖父母居住。8 岁，移居上海。1916 年，举家迁往北京，就读于北京培华女中。1920 年 4 月，随父亲游历欧洲，在伦敦受到房东女建筑师影响，立下了攻读建筑学的志向。在此期间，她结识了诗人徐志摩，对新诗产生浓厚兴趣。翌年，随父回国，仍到培华女中续学。1923 年，开始参加徐志摩、胡适等人在北京成立的新月社的文艺活动。1924 年 6 月，林徽因和梁启超长子梁思成同时赴美攻读建筑学。由于当时美国宾州大学建筑系不收女生，她改入该校美术学院，而主要仍选修建筑系的课程。1927 年夏，从美术学院毕业后，又入耶鲁大学戏剧学院学习舞台美术设计。1928 年春，她同梁思成结婚。8 月，夫妻偕同回国。从 1930 年到 1945 年，夫妇二人共同走了中国的 15 个省，200 多个县，考察测绘各地古建筑物，很多古建筑就是通过他们的考察得到全中国乃至全世界的认识，从此加以保护。

1949年后，林徽因任清华大学建筑系教授及中国建筑学会理事，参加了中华人民共和国国徽的设计，以及天安门广场人民英雄纪念碑碑座纹饰和浮雕图案的设计，并抢救和改造了传统景泰蓝工艺，为民族及国家做出了巨大的贡献。1955年春，严重的肺病过早地结束了林徽因的生命。挚友金岳霖上挽联"一身诗意千寻瀑，万古人间四月天"，可谓对这位才女恰如其分的赞誉。

林徽因之所以成为林徽因，并不仅仅在于她优雅温婉、美丽大方的外表或者是那些传奇的浪漫爱情故事，更是因为她卓然不群的才华。她不仅是中国第一位女性建筑学家，同时也被胡适誉为"中国一代才女"。和建筑学研究相比，虽然文学创作只是她"偶然为之"，却字字珠玑，其造诣并不亚于当时的许多名家圣手，在我国现代文坛中占有重要的地位。优越的地位和优裕的生活使她有条件把文学真正作为独立而自由的人生与艺术理想，从而成为天然的"为艺术而艺术"派。她的作品，既有严谨的科学内涵，又充满了诗情画意，把建筑学家的科学精神和作家的文学气质结合得浑然天成。

在相当长的时间内，林徽因都被湮没在梁思成和徐志摩的影子里，湮没在关于她的美貌和爱情的传说里，而真实的她，有着远比传说更为鲜活的姿态、更为丰富的人生。林徽因的一生经历了时代变迁与战火洗礼，她竭尽所能争取自己的人生，她用脚去丈量，用心去写作，用病体去工作，在忙碌中她的内心变得更加强大，不管身边是什么样的男性，都不必去依附。她赢得了他们的爱和尊重，一辈子。

《你是人间的四月天》是林徽因的代表作品。四月，是人间最美的时节，到处孕育着爱和希望。这位极富人格魅力和文学才华的女子，早已化为一代传奇，于历史中定格为"人间的四月天"。

本书记述了林徽因的一生经历，从出生到离世，让你全面体会林徽因的灵动思绪和满腹才华，邂逅一个更真实的民国第一才女。

目 录

梦回江南烟雨中

徽音，徽因

几场梅雨，几卷荷风，杭州城已是烟水迷离。

淡妆浓抹总相宜的西湖，恍若梦境的烟雨小巷，青翠掩映下的幽深庭院……它们静静地，不知道在等待着什么。

也许是在等待一个人的到来，让这座古城更加风情万种。

微雨西湖，莲花徐徐地舒展绽放。

一座本就韵味天然的城，被秋月春风的情怀滋养，又被诗酒年华的故事填满。这是梦里才有的故园，让人沉迷其中，但愿长醉不复醒。

1904 年 6 月 10 日，杭州。陆官巷如往日一样古朴安详，空气中飘散着栀子花的清淡香气。林宅的主人——太守林孝恂的长子，28 岁的林长民此时并不在家中。他正与一群志同道合的朋友为自己的政治理想奔忙着，和热血沸腾的宪政名士来往，用笔杆子为他们的主张摇旗呐喊。他整日忙碌，极少过问家中事，甚至包括自己待产的太太。

忽然间，一声婴儿清亮的啼哭打破了这座巍巍官宅燥热的宁静。这一声啼哭在太守和妻子游氏听来犹如天籁——林孝恂的长孙女，长民的长女出生了。

这个小婴儿为沉寂许久的林宅带来了无限的希望和欢喜。尽管当时男尊女卑，尽管这是个女孩子，但也是上苍赐给林家的一份不早不晚的厚礼。弄瓦之喜嘛。

一个女孩子，又是长女，名字一定得精雕细琢了，取什么名字好呢？林老太爷是光绪己丑年（1889 年）年进士，自然是饱读诗书，信手拈来。《诗经·大雅·思齐》有诗云："思齐大任，文王之母。思媚周姜，京室之妇。大姒嗣徽音，则百斯男。"长孙女遂名为林徽音。

无数诗词歌赋中有那么多美丽娇媚的名字，为什么给孩子取名为徽音呢？

《诗经·雅·大雅·文王之什》的全诗是：

思齐大任，文王之母，思媚周姜，京室之妇。大姒嗣徽音，则百斯男。

惠于宗公，神罔时怨，神罔时恫。刑于寡妻，至于兄弟，以御于家邦。

雍雍在宫，肃肃在庙。不显亦临，无射亦保。

肆戎疾不殄，烈假不瑕。不闻亦式，不谏亦入。肆成人有德，小子有造。

古之人无斁，誉髦斯士。

这首诗的大意为歌颂周文王善于修身齐家治国。首章六句是对三位女性的赞美，即"周室三母"：文王的祖母周姜（太姜），文王的母亲大任（太任）和文王妻子大姒（太姒）。作者认为，周文王如此贤明，与这三位女性息息相关。文王的祖母、母亲和妻子都是贤良端庄的女性，文王耳濡目染，处在一个很好的人际环境中。诗作后半部分赞扬了文王作为圣人的行动和好结果：孝敬祖先，故祖先无怨无痛，庇佑文王；文王以身作则于妻子，使大姒母仪天下；做兄弟们的榜样，使兄弟温文有礼，整个家族和邦国都和平、温馨。

虽然时光倒流千年，儒家的先哲们对女性却并不存在偏见，他们承认女性在相夫教子中的重要地位并颂扬之。林孝恂明显继承了这一优良文化传统。并且，长子林长民把这一传统发扬光大，甚至更进一步。他把长女徽音当作儿子一样培养，送她读书，带着她出国游学。让人没想到的是，这个女孩子在未来不仅做到了相夫教子，更在男性占据绝对优势的领域争取到了一席之地，留名中国建筑史。即使是在力求两性平等的今天，这样的成就也足以令人赞叹，更何况她还是一名天赋禀异的诗人。

徽音改为徽因是 20 世纪 30 年代的事情了。当时她常有诗作发表，另一位经常写诗的男性作者名林徽音，报刊杂志经常把他们的名字混淆。《诗刊》还专门就这件事发过更正声明。于是林徽因自己给自己改了名字。

"我倒不怕别人把我的作品当成了他的作品，我只怕别人把他的作品当成了我的。"此后，林徽音正式更名为林徽因。

林徽因对改名字的解释，流露出她独有的傲气。她相信自己是独一无二的，不愿泯然于众人。从字形上看，徽因比徽音更男性化，似乎不太适合面容秀丽的她。但这恰好契合了她的性格。林徽因"人艳如花"的外表下，是不输给七尺男儿的坚韧。她短暂却耀眼的一生，诠释了一位女性是如何把坚强和美丽、风情和理智完美地结合在一起。她仿佛是一个遥不可及的梦，一个筑在高高的崖壁上、在云间若隐若现的城堡中的梦。

庭院深深深几许

那座古朴灵性的深深庭院，带着温厚的江南底蕴。只是不知道青瓦灰墙下，有过几多冷暖交替的从前；老旧的木楼上，又有何人凝注过飞入百姓家的堂前燕。

园内的栀子花还在不识愁滋味地开着，梁间的燕巢仍在，桌上的景泰蓝花瓶已落满尘埃。它们还不知道，这宅院里的人都去了哪里。

幸福宁静之下总是隐藏着苦涩的暗涌，就像花容月貌终将抵不过春恨秋悲的凋零。

这深深庭院，倒是适合上演这么一些说不清道不明的前尘往事。

林徽因出身高贵，是真正的书香门第的后代。祖父林孝恂历任浙江海宁、石门、仁和各州县，他资助的旅日青年学子多参加孙中山领导的革命运动。父亲林长民 1906 年赴日留学，回国之后就读于杭州东文学校，后再次东渡日本，于早稻田大学学习政治法律。林长民气质儒雅，善诗文，工书法，翻译过《西方东侵史》，也是《译林》月刊的创始人之一。徽因的叔叔、姑姑们也是才华横溢。总之，林家人才辈出，风气向学，志在荡涤陋习，除旧迎新。

只有一个人与这个环境格格不入，那就是徽因的母亲何雪媛。

何雪媛是林长民的续弦。她来自浙江小城嘉兴，家里开着小作坊，属于典型的小家碧玉。林长民原配是门当户对的叶氏，两人系指腹为婚，感情淡薄。叶氏早早病逝，来不及留下一儿半女。何雪媛在这样的情况下嫁入林家，名为续弦，实与原配无异。对于一个小作坊主的女儿来说，已经是祖坟冒青烟的喜事了。

但何雪媛并不幸福。她大字不识，又不会女红，脾气也不好。因此，她和丈夫没有任何共同语言。她也不理解林家上下那种读书人的作为：一家子聚在一起吟诗作对，讲历史典故，针砭时弊，激扬文字。她不懂，更没有兴趣，觉得他们很可笑。如果是算计升官发财的途径，也情有可原，可这些丝毫没有实用价值的行为有何用呢？

林家人也曾试图向何雪媛解释这一切，但很快发现他们根本是两个世界的人，于是他们不再跟她费口舌，丈夫回家的次数越来越少。她试图参与一些家务事，但那套小作坊带来的行事做派根本入不了婆婆的法眼。甚至连佣人也把她的指挥当耳边风，他们只听游氏——这个优雅干练，有文化的女人的话。

何雪媛就这样在书香门第中煎熬着，性格渐渐变得暴躁，喜怒无常。特别是女儿林徽因被公公婆婆带走教读书识字这件事更让她感到孤立无援。何雪媛常常无故冲小小的徽因发脾气，过后又后悔甚至哭泣起来。徽因战战兢兢地和母亲相处着，不知如何是好。

父母的言行势必会影响孩子日后的人生。何雪媛给了林徽因性格上负面的影响，至少急躁是其中之一。几十年后，林徽因为人妻为人母，仍然

和母亲住在一起，两个急躁的女性处在同一屋檐下，冲突无可避免。她在给好友费慰梅的信中说："我自己的母亲碰巧是个极其无能又爱管闲事的女人，而且她还是天下最没有耐性的人。刚才这又是为了女佣人……我经常和妈妈争吵，但这完全是傻帽和自找苦吃。"

林徽因爱着母亲，但无法令人放松的母女关系也成了她一生的精神包袱。徽因好友金岳霖写给费正清的信中如此看待林母：

她属于完全不同的一代人，却又生活在一个比较现代的家庭中，她在这个家庭中主意很多，也有些能量，可是完全没有正经事可做，她做的只是偶尔落到她手中的事。她自己因为非常非常寂寞，迫切需要与人交谈，唯一能够与之交流的就是徽因，但徽因由于全然不了解她的一般观念和感受，几乎不能和她交流。其结果是她和自己的女儿之间除了争吵以外别无接触。她们彼此相爱，却又相互不喜欢。

何雪媛和林徽因的关系，就像她和林长民一样，无话可说，说话必争吵。何雪媛就在这种"无话可说""无事可做"的状态下，直到她八十多岁去世。她的一生中经历了两件大事情，一是给自己51岁的女儿送终，二是几年后给女婿送终。为她送终的，则是她女婿的续弦。

蔡官巷

人的性情多为天生，有些人骨子里即是安静，有些人生来便怀着躁动不安的因子。但后天之启蒙亦尤为重要，倘若一个沉静之人被放逐于喧嚣市井，难免不为浮华所动。而将一个浮躁之人搁置于庙宇山林，亦可稍许净化。我们都在潜移默化的时光中改变着自己，熟悉又陌生，陌生又熟悉。

1909年，5岁的林徽因随家人搬迁至蔡官巷的一处宅院，在这里住了三年。时光短暂，但却给一代才女风华绝代的人生奠定了不可动摇的根基。

徽因的大姑林泽民成为她的启蒙老师。林泽民是典型的大家闺秀,打小接受私塾教育,琴棋书画样样精通,诗词歌赋也不落人后。就是这位知书达理、温文尔雅的姑母教会了徽因读书识字。

最重要的是,林徽因由于林泽民的启蒙,爱上了书香。

拨开时光的雾霭,我们仿佛可以看到幼小的徽因手捧一册册书本,在月上柳梢头的夜晚,在暮色低垂的黄昏,在朝暮喷薄的清晨安静而沉醉地阅读着,用小小的心体会着。也许那时她还不能完全明白其中美好的意象,也读不懂诗意的情怀和人情冷暖的故事,但她从此爱上了读书。那些早早就映入脑海的或瑰丽或清淡的文字,在她成年后,幻化成一树一树的花开,幻化成忧郁的秋天,幻化成少女的巧笑倩兮和不息的变幻,成为中国现代文学的星空中最特别的那一颗星子。

但林徽因的童年并非单纯愉快,她的家庭注定了她不能用符合这个年纪的行事与大人们交流。何雪媛由于得不到父亲的宠爱和家族的首肯,生出抱怨之心。那时候她跟母亲住在后院,每次高高兴兴从前院回来,何雪媛就会无休止地数落女儿。从那时候起,徽因的内心深处就交织着对父母又爱又怨的矛盾感情。她爱儒雅清俊才华横溢的父亲,却又怪他对母亲的冷淡无情;她也爱着给她温暖和爱的母亲,又怨着她总在怨怼中把父亲推得更远。

年纪小小的徽因背上了成年人强加的沉重。她既要在祖父母、父亲面前当乖巧伶俐的"天才少女",又得在母亲面前做个让她满意的乖顺的女儿。多年以后林徽因写了一篇叫作《绣绣》的小说,说的是一个乖巧的女孩子绣绣生活在一个不幸的家庭,母亲性格懦弱、心胸狭隘又无能,父亲冷落妻子,又娶了二太太。绣绣整日夹在父母的争执中彷徨不安,最终因病死去了。绣绣还未成熟的心灵里深藏着对父母爱恨交织的情绪,爱莫能助的无奈。这一切又何尝不是林徽因童年生活的写照呢。

徽因7岁时,祖母游氏去世。一直对婆婆怀有复杂感情的何雪媛在葬

礼上失声痛哭。这个女人是她的"敌人",也是她的偶像。恨、嫉妒、崇拜、感激(何雪媛结婚后多年未生育,游氏告诫儿子洁身自好不要急着纳妾)交织着她被抱怨占据的内心。现在,已成为林家女主人的何雪媛原谅了这个又爱又恨的"仇敌"。她变得平静很多,就算是抱怨也能做到心平气和,不像以前那样喜怒无常。

也许,徽因的父亲未必是个薄情之人,只是他与妻子之间无任何爱的交集。人总是在不断的错失中走过一生,相伴的人未必是曾经憧憬过的那个人,但仍然要努力地走下去。彼此厌烦并非罪不可赦,只可惜天意弄人,流水落花,造出这么多痴男怨女,不得尽如人意。

大半生在与肺病做着抗争,尝尽人间冷暖的林徽因也清楚地了解这些吧。她生命中有据可查的感情,哪怕是和梁思成神仙眷侣,哪一段是真正意义上的圆满呢,哪能没有丝毫遗憾呢?就算风华绝代,也不过是个饮食烟火的平凡女人,也曾有过惆怅和踟蹰,只不过她终究做到了收放自如,并懂得如何取舍罢了。

妾的女儿

妾,又称姨太、陪房,主要指一夫多妻制结构中,地位低于正妻的女性配偶。

这绝对不是一个好词。

可能很少有人知道,一代才女林徽因便是妾的女儿。

她是林家的长女,得宠,但林家人却吝于将这份宠爱分给她的母亲。

林徽因的生母,这个脾气喜怒无常,常常伤害尚且年幼的女儿的怨妾,也许并不知道,她的性格是如何影响了女儿一生对爱情的抉择。

好日子就像薄薄的第一场冬雪,还没等把美景看个究竟就消失得无踪迹了。徽因九岁，林长民娶了二太太程桂林。作为大太太的何雪媛，是最后一个知道老爷要纳妾的。林长民禀告了老太爷一回，得了默许。林太守已是垂暮的夕阳，实在没有心力再来操心37岁大儿子的第三桩婚事了。那时候他们已经举家搬迁到上海。

何雪媛听到这个消息很平静，她知道该来的总会来的，丈夫终究是熬不住自己了。那个时代三妻四妾的男人多的是，甚至一些女性为了取悦丈夫，遇到纳妾的事儿比丈夫本人还积极。但何雪媛做不到。她虽不是什么大户人家的千金，也是家中老小，父母娇宠爱护。要她和别的女人分享一个丈夫是没办法的。

何雪媛对于二太太很是好奇。她到底是个怎样的女性呢？一定很美丽吧，或者是个清丽的女学生，一个风情万种的交际花？她也会像林家人一样吟诗作对吗？会说洋话，识洋文吗？她会怎么看待这个大太太呢？

程桂林在何雪媛忐忑不安的期待中终于来了。何雪媛看她一眼就大失所望。她不年轻，不美丽，个头不高，勉强能赞一句娇小玲珑。而且听八卦的老妈子说，二太太也是个目不识丁的俗气女人。何雪媛终于松下一口气，看来这不是个值得防备的竞争对手。况且，程桂林对她还算友善，她也挑不出什么理，遂同样亲热相待。

但何雪媛很快就对二太太亲热不起来了。她原本以为依着林长民的性子，对程桂林八成也是不冷不热，没想到这个大字不识的女人把丈夫牢牢地绑走了。林长民每次归来，就直奔程桂林的房间。离家的时候，最多冷淡地和大太太打个招呼。这简直太不公平了！

其实，林长民宠爱程桂林也是有原因的。程桂林虽然没有文化，但胜在识得眉眼高低，说话轻言细语，不像何雪媛那样漂亮话一句没有。她从来不会发脾气，最多嗲着嗓子冲老爷叫："宗孟——你到底要怎么样嘛！"听得何雪媛掉一地鸡皮疙瘩。可是没关系，宗孟可是受用得很。

林长民被嗲声嗲气的程桂林哄得高兴，带着她到处玩乐，出差，出

席朋友的聚会，还新起了一个名号"桂林一支室主"。

何雪媛被气得头昏脑胀，但是二太太对大太太的怒气好像感觉不到一样，照样温言软语跟她搭讪。何雪媛没办法，只好另找途径发泄。猫呀狗呀，连仆人们都遭了殃。林长民偶尔来一趟也不得幸免，最后干脆眼不见为净了。

后来，程桂林像示威似的，接二连三地生下三儿一女。比起前院的其乐融融，何雪媛的后院彻底成了"冷宫"。何雪媛知道，自己一辈子只能是林长民的妾了。都说妻不如妾，这话对从妻的位子上退下来的何雪媛何其讽刺呀！她永远不能堂堂正正地做她的林太太了。

以前，他不乐意，是她自己倔，不讨人喜欢；现在，他更不会愿意了，她要是扶了正，程桂林往哪摆呢？他可不愿意这么做。

因为二太太的到来和得宠，何雪媛对"太太"的名分彻底死心了。这个名分是何雪媛和女儿林徽因一辈子的心结，一辈子的痛楚。多年后林徽因拒绝徐志摩的追求，有人说最大的原因就是徐志摩当时已与张幼仪结婚，林徽因若是与他一起，必定是"小"；甚至徐志摩最终顶着压力离了婚，她也不肯回头，而是选择了梁启超的大公子。

林徽因的儿子梁从诫这么理解她的母亲的：

> 她爱父亲，却恨他对自己母亲的无情；她爱自己的母亲，却又恨她不争气；她以长姐真挚的感情，爱着几个异母的弟妹，然而，那个半封建的家庭中扭曲了的人际关系却在精神上深深地伤害过她。（《倏忽人间四月天》）

多年后林徽因又一次被推到一个旋涡的中心，始作俑者是三个爱她的男人。也正是这几段感情让她遭到非议。天意？人意？红颜已逝，谁说得清楚呢？

我的心是一朵莲花

父女和知己

他是林徽因生命中最重要的男人。

她是他血脉的延续，期望的寄托。他对她的爱是那样复杂，甚至又那样沉重。

她是那个畸形的家庭中唯一能与他交流的人，不经意的，他把不应该让她背负的沉重交予了她。

她一生的繁华和努力隐藏的酸楚，都与这个男人息息相关。

虽然林长民在家的时间极少，但他仍不失为一个好父亲。他心性开朗，特别喜欢跟孩子们在一块儿。在他这里，孩子们不分前院后院，前院的丫头小子，后院的两个丫头，都是他最爱的心肝宝贝。莫说是自家孩子，就是姑妈家的表姐表弟们，也少不了这位舅舅的宠爱。大姑姑对待徽因两姐妹，也同对待自己的孩子无异。

林徽因长到10岁时，祖父也去世了。父亲长年在外，大太太什么都放手不管，二太太弱不禁风，和老爷书信往来，伺候两位太太，照顾年纪尚幼的弟妹，甚至打点搬家的行装，家中大事小事，竟然都是这个十一二岁的大小姐一己承担。俗话说，穷人的孩子早当家，出身名门的徽因，也早早地当起家来了。

林长民爱那一大群孩子，但最爱的还是长女林徽因。

林徽因早早被启蒙读书，天资聪敏，6岁就能识文断字，开始为祖父代笔给林长民写家书。林家保存了一批林长民的回信，最早的那一封是徽因七岁时写的：

徽儿：

　　知悉得汝两信，我心甚喜。儿读书进益，又驯良，知道理，我尤爱汝。闻娘娘往嘉兴，现已归否？趾趾闻甚可爱，尚有闹癖（脾）气否？望告我。祖父日来安好否？汝要好好讨老人欢喜。兹寄甜真酥糕一筒赏汝。我本期不及作长书，汝可禀告祖父母，我都安好。

父长民三月廿日。

　　林长民特别喜欢这个长女，不但因为她天资聪慧，还在于她早早就领会了这个大家庭的人情世故。父亲眼里的林徽因"驯良""知道理"，这当然让他高兴，喜欢。从成年人的的角度讲，家里有这样一个孩子实在是很好的。可是，对于只有七八岁的小女孩来说，这样的重视和赞美，是否有些残酷呢？原本应该和玩伴们肆无忌惮地争抢糖果玩具的年龄，由于成人有意无意的施压，必须要学会察言观色，努力用成年人的眼光看世界，甚至处理大人们之间的纷争。林徽因就在这样一个有点畸形的家庭环境中匆匆地成长着。就好像北方的植物一样，生怕错过短暂奢侈的温暖，一个劲地长，让枝叶最大限度地靠近冰冷的阳光。

　　长辈眼中，她是林家的长孙女，天资过人，温良有礼；和孩子们在一起，她嬉笑打闹，无伤大雅地争抢零食和玩具。到底哪一个才是真实的林徽因呢？大人们选择忽略这个问题，他们只要一个讨人喜欢，明事理的林徽因就可以了。林长民有时甚至忘了她只是一个小女孩，书信往来之中对她吐露心声，把她当成了同辈的伙伴、知己。

　　本日寄一书当已到。我终日在家理医药，亦籍此偷闲也。天下事，玄黄未定，我又何去何从？念汝读书正是及时。蹉跎误了，亦爹爹之过。二娘病好，我当到津一作计□。春深风候正暖，庭花丁香开过，牡丹本亦有两三蓓向人作态，惜儿未来耳。葛雷武女儿前在六国饭店与汝见后时时念汝，昨归国我饯其父母，对我依依，为汝留□，并以相告家事。儿当学理，勿

尽作孩子气，千万□□。

徽儿 桂室老人五月五日

　　对长女寄托殷殷厚望的家人们就这样不经意地拿走了林徽因的童年和天真。这个没有真正意义上的童年时光的女孩子果然谨遵父训，一生都把澎湃的感情压制于庄重的理智之下。这是林徽因和同时代女性的最大的区别。

　　林长民对林徽因的爱是复杂的。林徽因把家务事打理得井井有条，心无芥蒂地爱护着异母的弟妹，对二娘尊重有加，固然让离家在外的林长民欣慰。但从另一方面理解这份父女之情，林徽因的文化修养也占了重要的部分。

　　林长民是一个文人，但不幸的是他的妻妾都是文盲。他和她们身处两个世界，他的满腹才情和济事救国的抱负对她们来说如同天书。林长民的内心是寂寥的，无人应和，他必须努力用最浅白的语言和妻妾交流，以免她们听不懂。只有这个从小跟随祖父母和大姑学习的长女能懂得他，可以用文人的语言与他对话交流。不知不觉中，林徽因成了林长民在这个半旧半新的家庭中的唯一的同类、知己。

　　林长民曾感叹："做一个有天分的女儿的父亲，不是容易享的福，你得放低你天伦的辈分，先求做到友谊的了解。"

　　林长民对林徽因的影响如此地大，他是她生命中最重要的男人。他"清奇的相貌""清奇的谈吐"（徐志摩语）在林徽因的身上传承下来。父女双方都对彼此怀有复杂的情感，这样的情感对林徽因来说甚至成了一块石头。父亲的冷漠让母亲成了妾，她怨他——看《我们太太的客厅》，就知道林徽因一直在意着母亲妾的身份；刚刚懂事的时候，她留恋父亲给予的片刻温暖，再大一点，又开始同情父亲的寂寥。

　　一个过于理智的人，反而会在爱恨之间挣扎不断。毫无疑问的爱，却无法爱到忘记缺点，不能爱得忘我；那被恨占据了的爱，更没有让人心安的纯粹。成人后的林徽因在爱情和婚姻中也是这样理智着，清醒着。被有些人评论为"只爱自己""自私"。

栀子花开

这个秀美灵慧的女孩子离开杭州古城，开始了她一段崭新的人生历程。她带走了江南水乡的灵秀，带走了小巷里栀子花的清雅，还有西湖水面的一缕薄烟。小小年纪的她，还不懂相忘于江湖，不懂迁徙意味着时光的诀别。这时候她还未到风华绝代的年龄，但已经能够好好打理自己的青春韶华。有那么一天，她的风采将倾倒这座皇城。

林徽因 9 岁，父亲林长民居北京，全家则从杭州迁居上海，住在虹口区金益里，林徽因和表姐妹们一同进入虹口爱国小学读二年级。后来，徽因 12 岁上，全家又从临时落脚的天津迁往京城与林长民团聚。林徽因进入著名的北京培华女子中学上学，表姐妹们也与她一同入读了教会学校。

林徽因的大部分传记都取"就读培华女子中学"这一观点，并说这是当时的顶级名校。该校由英国教会创办，是一所教风严谨的贵族学校，培养出的学生皆具上流社会的气度风采。但有人考证，现今已寻不到培华女校的记载，林徽因就读的可能是"培根女校"，培华是培根的笔误。遂以讹传讹下来。

不过，这所学校是外国人创办的教会中学这点可以确证无疑。

教会在中国创办女学的历史可以追溯到 19 世纪中叶。初期的教会女子学校实质上仅仅是识字班，招收的学生多为侍婢、弃女和贫苦的儿童。她们与其说是想上学，不如说是求得一件单衣，一口薄粥罢了。直到 1914 年，随着启明女中、贝满女中、圣玛利亚女校、中西女塾等名校在中国相继创办，

教会女校走出识字班的初级阶段，变得全面、正规。把孩子送到教会学校受教育，是当时上层人士的一种时髦行为。

当时，一些开明学者主张对西方文化兼容并包，女性观念逐渐开明，足不出户的待字闺中的大小姐已经稍显落伍，教会学校提供的"读西书、明外事、擅文才"，兼通中西礼仪的"淑女教育"成为上层社会的理想形式。教会学校也顺应潮流，一改从前扶贫助弱的慈善形象，收取高额学费。背景、条件尚可的家庭，有些出于传统思想，希望女儿能符合新的审美，将来嫁个好人家；有些则希望女性能接受平等的教育，拥有独立的人格。留日归来，又与梁启超交好，林长民当是出于后一种目的吧。

1916 年的某一天，开学不久，徽因和一同入读的表姐妹们穿着校服拍了一张合影。照片上姐妹四人出落得亭亭玉立，气质不凡，尤徽因更甚。她已经不是四年前那个和姐妹们嬉笑打闹的小女孩子了，这几年无论是世事还是家中都发生了大的变化。曾经在徽因姐姐膝下撒娇的小妹麟趾已安睡在另一个世界。家也不再是和母亲两个人的家，而是需要和更多的人分享。林徽因秀丽的双眼蒙上了一层抹不去的忧郁。

从氤氲的江南水乡来到这座尊贵的皇城，初晓人事的林徽因感到一种与历史相联的沧桑和沉重。自己仿佛是一粒微小的尘埃，没有人会注意到她的存在。虽然敏感多愁，但也十分坚强，将自己和家都打理得干净漂亮。其实，在林徽因心中，自从祖父母相继离世，家已经变了，不再是往日安宁的归宿，而是一个需要时时小心的战场。在徽因 10 岁时去世的祖父，感受不到何雪媛和程桂林之间的波涛暗涌，但林徽因夹在中间却体验个明明白白。唯一能让她得到放松休憩的就是读书。这是属于她的世外桃源，在另一个世界里，她可以暂时忘记那些没有硝烟的你争我夺，放下林家长女的身份，只做单纯的林徽因。

爱读书，容貌美丽又有才华，林徽因自然博得了老师和同学的好感。并且他们对她的喜爱是毫无动机的，仅仅因为她的优秀和可人。如果当年也有校花一说，林徽因当之无愧。她在学校里如鱼得水，与同学相处融洽，和表姐妹们叽叽喳喳地笑闹着。成年之后林徽因在朋友圈里是个公认爱说话喜辩论的人，好像她要把在"家"中压抑的情感统统释放出来一样。

两个女人的战争让林徽因纤细的心灵缠上了剪不断理还乱的藤蔓，有时几乎令她透不过气来。幸好还有书，有阳光明媚的学校、知识渊博的老师和单纯的同窗。这些夹缝中的阳光慢慢塑造了林徽因的性格，充实着她的认知。

国学典籍、诗词歌赋、历史典故这些旧学在林徽因的教育启蒙阶段就已经扎稳了根基，也是她事业的基点之一。教会学校的教学是现在成为流行的双语式，这给林徽因一种全新的体验。另一扇门向着她敞开了：自然科学和历史地理拓宽了她的知识面；音乐美术课程陶冶了她的艺术涵养，对美的敏锐触感融入了日后她对建筑的独到见解中；最重要的是英语的学习，让她进入了一个全然不同的文化世界，不知疲倦地在其中徜徉了一生。

1918 年，林长民卸任段祺瑞内阁司法总长，不久之后就与汤化龙、蓝公武去日本游历。林徽因独自在家感到寂寞无趣，还想着给父亲一个惊喜，便翻出家中收藏的诸多字画，一件一件地整理分类，编成收藏目录。待到林长民归来，徽因兴致勃勃地拿给他看，满怀期望能得到嘉许。但林长民仔细阅读后指出了很多纰漏，让徽因情绪低落了好一阵子。她在父亲写给自己的家书上批注道："徽自信能担任编字画目录，及爹爹归取阅，以为不适用，颇暗惭。"

林徽因就像一株新鲜的栀子花，给这座高贵沧桑的北方城市增添了诗意与柔情。栀子花清雅的香气徐徐飘散着，美丽着而不自知。有些人的美丽与生俱来，有些则要经历时光的沉淀方能绽放。林徽因是前者。高贵清白的出身，眉目如画的容颜，满腹诗书的才情，这样的林徽因注定有一个不平凡的人生开端。很快她就要漂洋过海，接受更绝美的绽放。

欧洲之旅

在那个诞生无数传奇的年代，漂洋过海是一种时尚。大家闺秀的林徽因自是顺应了着潮流。任何的执拗都无法改变初衷。当乘上远航的船，面对烟波浩渺的苍茫大海，她头一次深刻地明白，自己不过是一朵微弱的浪花。

倘若没有那次漂洋过海，大约林徽因的生命轨迹会走向另一个方向。但无论怎样，以她的聪慧都能把握得很好。任何时候，任何境况，她都不致让自己过于狼狈。

那时的她还未想过风云不尽，她还是个少女，只想在自己的空间里筑梦。

那是世界上最多情的蓝。

夹杂着全部光谱颜色的浪花，热烈地拥抱着布莱顿海湾。仿佛是分割了彩虹，独取那道靛青作为海的底色，即锋利又温暖，碰一下就能撞出脆响的颜色。没有人能说清那到底是一种怎么样的蓝。

16 岁的林徽因注视着这片海。

和祖父祖母一样，林长民对长女徽因寄予了厚望。他也理解这个时时令人窒息的家庭对徽因来说意味着什么。虽然女儿从未抱怨，但林长民敏锐地察觉到了她的忧郁。林长民觉得有必要让这个孩子解放一下了。

1920 年，林长民将赴欧洲考察西方宪制并在英国讲学，他决定携徽因同往。这次远行主要的目的是增长见识，接受更先进的教育和文化熏陶，其次是避开让人身心俱疲的琐碎家庭纷争。林徽因跟着父亲旅居国外一年半，这正是中国最传统的教育方式之一——游学。

我此次远游携汝同行。第一要汝多观察诸国事物增长见识。第二要汝近我身边能领悟我的胸次怀抱。第三要汝暂时离去家庭烦琐生活，俾得扩大眼光，养成将来改良社会的见解与能力。（1920 年林长民致林徽因家书）

那时候漂洋过海也是一种时尚。1920 年 4 月，林徽因跟着父亲登上法国 Pauliecat 邮轮，从上海出发前往欧洲。这一次远行让林徽因踏上了人生的新旅程，也意味着告别青涩的少女时代。她将看到一番新事物、新景致、新思想。对一个行将成长成熟的女孩子来说这新奇将带给她鲜活、神奇的美丽。

虽然生于江南水乡，但海天一色、碧波万顷的风光仍然带给林徽因雀跃的欣喜。海鸥舒展双翼在船头盘旋着鸣叫，带着海水腥味的风吹起少女的长发和纱巾，朝阳落日把碧空烧出血来，又泼洒在海面，那是大自然铺展开的最壮美的油画。

林徽因在旅途中看到了一个与往日不同的年轻的、充满生气的父亲。父亲在家中时，虽然温文尔雅，对孩子们关爱有加，但总给徽因一种无法排遣的寂寥之感。而此时的林长民，却是如此满怀激情，热情善辩。五四纪念日，船上赴法国勤工俭学的100多名中国留学生举行"五四运动纪念会"，林长民登台发表了慷慨激昂的演说：

"吾人赴外国，复宜切实考察。若预料中国将来必害与欧洲同样之病，与其毒深然后暴发，不如种痘，促其早日发现，以便医治。鄙人亦愿前往欧洲，以从诸君之后，改造中国。"（见《时事新报》6月14日刊载的通讯《赴法船中之五四纪念会》）

清晨的第一缕阳光冲破了乌云，宛如流水从绝壁上飞跃而下，溅起点点金色，将林长民笼罩于一圈光晕之中。林徽因注视着意气风发的父亲，倾听着她从未听过的掷地有声的语言，懵懵懂懂之间，她好像明白了父亲的期望，一股无可名状的勇气和热情，也仿佛要冲破年轻的心房了。

1920年5月7日，经过一个多月的航行，Pauliecat 邮轮平安抵达法国。那时欧洲的各学校正是暑假，于是林长民决定先带着女儿漫游欧洲大陆。林徽因跟随着父亲游历巴黎、日内瓦、罗马、法兰克福、柏林等地。她见识了巴黎浪漫优雅的风情，领略过显赫一时的古罗马帝国的庄严华美，她

被异国那些从未想象过的美丽征服了。

父女二人的第一站是日内瓦湖。

这是一个无法划分国籍的湖。它地处阿尔卑斯山区，在瑞士占地140平方英里，另有84平方英里在法国境内。湖面海拔375米，平均水深150米，最深处可达310米。湖水流向从东往西，形状略似新月，法国便与月缺部分衔接。湖水呈湛蓝，清澈又神秘的气质倾倒了众多艺术名流。亨利·詹姆斯称之为"出奇的蓝色的湖"；在拜伦笔下它是一面晶莹的镜子，"有着沉思所需要的养料和空气"；对于巴尔扎克来说，它是"爱情的同义词"。

林徽因看着在湖面戏水的天鹅，在湖畔徜徉的白鸽，著名的人工喷泉在阳光的照射下浮现出若隐若现的彩虹，从未体验过酒香的女孩醉了，沉思了。某个瞬间，她好像身处小时候在故事里才能看到的仙境。

所谓诗酒趁年华，青春不挥霍也会过去，何必将自己持久地困于笼中？世间百态必要亲自品尝，世间美景也必要亲身置于其中，方能领略生命之珍贵。而漫漫长路，唯有亲自丈量，才能知晓它的长度与距离。每个人即从拥有这份生命开始，若可扬帆天涯，万万无须回避。一旦融入茫茫沧海，亦无须渴求回头。

1920年9月，林长民带着林徽因抵达伦敦。他们先暂时入住Rortland，后来在伦敦西区阿尔比恩门27号安顿下来。林徽因入读St. Mary's College。

虽然林徽因在国内已经接受了英文教育，但一下子置身于全英文的陌生环境，还是有些不适应。尤其是当父亲去欧洲大陆开会时，十六七岁的少女不得不独自捱过，想法子打发从早到晚的孤单。也就是这段日子，林徽因阅读了大量书籍，名家的小说、诗歌、戏剧她都一一涉猎。在伦敦时，林徽因也经常以女主人的角色加入父亲的各种应酬，由此与众多文化名流有过接触。这对她后来的文学创作奠定了深厚基础。她有过游学经历，又得著名学者点拨，因此她在文坛上的起步高于同时代许多女作家。

与建筑结缘

终生纷繁，有人过得迷糊，有人生得清醒。有人一生寻找，怅然若失着，有人早早认定今生挚爱，永不放手。

世界如此之大，能与挚爱相逢已是不易，有缘相处更是极其珍贵。所以我们都应当懂得珍惜。纵然如此，一路行来，还是太容易与缘分擦肩而过，所拥有的也渐次失去。并非由于不懂珍重，只是缘分的长短大抵已被注定，玩不住的终究是刹那芳华。

布莱顿海湾的沙滩是柔软的金色地毯，一把细沙过手，掌上便灿然闪烁着无数金色的星星。卖海鲜的小贩都是些十来岁的孩子，篮子里放着煮成金红色的蟹和淡紫色的小龙虾。他们苏格兰民歌一样的叫卖声穿梭在阳伞之间。不远处，拖着修长影子的华美建筑是皮尔皇宫。这座阁楼式的皇宫建于大帝国摄政时期，神秘的东方韵味使其成为这座小城最豪华、最漂亮的海外休闲别墅。

林徽因跟着柏列特医生一家来到布莱顿度暑假。

布莱顿是英国南部的一座小城，面朝英吉利海峡，北距伦敦约 80 公里。早在 11 世纪，这里就是一个航运发达、鱼市兴盛的地方。如今布莱顿已经成了一处绝好的度假胜地。据说这里的海水有治疗百病的神奇功效。差不多每家观光旅馆都竖着一块"天然水，海水浴"的招牌来招揽生意。

头发花白的柏列特医生站在浅水处，一边往身上撩着水，一边招呼着女儿们下水。他是林长民的老友，50 多岁，个性幽默亲切。他有五个女儿：吉蒂、黛丝、苏珊、苏娜、斯泰西。吉蒂 20 岁；苏珊和苏娜是一对双生子，面貌几乎一模一样；黛丝和林徽因同龄，最小的妹妹斯泰西还是个小学生。五个亭亭玉立的花样女孩加上东方美人林徽因，立刻吸引了众多游人的注目。

吉蒂和柏列特医生很快游到远处的深水区去了。黛丝留在浅水区教林徽因游泳，一边照应着三个妹妹。黛丝给徽因做着示范动作，徽因伏在橡皮圈上按照黛丝的指点划着水。黛丝一边纠正动作一边鼓励她："别怕，菲利斯，这海水浮力很大，不会沉下去的。"

菲利斯是林徽因在英国的教名，柏列特的女儿们都这么称呼她。

小妹妹斯泰西用沙子堆起一座城堡，快完成的时候，一下子又塌了下来，她又努力了一次，仍然失败。"来！工程师，帮帮忙。"她冲躺在阳伞下休息的黛丝喊道。

黛丝很快就给妹妹建起一座漂亮精致的沙子城堡。林徽因问："为什么叫你工程师？"

黛丝说："我对建筑感兴趣。将来是要做工程师的。看到你身后那座王宫了吗？那是中国风格的建筑，明天我要去画素描，你可以跟我一起去吗？顺便也给我讲讲中国的建筑。"

"你说的是盖房子吗？"林徽因问。

"不，建筑和盖房子不完全是一回事。"黛丝说，"建筑是一门艺术，就像诗歌和绘画一样，它有自己独特的语言，这是大师们才能掌握的。"

林徽因的心弦被拨动了，这是她有生以来第一次听到这样的事。

第二天，黛丝就领着林徽因去皮尔皇宫画素描。这座建筑的设计完全是东方阁楼式的，大门口挂着两个极富中国风情的八角灯笼，里面的飞檐、梁柱、窗棂都是中国式的，让林徽因想起杭州的老宅，异常亲切。黛丝如获至宝，兴致勃勃地到处参观着，不停地写写画画，一天很快就过去了。

一星期后，林徽因收到林长民的来信：

得汝来信，未即复。汝行后，我无甚事，亦不甚闲，匆匆过了一个星期，今日起整理归装。"波罗加"船展期至 10 月 14 日始行。如是则发行

李亦可少缓。汝如觉得海滨快意，可待至九月七八日，与柏列特家人同归。此间租屋，14 日期满，行李能于 12、13 日发出为便，想汝归来后结束余件当无不及也。9 月 14 日以后，汝可住柏列特家，此意先与说及，我何适，尚未定，但欲一身轻快随便游行了，用费亦可较省。老斐理普尚未来，我亦不欲多劳动他。此间余务有其女帮助足矣。但为远归留别，姑俟临去时，图一晤，已嘱他不必急来，其女九月梢入越剧训练处，汝更少伴，故尤以住柏家为宜，我即他住。将届开船时，还到伦敦与汝一路赴法，一切较便。但手边行李较之寻常行李不免稍多，姑到临时再图部署。盼汝涉泳日谙，心身俱适。

8 月 24 日父手书。

　　获准继续住在柏列特家，正是林徽因求之不得的，因为她已经被"建筑师"黛丝迷住了。黛丝领着林徽因走遍布莱顿的大街小巷，一座桥、一条路、一栋房子、一根柱子、一扇窗，在黛丝的讲解下，忽然都像变戏法似的，变了另外一副令人着迷的样子。林徽因从未知道，这些习以为常的建筑竟然还蕴藏着这么多的魅力。

　　林徽因领悟能力过人，她独特的审美也让黛丝称赞不已，她惊异于这个东方少女的聪慧："菲利斯，你对建筑很有感觉，你在审美方面有不可思议的灵感，你一定很适合当一个建筑师！"

　　"是吗？可是，我就要回中国去了，未来会怎么样——还不知道呢！"归期将至，未来会以什么面目迎接这个初长成的女孩子呢？林徽因感到一丝迷茫。

　　海风一下一下地推着浪花，把它们推到少女的脚边，片刻后又退下去，仿佛也洞悉了这一颗不安的年轻的心。

　　几天后，林徽因又接到了林长民于 8 月 31 日写的信，催她提前回去，因为他已经安排好女儿九月六日参观泰晤士报馆，所以希望她五日赶回去。

我的心是一朵莲花

不管有多么不舍，离别已经近在咫尺了。

1921 年 10 月 4 日，泰晤士河出海口被清晨的阳光涂成了猩红色，海面如同一块玛瑙静静地在前方闪耀着华贵的光泽。雾气渐散，汽笛悠然拉响，"波罗加"号就要起航了。地中海的信天翁展开细长的双翼从船舷旁掠过。海风吹拂着一面面彩旗，如同船舷上的女客挥舞着纱巾。

林徽因和父亲站在甲板上。她着一袭湖绿色连衣裙，亭亭而立，清新又娇艳，在一群金发碧眼的男女中格外引人注目。她磁白的面容上有一朵淡淡的红晕，一双清澈的眼睛带着忧郁和不舍，注视着送行的人群中另一双饱含深情的眼睛。

那双眼睛的主人叫徐志摩。

爱是天时地利的迷信

你我相逢在黑夜的海上

每每提起感情，或者谁又与谁相遇，谁又与谁相恋，总会与缘分纠缠不清。有缘之人，无论相隔千山万水，终会聚在一起，携手红尘。无缘之人，纵使近在咫尺，也恍如陌路，无份相牵。

也只有康桥才能配得上那倾城之恋。

康河的雨雾，从来无须约定，就这样不期而至。异国的一场偶遇，让他们仿佛找到了相同的自我。沉静的心不再沉静，从容的姿态亦不再从容。

只是人本多情，多情才无情，所有结果亦只能独自承担。他遇上她，无论是缘是债，是苦是甜，都得学会尝试，学会开始，学会终结。

这个只有几十户人家的小镇沙士顿，正处在一年中最生动的季节。妖艳的罂粟三朵两朵摇曳在青草黄花之间，苹果已经红了半边脸庞。高高低低的农舍被栗树的浓荫遮盖着。由于年代久远，农舍的墙壁呈现出斑驳的灰色。

这里的一切都有着中世纪英格兰最具古典意味的情调。

靠近村边的一间农舍的篱笆门打开了，一个穿着长衫，戴着眼镜的高瘦的中国青年推着自行车走出来。他眉清目秀的妻子同样年轻，站在门口目送着他推着自行车消失在通向剑桥的小路的尽头。她脸上的表情似乎有些忧郁，不太符合她这个年纪，但是青年看起来心情颇好。路过镇子上的理发店他停了下来。他不是去剪头发，这间理发店兼做邮亭，门口挂着一个简陋的造型古怪的邮箱。肩负信使职责的是个五短身材，留着大胡子的男人，名字叫约瑟，喜欢喝酒，随身的酒壶里永远装着土酿威士忌。他身背一个羊皮邮袋，每天在镇子上巡视三次，投送收取沙士顿的来往信件。这个爱唱英格兰民歌，爱喝酒的大胡子是沙士顿欢乐和悲伤的使者。

中国青年差不多一两天寄一次信，同样隔个一两天就又来取信了。和他通信的人住在并不远的剑桥，是个 17 岁的中国少女。

青年把一封信交到约瑟手中。约瑟的脸上漾出难得一见的笑容，用力拍着他的肩膀，称赞着他年轻的妻子。

中国青年装在信封里的信就像他此时的心迹一样，忧郁、热烈：

——如果有一天我获得了你的爱，那么我飘零的生命就有了归宿，只有爱才可以让我匆匆行进的脚步停下，让我在你的身边停留一小会儿吧，你知道忧伤正像锯子锯着我的灵魂……

如果没有那一次登门拜访，就不会有今日这份甜蜜又痛苦的思念和挣扎了吧？

1920 年 9 月 24 日，这个 24 岁的中国青年跟着在伦敦大学政治经济学院留学的江苏籍学生陈通伯来到阿尔比恩门 27 号，接待他们的是个相貌清俊、气度不凡的中年男人。陈通伯向这个男人引荐中国青年："这位叫徐志摩，浙江海宁人，在经济学院师从赖世基读博士学位，敬重先生，慕名拜访。"

阿尔比恩门 27 号的主人林长民是被派到欧洲"国际联盟中国协会"任理事，并对各国政治动向进行考察的。实质上已经远离了国内的实权派，可谓官场失意。但文人本质的林长民也乐得摆脱政坛困扰，回归本色，吟诗作对，泼墨书画，更兼呼朋伴友，结交青年学子，倒也过得潇洒愉快。

恰好林长民曾在海宁度过童年，和徐志摩也算老乡了。异乡相逢，又都是性情中人，两人一见如故，经常促膝长谈，很快就成了无话不谈的忘年交。

徐志摩就是在这里邂逅了林长民的千金，是年 16 岁的林徽因。徽因第一次见到高高瘦瘦，戴着一副玳瑁眼镜的徐志摩，差点脱口而出喊他叔叔。

虽然只比徽因长 8 岁，但他已经是个 3 岁孩子的父亲，看起来老成不少。

每天下午 4 点，是林家的下午茶时间。这是典型的英国式的生活方式，也是林家祖上的习俗。英国人对茶的喜爱有 300 多年的历史了，茶的英文即其故乡福建方言的发音。林家的下午茶完全是英式的，但所用茶壶是传统的中国帽筒式，用来保温的棉套做成穿长裙的少女的样式。

林长民聚会的时候，林徽因就给客人泡茶，准备甜点，陪客人聊天，有时也会代替父亲接送客人。客人们谈兴正浓的时候，徽因清丽的身影会时不时出现，恰到好处地续上茶水，端来刚出炉的美味点心。极少数的时候她会好奇地插言。在这个纯男性的世界，她不是主角，但在徐志摩的眼里，不知不觉就只能看见这个文静又不失大方的美丽少女了。

到底是她纯真率性的谈吐吸引了徐志摩，还是她的翦水双瞳中暗藏的忧郁和寂寞叩开了年轻诗人的心门呢？徐志摩相信没有人比自己更懂得忧郁的滋味。

徐志摩是海宁富商徐申如唯一的儿子，但他并非一个游手好闲的公子哥。他在求学之路上不曾懈怠。他在麻省的克拉克大学读过历史，在哥伦比亚大学读过经济。为了追随偶像罗素，远渡重洋来到伦敦，不想罗素已经离开。学习金融是父亲的期望，但他不确定那是否就是自己真实的心意。已经是个 3 岁孩子的父亲，却没有经历过真正的恋爱。张幼仪嫁给他的时候和林徽因同岁，张家也是江苏宝山的名门，他们的婚姻是张幼仪二哥、中央银行总裁张嘉璈撮合的。但他不爱她。尽管张幼仪端庄贤惠，但他们之间没有爱情。他不快乐，一天一天地熬着日子。

直到见到林徽因。

他遇见她，爱上她，好像如梦初醒一般，明白了谁才是与他相配的那个人。他们有太多共同语言，而不是跟张幼仪那样相对无言。他谈自己的求学经历，政治理想；他们讨论着济慈、雪莱、拜伦和狄更斯，丝毫不觉得时间飞逝。时间于他们，或者说于他来说是静止的。他期望时间静止，这样就能待在她身边不离开了。

那些日子，伦敦的雨雾好似特别在为徐志摩和林徽因营造一种浪漫的气氛，若有若无地飘散着，笼罩其间的剑桥仿佛少女湿漉漉的眼睛，看不真切却无限动人。这对年轻人漫步在康河畔，听着教堂里飘出的晚祷的钟声，悠远而苍凉。三三两两的金发白裙的少女用长篙撑着小船从叹息桥的桥洞下穿过，青春的笑声撞开了雾和月光的帷幕。

"我很想像那些英国姑娘一样，用长篙撑起木船，穿过一座座桥洞，可惜我试过几次，那些篙在我手里不听摆布，不是原地打转，就是没头没脑往桥上撞。"徐志摩说。

他们走上王家学院的"数学家桥"时，徐志摩又说道："这座桥没有一颗钉子，1902年，有一些物理学家出于好奇，把桥拆下来研究，最后无法复原，只好用钉子才重新组装起来。每一种美都有它固有的建构，不可随意拆卸，人生就不同，你可以更动任何一个链条，那么，全部的生活也就因此改变了。"

这话应和了徐志摩自己的人生。他更动了人生中最重要的链条，使三个人的人生发生了巨变。他把那封信投入了沙士顿唯一的邮筒，就像交付自己唯一的一颗真心。

终于有一天，张幼仪从邮差约瑟那里接到一只信封，她无意中拆开，没读完便觉天旋地转。那是林家大小姐的亲笔信。

时至今日，那封信的内容已经无从知晓，有人说是这么写的：我不是那种滥用感情的女子，你若真的能够爱我，就不能给我一个尴尬的位置，你必须在我和张幼仪之间做出选择……

直到最后，张幼仪仍然是那个温顺的张幼仪，她没有和变心的丈夫吵闹，怀着他们的第二个孩子，她孑然一身去柏林留学。幼仪离开的那天，沙士顿田野上开满了太阳花，金色的火焰却温暖不了她冰冷的心。善良的大胡子约瑟，从远方飘来一只歌伴她上路。她的眼中噙着泪水，离开了这个给过她温暖和痛楚的小镇。

真的令人难以想象，在妻子怀有身孕的时候，徐志摩能弃她而去，和她离婚。有人说，你守得住一个负心汉，却守不住一个痴情郎。徐志摩到底是专情还是无情呢？别说什么要听从自己的心，人都是自私的，听从自己的心，就要伤了别人的心。远在异国的张幼仪已经开始了新生活，她不恨他，可是她结了茧的心，再也抽不出丝了。

那么对于女儿和有妇之夫的交往，林长民的态度如何呢？实际上林长民也是个潇洒开明的人，他欣赏徐志摩的浪漫诗情，认为女儿可以与他恋爱，但需要适可而止，且不可论及婚嫁。因为徐志摩已有妻儿，况且他已与好友梁启超有口头之约，将来要把女儿许配给梁家的大公子。

年少的林徽因夹在这样两个男人中间，何去何从？也许她无意破坏徐志摩和张幼仪的婚姻，也许就像林长民给徐志摩的信中说的"徽亦惶恐不知何以为答"。不管怎么说，徐、林二人最终走向了不同的方向。他们交会时互放的光芒耀眼而又短暂，仿佛是流星刹那划过天际。从林徽因跟随父亲回国的那一天起，她就已经背他而行了。在徐志摩余下的生命中，林徽因成了他的挚友、知己。这位一生都在追求自由和真爱的诗人曾说："我将于茫茫人海中访我唯一的灵魂伴侣，得之，我幸；不得，我命，如此而已。"

执子之手

世间难以言说的奇缘偶遇是真正存在。置身于碌碌红尘，每一日都有相逢，每一日都有离散。茫茫人海中是数不胜数的陌路擦肩。某一个人走入你的视线，成为令你心动的风景，而他却不知道这世上存在过一个你。又或者，你落入别人的风景，却不知世界上还有一个默默注视自己的人。不知道多少年后，再次相遇，算是初见还是重逢呢？

1918 年，林徽因 14 岁，在教会女校读中学，日子过得平静如水。不过，人生总是在不经意的时候，用一件很小很小的事情——可能是一次平平常常的会面，一次客客气气的寒暄，来调转你人生的方向。而你正沉浸在自己构筑的小世界里不自知呢。

有一天，一个叫梁思成的少年到林家拜访。他戴着眼镜，有着坚毅的眼睛和端正的面孔，只是神态有些局促不安，这让林家大小姐觉得很有趣。之前父亲林长民告诉过她，这个少年是他的好朋友、大名鼎鼎的维新派领军人物梁启超的长子。林徽因就像接待其他的来客那样礼貌而周全地招待了他。

梁思成走后，二娘程桂林对徽因打趣道："宝宝，这个梁公子怎么样？你爹打算招他当女婿呢。"徽因立刻羞红了脸，低头跑开了。

二娘不会无缘无故说这句话的。林长民和她亲近，必然跟她提起过什么。可是从那以后。父亲好像忘了那个面目端正的少年来拜访的事儿，梁思成也就此从林徽因的生命中淡出了。

三年之后，已经是个花季少女的林徽因才重遇梁思成。

1921 年 10 月 14 日，结束了一年多的欧洲游学，林徽因和父亲乘坐"波罗加"号邮轮从伦敦转道法国，踏上归国的旅程。林徽因又得和父亲分开生活了，父亲留在上海，她回到北京的教会女中继续上学。梁启超派人来接林徽因。然后，梁思成出现了。他是专门来拜访林徽因的。

梁思成是年 20 岁，在清华学校（今天的清华大学）上学，美术、音乐、政治都是他的追求。他在学校广受欢迎，颇有名气。小小年纪便有丰富阅历的林徽因和他相谈甚欢，不知不觉竟然已经过去了好几个时辰。

他们谈起各自的理想，梁思成笑言："我啊，跟父亲一样，样样都爱，样样都不精，也许，我以后会和他一样，从政？"

林徽因并不以为然："从政需要磨炼，也需要天赋，古往今来，把政治之路走得顺风顺水的不多，即使我的父亲，也许还有尊驾——不好意思，唐突了，不过这不是我操心的，我感兴趣的是建筑。"

梁思成感到惊讶："建筑？你是说，盖房子？女孩子家怎么做这个呢？"

"不仅仅是盖房子，准确的说，是 architecture，叫建筑学或者建筑艺术吧，那是集艺术和工程于一体的一门学科。"林徽因对他解释道。

回到家，梁思成告诉父亲梁启超两件事：第一，他要把建筑作为终身的事业和追求；第二，他想要约会林家大小姐。

梁思成女儿梁再冰在《回忆我的父亲》中讲述了她的父亲母亲第一次见面的情景：

父亲大约 17 岁时，有一天，祖父要父亲到他的老朋友家里去见见他的女儿林徽因（当时名林徽音）。父亲明白祖父的用意，虽然他还很年轻，并不急于谈恋爱，但他仍从南长街的梁家来到景山附近的林家。在"林叔"的书房里，父亲暗自猜想，按照当时的时尚，这位林大小姐的打扮大概是：绸缎裤衫，梳一条油光光的大辫子。不知怎的，他感到有些不自在。

门开了，年仅 14 岁的林徽因走进房来。父亲看到的是一个亭亭玉立却仍带稚气的小姑娘，梳两条小辫，双眼清亮有神采，五官精致有雕琢之美，左颊有笑靥；浅色半袖短衫罩在长仅及膝下的黑色绸裙上；她翩然转身告辞时，飘逸如一个小仙子，给父亲留下了极深刻的印象。

梁思成对林徽因可能算不上绝对的一见钟情，但有好感应该是没错的。从梁再冰的记述可以看出来，林徽因和梁思成身边的女孩子都不一样，正是这份特别的清新气质吸引了他。三年之后，当年的 14 岁少女已经脱去了稚气，一年多的异国生活令她的眼界比寻常人家的女孩开阔许多，自然多了一份大气脱俗。再加上敏捷的思维，优秀的谈吐和出落得越发美丽的容貌，20 岁的梁思成真的动了心。

梁启超很高兴，对儿子说："徽因这孩子不错，爸爸早就支持你们交往，其他的，就要随缘分了。"

梁启超最想看到的就是这样的情况：父母留意，选定人选，然后创造适当的机会让两人接触，经过充分地了解，自由恋爱后的结合是最好的，这是这位维新派大人物心目中的"理想的婚姻制度"。

梁家的大小姐梁思顺就是父亲"理想的婚姻制度"的实践者。梁启超选定的得意女婿周希哲，原本出身微寒，但后来成为驻菲律宾和加拿大使馆总领事，对梁思顺和梁家都很好，这是梁启超一直引以为傲的。1923年11月5日他给女儿写信说：

> ……徽因我也很爱她，我常和你妈妈说，又得一个可爱的女儿……我对于你们的婚姻，得意得不得了，我觉得我的方法好极了，由我留心观察看定一个人，给你们介绍，最后的决定在你们自己，我想这真是理想的婚姻制度。好孩子，你想希哲如何，老夫眼力不错罢。徽因又是我的第二回的成功。

林徽因没有拒绝梁思成的追求，他们时常选在环境优美的北海公园游玩约会，一起逛太庙，也会去清华学堂看梁思成参加的音乐演出。虽然梁思成比起徐志摩少了些浪漫温柔，但多了一份踏实稳重，又是个风度翩翩的青年才俊。而且梁思成和林徽因年龄相仿，感兴趣的话题相近。更重要的是，和梁思成在一起，林徽因才真正恢复了与年纪相符的轻松，而不是那种混合着负罪感和忧愁的沉重。

事情进展颇顺。这对金童玉女相处愉快，彼此好感渐长。其实早在1923年1月7日，梁启超就在给思顺的家书提起梁、林两家联姻的事宜了：

> 思成和徽因已有成言（我告思成和徽因须彼此学成之后乃订婚约，婚约定后不久便结婚）。林家欲即行订婚，朋友中也多说该如此，你的意见呢？

梁启超不急于让两个孩子订婚当然不是他对未来的儿媳妇不满意。他延缓婚期大概是出于多方面的考虑：一是学业的问题。梁思成是他一直寄予厚望的长子，不想他沉溺于儿女情长误了前途；二是梁太太李惠仙，李惠仙思想传统，看不惯留洋归来的林徽因的新派作风。她对林徽因的偏见

甚至影响了居住海外的大女儿梁思顺。再来，梁启超毕竟思想开明，想尽量减少家族对孩子们感情的影响，让他们有足够的时间相互了解、磨合，甚至作出新的选择。只有这个过程够长，婚姻才越稳定。

林家即是女方，林徽因按现在的话说条件一流，理应矜持一些才对，为何提出即行订婚呢？有人认为这和徐志摩有关。林长民一方面看好梁思成，一方面也希望女儿早日断了对徐志摩的念想。最终双方家长经过商讨，同意了梁启超的提议，暂不订婚。林徽因和梁思成直到1927年一起获得宾夕法尼亚大学学士学位才订婚，次年三月二人结婚。

这对恋人终于结成了伴侣，从此将共度漫漫人生，一切尘埃落定。大概是因为从一开始就知道结局吧，所以没有多少惊喜，一切都很安静。梁、林二人的婚姻，成为中国现代文化史上的美谈，多少人在称赞他们的郎才女貌，相敬如宾。他们有共同的追求，谁也没有遮掩谁的光芒，如此的交相辉映着。战争和疾病没有分开他们，而是让他们更坚定地握紧彼此的手，直到林徽因生命的最后一刻。

结婚之前，梁思成曾问林徽因："有一句话，我只问这一次，以后都不会再问，为什么是我？"林徽因回答他："答案很长，我得用一生去回答你，准备好听我了吗？"这个答案就像林徽因这个人一样，太特别，太令人深陷了。她果然用一生给出了答案，甚至她留在人世的最后两个字，是她丈夫的名字。

你记得也好，最好你忘掉

人总想求得圆满，觉得好茶要配好壶，好花当配好瓶。可世间圆满不易寻，缺憾倒是俯首即是。殊不知，缺憾也许伤人一时，完美却可能伤人一世。打算在人世间行走，就不要奢求那许多。且当每一条路都是荒径，每一个人都是过客，每一篇记忆都是曾经。

一切都有尘埃落定的一天，你有你的港湾，我有我的归宿。人生原本亦没有相欠，又何来偿还之说？转身天涯，各自安好，那么这风尘的世间就算有烟火蔓延，却不会再有伤害。

再也没有比秋天更适合忧郁这个词的季节了。即使是严冬也没有这份令人心生疲惫的萧瑟。苍蓝的天空愈加高远，连带着仰望它的人的心都变得空落落的。落叶挣扎着不愿离开树梢，最终认命地跌落进泥土，连哭泣都是微弱的。一声寂寥的鸣叫，是落了单的候鸟在呼唤着同伴。没有回音，它焦急地拍动疲惫的双翼，可是旅途那么漫长，方向不辨，何时才能到达目的地呢？

徐志摩仰头看着那孤单的身影消失在天际。他觉得自己就是那候鸟，身心俱疲，带一身的伤痛终于停留下来，未来却更加迷茫。

他现在眼前全是刚刚在林家的书房"雪池斋"看到的福建老诗人陈石遗赠给林长民的诗：

七年不见林宗孟，划去长髯貌瘦劲

入都五旬仅两面，但觉心亲非面敬

小妻两人皆揖我，常服黑色无妆靓

……

长者有女年十八，游学欧洲高志行

君言新会梁氏子，已许为婚但未聘

命运真是不可抗拒的存在。一番挣扎之后，也逃不过既定的结局。

1922 年 9 月，徐志摩乘坐日本商船回国。六个月之前，他写信给在柏林留学的妻子张幼仪，开诚布公地谈了自己对爱情和婚姻的理解：

真生命必自奋斗自求得来，真幸福亦必自奋斗求得来，真恋爱亦必自奋斗自求得来！彼此前途无限，……彼此有改良社会之心，彼此有造福人

类之心，其先自做榜样，勇决智断，彼此尊重人格，自由离婚，止绝苦痛，始兆幸福，皆在此矣。

信刚一寄出，他就动身前往柏林。此时张幼仪已经生下第二个儿子彼得。小彼得刚满月，笑容纯真，全然不知父亲就要离开自己。徐志摩请了金岳霖、吴经熊做证人，与张幼仪在离婚协议上签了字。

走到这一步，徐志摩已经为他的所爱抛下了一切，即使顶着抛弃妻子的罪名也在所不惜。该去的都去了，该来的能如期来吗？

1922 年 10 月 15 日，恢复单身的徐志摩抵达上海。刚刚下船，他的头上就炸响了一个晴天霹雳：林徽因和梁启超的大公子梁思成将结为秦晋之好。他不敢也不愿相信，但是朋友告诉他，梁启超已经写信给长女梁思顺，明明白白地讲了林徽因同梁思成的婚事"已有成言"。

徐志摩呆若木鸡，思维停滞了。他的大脑仿佛正本能地拒绝这个现实：他的心上人就要成为别人的妻子！

耐不住这份煎熬，一个月后，徐志摩硬着头皮坐上了北上的火车，他一定要亲口向林徽因求证。可是他没有在林家见到林徽因，而是看到了那首彻底打碎他抱有最后一丝希望的诗。徐志摩望着那副悬挂在墙上的诗作，觉得自己也像个死刑犯一样被吊起来了。

随即，徐志摩收到了恩师梁启超从上海寄来的一封长信。梁启超一直以为徐志摩和张幼仪彼此再不能相处，所以也没有反对他们离婚。但他却听张君劢（幼仪大哥）说，徐志摩回国后和张幼仪"通信不绝"，"常常称道她"，觉得很奇怪。梁启超给了学生两条忠告：万万不可把自己的快乐建立在弱妻幼子之上；真爱固然神圣，但可遇不可求，不可勉强。信写得情深意切，语重心长。但陷在感情旋涡的徐志摩哪里看得进去，他即刻给梁启超回了一封慷慨陈词的信：

我之甘冒世之不韪，竭全力以斗者，非特求免凶惨之苦痛，实求良心之安顿，求人格之确立，求灵魂之救渡耳。……我将于茫茫人海中访我唯一的灵魂伴侣，得之，我幸；不得，我命，如此而已。

徐志摩是真正的为爱而生，自由的爱情是他一生的理想和追求。世俗无法理解，也无法容忍，但这份真心他必须要向恩师剖白。

人总是有隐藏的反骨，世俗越是阻挠，越是激起徐志摩的决心。虽然林徽因正在和梁思成恋爱，并且"已有成言"，但不是还没订婚吗？既然如此为何不可以追求呢？徐志摩和林长民仍是好友，梁启超是他的老师，他和梁思成也算是师兄弟，来找林徽因也没什么不妥。

当时，林徽因和梁思成经常在北海公园的快雪堂约会见面。这是一处安静典雅的院落，里面是松坡图书馆的藏书，馆长正是梁启超，持有图书馆钥匙。图书馆星期天不开馆，林徽因和梁思成就在这读书。徐志摩当时在图书馆担任英文干事，和林徽因见面很方便，并且他并不避讳梁思成。次数多了，好脾气的梁思成也忍不下去了，就在门口贴了一张条子，上书"lovers want to be left alone"。徐志摩见了，也只得识趣离开。

和徐志摩分开，回国的林徽因仍然在教会女校读书。她用这段清静的时间好好地考虑了自己的感情和婚姻。她曾多次把徐志摩和梁思成放在天平上秤过，论才华诗情，她更倾向于徐志摩，林长民也没有明确地反对过。但两个姑姑坚决不同意。林徽因是名门之后，徐志摩离过婚，嫁给他不就等于填房么？这无疑会辱了林家的名声，林徽因也会被人戳脊梁骨。徽因自己又何尝没有这样的顾虑？她是那么看重自尊，那么骄傲，做"小"这样的事怎么会发生在自己身上！梁思成又待她如此，她也欣赏他的才华。虽然这么做，对不起一往情深的徐志摩，看到他伤心的模样她也一样痛苦。但是她必须做出一个让大家都满意、顾全大局、损失最小的选择。

这就是林徽因。当年她只有18岁，却能如此冷静地抉择自己的人生。

一切的转折在1923年5月7日。那是林徽因和梁思成感情史上重要的

一天。那天是个阳光灿烂的星期一，大学生上街举行"五七国耻日"（1919年5月7日，日本政府向袁世凯提出卖国二十一条）的游行。梁思成带着弟弟梁思永骑着摩托车，从梁家所在的南长街去追赶游行队伍。当他们经过长安街时，一辆大轿车迎面撞上了摩托车。悲剧只在刹那间，摩托车被撞翻，重重地把梁思成压在了下面，梁思永被甩出去老远。坐在轿车里的官员视而不见，命令司机继续前行。梁思永挣扎着爬起来，流了很多血。他发现哥哥不省人事，慌忙赶回家叫人。一个仆人赶到车祸现场背回了梁思成。

被带回家的梁思成眼珠已经不会转了，面无血色，一家人见状大哭小叫。刚从陕西赶回来的梁启超极力稳住心神，差人去开车找医生来。大约一个钟头，一个年轻的外科医生像押俘虏似的被带来了。检查之后断定梁思成左腿骨折，马上送去了协和医院抢救。

梁家两兄弟住在同一间病房，弟弟一个星期就出院了，梁思成得在这里待上八个星期。

得到消息后的林徽因立刻赶到协和医院。梁家上下全挤在病房里。梁启超安慰惊慌的林徽因："思成的伤不要紧，医生说只是左腿骨折，七八个星期就能复原，你不要着急。"

林长民和夫人随后也赶来了。两家从中午守到傍晚，送来的饭菜在桌子上冷了热，热了冷，谁也没有心思动筷子。林徽因呆呆地坐着，梁思成每一声呻吟她都跟着疼。

林徽因从学校请了一个星期的假在医院照顾梁思成。她寸步不离地守在梁思成的病床前，细心地喂饭喂药。梁思成刚动过手术，身子不能动弹，但精神却一下子好了很多。徽因怕他无聊，就经常拿报纸来给他读上面的新闻。有一回她给梁思成看《晨报》，开玩笑地说："你看，你成明星啦。"原来是他车祸的消息上了头条。

梁思成看了一眼，苦笑着说："这我倒不感兴趣，你在这儿陪我，就三生有福了。"

一旁的李惠仙却皱起了眉头。

梁思成身体还很虚弱，动一下都很困难，林徽因就一次次帮他翻身，尽管动作已经尽量轻柔，梁思成还是大汗淋漓。徽因顾不得自己擦汗，便用帕子先给梁思成擦拭额头。每当这时，李夫人就不高兴地把帕子抢过去，弄得徽因也有些尴尬。

梁启超却很高兴。他知道夫人对现代女性有成见，就出来打圆场："这本来就是徽因应该做的事嘛。"

其实梁启超一直担心徐志摩和林徽因旧情复燃，伤了儿子的感情，梁家也没面子。特别是之前和徐志摩通过信，学生态度坚定地表白了心意，令他如芒在背。再加上同样受过西方教育的林徽因，他的忧心并不多余。好在这次的意外事故，歪打正着地检验了林徽因对梁思成的感情。梁启超看到了一个有情有义、善良懂事的好女孩。心里的一块大石头终于放了下来，喜不自禁。

最开始的时候医院认为梁思成没有骨折，不需要手术，后来诊断是复合型骨折，到五月底已经做了三次手术。从那时起，梁思成的左腿比右腿短了一截，造成后来的终生跛足。

梁启超借着养伤的这段时间，让儿子研读中国古代经典名著，从《论语》《孟子》开始，到《左传》《战国策》等等一一涉猎，用以积累他的知识。

李夫人对撞伤梁思成的官员恼火不已，她亲自登门拜访黎元洪，要求处罚那个官员，最后说是司机的失职，李夫人不接受这个敷衍，直到黎元洪替那个官员道歉为止。

一个半月后，林徽因带着一束花来接梁思成出院。这个时候她已经从教会女中毕业，考取了半官费留学。

大概就是这场车祸彻底坚定了林徽因要和梁思成一道走下去的信念吧？因为照顾病人，林徽因和梁思成才有了自恋爱以来从未有过的频繁的

亲密接触。这次有惊无险的意外让林徽因看清了自己的心，她和梁思成再不能轻易地别离了。

我们总是失去了才懂得珍惜。老天慷慨地给了林徽因弥补的机会，在一切还来得及的时候让她重新选择安排自己的缘分。如果没有这次生死考验，也许林徽因还在徐志摩和梁思成之间苦恼不已。其实命运不一定残酷，在你感到迷茫的时候它会给你暗示，让你选择自己想要走的路。虽然选择也会有得有失，但人生本就不能完全无憾。

对于已经不再相爱的那个人，有人选择还是朋友，有人老死不相往来。这两种态度不能说谁对谁错，因为性格决定选择，想要以何种关系继续以后的生活，就要保证自己不被那种关系所搅乱。林徽因和徐志摩此后一直是好朋友，因为林徽因够理智够清醒，她知道自己的心已经给了梁思成，再无可能与他分开，所以才能坦然地与徐志摩相处。

人的一生终究是一个人的一生。不是说要孤独终老，而是大家各自有所追求，有缘分就相遇，有缘无分，情深缘浅是常事，分开也未尝就会痛苦得无法自持。人生如戏，一场落幕下一场又要开始，自然也不必过分耽于昨天。你记得也好，你忘记也罢，生命本就如轮回一般，来来去去，何曾为谁有过丝毫停歇。

一生挚爱，一生等待

人生若只如初见，何事秋风悲画扇。可人生又怎能只如初见。如果说初见灿若春花，携手一段漫长人生，便可看秋叶之静美了。只是情到薄处，难免会有所失落，怅惘追忆曾经之美好。然而亦有些人，爱上了便可情深不寿。在他的生命中，所有光阴都如初见时美好绝伦。

真爱无悔，无论你我以何种方式对待自己的情感。只要付出过，珍重过，拥有过，便是爱的慈悲。相离亦不一定是背叛，给彼此一个美好祝福，或许都会海阔天空。

有人说衡量一位女性有多大魅力，看看她身边的男性质量如何就知道了。这么说的话，林徽因必定是个风姿绰约、魅力超凡的女性了。建筑学家梁思成是她的丈夫，新月派诗人徐志摩是她的知己。还有一位一直与林徽因联系在一起的优秀男人，就是"择林而居"的哲学家金岳霖。

很多年前的清华大学清华园，有几位著名人物，人称"清华三苏"，同时也是著名的单身汉三人帮。其中有个哲学家叫金龙荪的，就是金岳霖，大家都习惯喊他老金。

老金生长于三江大地，年长梁思成六岁。他自幼聪慧，小小年纪便考进清华。1914 年毕业后留学英美。刚到美国的时候，他服从家人的安排读商科，后来到哥伦比亚大学改学政治学，仅两年就拿到了博士学位。在美国短期任教后，他又游学欧洲近十年。有一天，他在巴黎大街上闲逛的时候，忽然听得一帮法国人在那里激烈地辩论，他越听越有兴趣。于是这位政治学博士转攻逻辑学，并将之作为自己终身的事业。

金岳霖也按照当时风行的"清华——放洋——清华"的人生模式，从欧洲回国后执教于清华哲学系，看上去又回到了起点。但此"点"绝非彼"点"。不一样就是不一样。金岳霖受了十几年欧美文化的熏陶，生活作风相当洋化。他在清华教书的时候，总是一身笔挺的正装，打扮入时。加上超过 180 公分的个子，仪表堂堂，非常有绅士派头。清华哲学系最初只有一位老师，就是老金，当年他只有三十出头。但逻辑学这门年轻的学科，差不多就是这位年轻的学者引进中国的。时人有言，中国只有三四个分析哲学家，金岳霖是第一个。张申府说："如果中国有一个哲学界，那么金岳霖当是哲学界之第一人。"

关于老金的逸闻趣事，最引人注目的就是他暗恋建筑学家、诗人林徽因，并为之终身未娶。据说老金在英国读书时，收获不少外国女同学的爱慕，

其中一位金发美人丽琳还跟着他来到了中国，并同居了一段时间。在当时看来，这位丽琳属于女性中的异类，她是个不婚主义者，但对中国的家庭生活极为有兴趣，表示要以同居的方式体验中国家庭内部生活与爱情的真谛，于是便和老金在北平同居下来。

至于这位美国美人何因何时离开老金回国，在文献中记载极少。或许是当时的文人们欲维护老金颜面，对此事大多讳莫如深。我们能知道的就是，随着老金和梁氏夫妇结为好友，思维和处事方法极另类的哲学家就打包行李搬到北总布胡同三号"择林而居"（老金语）了。

老金晚年回忆说："他们住前院，大院；我住后院，小院。前后院都单门独户。30 年代，一些朋友每个星期六有集会，这些集会都是在我的小院里进行的。因为我是单身汉，我那时吃洋菜。除了请了一个拉东洋车的外，还请了一个西式厨师。'星期六碰头会'吃的咖啡冰淇淋和喝的咖啡都是我的厨师按我要求的浓度做出来的。除早饭在我自己家吃外，我的中饭、晚饭大都搬到前院和梁家一起吃。这样的生活一直维持到七七事变为止。抗战以后，一有机会，我就住他们家。"老金还说"一离开梁家，就像丢了魂似的"。

老金因为一直单身，没有什么牵绊，所以始终是梁家聚会上的座上宾。梁家和老金志趣相投，背景相似，交情自然非比寻常。老金对林徽因的才华人品赞不绝口，对她本人亦是呵护有加。徽因对老金则有一种后辈对前辈的仰慕之情，两人感情甚笃。徐志摩去世后，金、林二人交往越发亲密。

关于林徽因和金岳霖的这段感情，多年之后梁思成曾有过谈论。梁思成第二任夫人林洙说："我曾经问起过梁公关于金岳霖为林徽因而终身不娶的事。梁公笑了笑说：'我们住在总布胡同的时候，老金就住在我们家后院，但另有旁门出入。可能是在 1931 年，我从宝坻调查回来，徽因见到我哭丧着脸说，她苦恼极了，因为她同时爱上了两个人，不知怎么办才好。她和我谈话时一点不像妻子和丈夫谈话，却像个小妹妹在请哥哥拿主意。听到这事我半天说不出话，一种无法形容的痛苦紧紧地抓住了我，我感到血液也凝固了，连呼吸都很困难。但我感谢徽因，她没有把我当一个傻丈夫，她对我是坦白和信任的。我想了一夜该怎么办。我问自己：徽因到底和我幸福还是和老金一起幸福？我把自己、老金和徽因三个人反复放在天秤上衡量。我觉得尽管自己在文学艺术各方面有一定的修养，但我缺少老金那哲学家的头脑，我认为自己不如老金，于是第二天，我把想了一夜的结论告诉徽因。我说她是自由的，如果她选择了老金，祝愿他们永远幸福。我们都哭了。'"

林徽因把梁思成的话告诉了老金，老金对她说："看来思成是真正爱你的，我不能去伤害一个真正爱你的人。我应该退出。"从那以后，林徽因和梁思成再未谈及此事。

老金是个守信用的人，林徽因同样是个诚实的人。他们三人始终是很好的朋友。"我自己在工作上遇到难题也常去请教老金，甚至连我和徽因吵架也常要老金来'仲裁'，因为他总是那么理性，把我们因为情绪激动而搞糊涂的问题分析得一清二楚。"梁思成说。

从好事者的调查猜测和可考证的文字看，这三人的关系很像西洋小说中的人物关系，这个故事的结局是：林徽因、金岳霖一直相爱、相依、相存，但又无法结为夫妇。老金孑然一身，默默地守护着心中挚爱。怎奈天意弄人，徽因红颜薄命，这趟爱情旅行只剩下老金踽踽独行了。

事实上，上面梁思成的那些话出自林洙所写的《梁思成、林徽因与我》。当她写这段故事的时候，三个当事人已全部作古，是否完全还原事实无从考证。总之，只要一提起林徽因和金岳霖，大家必说起这个故事并唏嘘感动一番，到了这份儿上，也就无必要评判真假了。

老金大概真的对林徽因有感情，只是感情的深浅、表达的程度，特别是林徽因的回应，从旁的地方很难得到证实。旁证倒也不是没有，但都像白开水一样，缺乏好事者期待的那种惊世骇俗的浪漫。

　　汪曾祺先生在《金岳霖先生》一文中记载，林徽因去世以后，有一天老金在北京饭店请客，老友们收到通知都很纳闷儿怎么老金忽然要请客呢？到了之后，金岳霖才宣布："今天是林徽因的生日。"

　　林徽因对金岳霖的回应有一个算得上可靠的证据。她在 1932 年元旦写给胡适的信中提到老金时，称他为"另一个爱我的人"。

　　在林、梁、金三人中最长寿的是老金，享年 89 岁。晚年的老金和林徽因的儿子梁从诫生活在一起，从诫以"尊父"之礼事之，称之为"金爸"。不过这也没什么可惊讶的，老金在梁家住过，后来梁家搬到四川，老金住在好友钱瑞升家里时，钱家的孩子也是亲热地喊他"金爸"。

　　老金晚年时，有人请求他给再版的林徽因诗集写一些话。他考虑良久，拒绝了。"我所有的话都应当同她自己说，我不能说。"停顿一下，补充道，"我没有机会同她自己说的话，我不愿意说，也不愿意有这种话。"

　　喜欢一个人，爱一个人，是一件沉重而长远的事，可能会是一生一世。这要靠行动而非语言。喜欢，或者爱，于用情至深之人，是千钧的重量，一旦化成语言就减轻了分量；是付出，而非索取，一旦索取就不再纯粹。

　　佛把他变成了一棵树，永远等在她必经的路旁。世上再无金岳霖，那份可能称之为"爱"的感情，也永远无法复制。

岁月静好现世安

新月

那个为爱而生的诗人曾对他的朋友说："我要把生命留给更伟大的事业呢。"但这事业终究是未完成。有人说，徐志摩再走下去，也许会长大，孩子总有一天会看清现实的样子，上天没有再给他十年。所以他永远单纯着信仰，怀抱着赤子的天真。

一提到"新月"会想起什么？

诗哲泰戈尔的《新月集》是自然的。这本诗集的名字同样也是中国现代新诗史上一个重要流派的名字。闻一多曾在《诗的格律》中提出著名的"三美"主张，即"音乐美（音节）、绘画美（辞藻）、建筑美（节的匀称和句的均齐）"。它是针对当时的新诗形式过分散体化而提出来的。这一主张奠定了新格律学派的理论基础，对新诗的发展做出了一定的贡献。因此，新月派又被称作新格律诗派。后期新月派提出了"健康""尊严"的原则，坚持的仍是超功利的、自我表现的、贵族化的"纯诗"的立场，讲求"本质的醇正、技巧的周密和格律的谨严"，但诗的艺术表现、抒情方式与现代派趋近。

说新月派，自然不能不说写《再别康桥》的徐志摩。

一切开始于北京西单附近的石虎胡同七号。那里有一座王府似的宅子，古树参天。这座宅子名气不小，住过平西王吴三桂，清代名臣裘曰修也曾是它的主人。还有人说这宅子里闹鬼，是座凶宅。后来维新派大人物梁启超把松坡图书馆专门收藏西书的分馆办在这里。徐志摩从英国回来，在图书馆当英文干事，将其中的一间房屋作为自己的居所。

1924 年初春，林徽因走进了石虎胡同七号。

这座宅子有两进两出的幽静的庭院。院落不大，布局倒是严谨有加，一正两厢，掠檐斗拱，颇为气派。乍暖还寒，院子里的柿子树槐树还未返青，只在枝梢上泛出些微的绿意。倒是那藤萝耐不住性子，迎着稀薄的日光抽出黄绿色的新叶来，料峭春寒好像也不那么漫长了。那是个微弱的季节，同时也是不可忽视的力量。

林徽因推开北正厅的大门，迎接她的是粉刷一新的墙壁和新铺的红地毯。地毯四周摆放了一圈沙发。房间被打扫得窗明几净，几盆仙客来竞相绽放，粉白紫红相间的娇嫩的花瓣如颤动的蝴蝶的翅膀，仿佛就要振翅向春天飞去了。

那个春天，徐志摩正等待着泰戈尔来华。有人说徐志摩伶俐会来事儿，定是为了讨得诗哲欢心，才应景似的将自己创立的团体命名为"新月"。徐志摩的"新月社"当然与《新月集》有联系，可"新月"二字，自然也镌刻着徐志摩的追求。

徐志摩喜欢月，写过许多和月有关的诗，人也如月般浪漫，情感如月般明澈，毫无遮掩。这正应和了新月的清澈明亮。但同时这也是他遭遇情感风波和文坛风波的原因。

就连徐志摩自己都无法确定，自己一个二十几岁，毫无根基的青年究竟能做出些什么成就来。那时候，一大批青年学子海外归来，北京城里藏龙卧虎。你看那逼仄胡同里一扇不起眼的门后，不定就坐着个惊才绝艳的人中龙凤。一场新文化运动催生了多少雨后春笋，文学研究社，创造社锋芒毕露；《小说月刊》《新青年》风生水起。清丽的月光真的能照彻他的理想吗？

徐志摩没有太多时间考虑这些，眼下他正红着眼睛忙碌着。今天是个重要的日子，为了筹备新月社成立，他已经连续数日寝食不安了。这件事确实为难了他，筹集经费，请厨师，粉刷房屋，事事都得操心。多亏有个

能干的黄子美跑前跑后地帮衬，也亏得徐申如与儿子冰释前嫌，慷慨解囊，这个由周末聚会托生的新月社才不致胎死腹中。

"好漂亮哟！"林徽因带着福建官话味儿的京片子脆生生的俏皮。

"让林小姐夸奖可不容易呀！"徐志摩打趣说，一边给她搬来一把椅子。

林徽因哪里闲得住，她兴致勃勃地绕着大厅走了一圈儿，又去院子里看藤萝。她惊奇地叫起来："志摩你看！这藤萝出新叶啦！用不了多久就会有一串一串的紫花开出来，那时这小院就更美啦。"

徐志摩的布满血丝的眼睛亮起来："新月社就像这藤萝一样，有新叶就会有花朵，看上去那么纤弱，可它却是生长着，咱们的新月也会有圆满的一天，你说是吗？"

林徽因连连点头。

"就凭咱们这一班儿爱做梦的人，凭咱们那点子不服输的傻气，什么事干不成！当年萧伯纳、韦伯夫妇一起，在文化艺术界，就开辟出一条新道路。新月、新月，难道我们这新月是用纸板剪成的吗？"

"把树都给栽到一处，才容易长高啊！"林徽因不无感慨地说。

"咱们有许多大事要做，要排戏，要办刊物，要在中国培养一种新的风气，回复人的天性，开辟一条全新的路。"徐志摩说，"眼下最重要的是排练《齐德拉》，到时候你可是要演马尼浦王的女儿呢。"

说到专门为了泰戈尔来华排练的舞台剧，林徽因的情绪更加热烈起来。

社员们三三两两地走进了院子。

胡适是第一个来的。穿一件蓝布棉袍，袖着手。这位蜚声中外的学者看起来倒像个乡塾冬烘先生。一进门，就冲着厨子用徽州土话嚷："老倌，多加点汕啊！"

徐志摩笑说："胡先生，给你来个一品锅怎么样啊？保险不比江大嫂手艺差！"

林徽因拊掌笑起来。难得这位不苟言笑的胡博士幽上一默。

随后来的是陈伯通和凌叔华。陈伯通瘦高个儿，温文尔雅，一副闲云野鹤的派头；凌叔华安安静静的，鹅蛋脸上挂着淡淡的微笑。

高个头儿的金岳霖侧着身子进来。林徽因笑道："老金一来，这屋子就矮了！"

大家都笑起来。

梁启超和林长民这对老友姗姗来迟。梁启超穿着宽大的长袍，秃顶宽下巴，看着倒也精神潇洒。他左顾右盼一番，赞道："收拾得不错，蛮像样子的嘛！"

一屋子的人吵闹着："今天林先生来晚了，罚他唱段甘露寺！"

林长民抱拳过头向四座拱手道："多谢列位抬举，老夫的戏从来是压轴的，现在不唱！现在不唱！"

这些在中国现代文化史上留下名字的天之骄子谁也没有意识到，他们以泰戈尔诗集命名的这个小小的社团，就在这初春里的平平常常的一天，走进了新文化运动的历史。

尚且年轻的林徽因自己也没有注意到，她将和这些文采飞扬的朋友、前辈们一起，为改变中国现代文坛的格局留下清新却坚实有力的一笔。

苍松竹梅三友图

流水过往，一去不返，可人又是为何在悲伤惆怅的时候无法抑制地怀想从前呢？大抵是我们都自知太过庸常，经不住平淡流光日复一日的冲刷。想当初立于别离的渡口。多少人说出誓死不回头的话语。末了偏生是那些人需要依靠回忆度日，将泛黄的过往前尘一遍又一遍阅读，泪水涟涟。

1924年4月23日，9时24分。墨绿色的车厢如同从远海归航的古船停泊在了北京前门火车站的月台上。一群文化名人装扮一新，神情严肃中透

出期待和焦急。梁启超、蔡元培、胡适、蒋梦麟、梁漱溟、辜鸿铭、熊希龄、范源濂、林长民等人或西装革履，或长衫飘逸，个个气度不凡。万绿丛中一点红的林徽因，着咖啡色连衣裙搭配米黄色上装，素净淡雅。她手捧一束红色郁金香，年轻娇美的面容被衬托得更加动人。

车门打开。

一位头戴红色柔帽，身穿浅棕色长袍，鹤发童颜，长髯飘逸的老人在一个清秀的中国青年的搀扶下下了车。林徽因感到自己的心跳一下子加快了。这就是得到诺贝尔奖的诗哲泰戈尔吗？分明是慈眉善目的东方寿星呀。林徽因觉得他仿佛来自一个童话世界，一个圣灵的国度。如果不是同时下车的徐志摩提醒，她差点忘了献上手中的花。

鞭炮响了，是一千响的霸王鞭。这是最具中国古典韵味的欢迎仪式。泰戈尔兴奋地展开双臂，像个孩子那样地笑着，好像要拥抱这座尊贵古老的皇城。

从 4 月 12 日 "热田丸" 号徐徐驶入黄埔江开始，中国知识界的神经就已经兴奋起来了，泰戈尔也同样激动，他终于来到了这个早已心向往之的国度。桃花似锦的龙华，草长莺飞的西湖，六朝烟霞的秦淮……都深深吸引这位印度诗人。泰戈尔踏访遗迹，发表演讲，与学者们交流互动，乐此不疲。徐志摩作为忘年交的好友和翻译一直陪伴在他身边。

泰戈尔访华的演讲稿是徐志摩事先翻译好的，诗哲的行程也是他精心安排的。他们在这段朝夕相处的日子谈创造的生活，谈心灵的自由，谈普爱的实现，谈教育的改造。在杭州游西湖时，徐志摩一时诗兴大发，在一株海棠树下作诗达旦。梁启超特别集宋人吴萌宵、姜白石的词作了一首对联赠给学生：

临流可奈清癯，第四桥边，呼棹过环碧

此意平生飞动，海棠树下，吹笛到天明

林徽因的情感也许没有诗人那么外露和激荡，但是她的内心也平静不下来。从泰戈尔到达国内的那天起，她就每天看着报纸为他们计算着行期。对于泰戈尔那些脍炙人口的名作，爱诗的林徽因早已熟烂于心，他时刻都在盼望着能早一点见到这位睿智的偶像。当泰戈尔真正出现在她的眼前时，她就像掉进了一个童话世界似的，几乎要分不清是真是幻了。

鸽哨清亮悠扬地划过碧空如洗。日坛公园的草坪修剪一新，阳光铺展其上，每一片草叶都闪耀着淡淡的金色光泽，蒸发起令人心情舒畅的植物清香。那是一种令人想起梦境中的故园的清香，遥远、古老而又安宁。

欢迎泰戈尔的集会就在这片草坪上进行。原本的计划是在天坛公园集会，但天坛公园是收门票的，考虑到学生们大多经济不自由，于是改在免费的日坛公园。

林徽因挽扶着泰戈尔登上演讲台，担任同声翻译的是徐志摩。当天京城的各大报纸都在头条报道了这次集会的盛况。说林小姐人艳如花，和老诗人挟臂而行，加上长袍白面，郊寒岛瘦的徐志摩，犹如苍松竹梅的一幅三友图，林徽因的青春美丽、徐志摩的风度翩翩，和诗哲的仙风道骨相映成趣，一时成为京城美谈。

泰戈尔的即兴演讲，充满了真挚、亲善的情感。他说："今天我们集会在这个美丽的地方，象征着人类的和平、安康和丰足。多少个世纪以来，贸易、军事和其他职业的客人，不断地来到你们这儿。但在这以前，你们从未考虑过邀请任何人，你们不是欣赏我个人的品格，而是把敬意奉献给新时代的春天。"

老人清清嗓子接着说："现在，当我接近你们，我想用自己那颗对你们和亚洲伟大的未来充满希望的心，赢得你们的心。当你们的国家为着那未来的前途，站立起来，表达自己民族的精神，我们大家将分享那未来前途的愉快。我再次指出，不管真理从哪方来，我们都应该接受它，毫不迟疑地赞扬它。如果我们不接受它，我们的文明将是片面的、停滞的。科学给

我们理智力量，他使我们具有能够获得自己理想价值积极意识的能力。"

饮了一口林徽因送上的热茶，泰戈尔望着远方的天空，情绪有点激动。

"为了从垂死的传统习惯的黑暗中走出来，我们十分需要这种探索。我们应该为此怀着感激的心情，转向人类活生生的心灵。"他提醒说，"今天，我们彼此命运是息息相关的。归根结底，社会是通过道德价值来抚育的，那些价值尽管随着时间的变化而变化，但仍然具有——道德精神。恶尽管能够显示胜利，但不是永恒的。"他雪白的长髯微微飘拂着，嗓音洪亮，精神矍铄，宛如圣哲站在阿尔卑斯山巅对着全人类布道，"在结束我的讲演之前，我想给你们读一首我喜爱的诗句：

仰仗恶的帮助的人，建立了繁荣昌盛，

依靠恶的帮助的人，战胜了他的仇敌，

依赖恶的帮助的人，实现了他们的愿望，

但是，有朝一日他们将彻底毁灭。"

徐志摩文采飞扬的传译伴随着诗哲淙淙流水般的演讲，让参加集会的学生都出了神。一旁的林徽因不时向他投去赞许的目光。讲演结束之后，林徽因对徐志摩说："今天你的翻译发挥得真好，好多人都听得入迷了。"

徐志摩说："跟泰戈尔老人在一起，我的灵感就有了翅膀，总是立刻就能找到最好的感觉。"

林徽因说："我只觉得老人是那样深邃，你还记得在康桥你给我读过的惠特曼的诗吗？——从你，我仿佛看到了宽阔的入海口。面对泰戈尔老人，觉得他真的就像入海口那样，宽广博大。"

林徽因、徐志摩一左一右，相伴泰戈尔的大幅照片，登在了当天的许多家报纸上，京城一时"洛阳纸贵"。

5月8日，由胡适做主席，400位京城最著名的文化界名人出席了泰戈尔64岁的生日宴会。这是一场按照中国传统方式操办的宴会，泰戈尔得到了十几张名画和一件瓷器作为寿礼，但最让他高兴的是自己有了一个中国名字。命名仪式由梁启超亲自主持。梁启超解释道，泰戈尔的英文名字Rabindranath译作中文即"太阳"和"雷"，"震旦"二字由此而来。而"震旦"恰恰是古代印度称呼中国的名字Cheenastnana，音译应为"震旦"，意译应为"泰士"。梁启超又说，按照中国人的习惯，名字应该有姓，印度国名天竺，泰戈尔当以国名为姓，全称为"竺震旦"。泰戈尔先生的中文名字象征着中印文化永久结合。

同样是为了给泰戈尔祝寿，新月社排演了他根据印度史诗《摩诃德婆罗多》写的《齐德拉》。因是专场演出，且人物对白全部用英语，观众只有几十个人，不太懂英文的梁启超由陈通伯担任翻译。

这是一个与爱情有关的故事。齐德拉是马尼浦国王的女儿，马尼浦王系中，代代都有一个男孩传宗接代，可是齐德拉却是他的父亲齐德拉瓦哈那唯一的女儿，因此父亲想把她当成儿子来传宗接代，并立为储君。公主齐德拉生来不美，从小受到王子应受的训练。邻国的王子阿顺那在还苦行誓愿的路上，来到了马尼浦。一天王子在山林中坐禅睡着了，被入山行猎的齐德拉唤醒，并一见钟情。齐德拉生平第一次感到，她没有女性美是最大的缺憾，失望的齐德拉便向爱神祈祷，赐予她青春的美貌，哪怕只有一天也好。爱神被齐德拉的诚心感动了，答应给她一年的美貌，丑陋的齐德拉一变而成为如花似玉的美人，赢得了王子的爱，并结为夫妇。可是这位女中豪杰不甘冒充美人，同时，王子又表示敬慕那个平定了盗贼的女英雄齐德拉，他不知他的妻子就是这位公主。于是，齐德拉祈祷爱神收回她的美貌，在丈夫面前显露了她本来的面目。

在这个故事里，观众最关注的不是王子公主，而是公主和爱神。林徽因饰演齐德拉，徐志摩扮爱神玛达那。

天鹅绒大幕缓缓拉开了。

林徽因和徐志摩没有想到，他们竟然那么快就进入情境。他们的配合

是如此默契，每一次眼神交汇都是心灵的相连。台词好像不需要记忆，因为完全可以从对方的眼神里读出。真情演绎出的戏剧无疑能打动所有人。他们似乎忘记了舞台的存在，也忘记了台下的观众。当然，他们也无暇注意到台下英文并不灵光的的梁启超的惊愕、愠怒的目光。

演出大获成功。随着幕布的落下，观众纷纷起身鼓掌，为他们精湛的表演叫好。掌声在四壁如潮水般回旋着。泰戈尔登上台，拍着女主角的肩膀赞许道："马尼浦王的女儿，你的美丽和智慧不是借来的，是爱神早已给你的馈赠，不只是让你拥有一天、一年，而是伴随你终生，你因此而放射出光辉。"

尽管林徽因光芒四射的美貌和演技为北京文化界增了光，添了彩，也得到了诗哲的赏识，但梁家可是高兴不起来。李夫人和大女儿梁思顺耿耿于怀，梁思成也有些郁闷。因为一场戏擦出火花，俨然现在八卦绯闻的桥段。但这桩绯闻很难让人不当真。当时周围的朋友都知道徐、林二人余情未了，特别是徐志摩，一直没有完全放弃追求林徽因，这几乎是公开的秘密。他回国后一直殷切地待她，如初见一般温柔热切。就算林徽因当时确实如外界传言的那样有些动摇，也是在情理之中。

但是，林徽因依旧是那个理智得令大多数女性羡慕的林徽因。可能她有过短暂的挣扎矛盾，但她最终选择了远离感情是非。她马上就要跟梁思成一起去美国读书了。

5月20日是泰戈尔离开的日子。在北京时，林徽因一直不离诗哲左右，令泰戈尔欣赏有加。临别时特别写了一首诗赠给林徽因：

蔚蓝的天空

俯瞰苍翠的森林，

他们中间

吹过一阵喟叹的清风。

陪同泰戈尔的徐志摩在靠窗的桌子上铺开纸笔。他不敢看站台上的林徽因。看了又能怎么样呢？他们之间的爱情苏醒宛如一次生命的回光返照。最终他们会渐行渐远，消失在彼此眼里。原来，爱情是这般脆弱呀！简直是不敢相信！

徐志摩匆匆写着：

"我真不知我要说的是什么话，我已经好几次提起笔来想写，但是每次总是写不成篇。这两日我的头脑总是昏沉沉的，开着眼闭着眼却只见大前晚模糊的凄清的月色，照着我们不愿意的车辆，迟迟地向荒野里退缩。离别！怎么能叫人相信？我想着了就要发疯。这么多丝，谁能割得断？我的眼前又黑了！"

徐志摩害怕各种形式的离别，每一次离别对他来说都是一种死亡。他曾私下里对泰戈尔说过自己仍然爱着林徽因，泰戈尔也觉得两人般配，代为求情，却没有使林徽因回心转意。他们这次真的要天各一方了。

徐志摩没有时间写完，火车已经要启程了。他心下焦急，冲向站台。同行的泰戈尔的英文秘书恩厚之见他如此悲伤激动，便将他拦下，替他把信收起。

这封没有写完的信永不会被寄出。

汽笛不解离人的别意，硬是执拗地拉响了。列车缓缓驶出站台。徐志摩朝车窗外看了一眼，所有的景物都一片迷离，他觉得自己那颗心，已经永远地种在了站台上。

灯火飞快地向后退去。

就像自己无疾而终的爱情一样被岁月留在了记忆里。单凭理想和一腔热忱，确实无法与现实抵抗。"去罢，青年，去罢！悲哀付于暮天的群鸦"；从那幻梦里醒过来，"去罢，梦乡，去罢！我把幻境的玉杯摔破"。

绮色佳的枫情

人在梦中总可以随心所欲，犯过的错不必去弥补，闯出的祸事不必去承担。可一旦醒来，飘荡的灵魂始终还是要找寻一个安稳的归宿。怀想往事固然美好，可灯火阑珊之时，一切都该结束，而你我依旧需要独自面对人世纷扰，市井繁华。

正值七月，美国东部的枫叶才刚刚泛出些微的红色。绮色佳这座万树环绕的小城正准备迎接一年中最丰盛最风情的时节。湖光山色没有想象中热烈，反而多了几分庄重素雅。泉水从山涧中潺潺奔流而出，跌宕于岩石之间，形成精巧的瀑布。彩虹在水雾间若隐如现，与红树碧水一起环抱着康奈尔大学。

绮色佳小城居民10000，其中有6000是康大学子。

1924年6月，20岁的林徽因和23岁的梁思成共同赴美，前往康奈尔大学读预科班，为正式读大学做准备。7月7日抵达学校报到。同行的还有梁思成的弟弟梁思永。

康奈尔大学校园夹在两道峡谷之间，三面环山，一面是水光潋滟的卡尤嘎湖。康大的建筑多为奶黄和瓦灰，很是素净。这是一座田园牧歌式的大学城。

刚刚放下行李，他们就立刻办理入学手续。Summer school（暑期班）从今天正式开课，他们已经迟了一天了。报名、缴费、选课……忙碌了好半天才办妥当。林徽因选择了户外写生、高等代数等课程，梁思成则将要学习三角、水彩静物和户外写生。

除了梁思永，一同来康大就读的还有梁思成在清华的好友兼室友陈植。

林徽因喜欢这里的山光水色。这里的美有一种中国山水画的意境，再加之主观的感情渲染，引发了她若有似无的乡恋。这样的美丽陶醉着他们，西方式教学的开放创新也使他们如鱼得水。每天清早，梁思成和林徽因携着画具，伴着鸟鸣去野外感受大自然生动的色彩，心灵得到前所未有的自由的释放。每一天都有不一样的新收获。

最吸引他们的还是康大的校友会。校友会是一栋淡黄色的雅致建筑，大厅里挂着康大从成立以来历任校长的肖像油画。栗色的长桌上，陈列着每一届毕业生的名册，记录了他们在学术和社会贡献上的成就以及对母校的慷慨回馈。毕业生和在校生捐赠的桌椅等物品都刻着捐赠者的名字。

他们在校友会结识了许多新朋友，大家经常聚在一起畅谈理想，讨论人生观，放松时办舞会，生活比国内充实快乐了许多。他们非常珍惜这段生活，因为再过两个月，他们就要按照计划动身去宾夕法尼亚大学攻读建筑专业。这里的每一天，每一分钟都值得用心体会。

但是，新鲜的异国学习生活并不能搬走他们心里压着的那块石头。因泰戈尔访华崭露头角的林徽因，非但没有改变李夫人的偏见，反而更让她不满。李夫人本就不赞同梁、林两家联姻，从这时候起就更加反对。梁思成常常收到大姐梁思顺的信，心中对林徽因责难有加。特别是最近的一封，大姐说母亲重病，也许至死都不会接受徽因做梁家的儿媳妇。

林徽因知道以后非常伤心，梁思成也很焦急，不知道怎么安慰她。徽因无法忍受李夫人和大姐的种种非难，更无法忍受的是他人对她的品行的质疑和独立人格的干预。于是她对梁思成说，summer school 的课程结束后她不准备和他一起去宾大了。她要留在康奈尔，她需要这里恬静的景致和生活为自己疗伤。听到恋人这么说，梁思成的情绪更加低落，很快消瘦下去。他给大姐写信说：感觉做错多少事，就受到多少惩罚，非受完了不会转过来。这是宇宙间唯一的真理，佛教说"业"和"报"就是这个真理。

此时此刻，远在北京独自伤心的徐志摩忽然收到林徽因的一封来信。那信很短，只说希望能收到他的回信。不用写什么，报个平安也好。

徐志摩已经冷却的希望又被点燃了。他生怕写信太慢，连忙跑到邮局

发了一封加急电报给林徽因。从邮局回到石虎胡同，徐志摩一路被兴奋和喜悦包围着。红鼻子老塞拉住他喝酒，喝到半酣，他猛然想起什么，放下酒杯，再次跑到邮局。当他把拟好的电稿交给营业室的老头时，老人看了看笑了："你刚才不是拍过这样一封电报了吗？"徐志摩这才反应过来，不好意思地笑笑。确实，他刚才已经发过一遍了。

回到寓所，抑制不住激动心情的徐志摩备好纸笔，他要立刻给林徽因去一封信。谁成想信没写成，一首诗却满篇云霞地落在纸上。

啊，果然有今天，就不算如愿，

她这"我求你"也够可怜！

"我求你"，她信上说，"我的朋友，

给我一个快电，单说你平安，

多少也叫我心宽。"叫她心宽！

扯来她忘不了的还是我——我

虽则她的傲气从不肯认服；

害得我多苦，这几年叫痛苦

带住了我，像磨面似的尽磨！

还不快发电去，傻子，说太显——

或许不便，但也不妨占一点

颜色，叫她明白我不曾改变，

咳何止，这炉火更旺似从前！

我已经靠在发电处的窗前，

震震的手写来震震的情电，

递给收电的那位先生，问这

该多少钱，但他看了看电文，

又看我一眼，迟疑地说："先生

您没重打吧？方才半点钟前，

有一位年轻的先生也来发电，

那地址，那人名，全跟这一样，

还有那电文，我记得对，我想，

也是这……先生，你明白，反正

意思相似，就这签名不一样！"——

"哦！是吗？噢，可不是，我真是昏！

发了又重发；拿回吧！劳驾，先生。"——

当这首诗寄到绮色佳的时候，林徽因已经在医院的病床上躺了好几天了。她发着高烧，分不清是梦里还是醒着，是幻觉还是真实。她一会儿感觉自己躺在冰冷的山谷里，周围没有花朵，没有清泉，黑夜像一只怪兽的大嘴吞噬着她，又像一只沉重的大钟扣在她的头顶。一会儿又漂流在茫茫然的海上，望不到尽头的海，鱼儿在天空游着，飞鸟掠过海底，海浪摇晃着她疲倦的身体，越来越厉害，她感到头晕目眩……不行，不敢睁开眼睛，那太阳就在离她很近很近的地方，一定会被灼伤瞳孔……

当她终于张开双目的时候，看到的是淡金色的阳光洒在窗帘上，温暖却不刺眼。她艰难地动了一下，稍稍转过头，床头有一束新鲜的花，刚刚从山野采来的花，露水还未来得及蒸发掉，在花瓣上晶莹闪烁着。

一只手轻轻放在她的额头上。她听到梁思成如释重负的声音："烧总算退了一点儿，谢天谢地。"

林徽因看向梁思成，见他双眼通红，笑容疲惫，面色十分难看，心里就有了不好的预感。

勉强吃了点东西，林徽因总算觉得好了些。梁思成扶着她坐起来，从口袋里掏出一封电报给她看：母病危重，速归。

1922年，李夫人在马尼拉做了癌切除手术，当时姐夫周希哲任菲律宾

使馆总领事，大姐一家住在那里，夏天父亲梁启超派梁思成到马尼拉把母亲接回天津。此时林徽因知道李夫人的病已到晚期，日子不能长久了。她焦急地问："你准备什么时候起程？"

梁思成说他已经往家里拍了电报，说不回去了。

林徽因住院的那段时间，梁思成每天早晨采一束带露的鲜花，骑上摩托车，准时赶到医院。每天的一束鲜花，让她看到了生命不断变化着的色彩。一连许多天，她整个的心腌渍在这浓得化不开的颜色里。

当他们结束了 summer school 的课程，准备一同前往宾夕法尼亚大学时，绮色佳漫山遍野的枫叶正如火一般燃烧着……

筑梦宾大

日子又回到了往日的平静，两片流云短暂交会后，飘向不同的方向。同在一片天空，自会有难免的交集，但分离之后能换来长久的安稳亦是值得。离别并非只会带来永无休止的牵挂和痛苦，人事万物自有它的去处，况且还有那么多至美的梦等着你我去营造。咖啡虽不是纯粹的甘甜，你沉浸于浓郁的芬芳，亦会忘记那最初的苦涩。

宾夕法尼亚州别名"拱顶石"，是美国东部的工业大州。首府费城坐落在特拉华额丘尔基尔两条河流涨潮时的交汇处。这里曾是美利坚合众国的第一个首都所在地。从丘尔基尔河开始，是费城的西城，闻名全球的宾夕法尼亚大学就建在河的西岸。

成立于 18 世纪的宾夕法尼亚大学属于常春藤大学联盟，是一间以浓厚的学术氛围闻名的大学，历任校长思想活跃，研究院办得也很出色。梁思成就读的建筑学研究院就是宾大的招牌研究院之一。法国建筑师保尔·P.克雷（1876～1945）在那里主持建筑学研究院的教学工作。克雷 1896 年进入巴黎美院就读，接受了建筑、建筑史及简洁漂亮的透视图的强化训练。此时克雷已经在建筑和数学方面崭露头角。他的设计包括华盛顿泛美联盟大厦、联邦储备局大厦和底特律美术学校等有名的建筑，充分显示了他的才华和实力。

宾夕法尼亚大学与德克莱赛尔大学比邻而建，与哈佛大学、斯坦福大学并列全美最好的三所大学。

9月，梁思成和林徽因结束康奈尔的 summer school，一同前往宾大正式读大学。梁思成很快便入读了建筑学研究院。但林徽因却得到一个令人沮丧的消息，建筑系不招收女生。校方给出的解释是：建筑系学生经常需要熬夜画图，一个女孩子处在这样的环境中比较危险。林徽因只好"曲线救国"，和美国女学生一样去读美术系，注册的是戏剧学院舞台美术设计专业，辅修建筑系的主要课程。

这样，林徽因和梁思成就成了同窗，一起上课，一起完成设计作业。没课的时候，林徽因、梁思成就会约上早一年到宾大的陈植，去校外郊游散步。兴致好的时候，他们便坐了车子到蒙哥马利、切斯特和葛底斯堡等郊县去，看福谷和白兰地韦恩战场、拉德诺狩猎场和长木公园。林徽因和梁思成对那里的盖顶桥梁很感兴趣，总是流连忘返，陈植却醉心于那连绵起伏、和平宁静的田园。有时三个人也会去逛逛集贸市场。在农家的小摊上，总能买到各种新鲜的水果和蔬菜，林徽因喜欢吃油炸燕麦包，梁思成却喜欢黎巴嫩香肠和瑞士干奶酪，陈植说他什么也吃不惯，只是喜欢独具风味的史密尔开斯。劳逸结合，求学生活过得倒也惬意。

林徽因漂洋过海来到美国追求自己的建筑梦，只因为性别就被轻飘飘地拒之门外，要强的她怎么会就此甘心？她的倔强和才华注定不会令她埋没于人。她只是一个建筑系的旁听生，却和其他正式的学生一样认真地上课，交作业，交报告。她的成绩不是第一也是第二。她和梁思成共同完成的建筑图给当时一位年轻的讲师约翰·哈贝逊留下了极深的印象。后来哈贝逊

成为著名的建筑师，还能回忆起那份"棒极了"的作业。

天道酬勤，林徽因很快得到了应得到回报。从 1926 年春季开始，她就成为了建筑设计的业余助教；在 1926～1927 学年又升为该专业的业余教师。

林徽因的厉害之处在于，不仅仅靠着勤奋和天赋得到学业上的成功，同时也能拥有良好的人际关系而绝非只是个两耳不闻窗外事的书呆子。那个时候，美国的学生戏称中国来的留学生为"拳匪学生"，因为他们非常刻板和死硬，只会埋头死读书，极少交际。只有林徽因和陈植例外。林徽因外表美丽，能讲很棒的英文，活泼健谈，走到哪里都是焦点，大家都喜欢跟她做朋友。陈植常在大学合唱俱乐部里唱歌，大方幽默，也是最受欢迎的男生。

与他们相反，梁思成是一个严肃用功的学生。而林徽因在学业上也和人际关系上一样，思维活跃富于创造性。她常常是先画一张草图，随后又多次修改，甚至丢弃。当交图期限快到的时候，还是梁思成参加进来，以他那准确、漂亮的绘图功夫，把林徽因绘制的乱七八糟的草图，变成一张清楚而整齐的作品。

1926 年 1 月 17 日，一个美国同学比林斯给她的家乡《蒙塔纳报》写了一篇访问记，记录了林徽因在宾大的学习生活：

她坐在靠近窗户能够俯视校园中一条小径的椅子上，俯身向一张绘图桌，她那瘦削的身影匍匐在那巨大的建筑习题上，当它同其他三十到四十张习题一起挂在巨大的判分室的墙上时，将会获得很高的奖赏。这样说并非捕风捉影，因为她的作业总是得到最高的分数或是偶尔得第二。她不苟言笑，幽默而谦逊。从不把自己的成就挂在嘴边。

"我曾跟着父亲走遍了欧洲。在旅途中我第一次产生了学习建筑的梦想。现代西方的古典建筑启发了我，使我充满了要带一些回国的欲望。我们需要一种能使建筑物数百年不朽的良好建筑理论。

"然后我就在英国上了中学。英国女孩子并不像美国女孩子那样一上来就这么友好。她们的传统似乎使得她们变得那么不自然的矜持。"

"对于美国女孩子——那些小野鸭子你怎么看？"

回答是轻轻一笑。她的面颊上显现出一对色彩美妙的、浅浅的酒窝。细细的眉毛抬向她那严格按照女大学生式样梳成的云鬓。

"开始我的姑姑阿姨们不肯让我到美国来。她们怕那些小野鸭子，也怕我受她们的影响，也变成像她们一样。我得承认刚开始的时候我认为她们很傻，但是后来当你已看透了表面的时候，你就会发现她们是世界上最好的伴侣。在中国一个女孩子的价值完全取决于她的家庭。而在这里，有一种我所喜欢的民主精神。"

可能是因为林徽因那太过早熟、压抑的童年，让她能在这个自由的环境里感受到更大的快乐和放松。这一株青春的树终于可以肆无忌惮地碰触阳光了。这里的氛围是明朗的，同窗好友充满朝气的笑声让人越发感到年轻的活力。她可以大声地讲笑话，开心地笑闹，没有人会干涉她。严格的父亲，愤愤不平的母亲，畸形的家庭关系……这些纠缠她多年的束缚终于解开了。在这个新世界，每个人都心无芥蒂地喜欢着她。虽然功课繁重，但她仍然可以和同学看戏、跳舞、聚会。她加入了"中华戏剧改进社"，生活看起来真是好极了。

可是作为林徽因的男朋友，准确说是未婚夫，梁思成可是有点介意了。自己的女朋友是这么耀眼又这么美丽，欢喜之余有着同样多的担心。她对所有人都那么友好，包括对着各式各样的仰慕者也不吝甜美的笑容。林徽因的长袖善舞让梁思成坐立不安。他在学业上比起林徽因毫不逊色，甚至更加优秀。他在大学里曾获得过两个建筑设计方面的金奖，但他觉得这样还不够，距离他的理想还差很远的距离。他写信给父亲坦白自己在学业上的迷茫和失落，梁启超回信鼓励他"但问耕耘，莫问收获"。他用的功不比林徽因少，成绩不比她差，但在性格上没有那么外放，总给人严肃的感觉。更重要的是，她是将要和他共度一生的人，难道不应该在交往上收敛一点

么？难道不应该凡事征求一下他的意见么？但是女友似乎更愿意自由自在地做她的"菲利斯"，而把"梁夫人"丢在了一边。

这对日后携手为中国的建筑学研究做出重大贡献的年轻恋人，也像所有的小情侣一样有着这样那样的矛盾，为一些小事情争执不休。事实证明梁启超推迟孩子们的婚期的决定是对的，他们必须经过充分的了解、磨合，才能更理智地面对婚姻。不意百炼钢，化作绕指柔。两人在依恋、争吵、怀疑的轮回中找到了平衡之道，这也是后来他们几十年稳固婚姻的基础。

虽然有着不可避免的龃龉，林徽因和梁思成在宾大的大部分时间还是充实快乐的。他们常常会去博物馆。宾夕法尼亚大学博物馆规模不大，但名声颇不小，且离建筑系很近，不上课的时候，林徽因便拉了梁思成去那里转转。博物馆里珍藏着来自全世界各个国家的珍贵文物，唐太宗陵墓的六骏中的两骏"飒露紫"和"拳毛䯄"竟也被放在这里。

六骏原是唐太宗李世民在创建唐王朝的各次征战中的坐骑，贞观十年（公元636年），天下大定，李世民命画家阎立本绘制其所骑骏马图，并分别雕刻在六块高1.7米、宽2米左右长方形石灰岩上。每块石灰岩的右上角刻有马的名字，注明此马是李世民对谁作战时所乘用的，并刻有李世民的评语。这些石雕原本存于昭陵，帝国主义入侵我国，这两骏被盗至美国费城大学博物馆。林徽因曾在昭陵见过的四骏的名字是："青骓""什伐赤""特勒骠""白蹄乌"。她曾惊奇于这艺术品的细腻和气派，一匹匹石马或奔跑，或站立，栩栩如生，仿佛看到它们在万里征尘之中飞扬的长鬃，仿佛听到它们在关山冰河之中划破长天的嘶鸣。她没有想到，它们中的两匹，竟孤独地远渡重洋，遗失在异国他乡，同她在这里邂逅。

梁思成主业虽然是建筑，但他在音乐和绘画方面都有很好的修养。他在宾大的第一件设计作品便是给林徽因做了面仿古铜镜。那是用一个现代的圆玻璃镜面，镶嵌在仿古铜镜里合成的。铜镜正中刻着两个云冈石窟中的飞天浮雕，飞天的外围是一圈卷草花纹，花环与飞天组合成完美的圆形图案，图案中间刻着：徽因自鉴之用，思成自镌并铸喻其晶莹不珏也。

林徽因不由得赞叹梁思成的绝妙手艺："这件假古董简直可以乱真啦！"

梁思成说："做好以后，我拿去让美术系研究东方美术史的教授，鉴定这个镜子的年代，他不懂中文，翻过来正过去看了半天，说从来没见过这么厚的铜镜，从图案看，好像是北魏的，可这上面的文字又不像，最后我告诉教授，这是我的手艺。教授大笑，连说："Hey！ Mischievous imp（淘气包）！""

林徽因被逗得大笑起来。

但生活总是有笑有泪。入校不到一个月，梁思成就接到了李夫人病逝的电报。但是考虑到孩子们刚刚安顿下来，梁启超几次三番致电叮嘱梁思成不必回国奔丧，只梁思永一人回去便可。梁思成身为家中长子，母亲重病期间别说床前尽孝，就连去世也没法子回去见最后一面，这如何能不让他悔恨交加？林徽因看着他伤心欲绝的模样，知道现在说什么都没有用，她能做的就是陪在他身边沉默安慰他，表达自己的关切。两人在校园后面的山坡上做了简单的祭奠，梁思成流着泪烧了写给母亲的祭文。林徽因采来鲜花和草叶，编织了一个精巧的花环，挂在松枝上，朝着家乡的方向。

丧母的悲痛还未完全平复，又一个晴天霹雳炸响了。这次痛失至亲的变成了林徽因。15 个月后，梁启超从国内来信，告知林徽因的父亲林长民在反奉战争中身亡。

林徽因再一次病倒了，比在康大时的那次要严重得多。梁思成每天陪伴在她身边，徽因吃不下饭的时候，他就去学校的餐馆烧了鸡汤，一勺一勺喂她。林徽因每天处在恍惚的精神状态里。她远离家乡，被病痛困扰着，可是身体上的难过也抵不过巨大的悲绝。她哀悼为理想献出生命的父亲，又挂念着年迈多病的母亲，挂念着几个幼小的弟弟，她知道父亲身后没有多少积蓄，一家人的生计将无法维持。她执意要回国，无奈梁启超频频电函阻止，说是福建匪祸迭起，交通阻隔，会出意外，加之徽因已完全被这

突如其来的噩耗所击倒，再也没有力气站立起来。

林徽因望着窗外肆意燃烧着的云霞。她感到那冰冷的火焰慢慢变成绳索，在慢慢地扼住她的咽喉。

那是命运的绳索。

我愿意

走过那段多梦的青春岁月，人的肩上便多了一份责任，思想自然也更加理性。爱亦不再轻浮，而是稳重深沉。只有爱做梦的年少之人才会认为诗情画意就可过一生。他们不知道现实的艰辛，不知你侬我侬只是点缀而非生活的全部。

每个人都有做梦的资格，但错过了做梦的年龄，再想要肆无忌惮就要付出代价。林徽因即是选择清醒，便毅然与梦作别。同时代有那么多的女性为了爱情换得一身致命伤，唯独林徽因没有那些悲绝的回忆。

湿润清爽的西太平洋季风温柔地吹拂着。针叶林将三月的落矶山麓蒙上一层漫不经意的灰色。大概是由于春季越走越近，这灰色并不萧条，渥太华浸染在这片独特的温暖中。

中国驻加拿大总领事馆此刻庄重圣洁宛如天使庇护的古老教堂。林徽因穿着自己设计的嫁衣——一件具有中国传统风格的"凤冠霞披"，领口和袖口都配有宽边彩条，头戴装饰有嵌珠、左右垂着两条彩缎的头饰。与她并肩而立的梁思成一身简洁庄重的黑色西装，端正的面孔更加神采飞扬。

这天是 1928 年 3 月 21 日。林徽因、梁思成之所选择在这一天举行婚礼，是为了纪念宋代建筑家李诫。

1927 年 9 月，林徽因结束了宾夕法尼亚大学的学业，获美术学士学位，4 年学业 3 年完成，转入耶鲁大学戏剧学院，在 C.P. 贝克教授的工作室，学习舞台美术半年，成为我国第一位在国外学习舞美的学生。这年2月，梁思成也完成了宾大课程，获建筑学士学位，为研究东方建筑，转入哈佛大学研究生院，半年之后，他获得了建筑学硕士学位。1928年2月，他们各自完成了自己的学业。

1926年10月4日，梁启超给林徽因和梁思成写信说：

昨天我做了一件极不情愿做之事，去替徐志摩证婚。他的新妇是王赓夫人，与志摩恋爱上，才和赓离婚，实在是不道德之极。我屡次告诫志摩而无效，胡适之、张彭春苦苦为他说情，到底以姑息志摩之故，卒徇其请。我在礼堂演说一篇训词，大大教训一番，新人及满堂宾客无不失色，此恐是中外古今以来所未闻之婚礼矣。徐志摩这个人其实很聪明，我爱他，不过这次看着他陷于灭顶，还想救他出来，我也有一番苦心，老朋友们对他这番举动无不深恶痛绝，我想他若从此见摈于社会，固然自作自受，无可怨恨，但觉得这个人太可惜了，或者竟弄到自杀。我又看着他找得这样一个人做伴侣，怕他将来痛苦更无限，所以对于那个人当头一棍，盼望他能有觉悟（但恐更难），免得将来把志摩弄死，但恐不过我极痴的婆心便了。

梁思成读完信，不自觉地松下一口气。关于徐志摩一直不死心地追求林徽因这件事他是清楚的。林徽因是个大方坦诚的女孩，对她和徐志摩之间的事情从未隐瞒，只当他是他们共同的朋友。三人之间的关系往简单了说也没什么好担心的，徐志摩是徽因父亲的好友，是梁思成父亲的学生。但是梁思成自认沉稳儒雅有余却温柔浪漫不足，诗人的才情也令他感到一丝不安。现在这个"定时炸弹"总算解除警戒，怎么说都是件好事。至于父亲担心陆小曼伤害徐志摩，恐怕是多虑了。梁思成见过这位京城名媛，并不是传说中的交际花做派，而是个温婉庄重的大家闺秀。如今竟然有勇气离婚也要和徐志摩携手，倒也令人生出几分敬佩。

林徽因放下信纸，心中五味杂陈，竟然不知道是喜悦还是失落。她和

陆小曼交情很浅，仅仅限于新月社的活动。她们都知道彼此不是同道中人。陆小曼是京城最光艳的景，她是柔媚的，举手投足间尽是女性极致的风情；林徽因则是率直的，棱角分明的。陆小曼若是一幅氤氲的江南水墨画，林徽因就是浓墨重彩的油画。令人惊异的是，在陆小曼风情娇媚的外表下，竟然隐藏着如此叛逆、果敢、热烈的灵魂。这一点林徽因自叹不如。或许是因为自己喜欢徐志摩不够多吧？她替她爱了这个人，就算是火坑也毫不犹豫地跳下去。是不是该祝福她呢？自己到底是怅然还是欣慰呢？果然时间是能带走一切的。或许对于林徽因来说，徐志摩和陆小曼的结合能让她更安心地嫁给梁思成吧？她不必再为了无法回应他的追求而感到愧疚不安，亦能与徐志摩做一生的知己。双方都给灵魂找到了归宿，再无须惧怕不可预测，或许将是颠沛流离的人生路。

在与梁思成相伴的几年里，她失去了父亲，他没有了母亲。他们共同面对了痛失至亲的悲伤，紧握双手支撑着彼此。正是这些风风雨雨巩固了他们的感情基础，是时候建立一个共同生活的家庭了。

梁思成、林徽因正式订婚是在1927年12月18日。订婚仪式在北京的家里按照传统礼仪举办。林徽因因为父亲过世，由姑父卓君庸履行仪式。梁启超在致女儿思顺信中，言其行文定礼极盛：

这几天家里忙着为思成行文定礼，已定于（1927年12月）十八日在京寓举行，因婚礼十有八九是在美举行，所以此次行文定礼特别庄严慎重些。晨起谒祖告聘，男女两家皆用全帖遍拜长亲，午间大宴，晚间家族欢宴。我本拟是日入京，但（一）因京中近日风潮正来，（二）因养病正见效，入京数日，起居饮食不能如法，恐或再发旧病，故二叔及王姨皆极力主张我勿往，一切由二叔代为执行，也是一样的。今将告庙文写寄，可由思成保藏之作纪念。

聘物我家用玉佩两方，一红一绿，林家初时拟用一玉印，后闻我家用双佩，他家中也用双印，但因刻玉好手难得，故暂且不刻，完其太璞。礼毕拟两家聘物汇寄坎京，备结婚时佩带，唯物品太贵重，深恐失落，届时当与邮局及海关交涉，看能否确实担保，若不能，即仍留两家家长，结婚后归来，乃授与保存。

梁启超大小事情亲力亲为，从聘礼的红绿庚帖，到大媒人选的择定，甚至买一件交聘的玉器，从选料到玉牌孔眼的大小方圆，都考虑得面面俱到。这些繁琐的事情，虽然让他劳累不堪，但他心里却有难以掩饰的高兴。几天后又给儿子寄去一封信：

这几天为你们的聘礼，我精神上非常愉快，你想从抱在怀里"小不点点"，一个孩子盼到成人，品性学问都还算有出息，眼看着就要缔结美满的婚姻，而且不久就要返国，回到怀里，如何不高兴呢？今天的北京家里典礼极庄严热闹，天津也相当的小小点缀，我和弟妹们极快乐地玩了半天。想起你妈妈不能小待数年，看见今日，不免有些伤感，但她脱离尘恼，在彼岸上一定是含笑的。除在北京由二叔正式告庙外，今晨已命达达等在神位前默祷达此诚意。

我主张你们在坎京行礼，你们意思如何？我想没有比这样再好的了。你们在美国两个小孩子自己实张罗不来，且总觉得太草率，有姐姐代你们请些客，还在中国官署内行谒祖礼（礼还是在教堂内好），才庄严像个体统。

婚礼只在庄严不要侈靡，衣服首饰之类，只要相当过得去便够，一切都等回家再行补办，宁可节省点钱作旅行费。

曾经因为受母亲影响对林徽因有成见的梁思顺现在高高兴兴地成了婚礼的操办人。她的丈夫正担任中国驻加拿大总领事。于是他们没有按照梁启超的意思在教堂结婚，而是把仪式地点改到了领事馆。

婚礼开始了。

周希哲担任了牧师的角色。他身穿笔挺的正装，向前跨了一步，庄重地说："你们即将经过上帝的圣言所允许，而结为夫妇，上帝必然在你心中向你说，每个灵魂对另一个灵魂，都是他神圣的圣地。人的心灵有他的安息与喜庆日，你们的婚礼与欢乐世界一般，都是曲曲恋歌。爱，作为动机与奖赏，是无处不在的，你们不要亵渎上帝的荣耀。爱是崇高的语言，它与上帝同义。"然后他转向一对新人，说："现在我要求你们，在一切心灵的秘密都要宣布出来之时，你们需要回答——"面对梁思成："你愿意娶这个姑娘做你正式的妻子，爱她并珍惜她，无论贫富或疾病，至死不渝？"

"我愿意！"梁思成朗声说道。

"你愿意接受这个男人为夫，爱他并珍惜他，无论贫富和疾病，至死不渝？"

"我愿意。"林徽因轻声回答。

梁思成把一枚镶嵌着孔雀蓝宝石的戒指，戴在林徽因左手的无名指上。他温文尔雅地亲吻了他的新婚妻子。

站在傧相席位上的梁思顺，眼里激动地流出泪水。李夫人去世后，梁启超不间断地写信给大女儿，弥合她与未来儿媳之间的感情。梁思顺也慢慢冰释了思想上的芥蒂。今次在婚礼上见到林徽因，觉得她又有了些许变化，出落得更加美丽大方，气质不凡。梁思顺觉得，父亲果然眼光不错，弟弟有了这样一个好的伴侣，这一生幸福就有望了。

这次婚礼的费用，也都是梁思顺筹措的。在中国领事馆，她和周希哲还为林徽因、梁思成张罗了几桌丰盛的婚宴。这对小夫妻也欢欢喜喜给姐姐、姐夫行了三鞠躬。

第二天，参加婚礼的记者把梁思成和林徽因的结婚照作为头条登在报纸上，林徽因东方式的美丽在当地刮起一阵小小的旋风。

二人完婚后，就要按照梁启超的安排周游南欧。梁启超为此做了详细的筹划：

你们由欧归国行程，我也盘算到了。头一件我反对由西伯利亚回来，因为……没有什么可看，而且入境出境，都有种种意外危险，你们最主要的目的是游南欧，从南欧折回俄京搭火车也太不经济，想省钱也许要多花钱。我替你们打算，到英国后折往瑞典、挪威一行，因北欧极有特色，市政亦极严整有新意（新造之市，建筑上最有意思却为南美诸国，可惜力量不能供此游，次则北欧特可观。）必须一往。由是入德国，除几个古都市外，莱茵河畔著名堡垒最好能参观一二，回头折入瑞士，看些天然之美，再入意大利，多耽搁些日子，把文艺复兴时代的美，彻底研究了解。最后便回到法国，在马赛上船，中间最好能腾出点时间和金钱到土耳其一行。

林徽因呼吸着温哥华三月的空气，沐浴着玫瑰花雨，她看了一下身旁俊朗的丈夫，由衷地微笑了。

九泉之下的父亲，我知道你一定会为女儿祝福的。我一定会幸福，一定要幸福。

罗曼归途

总有一个人会令你甘愿舍弃自由不再流浪，不管行至何处，有他在的地方便是至高无上的乐园。从此有了一个人携手并肩，便不会再怕任何苦难。

最好的爱情大抵接近友情，一起工作、游玩和成长，共同分担两个人的责任、报酬和权利，帮助对方追求自我意识，同时又因为共同的给予、分享、信任和互爱而合为一体。

即使对方不在身边，只要想到那个人，就会感到幸福；哪怕正处于悲伤之中，也会变得坚强。和那个人在一起时，就能展现出真正的自我。能够遇到那个交换着信任、热情和梦想的人，无论之前要走过多少弯路，相信有那

样一个人在等待着自己，就一定会到达那个两个人一起憧憬着的地方。

仲春的伦敦表情温柔。泰晤士河水静静流淌，岸边的建筑物被阳光洗刷得生机盎然，仿佛也有了生命。圣保罗大教堂穿一身灰色法衣，傲然立于泰晤士河畔，沉默而坚韧。它是岁月的守望者，沉郁的钟声只让浪漫的水手和虔诚的拜谒者感动。

这是林徽因梁思成新婚旅行的第一站。按照梁启超的安排，他们这趟旅行主要是考察古建筑，圣保罗大教堂是他们瞩目的第一座圣殿。

伦敦之于林徽因，是故地重游，自然备感亲切。对梁思成来说这里的一切则是陌生的，正因为陌生，乐趣和向往反而加倍。

圣保罗大教堂是一座比较成熟的文艺复兴建筑。高大的穹窿呈碟状形，加之两层楹廊，看上去典雅庄重，整个布局完美和谐，在这里，中世纪的建筑语言几乎完全消失，全部造型生动地反映出文艺复兴建筑文化的特质。这座教堂的设计者是 18 世纪著名建筑师克里斯托弗·仑，埋葬着曾经打败拿破仑的威灵顿公爵和战功赫赫的海军大将纳尔逊的遗骨。

梁思成和林徽因走在雕刻着圣保罗旧主生平的山墙下。

梁思成问："你从泰晤士河上看这座教堂，有什么感觉？"

林徽因说："我想起了歌德的一首诗：它像一棵崇高浓荫广覆的上帝之树，腾空而起，它有成千枝干，万百细梢，叶片像海洋中的沙，它把上帝——它的主人——的光荣向周围的人们诉说。直到细枝末节，都经过剪裁，一切于整体适合。看呀，这建筑物坚实地屹立在大地上，却又遨游太空。它们雕镂得多么纤细呀，却又永固不朽。"

梁思成也赞叹道："我一眼就看出，它并非一座人世间建筑，它是人与上帝对话的地方，它像一个传教士，也会让人联想起《圣经》里救世的方舟。"

伦敦的建筑大多典雅华美，不论是富有东方情调的铸铁建筑布莱顿皇家别墅，别具古典内涵的英国议会大厦，都让他们陶醉在这座文化名城浓厚的艺术氛围中。他们最倾心的是海德公园的水晶宫。这是一座铁架建构，全部玻璃面材的新建筑，摒弃了传统的建筑形式和装饰，展示着新材料、新技术的优势。他们选择在夜晚去到那里，水晶宫里灯火辉煌，玲珑剔透，人置身其间，如同身处安徒生笔下的海王的宫殿，许多慕名一睹为快的参观者，都发出了阵阵感叹之声。

林徽因在日记本上写道："从这座建筑，我看到了引发起新的、时代的审美观念最初的心理原因，这个时代里存在着一种新的精神。新的建筑，必须具有共生的美学基础。水晶宫是一个大变革时代的标志。"

易北河笼罩在一片蒙蒙烟雨中。两岸的橡树和柠檬轻快地舒展着，荨麻、蓟草的头发被打湿了，蔷薇和百合的脸颊闪烁着珍珠样的光泽。

梁思成和林徽因共撑一把油纸伞，挽着手臂走在石板街上。这是德国波兹坦的第一场春雨。上天好像也眷顾这对金童玉女，特别为他们的旅途增添着罗曼蒂克的气氛。

雨中的爱因斯坦天文台，像一只引颈远眺的白天鹅，展翅欲飞。

"好美啊！"林徽因不由得感叹道。

"是啊。"梁思成注视着那高贵的艺术品说，"我觉得它好像一部复调音乐。塔楼的纵向轴线，和流线形的窗户，如乐曲中的两个主题，这个建筑与巴哈的《赋格曲》真是异曲同工。"

刚到波兹坦的时候，当地建筑界的朋友就告诉他们，爱因斯坦天文台是著名建筑师门德尔松表现主义代表作，是为纪念爱因斯坦的广义相对论的诞生而设计的。这个建筑刚刚落成 8 年，爱因斯坦看了也很满意，称赞它是一个本世纪最伟大的建筑和造型艺术上的纪念碑。

天文台造型设计十分特别，以塔楼为主体，墙面屋顶浑然一体，线的门窗，使人想起轮船上的窗子，造成好像是由于快速运动而形成的形体上的变型，用来象征时代的动力和速度。

林徽因站在塔楼下仰望着这栋神奇的天文台的一幕，被梁思成用相机记录了下来。

随后他们前往德绍市参观了以培养建筑学家而著称的包豪斯学院刚刚落成的校舍，这是一座洋溢着现代美感的建筑群，为著名建筑师格罗皮乌斯设计，由教学楼、实习工厂和学生宿舍三部分组成。根据使用功能，组合为既分又合的群体，这样不同高低的形体组合在一起，既创造了在行进中观赏建筑群体，给人带来的时空感受，又表达了建筑物相互之间的有机联系，以不对称的形式，表达出时间和空间上的和谐性。

林徽因拿出随身携带的素描本一笔一笔地临摹起来。她觉得落在纸上的每一条线都是有生命、有意志的。

这座建筑尚且年轻，其独特的美感和研究价值尚未被更多人发现。但林徽因认为："它终有一天会蜚声世界。"一年后她到东北大学建筑系任教，专门讲了包豪斯校舍。她说："每个建筑家都应该是一个巨人，他们在智慧与感情上，必须得到均衡而协调的发展，你们来看看包豪斯校舍。"她把自己的素描图挂在黑板上，"它像一篇精练的散文那样朴实无华，它摒弃附加的装饰，注重发挥结构本身的形式美，包豪斯的现代观点，有着它永久的生命力。建筑的有机精神，是从自然的机能主义开始，艺术家观察自然现象，发现万物无我，功能协调无间，而各呈其独特之美，这便是建筑意的所在。"

他们在德国考察了很多巴洛克和洛可可时期的建筑：德累斯顿萃莹阁宫、柏林宫廷剧院、乌尔姆主教堂，与希腊雅典风格的慕尼黑城门，历时632年才兴建成的北欧最大的哥特式教堂——科隆主教堂。这些建筑象征的是一个民族的文化积淀。

恋恋不舍地从德国离开，他们立刻出发去瑞士。有着独特神韵的湖光山色为这个精巧的北欧国家赢得了世界公园的美誉。阿尔卑斯山巅覆盖着层层白雪，山坡上却已披上了郁郁葱葱的新装。50多个湖泊镶嵌在国土上，倒映着大自然的鬼斧神工。莱蒙湖上成群的鹳鸟展翅追逐着，在湖面嬉闹着；湖畔稠密的矮树林里，画眉正炫耀着歌喉；绿地上的莓子刚刚吐出淡红色的花蕊。这对新婚夫妇流连于湖边菩提树下，忘记了时间。

人与自然，人与建筑，建筑与自然……这里的一切都是无比地和谐舒适。

塔诺西是他们刚到罗马时结识的新朋友。这个刚满20岁，金发碧眼的漂亮女孩是罗马大学建筑系的三年级生。塔诺西讲一口道地英文，听说林徽因和梁思成考察文艺复兴时期的古建筑，便热情提出给他们当向导。

塔诺西建议他们先去看拜占庭艺术。"罗马是拜占庭的故地，不了解拜占庭，就不了解文艺复兴。"她说，"在你们中国魏晋南北朝时期，而欧洲也正处在罗马帝国分裂，奴隶制正在消亡的时期。每个民族每个历史时期，都会有它独特的文化实体和艺术成就，建筑文化和艺术的价值，它的伟大与骄傲也就在这里。"

塔诺西深邃的思想引起了林徽因的兴趣，她立刻喜欢上了这个女孩子。不过梁思成想从拜占庭艺术之前的建筑看起，这个建议得到了塔诺西的响应，他们决定先去庞贝古城遗址和古罗马角斗场。一行三人乘着塔诺西借来的车子前往那不勒斯维苏威火山。

塔诺西对他们强调说："意大利是一部世界建筑史，你们一定要多看一看。"

庞贝是一座沉睡在地下的城市。它曾经繁华过，但那是公元1世纪的事了。公元79年8月24日中午1点，这座拥有25000居民的美丽城市在一瞬间从历史上消失——沉睡了1500多年的维苏威火山突然爆发，铺天盖地的火山灰覆盖了庞贝，甚至飘到了罗马和埃及。庞贝就此成为一座废墟。

塔诺西领着两位中国朋友顺着街道参观。街道很整齐，笔直宽广，最宽处竟有10米左右。两旁的建筑多以石料堆砌建设，楼层则为木屋。他们按照塔诺西的指点，辨别出哪儿是鞋店，哪儿是成衣店，哪儿是酒馆，哪儿是银庄。中心广场的阿波罗神庙，还留着精美的石柱。许多室内还装饰着壁画，他们在一块石头上发现了一行斑驳不清的文字，塔诺西仔细辨认了一会儿，说那行字写的是"5月31日角斗士与野兽搏斗"。

林徽因被这残缺的壮美和历史的沉重感震动，感慨道："一座城市壮烈地死去了，可是它却以顽强的精神力量延续下去，它总是带着这种精神语

言流传。思成，你说是吗？"

梁思成赞同地点点头。

而古罗马斗兽场则以一种苍凉的悲壮感震撼着他们。这座椭圆形的角斗场更像两个对接的半圆形舞台，柱子和墙身全部用大理石垒砌，总高48.5米，上下分为4层，全部用混凝土、凝灰岩、灰华石建造，虽然经过两千年的风雨剥蚀，整个结构仍然十分坚固。整个角斗场能够容纳8万名观众。

"古罗马是以武功发迹，崇武的国家，这种社会形态，也在建筑中得到了反映，整个古罗马的文化都可以在建筑中找到投影。罗马时代有好多进步的文化内容，其中有物质的，也有精神的，文艺复兴时期的建筑理论，主要受了罗马古建筑的影响。"塔诺西对林徽因说着自己的看法。

林徽因也表示同意："我也这么想过，罗马最伟大的纪念物是角斗场，是表现文化具体精神的东西，文艺复兴以来，与以后的建筑观念中，最重要的一个部分，就是建筑的纪念性。"

斗兽场在夕阳下沉默地伫立着，仿佛能背负所有的辉煌，亦能承受所有的苦难。残阳如血，斗兽场的平台被染得猩红。三人盘桓着不愿离去，他们好像听到勇士与困兽搏斗的嘶吼声，罗马人的欢呼穿越时光仍然回响在风中。

塔诺西热心又尽责，她带着他们几乎跑遍了整个罗马城。她领着二人参观了卡必多山上的建筑群，马西米府邸和维晋察的圆厅别墅，这些建筑都很鲜明地表述了文艺复兴的建筑语言和文化形态，洋溢着建筑与人的亲切感。他们也没错过圣彼德大教堂和圣卡罗大教堂的庄严神圣。前者建于17世纪初，全部工期曾历时120年，是整个文艺复兴建筑中最辉煌的作品。1505年，教皇朱里阿二世想为自己建造一座宏大的墓室，就拆掉了一座老教堂，公开征集设计方案，结果伯拉孟特十字形平面方案中选，这项设计，参照了罗马万神庙，但增加灯塔形的窗户和围廊，后来，文艺复兴时期的画家拉斐尔和米开朗琪罗又做修改方才最终定型。中央穹窿便是米开朗琪罗的遗作。

登上高达137米的顶点，罗马城风光尽收眼底。梁思成赞叹着："真是会当凌绝顶，一览众山小啊！"

塔诺西说："这座教堂是罗马全城的最高点，人们说它可与埃及的吉萨金字塔相比。"

随后，在年轻向导的建议下，他们搭火车去米兰参观世界上最大最有气魄的教堂——米兰大教堂。

米兰是意大利北部的一座小城，米兰大教堂是它闻名世界的城市坐标。远远看过去，那是一片尖塔的森林，乳白色的大理石吃了满嘴的阳光，闪烁出玉般的光泽。整整 135 座尖塔，塔上的雕像多达 3615 个，全都与真人一样大小。米兰大教堂从公元 1385 年开始建造，一直到 19 世纪才告完工，它是根据第一任米兰大公加米西佐·维斯孔蒂的命令建造的，可容纳 4 万人做大弥撒。大教堂有 168 米长，59 米宽，4 排柱子分开了一座宏伟的大厅，每根柱子高约 26 米，圣坛周围支撑中央塔楼的 4 根柱子，每根高 40 米，直径达 10 米，由大块花岗石叠砌而成，外包大理石。所有的柱头上都有小龛，内置工艺精美的雕像。

林徽因欣赏着教堂的环形花窗对梁思成说："你看这玫瑰形的窗子多么神奇呵，它就像圣经中描述的永恒的玫瑰，但丁的诗中也说，玫瑰象征着极乐的灵魂，在上帝身旁放出不断的芬芳，歌颂上帝。"

梁思成说："那玫瑰的叶子，一定是代表信徒们得救的心灵。"

塔诺西笑道："难怪看过这个教堂的人都说，这个玫瑰窗是傻子的圣经，因为它以象征和隐喻的语言说出了基督的基本精神。你们再看看那柱子上的雕刻——"

两人顺着她手指的方向望去，那些神像是工匠恶作剧的作品，故意雕得参差不齐。那些雕刻作品不是圣像，而是做弥撒的狼、对鸭子和鸡传道的狐狸，或者长着驴耳朵的神父等等。

三人一路到了水城威尼斯。这座海中之城是意大利半岛的东北隅的一座别致的画廊。威尼斯建在 118 个小岛上，外面一道沙堤隔开了亚得里亚海，穿过全城的大运河，像反写的 S，这段河道便是大街。

威尼斯人使用一种叫作"贡多拉"的摇橹小船作为交通工具。三人入乡随俗，租了一条"贡多拉"，在花团锦簇的河道间惬意地穿行。两岸到处耸立着罗马时期的建筑。

威尼斯最负盛名的去处便是圣马可广场，拿破仑称赞这里是"最漂亮的客厅"。沿着弯弯曲曲的小巷穿过东北角门，他们走进了圣马可广场。眼前一片开阔。蓝天白云映衬着别致的建筑和高耸的尖塔，令人心旷神怡。连绵不断的券廊，把高低不同、年代不同、风格迥异的建筑，统一在一起，没有丝毫冲突之感。广场上栖息的鸽子起起落落，不时飞到游客身边盘旋着，甚至大胆地落在手中啄食。

圣马可教堂就在广场正面，修建者为《马可福音》的作者圣徒马可。这座建成于11世纪的教堂原为拜占庭式，14世纪加上了哥特式的拱门装饰，17世纪又掺入文艺复兴时期的栏杆，各种时期的建筑风格，集为大成。一座高100米、半面成方形的钟塔坐落于教堂的西南。钟塔初建于9世纪，14世纪重建，16世纪初又在塔顶建了一座天使像。教堂的左前方，是一座15世纪的钟楼，楼顶有一座巨钟，两个铜铸的敲钟人立于其旁。

河中红红绿绿燃着蜡烛的纸球灯温柔地点亮了水城之夜。两岸的窗户全部打开，不知名的乐手凭窗弹奏吉他，唱起动听的意大利民谣。威尼斯的歌女是非常出名的，她们乘坐着唱夜曲的歌船，穿着非常漂亮的彩衣，清亮的嗓音在河面飘散着。

塔诺西被这风情感染，随着节拍用英文唱起彼特拉克的《罗拉的面纱》：

我忍心的美人呀，你说吧，

为什么总不肯揭开你的面纱？

不论晴空万里，骄阳炎炎的日子，

或是浓云密布，天空阴沉的日子；

你明明看透我的心，明明知道，

我是怎样等待着要看你的爱娇。

一条面纱竟能支配我的命运？

残忍的面纱呀，不管是冷是热，

反正都已经证明我阴暗的命运，

遮盖了我所爱的，一切的光明。

林徽因和梁思成都听得入了迷。徽因拍手称赞着："塔诺西小姐，你真了不起，你的歌声美极了。威尼斯的夜景让我想起了中国的秦淮河，桨声灯影里，歌女们怀抱着琵琶，唱杨柳岸、晓风残月。"

相逢总是短暂的。两天之后，他们在威尼斯与塔诺西依依惜别。塔诺西赠给他们水城的特产——一只刻花皮夹和一个大理石小雕像作为纪念。

林徽因和梁思成从威尼斯走水路，经马赛上岸，沿罗纳河北上到达罗曼蒂克的代名词巴黎。先到中国领事馆稍事休息，第二天二人便迫不及待地去造访巴黎的宫室建筑了。

位于巴黎东南，原来称作"彼耶森林"的枫丹白露宫是他们的第一个考察对象。

法兰西国王闯入林中行猎，无意中发现这块风水宝地，遂辟为猎庄。1528 年起，法兰西一世大肆扩建，以后直到路易十五时期，历代国王均加以扩大。参加设计的，除了法国的建筑师，还有意大利的建筑师。

枫丹白露宫形态上完全是意大利文艺复兴建筑语言，但又不完全像那些无生命感的建筑，而是充满自然的情趣。法兰西一世时期，建筑师布瑞顿先后改建了奥佛尔院，增建了夏佛尔。那座很大的长方形四合院就是勃朗克院，四面均有建筑物，屋顶的老虎窗、方塔和装饰性的小山墙，构成复杂的轮廓线。

1814 年 3 月，拿破仑驾临枫丹白露，将其辟为寝宫，但他在这里只住了短短 5 天，便被迫退位。在前往流放之地厄尔巴岛之前，他在德鲁奥和贝特朗两位将军陪同下走出这座古堡，在一片静穆中向众人发表了慷慨激昂的演讲。演

讲结束后拿破仑命人把鹰旗拿过来，他在帝国鹰旗上连吻了三次，低语道："亲爱的鹰啊，让你的吻声在所有的勇士心里震荡吧！"一年后，拿破仑"百日政变"，返回枫丹白露，再次在白马院重新阅兵，重整旗鼓，对欧洲的神圣同盟展开反扑。可惜终在滑铁卢一役失败被囚，死在大西洋中的圣赫勒拿岛上。

梁思成和林徽因漫步在为了见证拿破仑厄运而改名为"诀别院"的白马院，不禁感慨道："真是人事有代谢，往来成古今啊！"

从古堡出来，两人漫步在枫丹白露大森林。林徽因望着英吉利花园中迷迷蒙蒙的白露泉，问梁思成："你知道这儿为什么叫枫丹白露吗？"

梁思成说："传说那个打猎的国王，在这丢失了一条叫'白露'的爱犬，便急令士兵们去寻找，找了好久，终于在森林深处的一汪美丽的泉水边找到了它，探寻者们也迷醉于这水光山色之中，于是便把这泉水称作白露泉了。"

林徽因笑道："那是传说。你知道有一位公元 1 世纪的罗马诗人叫鲁卡纳斯的吗？他写过的史诗《法萨利亚》，对这片森林有过描述：岁月不曾侵犯，／这神圣的森林；在浓密的树荫下，／长夜漫漫无垠……这白露，并非泉名，而是'美丽的流水'之音。"

林徽因还想去森林西边的巴比松看看那处 19 世纪农村画的发源地，梁思成不得不催促她去看卢浮宫，林徽因才恋恋不舍地离开。

坐落在赛纳河畔的卢浮宫，是号称太阳王的路易十四的王宫，也是欧洲最壮丽的宫殿之一。1204 年，菲利普·奥古斯塔最先在这里建起一座城堡，1546 年法兰西一世勒令将其改建成宫殿，至亨利二世时，完成了宫殿的最初部分，直到路易十四时代，才完成其全貌。到了 17 世纪末，这个宫殿最阔气的时代已一去不复返，随着路易十五、十六的皇权衰落，卢浮宫的功能也为之改变，后来改为国家美术馆。

古埃及的《司芬克斯》，米开朗琪罗的《奴隶》，卡尔波的《舞蹈》，还有鲁米斯的名画《玛丽·美第奇画传》，穆里洛的《年轻乞丐》，伦朗的《伊丽莎白》……这些古希腊、古罗马雕塑艺术品和油画深深吸引着林徽因。

最令人沉醉的当属举世瞩目的《美洛斯的维纳斯》《萨莫色雷斯的胜利女神》和《蒙娜丽莎》。

林徽因被这些顶级的艺术作品震撼得心怦怦直跳。她想起徐志摩常说的"美必须是震颤的，没有震颤就没有美"，直到这里才真真正正地体验到了。

从《萨莫色雷斯的胜利女神》雕塑后面的台阶上楼就能进入"水浒画廊"。这是一条与塞纳河平行的长廊，长 275 米，存放有枫丹白露派的代表作《卡布里埃·德维拉尔公爵夫人》及勒南三兄弟的画《乡村生活场景》，画风质朴，充满生活气息。由此向后转入"等级大殿"，便有拉斐尔的《美丽的女教师》《圣米歇尔击败恶魔》，维罗奈斯的《丘比特劈罪恶》《加纳的婚礼》和提香的《乡野音乐会》。

林徽因感到自己穿越了时间，正置身于那个人类艺术史上最耀眼的时代之一，她的眼中噙满了泪水。

第二天，两人又去了巴黎西南的凡尔赛宫。这座宫殿集建筑、园林、绘画之大成，集中体现了法国 17—18 世纪光辉的艺术成就。这里原为一片沼泽和森林，有一座路易十三的猎庄，路易十四决定以此猎庄为中心，建造一座前所未有的豪华宫殿，便相继委任勒伏和孟莎担任主设计师。路易十四虽聘有一流的建筑师、造园师、画家参加营建，他仍亲临施工现场指挥，直到竣工。

古堡前的演兵场立着路易十四跃然马上的铜像。这位不可一世的皇帝曾问他的陪臣：你还记得这地方，曾看见过一座磨坊吗？——是的，陛下，磨坊已经消失了，但风照样在吹。

现在，风正静静地从水晶般的喷泉之间吹过来，在方圆数公里的大花园里播撒着玫瑰和蔷薇的幽香。

宫内有一座长达 19 间的大厅，这就是著名的镜厅。虽名为镜，却找不到一面镜子。转了半天，两人才发现那绿色和淡紫色的大理石柱子背面，有 17 面拱形的镜子，与廊柱浑然一色，难以分辨，只有阳光射进西面 17 扇高大的拱形窗子时，这座大厅才会陡然满壁生辉。

"这下我可知道路易十四为什么被尊为'太阳王'了。"梁思成恍然大悟。

林徽因说："太阳王不能垄断阳光，而这种宫室建筑文化和艺术，却带来了18世纪洛可可艺术的兴起，大概建筑文化和艺术的演变，跟社会结构的形态是同步着的，它们同一个信息源，在一个因果链中，你想想北京的故宫，为什么与这种建筑风格有那么多一致的地方？"

"那时中国的漆器、纺织品和瓷器大量销往欧洲，"梁思成略一沉吟，说道，"路易十五这个贪财好货的皇帝也有点艺术灵感，可能是从中受了启发。如此说来，中国人还是他们的老师呢。"

从镜廊沿梯而下便是底廊。莫里哀曾于1664年5月14日在这里临时搭起舞台，演出了让他称誉全球的名剧《伪君子》前三幕和《丈夫学堂》，后来，这位戏剧大师还把剧团搬出宫殿，在花园的草坪上露天表演。从平台上能遥遥地看到大运河。阳光慷慨地为水面披上一件华美的袍子，平台周围装饰着酒神等四座青铜像，台下分列两座长方形水池，石桩上卧着象征卡隆河、多尔多涅河、卢瓦雷河、卢瓦尔河、塞纳河、马恩河、索纳河和罗纳河的一些水神像。仙子和捧花的婴儿塑像，也是个个栩栩如生，典雅脱俗。这些都是雕塑大师勒·格罗浮的杰作。

两人在返回领事馆的路上顺便去照相馆取回一路拍下的照片。林徽因看到冲出来的成品不禁哑然失笑，几乎所有的照片上，建筑物占据了大部空间，人却放在小小的角落里。她佯怒地对这个蹩脚的摄影师打趣道："你这家伙，看看你的杰作，把我当成比例尺了！"

刚一到领事馆，他们便收到了梁启超发来的催促他们回北京工作的电报。

于是二人放弃了对巴黎圣母院、万神庙和雄狮凯旋门的考察计划，去西班牙、土耳其等国家的旅行也取消了。他们由水路改道旱路，从巴黎乘火车取道波恩、柏林、华沙、莫斯科，横穿西伯利亚，一路从鄂木斯克、托木斯克、伊尔库茨克、贝加尔……颠簸而至边境，转乘中国列车，经哈尔滨、沈阳抵达大连，又换乘轮船到大沽上岸，冒着倾盆大雨登上开往北京的列车。

白山兮高高，黑水兮滔滔

应聘东北大学

病中的梁启超急切地想要见到儿子和儿媳妇，他已经和他们分别四年了。他写信给还在旅途中的孩子们：

（我）在康复期中最大的快慰是收到你们的信。我真的希望你能经常告诉我你们在旅行中看到些什么（即使是明信片也好），这样我躺在床上也能旅行了。我尤其希望我的新女儿能写信给我。

……你们俩从前都有小孩子脾气，爱吵嘴，现在完全成人了，希望全变成大人样子，处处互相体贴，造成终身和睦安乐的基础。

梁启超的"新女儿"自然就是林徽因。

林徽因从小称公公"梁伯伯"。在幼年的记忆里，梁伯伯身材不高但很结实，一双明亮的眼睛，说话时到了激动处，总是眉飞色舞的模样，非常有趣。这种印象太深，以至于等到徽因长大懂事后，一时间没办法把记忆中的"梁伯伯"和名满京城、学贯中西，活跃于政坛的一代宗师联系起来。

1928年八月中旬，梁启超的儿子和新女儿回到了家。

几年不见，林徽因并没有像梁启超担心的那样变得"洋味十足"，他满意地告诉梁思顺：

"新娘子非常大方，又非常亲热，不解作从前旧家庭虚伪的神容，又没有新时髦的讨厌习气，和我们家的孩子像同一个模型铸出来。"

林徽因正式成为了梁家的家庭成员。虽然梁启超一早就把她当成女儿看待，但她非常清楚自己的身份已经不同了，她不能再是那个总和梁思成耍点小脾气，总是"欺负"他的女孩子了。她要担负起为人妻为人母的责任，不能辜负梁家的期望和丈夫的包容疼爱。

梁启超为了两人的生活琐事操心，事业上更不敢轻心。早在小两口在欧洲新婚旅行时，梁启超就为了他们的职业筹划奔忙了。他在写给儿子的信中说：

> 所差者，以徽音（因）现在的境遇，该迎养她的娘才是正办，若你们未得职业上独立，这一点很感困难。但现在觅业之难，恐非你们意想所及料，所以我一面随时替你们打算，一面愿意你们先有这种觉悟，纵令回国一时未能得相当职业，也不必失望沮丧。失望沮丧，是我们生命上最可怖之敌，我们须终身不许它侵入。

梁启超原先的第一考虑是让儿子到清华大学任教，他请清华增设建筑图案讲座，让梁思成任教。校长不便做主，这需要学校评议会投票才可决定。当时时局混乱，南京国民政府想接管清华，1928 年 6 月，南京国民政府大学院和外交部会同致电清华学校教务长，委派他暂代校务。在清华归属问题上，大学院与外交部之间各不相让。大学院以统一全国教育学术机构的名义接管清华，而外交部却坚持要由它来承袭北洋政府外交部对清华的管辖权力，抢先一步接管了清华的基金，拒绝大学院插足，在梁思成和林徽因欧游期间，外交部派张歆海等八人来校"查账"，以示接管了清华。第二天，大学院的特派接管人员高鲁等三人也接踵而至，声称"视察"，双方你争我夺，互不相让，各派势力，竞相逐鹿，一个校长的位子，竟有 30 多个人去争抢。

与此同时，远离京城纷争的东北大学却在积极招贤纳士。"皇姑屯事件"不久之后，张作霖死，少帅张学良主政，对东大实施改革，把原有的文、法、理、工 4 个学科，改为文学院、法学院、理学院、工学院。工学院又设建筑系，四处招聘人才，年轻的东大建筑系，成为中国首屈一指的人才库。张学良

捐款 300 万元，又增建了汉卿南楼和汉卿北楼。东大新建建筑系，聘请毕业于宾夕法尼亚的杨廷宝担任系主任。但杨已经受聘于某公司，遂推荐还未归国的师弟梁思成。

东北大学前身是国立沈阳高等师范学校和公立文科专科学校，1922 年奉天省长王永江倡议筹设东北大学，并自任校长，在北陵前辟地五百余亩，依照德国柏林大学图纸建造。1923 年春季，正式成立东北大学，暑期招收第一届预科学生，分为文、法、理、工 4 科，两年毕业，可直接升大学本科。1925 年暑期，招收第一届本科学生，仍分 4 科 9 系，学制 4 年，毕业后授予学士学位。1926 年 5 月，又增设东大附属高中，分为文、理两种，毕业后经考试升入大学本科。另外还有东大夜校专修科，政法、数理专修科，招收在职公教人员。

清华悬而不决，东大求贤若渴，梁启超审时度势后，来不及征求儿子的意见，当机立断替思成做了应聘东北大学的决定。

1928 年，梁氏夫妇还在欧洲游学的时候，东北大学的聘书就寄到了梁启超手里。东大开出的待遇十分优厚，系主任梁思成月薪 800 元（亦有考证说合同中规定的月薪是 265 银圆），教员林徽因月薪 400 元，是新聘教授中薪水最高的。

梁启超慈爱细心的续弦王姨（原来是李夫人的陪嫁丫鬟）早就为他们收拾好了东四十四条北沟沿 23 号的新房，他们举行了庙见大礼，又到西山祭谒了李夫人墓。梁启超见爱子满面黑瘦、头筋涨起的风尘憔悴之色，老大不高兴。休息几天后，看到儿子脸上恢复了原来的样子，才算放下心来。林徽因的到来，给这个家庭添了许多喜气，不但博得长辈的喜欢，就连梁启超在信中屡次提到的"老白鼻"（old baby）小儿子思礼也整天黏着二哥二嫂。梁启超原本还担心在外读了几年书的思成变成阴沉的"书呆子"，现在看到儿子学问长了，活泼开朗的本性并没有磨损半分，大大放了心。

欢聚的日子总嫌不够长，东大开学的时间已经很近了。梁思成先行北上，林徽因回福建老家接到母亲和二弟林桓，把他们安顿在东北，也带了堂弟林宣到东大建筑系就读。在福州时，林徽因受到父亲创办的私立法政专科学校的热情接待，并应了当地两所中学之邀，作了《建筑与文学》和《园林建筑艺术》的演讲。

新风气

东北大学的开学典礼如期举行。

2000多名师生，队伍齐整，在堡垒形的大礼堂前面的广场上站成一座森林的方阵。鼓乐队奏起了雄浑的音乐，乐声飘卷着松涛柳浪，如大海的波涛澎湃汹涌。

校长张学良将军一身戎装，胸前披挂着金色的绶带，英气逼人，立于主席台正中，副校长刘凤竹、文科学长周守一、法科学长臧启芳、工科学长高惜冰站立两旁。他们身后的一排是张学良亲自募聘的名流学者：数学家冯祖荀，化学家庄长恭，机械工程学家刘化洲、潘成孝，新开设的建筑系主任梁思成，美学教授林徽因和文法学院聘请的名教授吴贯因、林损、黄侃等。

这是一所充满青春朝气的大学。

东北大学因为聘请一批"海归"学者做教授，教学风气也焕然一新。学生上课时教授要点名，严格限制旷课。理工科几乎全部使用英美大学教材授课、实验、实习，报告也要全部用英文。

东大建筑系刚刚建成时只有两名教员，有40多个学生，他们也和其他院系一样完全采用西式教学，大家集中在一间大教室，坐席不按年级划分，每个教师带十四五个学生。

林徽因是年24岁，教授美学和建筑设计课。她年轻活跃，知识渊博，

谈吐直爽幽默，非常受学生欢迎。她还经常把学生带到昭陵和沈阳故宫去上课，以现存的古建筑作教具，讲建筑与美的关系。多年后，她的学生还能记起这名初出茅庐的教授给他们上的第一堂课。

第一次讲课，林徽因就把学生带到沈阳故宫的大清门前，让大家从这座宫廷建筑的外部进行感受，然后问："你们谁能讲出最能体现这座宫殿的美学建构在什么地方？"

学生们热烈地讨论起来，各抒己见。有的说是崇政殿，有的说是大政殿，有的说是迪光殿，还有的说是大清门。

林徽因听大家发表完看法，微笑着提示说："有人注意到八旗亭了吗？"

学生们看着毫不起眼的八旗亭，困惑地看着林徽因。

林徽因说道："它没有特殊的装潢，也没有精细的雕刻，跟这金碧辉煌的大殿比起来，它还是简陋了些，而又分列两边，就不那么惹人注意了，可是它的美在于整体建筑的和谐、层次的变化、主次的分明。中国宫廷建筑的对称，是统治政体的反映，是权力的象征。这些亭子单独看起来，与整个建筑毫不协调，可是你们从总体看，这飞檐斗拱的抱厦，与大殿则形成了大与小、简与繁的有机整体，如果设计了四面对称的建筑，这独具的匠心也就没有了。"

就着这个问题，林徽因给大家讲了八旗制度的创设。

1615 年，努尔哈赤完善了镶黄、正白、镶白、正蓝、正黄、正红、镶红、镶蓝八旗制度，这个制度的建立，在后金的发展中越来越显示了它的威力。据说努尔哈赤在立国之初凡遇军国大事，必在"殿之两侧搭八幄，八旗之诸贝勒、大臣入于八处坐"，共商大计。八旗的首领当然都是努尔哈赤的兄弟子侄。不会是旁门别支、平民百姓去充任。

她说："从大政殿到八旗亭的建筑看，它不仅布局合理，壮观和谐，而且也反映了清初共治国政的联合政体，它是中国宫廷建筑史上独具特色的一大创造。这组古代建筑还告诉我们，美，就是各部分的和谐，不仅表现为建筑形式中各相关要素的和谐，而且还表现为建筑形式和其内容的和谐。最伟大的艺术，是把最简单和最复杂的多样，变成高度的统一。"

林徽因讲课深入浅出，非常善于引导学生独立思考。在她教过的 40 多个学生中，走出了刘致平、刘鸿典、张镈、赵正之、陈绎勤这些日后建筑界的精英。她的学生当中还有堂弟林宣，晚年在西安冶金建筑学院担任教授。

因为刚刚建系，教学任务繁重，林徽因经常给学生补习英语，天天忙到深夜。那时她已怀孕，但她毫不顾惜自己，照样带着学生去爬东大操场后山的北陵。

沈阳的古建筑不少，清代皇陵尤其多。林徽因梁思成在教学之余忙着到处考察，落日余晖下有他们欣赏古建筑的沉寂之美的身影；他们深入建筑内部细心测量尺寸，一个个数据都详细记录在图纸上。林徽因知道，建筑不仅仅是一门科学，也是一门需要感知的艺术。建筑师不能只会欣赏城市的高楼大厦，也要经得住荒郊野外的风餐露宿。而他们的建筑生涯，也才刚刚开始。

第一件设计作品

1929 年 1 月，寒假还未开始，梁思成、林徽因就接到家里的急电，说是梁启超重病入住协和医院。两人匆匆收拾了一下，即刻赶回北平。

当夫妻俩心急如焚地赶回家时，得知梁启超已经住院快一个礼拜了。

林徽因和梁思成看到病床上的父亲已宛若暮年的老人，双目黯淡，脸上没有血色，喉中痰拥，亦不能言，见到儿子、儿媳也只能用目光表示内心的宽慰。

主治医师杨继石和来华讲学的美国医生柏仑莱告诉他们：梁启超的病已不大有挽回的希望了。刚住院时因咳嗽厉害，怀疑是肺病，经 X 光透视后，

却没发现肺有异常，只是在血液化验中，发现了大量的"末乃利菌"，这是一种世界罕见的病症，当时的医学文献只有三例记载，均在欧美，梁启超是第四例。灭除此菌的唯一药剂是碘酒，而任公积弱过甚，不便多用，只好靠强心剂维持生命。

梁启超曾经患有尿血症，1926年3月，去协和医院检查时，医生发现右肾有一黑点，诊断为瘤。医生建议切除右肾，梁启超素来信奉西医，便听医生建议做了手术。但手术后病情没有丝毫缓解，大夫又怀疑病根在牙齿，于是连拔了八颗牙，尿血症仍不减；后又怀疑病根在饮食，梁启超被饿了好几天，仍无丝毫好转。医生只得宣布"无理由之出血症"。梁启超是名人，更重要是当时西医刚刚引进中国，推崇之人极少，本就存在中医西医孰优孰劣的争论。两相叠加，梁启超的手术就引起许多口水战。一时间舆论大作，对西医的谴责和质疑占了大部分。

反对西医科学的声音甚嚣尘上，梁启超公开为西医辩护，文章最后特别声明："我们不能因为现代人科学知识还幼稚，便根本怀疑到科学这样东西。"

那么，梁启超真的认为协和医院的诊治是完全正确的吗？答案是否定的。他对院方的诊治同样抱有怀疑，但医院始终对他含糊其词。直到他找到著名西医伍连德帮忙才了解到一些真实情况。1926年9月14日梁启超写信给孩子们，告诉他们现在已经证明协和医院确实是"孟浪错误"了。

梁思成和林徽因这才明白，梁启超之所以公开为协和医院辩白，并不是害怕和之前的言论自相矛盾。他是不想因为自己的个案，就阻断了作为"科学"象征的西医在中国的发展。虽然牺牲了自己，但可以让后世万千国人享受到西医的科学成果——这位维新派大人物的病，是在替众生病。

徐志摩匆匆从上海赶来探望老师，也只能隔着门缝看上两眼。他望着瘦骨嶙峋的梁启超，禁不住涌出眼泪。林徽因告诉他："父亲平常做学问太苦了，不太注意自己的身体，病到这个程度，还在赶写《辛稼轩年谱》。"

采用中药治疗一段时间，梁启超的病情竟然略有好转。他不但能开口讲话，精神也好了些。梁思成心里高兴，就邀了金岳霖、徐志摩几个朋友到东兴楼饭庄小聚，之后又一起去老金家探望他母亲。老金住在东单史家胡同，那是借凌叔华家的小洋楼。一进门庭，就看见地下铺的红地毯，那是新月社的旧物。大家触物伤情，忆起新月社当年的意气风发和现在的寥落，很是感慨了一番。

1月17日，梁启超病情再次恶化。医生经过会诊，迫不得已决定注射碘酒。第二天，病人出现呼吸紧迫，神智已经处于昏迷状态。梁思成急忙致电就职于南开大学的二叔梁启勋。当日中午，梁启勋就带着梁思懿和梁思宁赶到协和医院，梁启超尚存一点神智，但已不能说话，只是握着弟弟的手，无声地望着儿子儿媳，眼中流出几滴泪水。

当天的《京报》《北平日报》《大公报》都在显著的位置报道了梁启超病危的消息。

1929年1月19日14时15分，梁启超病逝于协和医院。当晚，梁家向亲友发出了简短的讣告：家主梁总长任公于1月19日未时病终协和医院，即日移入广惠寺，21日接三。20日下午3时大殓，到场亲视者除其家属外，尚有任公生前朋辈胡汝麟、王敬芳、刘崇佑、蹇念益等数十人。接三后举行佛教葬礼，仪式新旧参半，灵柩安葬于西山卧佛寺西东沟村，与李夫人合葬。长子梁思成和儿媳林徽因设计了墓碑。他们没想到，这竟然是毕业后的第一件设计作品。

墓碑采用花岗岩材质，高2.8米，宽1.7米，碑形似椁，古朴庄重，不事修饰。正面镌刻"先考任公政君暨先妣李太夫人墓"，除此之外再无任何表明墓主生平事迹的文字。这也是梁启超的遗愿。

直到40多年后，梁思成从为他治病的医生那里得到了父亲早逝的真相。因为梁启超是名人，协和医院安排了著名的外科教授刘大夫主刀肾切除手术。病人进了手术室后，值班护士用碘酒在肚皮上做的记号出错了。刘大

夫手术时没有仔细核对 X 光片，误将健康的肾切除。这一重大的医疗事故术后不久就被发现了，医院当即将之当成"最高机密"隐瞒起来。不久后刘大夫辞去协和医院的工作，到国民党政府的卫生部当政务次长去了。

梁启超少年得意，被称为神童，维新变法失败后流亡日本，回国后曾做北洋政府的财务总长，后期闭门著述，成学问大家。称赞他的人说"过去半个世纪的知识分子，都受了他的影响"（曹聚仁），"他的功绩实不在章太炎之辈之下"（郭沫若），"为吾国革命第一大功臣"（胡适）；也有贬损痛骂者言"梁贼启超"（康有为），"有极热烈的政治思想、极纵横的政治理论，却没有一点政治办法，尤其没有政治家的魄力"（周善培）。梁启超本人对这些评价了然于胸："知我罪我，让天下后世评说，我梁启超就是这样一个人而已。"

最能概括梁启超一生的评价，于儿媳妇林徽因看来，莫过于沈商耆的挽联：

三十年来新事业，新知识，新思想，是谁唤起？

百千载后论学术，论文章，论人品，自有公平。

白山兮高高，黑水兮滔滔

开学后，林徽因和梁思成回到东大。

理工学院是东北大学教学和生活环境最好的一所学院，巍峨的白楼耸立于沈阳北陵的前沿，校门前浑河川流不息，学院的教学条件很好，图书、仪器格外充实，学生宿舍富丽堂皇，教授的住宅是每人一套小洋房。

1929 年夏季，林徽因、梁思成在宾夕法尼亚大学读书时的同窗好友陈植、童寯和蔡方萌应夫妇二人的邀请来到东北大学建筑系任教。几个老同学再次相聚，除了一起讨论建筑，切磋教学，下了班也会聚在梁家喝茶聊天，纵谈国事，日子过得非常充实。

建筑系的教学逐渐走上正轨，几个老同学便商量着能做点更有创造性、更有价值的事。"梁、陈、童、蔡营造事务所"就这么成立了。事务所不仅搞研究，也承揽建筑工程。时逢吉林大学筹建，事务所包揽了总体规划、教学楼和公寓楼的设计。后来还设计了交通大学在辽宁锦州开办的分校校舍、沈阳郊区的"萧何园"等建筑。林徽因没有挂名，但事事参与。她的主要研究方向是古建筑学，建筑规划和设计只是她的副业，留下的作品不多。她和梁思成一起设计的"萧何园"应该是她最初的实践。

东大改组后张学良亲任校长，公开悬赏征校歌。最终，刘半农填词，赵元任作曲的歌曲被选中了：

白山兮高高，黑水兮滔滔；有此山川之伟大，故生民质朴而雄豪；地所产者丰且美，俗所习者勤与劳；愿以此为基础，应世界进化之洪潮。沐三民主义之圣化，仰青天白日之昭昭。痛国难之未已，恒怒火之中烧。东夷兮狡诈，北虏兮矫骁，灼灼兮其目，霍霍兮其刀，苟捍卫之不力，宁宰割之能逃？惟卧薪而尝胆，庶雪耻于一朝。唯知行合一方为责，无取乎空论之滔滔，唯积学养气可致用，无取乎狂热之呼号。其自迩以行远，其自卑以登高。爱校、爱乡、爱国、爱人类，期终达于世界大同之目标。使命如此其重大，能不奋勉乎吾曹，能不奋勉乎吾曹。

这首校歌带有强烈的时代印记，倾注了诗人刘半农面对即将沦丧于列强铁蹄之下的东北山河的忧虑痛心，对学子的期望和鼓励，忧国之心，期望之情，跃然纸上。现在的东大校歌仍然是以这首歌为基础，精简而成。

1929年是东大六周年校庆，张学良将军携夫人于凤至女士进入会场并登台训话。随后，在教育学院的潘美如的指挥下，全校2000多名学生合唱《东北大学校歌》。一首歌，唱沸了2000多颗激昂的心。师生们群情振奋，他们仿佛听到了血液在脉管里汩汩奔流的声响。

随后，张学良公开悬赏征集东大校徽。最终，林徽因设计的"白山黑水"图案中标。它的整体图形是一块盾牌，正方上是"东北大学"四个古体字，中间有八卦中的"艮"卦，同样代表东北，正中为东大校训"知行合一"，下面两只猛兽——狼和熊面对巍峨耸立的白山和滔滔黑水虎视眈眈，象征列强环伺，形势紧迫。校徽构思巧妙，很好地呼应了校歌内容。

得知徽因的作品被选中，几个老同学到梁家又是一番庆贺。

惬意的生活仍然蒙着一层阴影，而且有越来越沉重的趋势。各派势力争夺地盘，时局混乱，社会治安极不稳定，"胡子"时常在夜间招摇而过。太阳一落山，"胡子"便从北部牧区流窜下来。东大校园地处郊区，"胡子"进城，必经过校园，马队飞一样从窗外飞驰而过。此时家家户户都不敢亮灯，连小孩子都屏声静气，不敢喧哗。梁家一帮人聊到兴致正好的时候，也只能把灯关掉，不再出声。林徽因在晚上替学生修改绘图作业，时常忙碌到深夜，有时隔窗看一眼，月光下"胡子"们骑着高头骏马，披着红色斗篷，很是威武。别人感到紧张，林徽因却说："这还真有点罗曼蒂克呢！"

这年7月，林徽因产期已近，借暑假之机，梁思成陪同林徽因返回北平。八月，林徽因在协和医院生下大女儿，取名梁再冰，意在纪念离世不久的祖父——梁启超的书房名曰"饮冰室"，他的著作叫《饮冰室文集》。

宝宝的第一声啼哭，引爆了窗外一片嘹亮的蝉鸣。从此，两颗心就像漂泊的风筝被这根纯洁的纽带系在一起，再也无法分开。

谁爱这不息的变幻

香山静养

渴望纯粹之人，总愿意自己像植物一样生长于人世间，安静美好中带着孤独骄傲，就像王维诗中所写：行至水穷处，坐看云起时。背负着沉重的行囊奔走红尘，行色匆匆却不问为何，亦不知哪一天会停留。当你我以为一生长远得望不到头，回首之时却仿若昨天。人的一生恰似午后至黄昏的距离。月上柳梢，茶凉言尽，一切便可落幕。

1930 年末，徐志摩应胡适的邀请，到北京大学任教。旧历年前，返回南方过春节。在家时，徐志摩意外地收到了林徽因从北平寄来的照片。照片上的林徽因躺在病床上，很没精神。相片背面提了一首诗。旧历初三，徐志摩就回到了北平。他以为林徽因、梁思成已回沈阳，抱着试试看的心情到了梁家，夫妻俩仍在家中。

林徽因病得更厉害，脸瘦得吓人，只能看见一对大大的眼睛。梁思成也是满面愁容。

"怎么啦？"他问梁思成。

"徽因病了。"梁思成叹了口气，疲倦又无奈。"前些天，她陪人到协和医院看病，让一个熟悉的大夫看见了，就拉着她进去做了 X 光检查，一看说是肺结核，目前只能停止一切工作，到山上去静养。"

林徽因的病是旧疾，但多半也是累出来的。

东北大学建筑系还处在婴儿期，教学任务繁重，而林徽因又是个在工作上不能出一点问题的"偏执狂"，她觉得一件事情要么就不干，要么就干好。可是哪件事情能丢下不干呢？她是教师，备课总要精细负责吧；课还要讲得有深度，可不能让学生没有收获，觉得无聊；对英语水平不高的学生，更不能落下；建筑系学生要交绘图作业，学生的作业老师能不给认真批改么……

这还不是全部，回到家里，林徽因是个小女孩的妈妈，孩子病了得细心照看；孩子学说话了，也得花时间耐心地陪着她。

为人妻为人母的林徽因，同时也是何雪媛的女儿。有些家务事是不能假他人之手的，即便是妈妈也不行，况且又是何雪媛那样的妈妈。何雪媛年轻时就不懂治家，年纪大了更学不会。帮不上忙就好了，有时候还会添乱。光宝宝（梁再冰的小名）的吃喝拉撒这件事，母女俩就常常会起争执。林徽因讲科学，说医生说的，不能给小孩穿太多，何雪媛却说东北这样冰天雪地的，不捂着点儿还不得冻出病来？林徽因想让宝宝练习爬行，何雪媛就嚷嚷开了，这丁点孩子穿这样厚的衣服，身子骨还不得被压坏啦！林徽因想锻炼孩子学会等待，何雪媛又会说，你这不是存心要弄哭孩子吗！这种鸡毛蒜皮的争执，一次两次都无伤大雅，林徽因撒撒娇，叫几声"娘！"就过去了。但次数一多，何雪媛就有怨气了，说林徽因心气儿高，嫌弃自己。林徽因纵是觉得委屈，但只要梁思成稍微流露出一点对何雪媛的不满，她立刻就会勃然大怒。后来丈夫也学乖了，凡是丈母娘做得不好的，千万别跟林徽因提；只要丈母娘做对一件事，就要在林徽因面前使劲夸奖。

外表优雅温婉的林徽因，脾气却相当急躁。据她的一个学生回忆，东大建筑系有绘画课程，有一回上素描课，画石膏像，有个男生翻来覆去也画不好，林徽因耐心指导了一阵子，男生也不得要领，急得她脱口而出："这简直不像人画的！"那男生羞愤交加，一气之下转了系，后来在另一个专业做了教授。

梁思成和妻子在一起，大多时候都是温和、谦让的，朋友们干脆赠给他"烟囱"这个绰号。但日子一长，事情一乱，梁思成这"烟囱"也有堵了的时候。特别是梁启超重病的那段时间，东大教务缠身，不能守在医院

尽孝，一些不知情的长辈总是责备梁思成，他就会特别烦躁。虽然在生活琐事上，梁思成总是尽到"烟囱"的职责，但有时候两人争论起专业问题，梁思成就会用知识分子特有的固执对林徽因寸步不让，最后难免演变成家庭战役。

梁思成不管怎么小心翼翼，大概是生着病的缘故，林徽因的脾气不可避免地变得更坏。她生性要强，永远有忙不完的事，身体又不好，一旦心有余而力不足就忍不住发火。她发火不会歇斯底里，但语言暴力更让人受不了。她说的伤人的话，都是用英文，但即使是英文，何雪媛也知道夫妻俩是在吵架以及吵架程度的严重性。因为林徽因发火的时候，并没什么激动的神色，但那冷冰冰的眼神让人心情跌倒谷底。

林徽因自己也清楚自己的弱点，什么事情到她这里都会被放大。因为求好心切，争强好胜，烦躁的感觉自然加倍。什么事情都想做好，凑在一起就成了平方，像大雪一样快要把她给淹没了。

不顺心的事好像总喜欢赶在一起凑热闹。1930年秋天，梁启超去世还不满一年，林徽因的肺病复发。这小时候的旧疾，好像生怕林徽因还不够烦似的，赶在这时候发作了。林徽因躺在东大教师宿舍里，下不了床，望着窗外沸沸扬扬的雪花发愣。忽听得丈夫喜悦的声音："徽因，看看哪个远客来看你了？"

林徽因怏怏地抬眼瞧去，脸上顿时亮了。虽然被厚厚的围巾遮了大半张脸，但那长脸型，瘦长的身子，不是徐志摩又是谁？

徐志摩听说林徽因病得严重，也劝说她听丈夫和医生的话好好养病。林徽因这次不得不乖乖听话，因为自己的身体实在是不行了。1931年春天，林徽因千不愿万不愿地去了香山静养。陪伴她的除了梁思成，还有母亲和宝宝。

杏花云的期盼

大抵是看多了繁华事态，想要一些安静与纯粹。尝试着改变自己，努力减去繁复，单薄亦是完美；努力摒弃浮躁，视清凉为超脱。生命虽然脆弱，但也固执，谁也不能删改情节或是结局。只是有一天，我们都会回归宁静，因为那是生命的本真。

香山总是和晚秋联系在一起，那满山的红叶妖娆热烈，一如惊世骇俗的恋情在燃烧。

一天一地粉白色的水在流动，这水，漫过所有的空间，没有堤岸，没有限制。孟春的杏花，就是以这样的热烈，宣谕着对这个季节的统治。这是香山的春。

与秋不同，这春天没有刺目的火红，但从娇柔中透出的生命的暗涌有一种令人迷惑的美。这其实是一种不安分的颜色，它会让人更多地想到生命最深处的骚动，它不能给人一种真正的满足，沿着不断上升的阶梯，在没有涯际的包罗万象的深沉之中，去接近严肃与崇高。作为一种脆弱的红，在肉体和精神的意志上，却具有一种奋起的因子。

早春的空气是湿润的，方便绿叶嫩芽随时喝水；阳光也是温和有加，这样游人就不必对着美景眯起眼睛了。树啊花啊草啊，攒了一冬天的劲儿都在比赛似的抽着新芽新骨朵。一晃眼，香山就成了花的海洋。桃花、杏花、海棠、迎春织成的云海浮动着。夹杂其间的绿意却显得宁静而和平，它淹没在那脆弱而汹涌的薄红浅黄中，得到了像在某种单纯颜色上的休息，一种自我满足的安静，角落里的牡丹芍药急急地展示着身姿，它也不恼，腾出一小块舞台给它们去欢闹。它不向任何方向流动，似乎没有注入欢乐、悲哀和热情的感染力，它什么也不要求。

林徽因、徐志摩和林宣踩着石板小径，缓缓拾级而上，花雨落了满身。

林徽因为了养病，住在香山半坡上的"双清别墅"，这里淡雅幽静，亭映清泉，竹影扶疏，金时称"梦感泉"，乾隆题刻"双清"，1917 年，熊希龄在此建别墅而得其名。她将在这里度过一个漫长的花季。

徐志摩微笑道："徽因，你还有什么可抱怨的呀？这山中的花儿，我辈奔走世俗，为稻粱谋，哪有缘观赏啊？"

林徽因笑答："香山是山珍海味，但是吃多了也腻呢！"

说话间，他们走到了一处缓缓的斜坡，林徽因穿着高跟鞋，却兴致勃勃地想要往下走。徐志摩和林宣赶紧一人一边扶着她的胳膊，"架"着她走到斜坡下面的平地上。

那里挤着密密的海棠、杏树，远看开得正盛，近看才发现花期将尽，更兼昨夜风雨，地上铺了一层落英，数不尽的白的粉的花瓣静静地受着春风的轻抚，又好像在用最后的力气凝视着被雨水洗刷明净的天空。她们就要进入泥土了，什么话都没有留下。

三人注视着这残缺的美，若有所思地沉默了半响。

良久，林徽因率先打破沉默："你们说，这些落地的花瓣都会结果吗？否则，她们绚烂开过的意义又在哪里呢？"

"不会结果又有什么关系呢？"徐志摩轻声回答，"绚烂开过了，美丽过了，存在过了，这就是它的意义。对于所有美好的东西来说，结果永远不是最重要的——结果只有在商人和政客那里才是最重要的。"

林徽因对林宣笑道："弟弟你看，跟诗人说话可得小心，一不小心就被他看扁了。"

徐志摩和林宣异口同声："你现在不也是女诗人吗？"

徽因嗔怪道："我可不会沾了徐大诗人的一点灵气就自诩女诗人，我只是个女病人！"

"徽因，你不是沾我的灵气，你本身就是很有才气的诗人，真的！我没有奉承你！时间会证明的，我的那点浊气，跟你相比，简直是天与地……"

徐志摩的语气热烈而真诚。

两人不知不觉讨论起诗歌来了。林宣在旁边当忠实听众。

据林宣回忆，每次徐志摩上山看望林徽因，都由林宣作陪，住的是香山的甘露旅馆。梁思成极尽地主之谊，旅馆费用都是他付的。每天，林宣和徐志摩吃了早饭就去林徽因的住处，晚上回旅馆。

徐志摩每次来看林徽因，都会带一些诗集给她，雪莱、勃朗宁、拜伦……这些曾经充满了他们的英伦时光的美丽诗句，再度将他们包围，时光好像亦跟着倒流了。他们热切地谈论着诗，也写诗，沉浸在诗歌的世界里，忘了时间和空间。林徽因令人心焦的肺病，繁琐的家务事，徐志摩"走穴"般的讲课，捉襟见肘的经济状况，陆小曼的任性……他们几乎不提起这些消极的话题。

诗歌还是那些诗歌，但此时的徐志摩已经不是当年那个意气风发的青年了。那几年，他正在度一生中最凶险的桥。世界上唯有两件事是痛苦，求而不得，求而得。徐志摩以前大概不明白，现在是彻底知晓了。十年前，他爱慕林徽因而不得，痛苦；十年后，他娶了陆小曼，又知道原来得到也是苦。这个求的并不是自己原先追求的，忽然之间，她就变得面目全非。陆小曼仍然美丽，仍然娇媚，但是不一样了，全不是那么回事了。

徐志摩和陆小曼热烈浪漫的恋爱，到了最后终成泥淖，与他原先期望的大不相同。他曾经以为陆小曼会是他的归宿，她会像热恋时那样看他写诗，鞭策他，给他源源不断的灵感。但现在他的妻整日笼在鸦片烟的烟雾中，渐渐模糊了身影。

可是谁能不心疼呢？鸦片烟解救不了陆小曼，徐志摩是知道的，他不是没设法子令她振作。他总是一遍遍劝她少抽烟，少打牌。但陆小曼充耳不闻，她甚至觉得丈夫没有结婚前那么浪漫了，对她管头管脚，不让她打牌，不让她抽鸦片烟，真是拘束。

如果时间能够倒流，也许他不会向那个十六岁的女中学生吐露原配妻

子的土气、婚姻的压抑，更不会向她那么热烈地告白。就像十年后的现在
似的，把一切不如意都埋在心底，不要流露出分毫，只给她，和她的丈夫
轻快的氛围和舒心的笑颜，这不是最好的么？

很多个寂静的夜，徐志摩沐浴着冷冷的月光，遥望着香山的方向，也
许还有山中的她，写下了著名的《山中》：

庭院是一片静，

听市谣围抱，

织成一地松影

看当头月好！

不知今夜山中，

是何等光景：

想也有月，有松，

有更深曲静。

我想攀附月色，

化一阵清风，

吹醒群松春醉，

去山中浮动；

吹下一针新碧，

掉在你窗前；

轻柔如同叹息——

不惊你安眠！

这首诗写在徐志摩生命的最后一年。很多人都认为这首诗表达了一种
对昔日恋人、今日好友的超乎友情又异于爱情的细腻情怀。但他还是陆小

曼的丈夫，他深爱她，也知道外界对他和林徽因之间的"浮言"，所以他有责任对妻子作出解释：

　　至于梁家，我确是梦想不到有此一番；况且此次相见与上回不相同，半亦因为外有浮言，格外谨慎，相见不过三次，绝无愉快可言。如今徽因偕母挈子，远在香山，音信隔绝，至多等天好时与老金、奚若等去看她一次。（她每日只有两个钟头可见客）。我不会伺候病，无此能干，亦无此心思，你是知道的，何必再来说笑我。

（爱眉小札（之二），1931年3月7日自北平。）

6月12日，徐志摩、罗隆基、凌叔华、沈从文，再次同去香山看望林徽因。

林徽因的病情又有些加重，刚刚发了10天烧，人也显得疲乏。老友们看到她这副模样，心情也跟着沉重起来。

徐志摩这次上山，带了英国唯美派作家王尔德等人的著作和新出版的第三期《诗刊》给徽因。《诗刊》上发表了他的新作《你去》，徐志摩曾在信中说，这首诗是为她而写的。

　　你去，我也走，我们在此分手；

　　你上哪一条大路，你放心走，

　　你看那街灯一直亮到天边，

　　你只消跟这光明的直线！

　　你先走，我站在此地望着你，

　　放轻些脚步，别叫灰土扬起，

　　我要认清你远去的身影，

　　直到距离使我认你不分明，

　　再不然我就叫响你的名字，不

　　断地提醒你有我在这里

为消解荒街与深晚的荒凉，

目送你归去……

不，我自有主张

你不必为我忧虑；你走大路，

我进这条小巷，你看那棵树，

高抵着天，我走到那边转弯，

再过去是一片荒野的凌乱：

有深潭，有浅洼，半亮着止水，

在夜芒中像是纷披的眼泪；

有石块，有钩刺胫踝的蔓草，

在期待过路人疏神时绊倒！

但你不必焦心，我有的是胆，

凶险的途程不能使我心寒。

等你走远了，我就大步向前，

这荒野有的是夜露的清鲜；

也不愁愁云深裹，但须风动，

云海里便波涌星斗的流泷；

更何况永远照彻我的心底；

有那颗不夜的明珠，我爱你！

下山的时候，徐志摩没交代什么，只是亲了亲宝宝的小脸儿。

徽因送他们到一座山的弯口处，徐志摩回过头去，徽因还定定地站在那里。

满山的杏树已结出了累累青果。那是代替一片落英成长的新生命。

谁爱这不息的变幻

山间春色开启了林徽因封尘已久的诗情，她为此写下许多曼妙的诗篇。对于习惯奔忙的她而言，这清净好似一种修行。怎见浮生不若梦，但我们不能为此就沉浸梦中，虚度春风秋月。人活一世，即使不求惊天动地，也还是留下些什么为好，让活着的人有迹可循，哪怕只是简单平凡的故事亦算一种功德。

5 月 15 日，徐志摩叫上张歆海、张奚若夫妇，到香山看望林徽因。

徽因在香山静养了两个月，气色明亮不少，不像重病时那么瘦骨嶙峋了。见到他们高兴得像个小孩子，直说："你们看我是否胖一些了？这两个月我长了三磅呢。"

张歆海的夫人韩湘眉说："看你的脸让太阳晒的，简直像个印度美人了。"

大家全都笑起来。

吃过茶，一行人就去游山。从"双清别墅"到半山亭，从西山晴雪到弘济寺，这一路上说说笑笑，不觉已近中午，便去弘济寺吃素斋。张歆海不知怎么的看上了寺旁的一块大石头，对徐志摩说："志摩，你看这个神鸡石是公鸡还是母鸡？"

林徽因笑道："当然是母鸡了，你看它尾巴下有个石洞，人都说这是一只神鸡，每天下 5 个鸡蛋，乡亲们都叫它下蛋石啊！"

张奚若却认定那是公鸡："你看它的脖子高高扬着，还有它的冠子，哪像个母鸡的样子！"

张歆海说："母鸡就不能把头昂得高一点？人家生了蛋，也该骄傲一下嘛。你看我家的湘眉，生了孩子，一天比一天神气！"

"别胡说八道。"韩湘眉嗔道，"还是让徽因读读她写的诗吧。"

林徽因说："好久没有这样开心了，我一个人在山上，真是闷死了。诗

倒是写了不少，可不好给你们拿出来，就给你们读读我那《一首桃花》吧。"

桃花，

那一树的嫣红，

像是春说的一句话：

朵朵露凝的娇艳，是一些

玲珑的字眼，

一瓣瓣的光致，

又是些

柔的匀的吐息；

含着笑，

在有意无意间，

生姿的顾盼。

看，——

那一颤动在微风里，

她又留下，淡淡的，

在三月的薄唇边，

一瞥，

一瞥多情的痕迹！

一首诗颂罢，引来老友们的交口称赞。

韩湘眉说："真是太好了，看来我们是来晚了，没见上那一树桃花。"

张奚若说："士别三日，当刮目相看。林小姐成了大诗人啦！你在《诗刊》上那组诗我也读了，写得蛮有味道嘛！"

林徽因笑说："学长过奖了，还不是志摩催稿子，硬逼出来的，生涩得很。"

徐志摩被"攻击"，并不辩白，而是高兴地说："徽因的诗，佳句天成，妙手得之，是自然与心灵的契合，又总能让人读出人生的况味。这《一首桃花》与前人的'记得绿罗裙，处处怜芳草'是同一种境界。"

在香山养病的那段时光，林徽因接触最多的就是诗歌，读得最多的自然是徐志摩送她的诗集，和徐志摩谈论得最多的也是诗。熟读唐诗三百首，不会作诗也会吟，更何况林徽因本身就有天然的诗人的灵气。静谧的香山，刚好唤起了她体内潜藏的诗意的因子。1931 年 4 月，林徽因在《诗刊》第二期发表了处女作《谁爱这不息的变幻》，此后又接连发表《那一晚》《仍然》《笑》《深夜里听到乐声》。

> 谁爱这不息的变幻，她的行径？
> 催一阵急雨，抹一天云霞，月亮，
> 星光，日影，在在都是她的花样，
> 更不容峰峦与江海偷一刻安定。
> 骄傲的，她奉着那荒唐的使命：
> 看花放蕊树凋零，娇娃做了娘；
> 叫河流凝成冰雪，天地变了相；
> 都市喧哗，再寂成广漠的夜静！
> 虽说千万年在她掌握中操纵，
> 她不曾遗忘一丝毫发的卑微。
> 难怪她笑永恒是人们造的谎，
> 来抚慰恋爱的消失，死亡的痛。
> 但谁又能参透这幻化的轮回，
> 谁又大胆地爱过这伟大的变换？

《谁爱这不息的变幻》起点颇高，行文并无初出茅庐的稚拙之感。当时林徽因正肺疾缠身，在香山静养，但这首诗并没有流露出消极的情绪，而是间接表达了对世事无常的感悟——通过一些列的意象，譬如"急雨""云

霞""日影""花放蕊树凋零，娇娃做了娘""河流凝成冰雪""都市喧哗，再寂成广漠的夜静""恋爱的消失，死亡的痛"等等。这首诗也被看成林徽因初入诗坛的标志作品。

波动在世事沉浮中的情感，悲哀中绽放的微笑，是林徽因惯用的作诗手法，亦是她做人的珍贵之处。1936 年，林徽因在《大公报·文艺副刊》发表了一篇随笔《究竟怎么一回事》，认为诗歌就是要抓住灵感，跟随潜意识和内心的情感，用语言文字把各种意象组合起来。

林徽因的诗意境优美，内容纯净，形式纯熟，语言华美而毫无雕琢之嫌。她的诗歌体现了新月派的美学原则：讲求格律的和谐、语言的雕琢美和音律的乐感。

后来，林徽因又陆续在天津《大公报》《文学杂志》等刊物上发表了几十篇作品，其中包括诗歌 60 多首，小说 6 篇，还有散文、戏剧以及文学评论。林徽因并未刻意要成为一名作家，留下的文学作品并不多。但正因为如此，她的文字往往是有感而发，充满真挚的情感和天然的灵气，宛如山涧潺潺流淌着的溪水，比不上大海的波澜壮阔，却别有一番清丽动人。

林徽因的文学才华不仅得到徐志摩的欣赏，在当时也颇有影响力。她被北平女子文理学院聘请讲授《英国文学》课程，负责编辑《大公报·文艺丛刊·小说选》，同时担任《文学杂志》编委。她经常参加北平文学界读诗会等活动。1936 年，平津各大学及文化界发表《平津文化界对时局宣言》，向国民政府提出抗日救亡的八项要求，林徽因是发起人之一。

一代才女去世后，她的墓碑上镌刻的是"建筑师林徽因"，但对于仰慕她的无数人来说，还有一个不能忽略的身份，那就是"文学家林徽因"。

"八宝箱"之谜

那场灾难，世人唏嘘，但对逝者而言，又何尝不是一种解脱？只可惜有些人生就有掀起风浪的本事，消散之后亦能让世人为他消耗光阴，只因他用了短短一生，尝尽了很多人几辈子都尝不尽的爱恨嗔痴。

1931年11月19日，徐志摩遇难于飞机失事，一时间整个文艺界为之震动。一群诗文好友聚集在一起用各样方式怀念这位英年早逝的诗人。在追悼徐志摩之前，林徽因、胡适等人就商定设立徐志摩文学奖，建立徐志摩图书馆以及徐志摩纪念馆，以作为对老友永久的纪念。他们还打算搜集徐志摩的文字，出版徐志摩文集。在搜集过程中，林徽因和另一位女作家凌叔华发生了"康桥日记"的纠纷，人们习惯称之为"八宝箱"之谜。

所谓"八宝箱"，就是徐志摩留下的一只装有他的书信、遗稿和日记的箱子。其中亦有记载与林徽因之间的感情纠葛的文字。

1925年春天，徐志摩和陆小曼的恋情闹得满城风雨，他决定到欧洲旅行散心避风头。但他的日记和书信以及手稿等不便随身携带，便装进一只箱子，想找个合适的人代为保管。由于里面的东西涉及他和林徽因早年的一段情缘，自然不能交给刚刚和他恋爱的陆小曼。徐志摩想到了另一位女性——北大外文系教授、文学理论家陈西滢的夫人，当时与林徽因处于同一层面上的小说家凌叔华。凌叔华曾在燕京大学上学，在徐志摩和陆小曼热恋之前，在新月社，她曾是徐志摩的"理想通讯员"，两人之间曾有书信来往，友谊深厚。

徐志摩业已往生，这"八宝箱"该留给谁呢？是原保管人凌叔华还是当事人林徽因，抑或徐志摩的遗孀陆小曼？

事实上许多朋友都知道这个"八宝箱"的存在，里面的内容也略知一二。徐志摩遇难后，凌叔华和林徽因都曾说志摩生前给予她们为自己写

传记或保管书信的允诺。有些朋友，比如沈从文认为由凌叔华保管更为妥当。但胡适是他们这一群人中的"老大哥"，又与梁氏夫妇感情好，他更倾向于"八宝箱"应该交给林徽因。据目前存留的信件资料看，胡适应该是在第一时间（1931 年 11 月 27 日）从凌叔华那里拿到了"八宝箱"，打开后拿出或放入一些信件，然后于 11 月 28 日凌晨交到林徽因手中。

这年 12 月，新月社同仁为了编辑徐志摩全集而忙碌着。胡适写信给凌叔华，让她提供这批志摩交给她的遗稿，凌叔华 12 月 10 日复信说：

> 志摩于 1925 年去欧时，曾把他的八宝箱（文字因缘箱）交我看管，欧洲归，与小曼结婚，还不要拿回，因为箱内有东西不宜小曼看的，我只好留下来，直到去上海住，仍未拿去。我去日本时，他也不要，后来我去武昌交与之琳，才算物归原主。……今年夏天，从文答应给他写小说，所以把他天堂地狱的案件带来与他看，我也听他提过（从前他去欧时已给我看过，解说甚详，也叫我万一他不回来时为他写小说），不意人未见也就永远不能见了。……前天听说此箱已落徽音处，很是着急，因为内有小曼初恋时日记二本，牵涉是非不少……日记内容牵涉歇海及你们的闲话（那当然是小曼写给志摩看的），不知你知道不？

12 月 18 日，胡适另写一信给凌叔华：

> 昨始知你送在徽音的志摩日记只有半册，我想你一定把那一册半留下做传记或小说材料用了。但我细想，这个办法不很好。……你藏有此两册日记，一般朋友都知道，……

> 所以我上星期编的遗著略目，就注明你处存两册日记。……今天写这信给你，请你把那两册日记交给我。我把这几册英文日记全付打字人打成三个副本，将来我可以把一份全的留给你做传记材料。

早在 12 月 6 日，徐志摩的追悼会上，胡适提出出版徐志摩书信集的时候，凌叔华就受到了提醒。她手上原就存有一些徐志摩的信，"八宝箱"里的《康桥日记》也在手中，她想要再搜集一些，由自己编辑出版。所以，第二天她就到林徽因家征集书信。林徽因告诉她信在天津，不好马上收集，并且她希望凌叔华交出《康桥日记》。林徽因让凌叔华带走了"八宝箱"里两本陆小曼的日记。凌叔华不好明确拒绝，于是两人约定 12 月 9 日到凌叔华家取。

但是 12 月 9 日林徽因没有在凌叔华家里见到她，只得到留下的一封信，说是日记没有找到，这几天忙碌，要周末才有空寻找。

林徽因知道凌叔华有意拖延，气得一夜没睡。这就是 12 月 10 日、12 月 18 日凌、胡二人通信辩论的原因。

凌叔华没有得到胡适的支持，只好于 12 月 14 日将半本《康桥日记》交给林徽因。林徽因把这半本和自己手上的一对比，发现日记不但少了，和自己手上的无法接上，这半册日记还残缺了四页。

林徽因只好再次向胡适求助。而胡适也确实是偏向林徽因的。他在 28 日写信给凌叔华催要日记，措辞虽然委婉，但字里行间的用意非常严厉。凌叔华不得已于 1932 年 1 月 22 日托人把《康桥日记》的完整的另外半册交给胡适，并附上一封信：

适之：

外本璧还，包纸及绳仍旧样，望查收。此时以后希望能如一朵乌云飞过清溪，彼此不留影子才好。否则怎样对得住那个爱和谐的长眠人！

你说我记忆不好，我也承认，不过不是这一次。这一次明明是一个像平常毫不用准备的人，说出话，行出事，也如平常一样，却不知旁人是有心立意的观察指摘。这有备与无备分别大得很呢。算了，只当我今年流年不利罢了。我永远未想到北京的风是这样刺脸，土是这样迷眼。你不留神，就许害一场病。这样也好，省得总依恋北京。问你们大家好。

半个世纪后的 1982 年 10 月 15 日，旅居伦敦的凌叔华致信陈从周，旧事重提，信中说：

这情形已是三四十年前的了！说到志摩，我至今仍觉得我知道他的个性及身世比许多朋友更多一点，因为在他死的前两年，在他去欧找泰戈尔那年，他诚恳地把一只小提箱提来叫我保管，他半开玩笑地说：你得给我写一传，若是不能回来的话（他说是意外），这箱里倒有你所需的证件。……不意在他飞行丧生的后几日，在胡适家有一些他的朋友，闹着要求把他的箱子取出来公开，我说可以交给小曼保管，但胡帮着林徽音一群人要求我交出来（大约是林和他的友人怕志摩恋爱日记公开了，对她不便，故格外逼胡适向我要求交出来），我说我应交小曼，但胡适说不必。他们人多势众，我没有法拒绝，只好原封交与胡适。可惜里面不少稿子及日记，世人没见过面的，都埋没或遗失了。

1983 年 5 月 7 日，凌叔华再次致信陈从周，对上信所讲到的史实做了补充说明：

前些日收到赵家璧来信，并寄我看他写纪念志摩小曼的一文，内中资料（为志摩传）提到当年志摩坠机死后，由胡适出面要求朋友们把志摩资料交他的事。其实那时大家均为志摩暴卒，精神受刺激，尤其是林徽音和他身边的挚友，都有点太过兴奋。我是时恰巧由武汉回北京省亲避暑，听到志摩坠机，当然十分震动悲戚。……志摩去欧之前（即翡冷翠前），他巴巴地提着他的稿件箱（八宝箱），内里有向未给第二人读过的日记本及散文稿件（他由欧讨俄写回原稿件等）多搭，他半开玩笑地说："若是我有意外，叔华，你得给我写一传记，这些破烂交给你了！"我以后也问过他几回，要不要把他的八宝箱拿走，第一次是我离开北京到日本去一二年……在去日之前，我问过志摩要不要拿走他的箱子，他不来拿。

我们二年后由日本回，西滢应武大之聘，我又问志摩要不要他的箱子，他大约因上海的家，没有来取。

至于志摩坠机后，由适之出面要我把志摩箱子交出，他说要为志摩整理出书纪念。

我因想到箱内有小曼私人日记二本，也有志摩英文日记二三本，他既然说过不要随便给人看，他信托我，所以交我付存，并且重托过我为他写"传记"，为了这些原因，同时我知道我交胡适，他那边天天有朋友去谈志摩的事，这些日记恐将滋事生非了。因为小曼日记内（二本）也常记一些事事非非，且对人名一点不包含，想到这一点，我回信给胡适，说我只能把八宝箱交给他，要求他送给陆小曼。以后他真的拿走了。

日来平心静气地回忆当年情况，觉得胡适为何要如此卖力气死向我要志摩日记的原因，多半是为那些他热衷政治，志摩失事时，凡清华北大教授，时下名女人，都向胡家跑，他平日也没有机会接近这些人，因志摩之死，忽然胡家热闹起来，他想结交这些人物，所以得制造一些事故，以便这些人物常来。那时我蒙在鼓中，但有两三女友来告我，叫我赶快交出志摩日记算了。我听了她们的话，即写信胡适派人来取，且叮嘱要交与小曼。但胡不听我话，竟未交去全部……

那时林徽音大约是最着急的一个，她也同我谈过，我说已交适之了。

当然这只是凌叔华站在自己的角度的看法，当事人中的三位在当年都早已作古，无法为自己辩驳什么。林徽因亦对凌叔华存有怨言，她曾在1932年元旦和正月初一两次写信给胡适，详细讲述了她和凌叔华关于《康桥日记》的矛盾，并认为"这一桩事的蹊跷曲折，全在叔华一开头便不痛快——便说瞎话——所致"。

据后来卞之琳的文章说，林徽因将这两本日记一直保存到她生命的最后一刻。

　　林徽因到底为何对《康桥日记》这么执念呢？里面真的有林徽因和徐志摩之间恋爱或者对诗人有所承诺的"罪证"么？

　　对于想要得到《康桥日记》的原因，林徽因自己的解释是"好奇"，"纪念老朋友"，至于是否真有"销毁罪证"的动机，恐怕世人无法知晓了。《康桥日记》没有公开发表的原因，林徽因在之后写给胡适的一封信中说，是因为"年青的厉害"，"文学上价值并不太多"，况且当事人大多健在，这些日记在当时出版是不合时宜的，也不急着用这些材料写传记。

　　徐志摩"八宝箱"中的遗稿，陆小曼将其中两本日记整理后，以《爱眉小札》和《眉轩琐语》为题发表。

　　然而，徐志摩的碑文凌叔华一直没有写来，直到1948年，才由他的同乡——浙江省教育厅长张宗祥题写，算是安慰了长眠在荒烟蔓草间那颗孤独的灵魂。

　　也许人的命运，不论肉身是否在世，都是注定要走上相同的道路吧？徐志摩生前和三位女性纠缠不清，死后仍能掀起女人们的"战争"。张幼仪、林徽因、陆小曼，与他无感情关系的凌叔华，永不能脱开与他的干系。是他前世欠了她们，还是他是他们的债主？《康桥日记》早已灰飞烟灭，一如那消散在康河雾霭中的英伦之恋，消散在十里洋场乐声中的你侬我侬。历史也许并不如烟，即使无法改变，也早已说不清、道不明了。

仰望生死两茫茫

轰然倒塌的天空

林徽因头一次面对死亡,是在7岁那年,祖母游氏的仙逝。虽是早慧早熟,但再怎样说也只是一孩童,至多跟着大人们懵懵懂懂流几行眼泪罢了。切肤之痛的死亡,却是来自父亲林长民。

当时林徽因和梁思成还是宾夕法尼亚大学的学生。入学不到一个月,梁思成母亲李夫人病逝。李夫人去世不久,梁思成接到父亲梁启超的信,讲林叔叔要去奉军郭松龄部做幕僚,他不听朋友劝告,乱世之中,安危莫测。

林徽因心急如焚。

令人忧心的消息不断从大洋彼岸传来。报上有消息说:郭松龄在滦州召集部将会议,起事倒戈反奉,通电张作霖下野,并遣兵出关。又有消息说:郭军在沈阳西南新民屯失利,郭部全军覆没。

林徽因在坐立难安中总算盼到了家书,是梁启超写给梁思成的:

我现在总还存万一的希冀,他能在乱军中逃命出来。万一这种希望得不著,我有些话切实嘱咐你。

第一,你自己要十分镇静,不可因刺激太剧,致伤自己的身体。因为一年以来,我对于你的身体,始终没有放心,直到你到阿图利后,姐姐来信,我才算没有什么挂念。现在又要桂起来了,你不要令万里外的老父为着你寝食不安,这是第一层。徽因遭此惨痛,唯一的伴侣,唯一的安慰,就只靠你。你要自己镇静着,才能安慰她,这是第二层。

第二,这种消息,看来瞒不过徽因。万一不幸,消息若确,我也无法用别的话解劝她，但你可以将我的话告诉她：我和林叔叔的关系，她是知道的，林叔的女儿，就是我的女儿，何况更加以你们两个的关系。我从今以后，把她和思庄一样看待，在无可慰藉之中，我愿意她领受我这十二分的同情，度过她目前的苦境。她要鼓起勇气，发挥她的天才，完成她的学问，将来和你共同努力，替中国艺术界有点贡献，才不愧为林叔叔的好孩子。这些话你要用尽你的力量来开解她。

林徽因看了这封信，心上依然坠着那块沉甸甸的石头。实际上，自从她赴美留学那天开始，她就在为父亲担惊受怕。这种情绪伴随着林徽因的成长，年纪越大，这片乌云就压得越低，简直快让她成了惊弓之鸟。

小的时候，林徽因是不怎么喜欢父亲的，或者说，她不喜欢和父亲聚少离多的那种相处方式。父亲永远在自己看不见的地方忙忙碌碌。家里有这么大的宅子，生活处处安逸方便，父亲为什么不爱留在家中呢？小徽因对祖父提出过疑问，林孝恂摇头叹气，说："名教叛徒，你爹是名教叛徒啊！"等林徽因长大后才知道，那一年（1901年），林长民从早稻田大学政治经济专业毕业回国，清政府为了笼络留学生，特别开设廷试考核他们，通过者便可获得进士。林长民拒绝参加廷试，以致林孝恂大动肝火。

在徽因幼小的记忆中，父亲经常带她去大嘉山南麓拜谒南宋爱国将领李纲墓，父亲教她背诵的第一首诗，是文天祥的《过零丁洋》。并且随着年岁的增长，林徽因也从父亲那里明白了什么叫"君子有所为，有所不为"。林长民为了自己的政治理想，并非只是参与，也有不断地拒绝。拒绝参加廷试只是一个开端罢了。

虽然林长民没有参加廷试，但已在留学界享有名望，得不少督抚垂青。林长民回到家乡担任福建省咨议局书记长兼福建官立法政学堂教务长，创办福建私立法政学堂，后来，这所学堂发展为福建学院、福建大学，培养出不少人才。

1911 年武昌起义爆发后，林长民出任中华民国临时参议院议员，参与制定《临时约法》，后又被推为临时参议院秘书长、众议院秘书长。

袁世凯窃取辛亥革命果实成为大总统后，1912 年 8 月，同盟会改组为国民党。1913 年 5 月，林长民、汤化龙、刘崇佑等人创立的民主党与共和党合并为进步党，拥戴梁启超为党魁，林长民为政治部长。进步党在国会中的势力仅在国民党之下。袁世凯与国民党决裂后，极力拉拢进步党和林长民。林长民敏锐地预判到袁世凯复辟帝制的企图，毅然离去。

后来，林长民入阁段祺瑞政府担任司法总长，梁启超担任财政总长。不久后，拥护袁世凯复辟的军阀张镇芳为逃避治罪，用十万巨款贿赂林长民，希望特赦，林断然拒绝，并由此拒绝一切说客，辞去官职。事后林长民治了一枚闲章，曰"三月司寇"，意为当了三个月的司法总长。

1918 年第一次世界大战结束，外交总长陆徵祥奉派出席巴黎和会。时任总统的徐世昌为此特设外交委员会，聘林长民为委员会委员兼事务主任。10 月，人在巴黎的梁启超致电林长民，日本将继德国仍享有霸占青岛的特权。林长民连夜撰写短文《外交警报警告国民》，发表于 5 月 2 日北京《晨报》，疾呼"胶州亡矣！山东亡矣！国不国矣"。这篇文章成为导火线，全国同胞的激愤被点燃了。三天后就爆发了划时代的"五四运动"。与上次拒绝受贿一样，林长民再次辞官，当月 25 日便卸任外交委员会委员，在职 5 个月。

1920 年，林长民携长女林徽因以国际联盟同志会成员的名义前往欧洲游历。

林徽因在英国上学时，林长民还给她讲起自己的政治抱负，他谈起在上海与汤化龙、张嘉森组建"共和建设讨论会"，后组成民主党；他谈起与梁启超一起，组织"宪法研究会"，总是眉飞色舞，仿佛又回到那叱咤风云的年代。只是在谈起他在段祺瑞政府当了 5 个月的司法总长时，却感慨万端，心中似有不平块垒，他怅然自己的政治抱负无法得以实现。他曾对徽因说过："爸这条潜龙，迟早有一天还要飞到空中去，只是需要一个风云际会的时机。"

1921 年，林长民回国后立即与梁启超、蔡元培一道向政府建议恢复国会，制定宪法。总统黎元洪采纳了这一建议，并任命林长民为宪法起草委员会委员长。1923 年 10 月，林长民主持制定的宪法刚刚由小组会三读通过，直系军阀曹锟以每张选票五千元的高价贿选总统，林长民断然拒绝。曹锟贿选成功，登上大总统宝座，林长民被迫避祸天津，生活窘困，不得已靠卖字维持生计。但他并无怨尤，更不后悔，自题打油诗曰："去年不卖票，今年来卖字。同以笔墨换金钱，遑问昨非与今是。"

彼时林徽因早已懂事，她深深明白父亲是为什么而坚持，又是为什么而放弃。在父亲心目中，宪法的制定和实施是救国的唯一出路。有一线希望，便要孜孜以求。

1924 年，段祺瑞重掌北京政权，林长民再次受命担任宪法起草委员会委员长，并终于主持起草了一部宪法，最大程度地反映了他的政治观点。这是他一生中最后一次主持制定宪法。他厌烦了动荡的局势，这部宪法实际上是自己从政生涯的一个了结。他告诉女儿，第二年他将"谢绝俗缘，亲自教课膝前子女"，回复"书生逸士的生涯"。

然而，宪法草案刚一提交给政府，1924 年 10 月 18 日，冯玉祥发动"北京政变"，段的统治被推翻，其亲信亦遭到搜捕。林长民处境十分凶险。恰在此时林长民接到奉军将领郭松龄的邀请密函，后者深受少帅张学良信任，手握奉军精锐部队，他看不惯张作霖和日本人勾结，遂决定自立门户。为网罗政治人才，郭通过各种途径向林长民发出邀请。为表诚意和迫切，他不等林长民应承，就派出专列在京恭候三天。

林长民一番犹豫之后接受了邀请。1925 年 11 月 30 日午夜，林长民乘坐专列离开北京。在他还未抵达东北时，郭松龄已在滦州起兵，并将所部队伍改名为"东北国民军"。郭松龄这期间发出了一些脍炙人口的电文，皆出自林长民之手。最初东北国民军进军顺利，后来因为日本关东军暗中破坏，加上内部回归奉军的旧部，内忧外患的夹击，局势急转直下。

林徽因战战兢兢地关注着大洋彼岸的局势，郭松龄兵败的消息一传来，她就有了不祥的预感，紧接着是林长民死于流弹的传言。徽因咬紧牙关让自己镇静，一遍遍祈祷着奇迹发生，希望父亲平平安安回家，从此远离乱世，永不涉足混乱的梦魇一般的政坛。

所谓奇迹，就是十之八九实现不了的期望。消息终于来了，却是兜头泼下的冷水：

初二晨，得续电又复绝望。昨晚彼中脱难之人，到京面述情形，希望全绝，今日已发表了。遭难情形，我也不必详报，只报告两句话：（一）系中流弹而死，死时当无大痛苦。（二）遗骸已被焚烧，无从运回了。……徽因的娘，除自己悲痛外，最挂念的是徽因要急煞。我告诉她，我已经有很长的信给你们了。徽因好孩子，谅来还能信我的话。

我问她还有什么话要我转告徽因没有？她说："没有，只有盼望徽因安命，自己保养身体，此时不必回国。"我的话前两封信都已说过了，现在也没有别的话说，只要你认真解慰便好了。

如果说李夫人的病逝对梁思成来说，就像天空永远塌陷了一角；与父亲永诀，对林徽因来讲，是整个天空的轰然倒塌。

不久，林徽因也接到了叔叔林天民的信和寄来的报纸。她从《京报》《益世报》《大公报》《盛京时报》等报刊上知道了父亲亡故的详细经过。东北国民军全线失守后，郭松龄遂宣告他率一部突围，同夫人韩淑秀、幕僚饶汉祥、林长民及卫队乘马车向锦州方向奔逃，在行至新民县西南四十五里苏家窝棚时，被穆春师、王永清骑兵追上，郭松龄带领卫队进入村中，凭借村舍进行抵抗，卫队死伤过半，林长民被流弹击中，后来又被认为是日本人而焚烧了尸体，死于沈阳西南新民屯。郭松龄夫妇藏于民家菜窖中，后被搜出押往辽中县老达镇，25日被押至距老达镇五里许的地方枪杀。

林徽因放下手中的报纸，已是泣不成声。

林长民一生两袖清风，家中积蓄不多，遭此变故，林家定是大乱。林徽因挂念着母亲和弟妹，也没有太多时间悲哀，只急着回国。但梁启超频频电函劝阻，说是福建匪祸迭起，交通阻隔，容易出意外。林徽因就想回国考清华官费或者休学一年在美国打工，解决留美经费问题，又被准公公阻止。梁启超写信给梁思成："徽因留学总要以和你同时归国为度。学费不成问题，只算我多一个女儿在外留学便了。"

当时梁家的经济也不宽裕，梁启超准备动用股票利息救急。虽然林徽因尚未过门，但梁启超早已把她看作梁家的一员，对徽因多了一份舐犊之情。同时，他也尽心照料林家老小。梁启超写信给朋友说："彼身后不名一文，孀稚满堂，饘粥且无以给，非借赈金稍微接济，势且立濒冻馁。"梁启超为此四处奔波筹集赈金，筹建"抚养遗族评议会"为林家集资。虽然因为集资有限，评议会不了了之，但毕竟耗费了大量心力，实属难能可贵。

林长民去了，殉了自己的道——宪政。而女儿林徽因，一夜长大。

这个林徽因生命中最重要的男人，用他的死给她上了与众不同的最后一课。追求理想必将付出代价，这代价可能是旁人的非议、攻击，亦可能是自己的性命。林长民生前不曾为己辩解，死后，林徽因也没有为父亲申诉半句。因为，任何人不可能像女儿那样了解自己的父亲。林徽因以一个平辈人的身份理解着林长民，理解他的坚持，懂得他的放弃，亦懂得他的"圆滑"，懂得他的选择。这样足矣。

不带走一片云彩

梁实秋眼中的徐志摩，太单纯，以为理想可以托住他飞在云端，但最终在现实中折了翅膀。当初飞得多高，最后便跌得多痛。今时今日，有关他的一切爱和恨，围绕于他身边的众多形象，都被嵌进了"民国"这一相框，

安放于各自的位置。只是无论何时，赤子般纯情的理想，哪怕实现的方式再不现实，也总能从时代烟尘中透出光亮来。

林徽因在香山休养半年之后，身体基本复原。下山那天，徐志摩、沈从文、温源宁等陪了梁思成去接她。并在北京图书馆办了一桌宴席，给林徽因接风。见徽因神采飞扬，无丝毫病容，徐志摩十分高兴。但当徽因问他近况，却只听得一声长叹。

徐志摩最近颇不顺遂，前段时间母亲去世，父亲徐申言与儿子撕破了脸，也没有允许陆小曼戴孝。在北平，他只身住在米粮库胡同四号胡适的家中，也多亏了胡大哥和江冬秀的照应。他在两所大学讲课，月薪差不多有 600 元，仍然不够陆小曼挥霍。徐志摩为了赚更多家用，疲于奔命，身体也不好了，不是感冒就是闹肚子。只顾着挣钱，一些朋友也疏远了。当时，陆小曼在上海开支不够，正巧徐志摩的朋友蒋百里要卖掉一间大屋，让他来上海在契约上签个字，做个中介，可以分得一笔"中佣钱"贴补家用。这些斯文扫地的铜臭俗事，怎么好跟林徽因提起呢。

宴席结束的时候，一群朋友拉上他们去看京戏，徐志摩对林徽因说："过几天我回上海一趟，如果走前没有时间再来看你，今天就算给你辞行了。"

林微因说："11 月 19 日晚上，我在协和小礼堂，给外国使节讲中国建筑艺术。"

"那太好了，"徐志摩高兴地说，"我一定如期赶回来，做你的忠实听众。"

11 月 19 日晚上，协和小礼堂灯火通明，座无虚席。十几个国家的驻华使节和专业人员济济一堂，听林徽因开设的中国古典建筑美学讲座。林徽因身着珍珠白色毛衣、深咖啡色呢裙款款走上讲台。在场的人纷纷惊叹起这位中国第一代女建筑学家的年轻和美丽。

林徽因上台后，下意识地环视了一下全场，没有看到那张期待中的面孔。上午她曾接到徐志摩由南京打来的电报，讲他将搭乘"济南"号飞机到北平，下午 3 点派辆汽车到南苑机场去接他。梁思成租了一辆汽车去南苑机场，结果等到 4 点半，人仍未到，汽车只好又开了回来。来协和礼堂之前，她跟梁思成说："志摩这人向来不失信，他说要赶回来听我的讲座，一定会来的。"

11 月 11 日，徐志摩回到上海，一进家就和陆小曼吵了一架。这次回来，他给小曼带来不少画册、字帖、宣纸、笔墨，满心指望小曼能够改掉恶习，沉浸在艺术氛围中，造就一番事业，没想到小曼一如故我。志摩不想把关系弄僵，只好探访故友，消愁解闷。

第二天早晨，徐志摩去拜访好友刘海粟，中午在罗隆基家吃了午餐。15 日，他的学生何家槐又来看他，两人兴奋地谈了一天。因他一心想着赶回北平，听林徽因的讲座，感到无论如何也要在 17 日离开上海。

徐志摩临走前，陆小曼问他："你准备怎么走呢？"

"坐车。"徐志摩回答。

陆小曼说："你到南京还要看朋友，怕 19 日赶不到北平。"

徐志摩说："如果实在来不及，我就只好坐飞机了。"

陆小曼央求道："不要坐飞机罢。坐火车，权当省费用。"

"你知道我多么喜欢飞啊，你看人家雪莱，死得多么风流。"

其实小曼不知道，坐飞机反而比坐火车省钱。徐志摩的朋友保君健在航空公司当财务主任，常常给他免费机票。

"你不要瞎说。"小曼不知怎的有点害怕。

"你怕我死吗？"

"怕什么！你死了大不了我做风流寡妇。"

18 日凌晨，徐志摩提着箱子匆匆出门了。他要乘早车到南京去。

在火车上，徐志摩买了一张报纸，报纸上正好登载着北平戒严的消息。他担心赶不上林徽因的演讲，又因为张学良在南京，便决定也许可以搭乘他的"福特"专机去北平。于是下车后他先到张歆海家去问情况。

当徐志摩赶到张歆海家时，张歆海夫妇和朋友到明孝陵灵谷寺去玩了。

于是他便去金陵咖啡馆吃茶，然后到在硖石长大的同窗好友何竞武家闲坐。何竞武跟他说，张学良现在还在北平，他的飞机一时半会儿到不了南京。徐志摩着急了，手伸进衣兜里，突然触到一张硬纸片，他这才想起原来手上还有一张保君健送他的免费机票。他说："我明天搭乘邮件飞机，当天准能赶到北平。"

何竞武说："邮件飞机明早八点起飞，我家离飞机场很近，今晚你就睡在这里吧。"

晚上九点钟，徐志摩又去了张歆海家一趟。等到十点多夫妇二人回来了，老朋友们开心地拥抱问候。韩湘眉注意到徐志摩穿着一件又短又小、腰间破着一个洞的西装裤子，徐志摩转过来转过去想寻一根腰带，引得大家大笑，他自我解嘲地说，那是临行仓促中不管好歹抓来穿上的。又说了一阵笑话，韩湘眉忽然问："Suppose something happens tomorrow（明天或许有事发生）？"

徐志摩伸出手，笑说："我的生命线可长呢！"

韩湘眉又说："志摩，说正经话，总是当心一点好，驾机的是中国人，还是外国人？"

"不知道，没关系，I always want to fly（我总想飞）。"徐志摩不在意地回答。

韩湘眉又问："你这次乘飞机，小曼说什么没有？"

"她说我要出了事，她做风流寡妇！"

"All widows are dissolute（所有寡妇都风流）。"杨杏佛打趣说。

老友们都被逗笑了。他们谈论着朋友，谈起国事和文化界的逸事，谈起徐志摩在北平的生活，一直到深夜才依依惜别。

11月19日上午8点之前，徐志摩同何竞武一起吃过早点，又拍了封简短的电报给林徽因，便登上了由南京飞往北平的"济南"号飞机。这是一架司汀逊式6座单叶9汽缸飞机，1929年由宁沪航空公司管理处从美国购入，马力350匹，速率每小时90英里，在两个月前刚刚换了新机器。飞机师王贯一是个文学爱好者，徐志摩搭乘他的飞机，他非常高兴，说："早就仰慕徐先生大名，这回咱们可有机会在路上好好聊一聊了。"

副机师叫梁壁堂，他跟王贯一都是 36 岁，与徐志摩同龄。

飞机起飞时，蓝天白云，一派万里晴空。看样子是个好兆头。

徐志摩感到惬意。他特别喜欢坐飞机，飞在空中，他觉得自己像挂在夜空中闪亮的星星一样。不再是一个地球上的凡人，万物众生，悲欢离合都是那么地渺小。在这样的时刻，灵魂能飞离闹市，飞过高山大湖，就像徐志摩在《想飞》中写的那样：

是人没有不想飞的，老是在这地面上爬着够多厌烦，不说别的。飞出这圈子，飞出这圈子！到云端里去，到云端里去！哪个心里不成天千百遍的这么想？飞上天空去浮着，看地球这弹丸在太空里滚着，从陆地看到海，从海再看回陆地。凌空去看一个明白——这才是做人的趣味，做人的权威，做人的交代。这皮囊要是太重挪不动，就挪了它，可能的话，飞出这圈子，飞出这圈子！

10 点 10 分，飞机降落在徐州机场。徐志摩忽然感到疼得厉害，他在机场写了封信给陆小曼，不拟再飞。10 点 20 分，飞机又将起飞，他看看天气晴朗，心想再坚持一下，便能赶到北平，如约去听林徽因的讲座，他又转身钻进了机舱。

11 月 19 日，林徽因直到演讲结束也没有等到徐志摩。回到家中，梁思成告诉她徐志摩未回到北平。他已给胡适打过电话，胡适也很着急，他也怀疑途中有变故。

1931 年 11 月 20 日《北京晨报》刊发了一条消息：

京平北上机肇祸，昨在济南坠落！

机身全焚，乘客司机均烧死，天雨雾大误触开山。

济南十九日专电：十九日午后二时，中国航空公司飞机由京飞平，飞

行至济南城南三十党家庄里，因天雨雾大，误触开山山顶，当即坠落山下。本报记者亲往调查，见机身全焚毁，仅余空架。乘客一人，司机二人，全被烧死，血肉焦黑，莫可辨认。邮件被焚后，邮票灰仿佛可见，惨状不忍睹……

林徽因和梁思成赶到胡适家中，胡适声音嘶哑地说："我这就到中国航空公司去一趟，请他们发电问问南京公司，看是不是志摩搭乘的飞机出事了。"

中午时，张奚若、陈雪屏、孙大雨、钱端升、张慰慈、饶孟侃等人都来到胡适家中打听情况，电话铃声响个不停。

胡适回来了。他带来的消息打碎了大伙儿最后一丝侥幸。南京公司已回电，证实出事的是徐志摩搭乘的"济南"号飞机，南京公司今天早晨已派美籍飞行师安利生赶往出事地点，调查事实真相。

林徽因被钉在椅子上，全身的血液从头顶倾泻到脚底，又从脚底倒灌回天灵盖。她两眼一黑，失掉了知觉。

醒来之后，她感觉眼前是一团闪动的火光，脑中翻搅着徐志摩的《想飞》中的那几句话："同时天上那一点子黑的已经迫近在我的头顶，形成了一架鸟形的机器，忽的机沿一侧，一球光直往下注，砰的一声炸响——炸碎了我在飞行中的幻想，青天里平添了几堆破碎的浮云。"

是早有预感吗？预感到自己会这般幻灭，不声不响，连一个招呼都不打地走了？

下午，《北京晨报》又发布了一篇号外：

《诗人徐志摩惨祸》济南二十日五时四十分本报专电：京平航空驻济办事所主任朱凤藻，二十日派机械员白相臣赴党家庄开山，将遇难飞机师王贯一、机械员梁壁堂、乘客徐志摩三人尸体洗净，运至党家庄，函省府拨车一辆运济，以便入棺后运平，至烧毁飞机为济南号，即由党家庄运京，徐为中国著名文学家，其友人胡适由北平来电托教育厅长何思源代办善后，但何在京出席四全会未回。

雨滴冷冷的，敲打在福缘庵的青瓦上，零星地唱着挽歌。这座小庵原来是个卖窑器的店铺，院子里堆放着大大小小的坛坛罐罐。徐志摩的遗体就放在庵内入门左边贴墙的一侧。负责整理遗容的是济南中国银行工作的一位姓陈的办事人。徐志摩穿着当地传统的蓝色的绸布长袍，上罩一件黑马褂，头戴红顶黑绸小帽。左额角一个李子大小的洞露了出来，这是他的致命伤。他的眼睛微微张开，鼻子略微发肿，门牙已脱落，静静地躺着。这是那个为爱、为理想燃烧灵魂，永远渴望自由飞翔的诗人徐志摩。

梁思成、金岳霖、张奚若3人，11月22日上午9时半赶到济南，在齐鲁大学会同乘夜车到济的沈从文、闻一多、梁实秋、赵太侔等人，一起赶到福缘庵。梁思成带来一个希腊风格的小花环，这是林徽因亲手编织的，徐志摩的照片嵌在中间。照片上是徐志摩年轻的面孔，一双明亮的眼睛好像随时要诉说着情怀。人生渺茫，人如沧海一粟，只能在命运的波浪中摇摆，不知何时才能靠岸。而这场凄风苦雨，更让人感到无限悲凉。

下午5时，徐志摩的长子徐积锴和张幼仪的哥哥张嘉铸，从上海赶到济南，朱经农夫妇也来了，晚8时半，灵柩装上了一辆敞篷车，将由徐积锴、张嘉铸、郭有守等人，护送回沪。徐志摩的灵柩运到上海万国殡仪馆，上海文艺界在静安寺设奠，举行追悼仪式。前来吊唁的人络绎不绝，大多是青年学生，他们排着队来瞻仰这位中国的拜伦。

北平的公祭设在北大二院大礼堂，由林徽因主持安排，胡适、周作人、杨振声等到会致哀。文化界的名人、故交纷纷题写挽联、挽诗和祭文。

蔡元培题挽联曰：谈话是诗，举动是诗，毕生行径都是诗，诗的意味渗透了，随遇自有乐土。乘船可死，驱车可死，斗室生卧也可死，死于飞机偶然者，不必视为畏途。

这大概算是对徐志摩一生最好的概括。

徐志摩去世以后，林徽因卧室中央墙上多了一块焦黑的飞机残骸。这是梁思成捡来的。他按照林徽因的嘱托，从事故现场捡来了这块"济南"

号飞机残骸的一块小木板。这是徐志摩留给林徽因最后的念想。

朋友们都爱徐志摩，因着他的单纯、浪漫的理想。在那样一个纷乱的年代，他的浪漫和理想带给世人一个关于爱、自由、信仰的美梦。他的朋友们用各种各样的方式纪念他，称颂他，但就是这样一群朋友，在陆小曼说想要收集徐志摩的作品出版时，竟没有人愿意帮她。他们不回应，不是因为他们不爱徐志摩，或许仅仅是因为发起人是陆小曼。

朋友中的很多人都认为徐志摩的死和陆小曼脱不了干系。陆小曼的挥霍无度和任性令徐志摩的生活和精神状态都陷入危机，他不得不在北京上海乘飞机两地奔波，最终横死于飞机失事。所以陆小曼在徐志摩死后遭受到冷眼和指责。这样的女人要给徐志摩出文集，朋友们解不开心中的芥蒂。甚至，徐志摩的乡亲们也没有原谅陆小曼，他们不让她和自己的丈夫合葬。最终，她的一生光艳风流沉寂在苏州，与埋在硖石的徐志摩离得很远。

轻轻的我走了，

正如我轻轻的来；

我轻轻的招手，

作别西天的云彩。

那河畔的金柳，

是夕阳中的新娘；

波光里的艳影，

在我的心头荡漾。

软泥上的青荇，

油油的在水底招摇：

在康河的柔波里，

我甘心做一条水草！

那榆荫下的一潭，

不是清泉，是天上的虹

揉碎在浮藻间，

沉淀着彩虹似的梦。

寻梦？撑一支长篙，

向青草更青处漫溯，

满载一船星辉，

在星辉斑斓里放歌。

但我不能放歌，

悄悄是别离的笙箫；

夏虫也为我沉默，

沉默是今晚的康桥！

悄悄的我走了，

正如我悄悄的来；

我挥一挥衣袖，

不带走一片云彩。

徐志摩写下这首《再别康桥》，几年后，他真的如诗中所写，挥一挥衣袖，不带走一片云彩。并非所有人都相信命运，只是人生之不测，有时让人连分秒的挣扎都无从。人生有太多意外是我们无法预测、无力把握的，无法占卜未来，就只有默默承受苦楚。

不喜欢林徽因的人，因徐志摩的死，又多了一条罪名给她。倘若不参加她的演讲，又怎会发生这样的意外？也有更多的人，愿意把徐志摩的死当作一场惊心动魄纵身情海的殉身。仿佛只有这样，才足够回报他一生的多情，为他浪漫诗意的一生留下深情的绝笔。

徐志摩的一生，热烈而短暂，也似乎正应了那句天妒英才。三十多岁，留几段感情给后人评说，创一个文学流派供世人景仰，但他的墓碑上只刻着"诗人徐志摩"。诗人，是徐志摩一生的理想和全部的热情的灵魂所在，无须更多的解释，短短五字，已经给他的一生做了最浪漫的注脚。

飞往天堂的战机

为了躲避战火，1937 年 8 月，林徽因一家离开北平前往天津，后辗转至昆明。林徽因就是在这里多了 8 个"弟弟"。她和这群"弟弟"的结识也颇具戏剧性。

从长沙前往昆明时，车行至湖南与贵州交界处的晃县，林徽因忽然得了肺炎，高烧不退，梁思成左扶着虚弱的妻子，右搀着岳母，还要照应着 9 岁的女儿和 6 岁的儿子，忙乱不堪，急需一个小旅馆安顿休整。但他们踏着泥泞走了几条街，也没能找到一个床位。好几班旅客滞留在这里，所有的旅馆都满员了。

林徽因烧到四十度，直打寒战，走到一间茶馆再也走不动了。但是茶馆老板嫌占了他的地方，又怕晦气，连打个地铺都不准，连连赶他们走。梁思成急得一个头两个大，小儿子又困又乏，已经倒在行李上睡着了。

正在梁思成困兽一样团团转的时候，一阵优雅的小提琴声隐约飘入耳际。梁思成差点以为自己着急得幻听了，在这个偏僻之地，谁会演奏这么高雅的乐器呢？他侧耳细听，这次听清楚了，真的是小提琴！这拉琴的定是来自大城市，受过高等教育的文化人。也许他会发发善心帮他们一把也说不定。

梁思成怀抱着最后的希望，冒雨循着琴音，贸然敲开了传出琴声的旅馆的房门。优美的演奏戛然而止，梁思成惊讶地看着眼前一群穿着空军学员制服的年轻人，一双双明亮的眼睛正流露着疑问的神色。梁思成硬着头皮说明了来意。青年们出乎意料地热情，立刻给他们腾出一个房间。交谈之下梁思成知道了他们二十来号人是中国空军杭州笕桥航校第七期的学员。在往昆明撤退的途中被阻在晃县，已经好几天了。

等林徽因一家子在昆明安顿下来后，这些意外结识的古道热肠的飞行学员也成了朋友聚会的座上宾。而且，作为航空学校第十期学员的林恒也奉命撤往昆明。这些年轻人在昆明都没什么亲戚，热心健谈的林徽因在他们看来就像姐姐一样。他们向她讲德国教官严酷的训练方式，倾诉他们对沦陷区的亲友的思念，分享在西南联大交到女友的快乐。

航校毕业的时间到了，梁思成和林徽因收到了一张请柬。这些学生的家人都在沦陷区，第七期毕业的八名飞行员的家长没有一个在昆明，因此校方邀请两人做他们的名誉家长，参加"孩子们"的毕业典礼。

那一天，夫妇俩早早就到了学校。梁思成坐在主席台上致辞，然后颁发了毕业证书，毕业生们还驾着战机做了飞行表演。林徽因看着这一张张兴奋年轻的面孔，默默地祈祷着，祈求战争永远不要带走她的弟弟们，这些鲜活的热情的生命。

然而祈祷是没有用的，战争的残酷不会饶过善良的人们。从1940年，梁思成和林徽因成为这八名学员的"名誉家长"以来，噩耗就像商量好了似的接踵而至。参加完毕业典礼，作为"家长"的梁氏夫妇等来的不是胜利的捷报，而是接二连三的阵亡通知书。

那位在雨夜拉小提琴的男孩叫黄栋全，可以说是林徽因的救命恩人了。他是学员中牺牲较早的一位，阵亡在昆明的战斗中。黄栋全死得特别惨，被击落后，尸体都找不全，梁思成去一块骨头一块肉地寻找拼凑尸体。他是名誉家长，学员一牺牲，阵亡通知书就都寄到家里去了。一封一封的阵亡通知书压得梁家人喘不过气。他们还未来得及为上一个"孩子"多洒几滴眼泪，后面的死讯又劈了下来。他们的心碎了又碎，直到

成为粉末。

除了心碎，更多的是愤怒、屈辱和焦虑。因为，这些年轻的生命根本就是懦弱无能的政府的陪葬。当时国内的空军装备严重落后，远不能和日本侵略者相抗衡。空军作战使用的主要还是 20 世纪初的古董，一种帆布蒙皮，敞着驾驶舱的双翼战机，飞行员称这种飞机为"老道格拉斯"，又笨又慢，火力也很弱，和日军的飞机性能天差地别。空战中高度是制胜点，日军战机能一下子拉高，"老道格拉斯"就只能一圈一圈往上爬。如果侥幸占了优势而一次俯冲射击不中的话，就很难再有攻击机会，只能等着挨打。可悲的是，即使是这样，一些后勤部门的官员居然发国难财，盗卖零件汽油，使地勤工作全无保证，飞机经常出故障。

淞沪抗战爆发以来，中国空军能参战的飞机已经所剩无几，飞行员甚至只能驾驶由民用飞机改装的战机，许多年轻的飞行员还来不及还击就献出了生命。据说那时候空军由航校毕业到战死，通常寿命只有半年。

林徽因的 9 个飞行员弟弟中，最后一个牺牲的是林耀（林恒阵亡于1941 年 3 月）。1943 年的一个黄昏，第九封死亡通知书飞进了林家，林耀在衡阳保卫战中被敌机击落。由于中国军队仓促撤退，他的飞机和遗体都没能找到。一个那么明亮鲜活的生命，就这样消失了，就像从未来过。林徽因在病榻上翻看着这些孩子的遗照和日记，度过一个个被泪水浸透的漫漫长夜。

因为林徽因一家和这群飞行员特殊的情谊，每年的七七事变纪念日中午十二点，梁思成都要带领全家，在饭桌旁起立默哀三分钟，悼念所有认识和素不相识的抗日英魂。这三分钟是全家最肃穆的时刻。多年后，林徽因的儿子梁从诫数次写文章，专门回忆和悼念这几位飞行员烈士。

在安静中，不慌不忙的坚强

邂逅

在梁思成、林徽因留下的书信中，与两位朋友的通信和其他人颇有不同。他们不是中国人，来自大洋彼岸的美利坚合众国，却有味道十足的中文名字。他们就是后来成为著名社会学家、汉学家的费正清（费尔班克·约翰·金）和费慰梅（威尔玛）夫妇。

当时，费正清和费慰梅都是刚刚大学毕业的学生，费正清来自南达科他，费慰梅则来自马萨诸塞州的剑桥，这一对如痴如狂的喜欢中国的人文历史和艺术的年轻人，就是在那里相遇并相爱的。因为共同的追求，他们到古老的北平结了婚。

在北平东城一座漂亮的四合院里，这一对来自异国的年轻夫妇怀着一腔新奇，过起了老北京人的日子。他们的早餐是胡同口的豆浆油条，挎篮子吆喝"箩卜赛梨"的小贩，也引起他们极大的兴趣。夫妇俩最爱做的一件事儿莫过于坐上人力拉车，串北平的街道和胡同，那种古老的文化氛围，让他们进入了一个古典的东方梦境。

费正清夫妇找了中文老师从头学习中文，神秘的方块字有一种别样的魅力。课余时间，他们便去紫禁城或香山的佛教寺庙里考察，但对他们更具吸引力的却是北平的门楼和城墙，尽管这大墙内外上演着的一幕幕活剧，对于他们却还是那样陌生。

费正清和费慰梅是在结婚后两个月遇见梁思成夫妇的，四个人的友情维系了一生。晚年的费慰梅回忆起他们相识时的感受说：

当时他们和我们都不曾想到这个友谊今后会持续多年，但它的头一年就把我们都迷住了。他们很年轻，相互倾慕着，同时又很愿回报我们喜欢和他们做伴的感情。徽——他为外国的亲密朋友给自己起的短名——是特别地美丽活泼。思成则比较沉稳些。他既有礼貌而又反应敏捷，偶尔还表现出一种古怪的才智，两人都会两国语言，通晓东西方文化。徽以她滔滔不绝的言语和笑声平衡着她丈夫的拘谨。通过交换美国大学生活的故事，她很快就知道我们夫妇俩都在哈佛念过书，而正清是在牛津大学当研究生时来到北京的。

这两对夫妇的邂逅并不是什么奇遇。他们在一次聚会上认识，并互相吸引，一交谈，才知两家居然是相距不远的近邻，这使他们喜不自胜。

费正清、费慰梅的中文名字就是梁思成夫妇取的。后来抗战时费正清以美国情报局官员身份来华，曾改名字为"范邦国"，梁思成却颇不以为然，说："范邦国这三个字听起来像番邦之国，也像藩子绑票国，而正清乃是象征正直、清朗，又接近 John King 的发音，是个典型的中国名字。"从此，费正清的中文名字就没有变过。

这份上天赐予的新的友谊给林徽因的生活注入了阳光。当时她和梁思成刚刚由沈阳迁回北平，开始在中国营造学社的工作，事业还未走上正轨，又有家务琐事缠身，让本就急性子的林徽因心烦意乱。费慰梅怀念这段日子时记叙道：

那时徽因正在经历着她可能是生平第一次操持家务的苦难，并不是她没有仆人，而是她的家人，包括小女儿、新生的儿子，以及可能是最麻烦的、一个感情上完全依附于她的、头脑同她的双脚一样被裹得紧紧的母亲。中国的传统要求照顾她的母亲、丈夫和孩子们，她是被要求担任家庭"经理"的角色，这些责任要消耗掉她在家里的大部分时间和精力。

费慰梅作为一个来自不同文化环境的女性，对林徽因的感知是深层次的，她在中西方文化的穴结点上，一下子找到了她的中国朋友全部痛苦的症结，费慰梅说：

林徽因当然是过渡一代的一员，对约定俗成的限制是反抗的。她不仅在英国和美国，而且早年在中国读小学时都是受的西方教育。她在国外过的是大学生的自由生活，在沈阳和思成共同设计的也是这种生活。可是此刻在家里一切都像要使她铩羽而归。

她在书桌或画报前没有一刻安宁，可以不受孩子、仆人或母亲的干扰。她实际上是这十个人的囚犯，他们每件事都要找她作决定。当然这部分是她自己的错。在她关心的各种事情当中，对人和他们的问题的关心是压倒一切的。她讨厌在画建筑的草图或者写一首诗的当中被打扰，但是她不仅不抗争，反而把注意力转向解决紧迫的人间问题。

费正清 1946 年回到哈佛历史系教书，专注于学术研究，开创了费正清学派，建立哈佛东亚研究中心，把费氏夫妇深爱的中国文化传播向全世界。回国后，他们的友谊只能靠书信传达。梁家被战争困在李庄时，生活极端拮据，连信纸都只能用剪开的小纸片，邮费也够一家人生活一阵子。即使是这样，他们的联系也没有中断。

1993 年，费慰梅完成书稿《梁思成和林徽因：一对探索中国建筑的伴侣》，1995 年由宾州大学出版，以纪念二人曾在宾夕法尼亚大学求学的渊源。费慰梅于 2002 年 4 月 4 日逝世，享年 92 岁，与林徽因的忌日只差三天。她的名气虽然不如丈夫费正清大，但她对中国艺术的深深热爱，和中国才女林徽因至死不渝的情谊，写下了中美知识分子交流史上的动人诗篇。

至交

林徽因多才多艺，幽默活泼，人又心直口快，想什么说什么，批评起人来毫不留情面。费慰梅曾经这样形容她的犀利言谈："她的谈话同她的著作一样充满了创造性。话题从诙谐的逸事到敏锐的分析，从明智的忠告到突发的愤怒，从发狂的热情到深刻的蔑视，几乎无所不包。"照理说，这么一个牙尖嘴利的女性，长得再漂亮，恐怕也会让人敬而远之。但林徽因和梁思成却有许多共同的朋友，他们是一生的挚友和知己。

费正清、费慰梅夫妇在这一群朋友中，因为是外国人而有些特殊。但参加了几次聚会，就和大家都成了谈得来的老朋友，他们的中文水平也就在这样的聚会中飞快地提高。

不欢迎费氏夫妇的似乎只有林徽因的母亲和仆人们，老太太总是用一双疑惑的眼睛直盯着这一对黄头发、蓝眼睛的外国人。每当费氏夫妇扣响梁家的门环，开门的仆人总是只把大门打开一道缝，从上到下把他们打量一会儿，然后才把他们放进院子，而老太太却踮着小脚一直把他们追到客厅里，每次都是徽因把她的母亲推着送回她自己的屋里。

有时候林徽因心情不好，费氏夫妇就拉上她去郊外骑马，将城市里的尘嚣远远地隔在灰色的城墙和灰色的心情之外。林徽因很有骑师的天赋，她坐在马背上的身姿看上去棒极了，连号称美利坚骑士的费正清也啧啧称赞。因为经常去骑马，林徽因索性买了一对马鞍、一套马裤，穿上这身装束，她俨然成了一位英姿勃发的巾帼骑师。

那段日子是林徽因一生中最值得留恋的一段时光之一。费氏夫妇回国后，她在信中对往事的回顾，依然是那样神采飞扬：

自从你们两人在我们周围出现，并把新的活力和对生活、未来的憧憬分给我以来，我已变得年轻活泼和精神抖擞得多了。每当我回想到今冬我所做的一切，我都十分感激和惊奇。

你看，我是在两种文化教养下长大的，不容否认，两种文化的接触和活动对我来说是必不可少的。在你们真正出现在我们（北总布胡同）三号的生活中之前，我总感到有些茫然若失，有一种缺少点什么的感觉，觉得有一种需要填补的精神贫乏。而你们的"蓝色通知"恰恰适合这种需要。

另一个问题，我在北京的朋友年龄都比较大也比较严肃。他们自己不仅不能给我们什么乐趣，而且还要找思成和我要灵感或让我们把事情搞活泼些。我是多少次感到精疲力竭了啊！

今秋或不如说是初冬的野餐和骑马（以及到山西的旅行）使整个世界对我来说都变了。想一想假如没有这一切，我怎么能够经得住我们频繁的民族危机所带来的所有的激动、慌乱和忧郁！那骑马也是很具象征意义的。出了西华门，过去那里对我来说只是日本人和他们的猎物，现在我能看到小径、无边的冬季平原风景、细细的银色树枝、静静的小寺院和人们能够抱着传奇式的自豪感跨越的小桥。

费氏夫妇在中国时最先熟悉起来的除梁氏夫妇，就是逻辑学家金岳霖了。大家都叫他"老金"。看上去他似乎是梁家的一个成员，住在梁家院后一座小房子里，梁氏夫妇住宅的一扇小门，便和老金的院落相通。每次聚会，老金总是第一个来。有时候，这样的聚会也在老金家进行。作为一个逻辑学家，老金的幽默是独特的。林徽因和梁思成免不了拌嘴，闻声而来的老金从不问清红皂白，而是大讲特讲其生活与哲学的关系，却总能迅速让两口子"熄火"。

梁家困顿李庄时，老金从昆明赶了过去，像在北平时一样陪伴在他们身边。为了给病重的林徽因滋补身体，他从自己微薄的薪水中拿出一部分，到镇上买了十几只鸡饲养，盼望着早日生蛋。老金养鸡很厉害，在北平总布胡同时就养着几只大斗鸡。据梁从诫说，在李庄的时候"金爸在的时候老是坐在屋里写呀写的。不写的时候就在院子里用玉米喂他的一大群鸡。有一次说是鸡闹病了，他就把大蒜整瓣地塞进鸡口里，它们吞的时候总是伸长脖了，眼睛瞪得老大，我觉得很可怜。"这十几只鸡，长势很快，一只都没生病，后来还下蛋了，所有人都特别开心。

至于老金自己，他对生活的艰难和通货膨胀总是用哲学家的观点对待，他对梁思成和林徽因说："在这艰难的岁月里，最重要的是，要想一想自己拥有的东西，它们是多么有价值，有时你就会觉得自己很富有。同时，人最好尽可能不要去想那些非买不可的东西。"老金的"金口玉言"使处在艰难困苦中的朋友们得到了精神上的宽慰。

林徽因是典型的"刀子嘴，豆腐心"，但是了解她的亲友们都不会计较。林徽因和二姑子梁思庄的关系并不"符合"很多人理解的那种姑嫂之间必处不来的"定律"，梁思庄的女儿吴荔明女士回忆道：

> 我的妈妈，一直和二舅妈相处得很好，他们还在十几岁的时候就相识了，后来又一起在国外留学。由于共同接受了西方教育，使他们有很多共同语言，亲如姐妹。妈妈说二舅妈林徽因是"刀子嘴，豆腐心"，别看她嘴巴很厉害，但心眼好。她喜怒形于色，绝对真实。正因为妈妈对二舅妈的性格为人有这样深刻的认识，才能使她们姑嫂两人始终是好朋友。

1936年1月，丧夫的梁思庄带着女儿从广州回到北平，初到北平时住在梁家，林徽因还写信给费慰梅唠叨了一番——事实上，林徽因面对琐碎的家务事，经常会发牢骚。但是牢骚归牢骚，林徽因当时对母女俩特别好，即使在外地考察也要特意写信，询问她们是否安顿好了。解放后，林徽因和梁思庄联系也很频繁，吴荔明小时候爱吃雪糕，夏天的时候林徽因去梁思庄家，总是用一个小广口暖瓶装着满满的雪糕给孩子。梁思庄见到林徽因第一句话总是"Are you all right（你还好吗）？"林徽因身体不好，梁思庄一直放心不下。

林洙在《梁思成、林徽因与我》中提到一件事，林洙以"同乡"身份到清华先修班学习，被介绍给林徽因，林徽因主动热心地给她补习英文；后来，林洙要和在清华任教的男友结婚，但经济困窘。林徽因知道后找到她，告诉她营造学社有一笔款项专门用来资助青年学生，让她先用。看到对方一脸窘迫，立刻安慰说："不要紧的，你可以先借用，以后再还。"不由分说把存折塞给了她，还送了一套青花瓷杯盘做贺礼。后来林洙想还这笔钱，

却被林徽因"严厉"地退了回来。

"林徽因式"的热诚，包裹着尖锐的刺。如果你不能接受这些尖利的表象，就无法触及她的真心的柔软。好在林徽因的朋友们都能宽容她最"坏"的那一面。因为他们知道，这个美丽的嘴上不饶人的女学者，"好"的那面是值得结交一生的。

妇女的敌人

林徽因是一个混合体，她是建筑师，这个即使是在现在也充满男性气息的职业，需要科学严谨的精神去考察，更要吃得风餐露宿的苦；她是诗人，清丽的诗句中流露出细腻复杂的情感。面对徐志摩和金岳霖的追求、守护，她表现出令女性惊异的理智，选择了志同道合的梁思成做丈夫，但同时她对他们有深刻的了解。她的性格和外表也是矛盾的。貌美如花的表象之下隐藏的是男人气的豪爽，爱骑马，也能吸烟喝酒，颇有几分当下备受追捧的"爷"的气派。她直爽甚至是急躁，但又心思缜密，对亲友的关照事无巨细。

林徽因就是这样一个奇怪又矛盾的混合体，她把科学和艺术、理智和情感、男性化和女性化这些看似对立的特质完美地结合于一处。其实，像女人的女人，魅力并不致命，像男人的女人才最吸引男人——因为他们需要被了解。林徽因就是这样，她那令人目眩神迷的光彩，令男人倾倒，将女人压迫。

晚年的梁思成这样评价她的这位"万人迷"妻子：

林徽因是个很特别的人，她的才华是多方面的。不管是文学、艺术、建筑乃至哲学她都有很深的修养。她能作为一个严谨的科学工作者，和我一同到村野僻壤去调查古建筑，测量平面和爬梁上柱，做精确的分析比较；又能和徐志摩一起，用英语探讨英国古典文学或我国新诗创作。她具有哲学家的思维和高度概括事物的能力。所以做她的丈夫很不容易。中国有句俗话："文章是自己的好，老婆是人家的好。"可是对我来说，老婆是自己的好，文章是老婆的好。我不否认和林徽因在一起有时很累，因为她的思想太活跃，和她在一起必须和她同样地反应敏捷才行，不然就跟不上她。（林洙《梁思成、林徽因与我》）

林徽因的儿子梁从诫先生认为母亲能够把多方面知识才能汇集于一身，是一位有着"文艺复兴色彩"的知识分子。费慰梅则是这么分析林徽因的敏锐和复杂：

当我回顾那些久已消失的往事时，她那种广博而深邃的敏锐性仍然使我惊叹不已。她的神经犹如一架大钢琴的复杂的音弦。对于琴键的每一触，不论是高音还是低音，重击还是轻弹，它都会作出反应。或者是继承自她那诗人的父亲，在她身上有着艺术家的全部气质。她能够以其精致的洞察力为任何一门艺术留下自己的印痕。

年轻的时候，戏剧曾强烈地吸引过她，后来，在她的一生中，视觉艺术设计也曾间或使她着迷。然而，她的真正热情还在于文字艺术，不论表现为语言还是写作。它们才是她最新的表达手段。

一个无可争议的才女，在建筑、文学上都有其贡献，凑巧，又生得美丽，个性呢，又不是传统的小鸟依人。这样的林徽因，对于20世纪30年代的大部分的中国女性来说，确实是一个不可想象的存在。她是一个高不可攀的"神话"，一个"异端"，林徽因在中国没有几个亲密的女性朋友，几乎是正常的。文学家李健吾这样说林徽因："绝顶聪明，又是一副赤热的心肠，口快，性子直，好强，几乎妇女全把她当作仇敌。"

林徽因才华过人，事业心又很强，交往的都是当时文化界的精英，比如经济学家陈岱孙，政治学家张奚若，逻辑学家金岳霖，物理学家周培源，

文学界的有胡适、徐志摩、朱光潜、沈从文等，全都是各自领域的鼎鼎大名的人物。

出身高贵，貌美如花，又有过人的才华，男性化的职业和事业心，使林徽因在男性的世界如鱼得水。受男性欢迎的女性本就不容易被同性认可，况且林徽因心气又高，不通世故，不屑于与她们周旋敷衍，同性的误解甚至嫉妒就可想而知了。这其中也包括林徽因的大姑子，梁思成大姐梁思顺。

1936 年，林徽因写信给费慰梅说：

> 对我来说，三月是一个多事的月份……主要是由于小姑大姑们。我真羡慕慰梅嫁给一个独子（何况又是正清）……我的一个小姑（燕京学生示威领袖）面临被捕，我只好用各种巧妙办法把她藏起来和送她去南方。另一个姑姑带着孩子和一个广东老妈子来了，要长期住下去。必须从我们已经很挤的住宅里分给他们房子。还得从我已经无可再挤的时间里找出大量时间来！到处都是喧闹声和乱七八糟。第三位是我最年长的大姑，她半夜里来要把她在燕京读书的女儿带走，她全然出于嫉妒心，尽说些不三不四话，而那女儿则一直在哭。她抱怨说女儿在学生政治形势紧张的时候也不跟她说就从学校跑到城里来，"她这么喜欢出来找她舅舅和舅妈，那她干嘛不让他们给她出学费"等等。当她走的时候，又扔出最后的炸弹来。她不喜欢她的女儿从他舅舅和舅妈的朋友那里染上那种激进的恋爱婚姻观，这个朋友激进到连婚姻都不相信——指的是老金！

这里提到的"小姑"，是梁启超的三女儿梁思懿，后来加入中国共产党，成为著名社会活动家；"另一个姑姑"自然是梁思庄，后来成为图书馆学家，当时她的丈夫刚去世，带着年幼的吴荔明从广州来到北平。"最年长的大姑"就是梁思顺了，善诗词，曾编写了一本《艺蘅馆词选》，但其思想，总的来说还是传统的中国妇女那一套，性格也有些怪，不容人。在正式成为梁家的媳妇之前，这个大姐就和林徽因"道不同不相为谋"，后来经过梁启超的调解才有所修复。现在，大姐眼看着自己的女儿居然如此喜欢这个自己极其不满的二舅母，怎能没有怨气？

和林徽因有过有名的"康桥日记之争"的凌叔华，晚年时曾这样评价这位"妇女的仇敌"："可惜因为人长得漂亮又能说话，被男朋友们宠得很难再进步。"——这里面的"男朋友"当是一种泛指。林徽因的男性朋友始终多于女性，她一生都没能学会絮絮叨叨的"女性特质"。她最亲密的女性朋友是外国人，她超前于那个时代，自然不能被同时代的女性所理解了。

太太客厅和慈慧殿三号

梁氏夫妇搬到北平总布胡同的四合院以后，由于梁思成、林徽因所具有的渊博学识和人格魅力，他们身边很快聚集了一批当时中国文化界的精英。这些学者和文化精英，经常在星期六下午陆续来到梁家聚会。大家一起吃茶聊天，谈论天下事。女主人林徽因思维敏捷，擅长引起话题，极具亲和力和感染力。他们的话题既有思想深度，又有社会广度，既有学术理论高度，又有强烈的针对现实性，可谓谈古论今皆成学问。慢慢地，梁家的这个聚会的名气越来越大，渐成气候，形成了20世纪30年代北平最出名的文化沙龙，时人称之为"太太的客厅"。这个具有国际俱乐部特色的"客厅"，曾引起过许多知识分子特别是文学青年的心驰神往。

有个在燕京大学读书的文学青年就是其中之一。

那天林徽因被一阵急促中带着怯意的敲门声唤出来，开了门，两张年轻的脸庞出现在面前。一个是沈从文，他是常客，已是蜚声全国文坛的青年作家；另一个是个陌生的男孩子，大约二十出头年纪，微微泛红的脸上，还带着点稚气，他穿着一件洗得干干净净的蓝布大褂，一双刚刚打了油的旧皮鞋。

沈从文介绍说："这是萧乾，燕京大学新闻系三年级学生。"

"啊，原来是《蚕》的作者。快进屋吧。"林徽因利落地把两人让进来，然后给他们倒上热茶。

萧乾听沈从文说，林徽因的肺病已相当严重，本以为她会躺在床上见客，没想到林徽因却穿了一套骑马装，十分潇洒，她的脸上还带一点病容，精神却很饱满。

"喝茶，不要客气，越随便越好。"林徽因招呼着拘谨的萧乾，又说道，"你的《蚕》我读了几遍，刚写小说就有这样的成绩，真不简单！你喜不喜欢唯美主义的作品，你小说中的语言和色彩，很有唯美主义味道。"

林徽因在屋子里来回走动着，脸庞因为兴奋而微微潮红。

多年后萧乾这样讲起那次会面的缘由和感触：

> 几天后，接到沈先生的信（这信连同所有我心爱的一切，一直保存到1966 年 8 月），大意是说，一位聪明绝顶的小姐看上了你那篇《蚕》，要请你去她家吃茶。星期六下午你可来我这里，咱们一道去。那几天我喜得真是有些坐立不安。……那是我第一次见到林徽因。如今回忆起自己那份窘促而又激动的心境和拘谨的神态，仍觉得十分可笑。然而那次茶会就像在刚起步的马驹子后腿上，亲切的抽了那么一鞭。

慈慧殿三号是朱光潜和梁宗岱在景山后面的寓所，也是与"太太的客厅"同样有影响的文化沙龙。沙龙每月集会一次，朗诵中外诗歌和散文，因此又称"读诗会"。林徽因也是这里的主要参加者。

这个沙龙实际上是 20 年代闻一多西单辟才胡同沙龙的继续。冰心、凌叔华、朱自清、梁宗岱、冯至、郑振铎、孙大雨、周作人、沈从文、卞之琳、何其芳、萧乾，还有英国旅居中国的诗人尤连·伯罗、阿立通等人都是沙龙的成员。

沙龙主持人是朱光潜，他是香港大学文科毕业生，20 世纪 20 年代中期先后留学英法，也游历过德国和意大利。1933 年 7 月回国，应胡适之聘，出任北京大学西语系教授，主讲西方名著选读和文学批评史，同时还在北大中文系、清华大学、辅仁大学、女子文理学院和中央艺术研究院主讲文艺心理学和诗论。

读诗会聚会形式轻松活泼，大家畅所欲言，时有"争论"发生。林徽因总是辩论中的核心人物，她言辞犀利，从不给对方留面子。有一回，她就和梁宗岱为了一首诗的翻译争执得面红耳赤。

梁宗岱在那天的聚会上朗诵了一首由他翻译的瓦雷里的《水仙辞》，朗诵完毕，林徽因第一个发言，一点台阶也没给大诗人留："宗岱，你别得意，你的老瓦这首诗我真不想恭维。'哥啊，惨淡的白莲，我愁思着美艳，／把我赤裸裸地浸在你溶溶的清泉。／而向着你，女神，女神，水的女神啊，／我来这百静中呈献我无端的泪点。'这首诗的起句不错，但以后意象就全部散乱了，好像一串珠子给粗暴地扯断了线。我想起法国作家戈蒂耶的《莫班小姐》序言里的一段话——谁见过在哪桌宴席上会把一头母猪同 12 头小猪崽子统统放在一盘菜里呢？有谁吃过海鳝、七鳃鳗炒人肉杂烩？你们真的相信布里亚·萨瓦兰使阿波西斯的技术变得更完美了吗？胖子维特尤斯是在什维食品店里用野鸡、凤凰的脑、红鹳的舌头和鸟的肝填满他那著名的'米纳夫盾'的吗？"

梁宗岱在法国上学时可是做过瓦雷里的学生的，他亲耳听过瓦雷里讲授这首诗，这也是他最喜欢的一首诗。他马上站起来，高声回敬道："我觉得林小姐对这首诗是一种误读，作为后期象征主义的主要代表，瓦雷里的诗，是人类情绪的一种方程式，这首《水仙辞》是浑然一体的通体象征，它离生命的本质最近，我想你没有读懂这样的句子：'这就是我水中的月与露的身，顺从着我两重心愿的娟娟情形！／我摇曳的银臂的姿势是何等澄清！／黄金里我迟缓的手已倦了邀请。'瓦雷里的作品，忽视外在的实际，注重表现内心的真实，赋予抽象观念以有声有色的物质形式，我想林小姐恰恰是忽视了这点。"

林徽因毫不让步，也不自觉地提高了嗓门："恰恰是你错了。我们所争论的不是后期象征主义的艺术特点，而是这一首诗，一千个读者，可以有一千个哈姆雷特。我觉得，道义的一些格言，真理的一些教训，都不可被介绍到诗里，因为他们可以用不同的方法，服务于作品的一般目的。但是，真正的诗人，要经常设法冲淡它们，使它们服从于诗的气氛和诗的真正要素——美。"

梁宗岱涨红了脸，急急地说："林小姐，你应该注意到，诗人在作品中所注重的，是感性与理性、变化与永恒、肉体与灵魂、生存与死亡冲突的哲理，这才是美的真谛。我认为美，不应该是唯美，一个诗人，他感受到思想，就像立刻闻到一朵玫瑰花的芬芳一样。"

林徽因也站起身回击道："我想提醒梁诗人，诗歌是诉诸灵魂的，而灵魂既可以是肉体的囚徒，也可以是心灵的囚徒。一个人当然不可以有偏见，一位伟大的法国人，在一百年以前就指出过，一个人的偏爱，完全是他自己的事，而一旦有所偏见，就不再是公正的了。"

朋友们没有一个去"拉架"，反而津津有味地听着他们"打嘴仗"。

萧乾头一回参加这个沙龙活动，被这火药味儿十足的讨论吓了一跳，悄声问带他来的沈从文："他们吵得这么热闹，脸红脖子粗的，你怎么不劝劝？"

沈从文摆摆手："在这儿吵，很正常，你不要管他，让他们尽兴地吵，越热闹越好。"

林徽因重新坐回沙发上，平静地结案陈词道："每个诗人都可以从日出日落受到启发，那是心灵的一种颤动。梁诗人说过，'诗人要到自然中去，到爱人的怀抱里去，到你自己的灵魂里去，如果你觉得有三头六臂，就一起去。'只是别去钻'象征'的牛角尖儿。"

梁宗岱心服口服地笑起来。朋友们也哈哈大笑。

笑得最响最轻快的，当然是"得理不饶人"的林徽因。

与冰心的龃龉

李健吾和林徽因是在 1934 年年初认识的。当时林徽因在《文学季刊》上读到李健吾关于《包法利夫人》的论文，极为赞赏，就写信给李健吾邀请他来"太太客厅"参加聚会。李健吾比林徽因小两岁，与其过从甚密，因此对林徽因的性格为人看得也很透彻：

> 她（林徽因）缺乏妇女的幽娴的品德。她对于任何问题（都）感到兴趣，特别是文学和艺术，具有本能的、直接的感悟。生长富贵，命运坎坷，修养让她把热情藏在里面，热情却是她生活的支柱。喜好和人辩论——因为她热爱真理，但是孤独、寂寞、抑郁，永远用诗句表达她的哀愁。

李健吾在《林徽因》这篇散文里，说林徽因和另一位女诗人冰心的关系是"既是朋友，同时又是仇敌"。林徽因亲口对他讲起过一件趣事：冰心写了一篇小说《我们太太的客厅》讽刺她，因为每到星期六下午，便有若干朋友以她为中心谈论各种现象和问题。林徽因恰好由山西调查庙宇回到北平，带了一坛又香又陈的山西醋，立即叫人送给冰心吃用。

这篇小说从 1933 年 10 月 27 日开始在天津《大公报》文艺副刊连载。小说一开头就单刀直入地描述道：

> 时间是一个最理想的北平春天的下午，温煦而光明。地点是我们太太的客厅。所谓太太的客厅，当然指着我们的先生也有他的客厅，不过客人们少在那时聚会，从略。

> 我们的太太自己以为，她的客人们也以为她是当时当地的一个"沙龙"的主人。当时当地的艺术家、诗人，以及一切人等，每逢清闲的下午，想喝一杯浓茶，或咖啡，想抽几根好烟，想坐坐温软的沙发，想见见朋友，想有一个明眸皓齿能说会道的人儿，陪着他们谈笑，便不需思索地拿起帽

子和手杖，走路或坐车，把自己送到我们的太太的客厅里来。在这里，各自都能得到他们所向往的一切。

按冰心小说中的描述："我们的太太是当时社交界的一朵名花，十六七岁时候尤其嫩艳……我们的先生（的照片）自然不能同太太摆在一起，他在客人的眼中，至少是猥琐，是世俗。谁能看见我们的太太不叹一口惊慕的气，谁又能看见我们的先生，不抽一口厌烦的气？"我们的太太自己虽是个女性，却并不喜欢女人。她觉得中国的女人特别的守旧，特别的琐碎，特别的小方。"接着还详细描写了一位诗人的外貌："还有一位'白裕临风，天然瘦削'的诗人。此诗人头发光溜溜地两边平分着，白净的脸，高高的鼻子，薄薄的嘴唇，态度潇洒，顾盼含情，是天生的一个'女人的男子'。"但见那诗人：

微俯着身，捧着我们太太的指尖，轻轻地亲了一下，说："太太，无论哪时看见你，都如同一片光明的彩云……"我们的太太微微地一笑，抽出手来，又和后面一位文学教授把握。

教授有四十上下的年纪，两道短须，春风满面，连连地说："好久不见了，太太，你好！"

哲学家背着手，俯身细看书架上的书，抽出叔本华《妇女论》的译本来，正在翻着，诗人悄悄过去，把他肩膀猛然一拍，他才笑着合上卷，回过身来。他是一个瘦瘦高高的人，深目高额，两肩下垂，脸色微黄，不认得他的人，总以为是个烟鬼。

……诗人笑了，走到太太椅旁坐下，抚着太太的肩，说："美，让我今晚跟你听戏去！"我们的太太推着诗人的手，站了起来，说："这可不能，那边还有人等我吃饭，而且……而且六国饭店也有人等你吃饭，还有西班牙跳舞，多么曼妙的西班牙跳舞！"诗人也站了起来，挨到太太跟前说："美，你晓得，她是约着大家，我怎好说一个人不去，当时只是含糊答应而已，我不去他们也未必会想到我。还是你带我去听戏罢，你娘那边我又不是第一次去，那些等你的人，不过是你那班表姊妹们，我也不是第一次会见。美，你知道我只愿意永远在你的左右。"

我们的太太不言语，只用纤指托着桌上瓶中的黄寿丹，轻轻地举到脸上闻着，眉梢渐有笑意。

这帮上层人士聚集在"我们太太的客厅"指点江山，激扬文字，尽情挥洒各自的情感之后星散而去。太太满身疲惫、神情萎靡并有些窝囊的先生回来了，那位一直等到最后渴望与"我们的太太"携手并肩外出看戏的白脸薄唇高鼻子诗人只好无趣地告别"客厅"，悄然消失在门外逼人的夜色中。整个太太客厅的故事到此结束。

小说对人物做了诸多模糊处理，和林徽因的文化沙龙完全不同，但映射的痕迹仍然明显。特别是对于诗人、哲学家的外貌描写，一看就是以徐志摩和金岳霖为原型。是人说的"太太，无论哪时看见你，都如同一片光明的彩云……"更是让人马上联想到徐志摩的诗歌。

《我们太太的客厅》发表以后，引起平津乃至全国文化界的高度关注。小说中塑造的"我们的太太"、诗人、哲学家、画家、科学家、风流的外国寡妇，都有一种明显的虚伪、虚荣与虚幻的鲜明色彩，这"三虚"人物的出现，对社会、对爱情、对己、对人都是一股颓废情调和萎缩的浊流。冰心以温婉又不失调侃的笔调，对此做了深刻的讽刺与抨击。金岳霖后来曾说过：这篇小说"也有别的意思，这个别的意思好像是 30 年代的中国少奶奶们似乎有一种'不知亡国恨'的毛病"。

冰心的先生吴文藻与梁思成同为清华学校 1923 级毕业生，且二人在清华同一间宿舍，是真正的同窗；林徽因与冰心是福建同乡。这两对夫妇曾先后留学美国，曾在绮色佳有过愉快的交往。只是时间过于短暂，至少在 1933 年晚秋这篇明显带有影射意味的小说完成并发表，林徽因派人送给冰

149

心一坛子山西陈醋之后，二人便很难再作为"朋友"相处了。

1938 年之后，林徽因与冰心同在昆明居住了近三年，且早期的住处相隔很近（冰心先后住螺蜂街与维新街，林住巡津街），步行只需十几分钟，但从双方留下的文字和他人的耳闻口传中，从未发现二人有交往的经历。

两位女性都受过西方教育，是同乡，又都是女诗人，可惜相似点再多，到底扛不住一句道不同不相为谋。

徐志摩因飞机失事死亡后，冰心给老友梁实秋写信说：

志摩死了，利用聪明，在一场不人道、不光明的行为之下，仍得到社会一班人的欢迎的人，得到一个归宿了！我仍是这么一句话，上天生一个天才，真是万难，而聪明人自己的糟蹋，看了使我心痛。志摩的诗，魄力甚好，而情调则处处趋向一个毁灭的结局。看他《自剖》时的散文《飞》等等，仿佛就是他将死未绝时的情感，诗中尤其看得出，我不是信预兆，是说他十年心理的酝酿，与无形中心灵的绝望与寂寥，所形成的必然的结果！人死了什么话都太晚，他生前我对着他没有说过一句好话，最后一句话，他对我说的："我的心肝五脏都坏了，要到你那里圣洁的地方去忏悔！"我没说什么，我和他从来就不是朋友，如今倒怜惜他了，她真辜负了他的一股子劲！谈到女人，究竟是"女人误他？"还是"他误女人？"也很难说。志摩是蝴蝶，而不是蜜蜂，女人的好处就得不着，女人的坏处就使他牺牲了。到这里，我打住不说了！

很显然，这封信的爆发点落在"女人的坏处就使他牺牲"上面，这是一句颇有些意气用事且很重的话，冰心所暗示的"女人"是谁呢？从文字上看似泛指，实为特指，想来冰心与梁实秋心里都心照不宣，不过世人也不糊涂。在徐志摩"于茫茫人海中访我唯一灵魂之伴侣"的鼎盛时期，与他走得最近的有三个女人，即陆小曼、林徽因、凌叔华。而最终的结局是，陆小曼嫁给了徐志摩，林徽因嫁给了梁思成，凌叔华嫁给了北大教授陈西滢。

冰心为徐志摩鸣不平，认为女人利用了他，牺牲了他，这其中大概也包括林徽因。徐志摩几次追求林徽因人尽皆知，为了赶林徽因的讲座在大雾中乘飞机，在当时也流传甚广。梁从诫承认："徐志摩遇难后，舆论对林徽因有过不小的压力。"

有意思的是，即使收到了一坛山西陈醋，冰心在晚年却不承认《我们太太的客厅》是影射林徽因，在公众场合提起林徽因，也是一团和气。1987年，冰心在谈到自"五四"以来的中国女作家时提到了林徽因，说："1925年我在美国绮色佳会见了林徽因，那时她是我的男朋友吴文藻的好友梁思成的未婚妻，也是我所见到的女作家中最俏美灵秀的一个。后来，我常在《新月》上看她的诗文，真是文如其人。"

1992年6月中国作协的张树英和舒乙曾拜访冰心，在交谈中，冰心忽然提到，《我们太太的客厅》，萧乾认为是写林徽因，其实是陆小曼。

于是有研究者认为，冰心与林徽因并没什么龃龉，两人是关系不错的朋友。冰心的小说讽刺的不是林徽因，而是陆小曼。

其实，只要稍微留心阅读就会发现，小说中的"我们的太太"和陆小曼实在没什么瓜葛。冰心晚年不过是使用了个"障眼法"罢了。大概是小说讽刺林徽因的说法流传太广，不好跟林的后人交代，不如推给陆小曼，反正陆早已作古，又没什么后代，岂不省去很多麻烦？大抵是冰心老人大事化小小事化了的中国式的圆滑聪明吧。

冰心可谓人寿多福，一直活到1999年，以99岁中国文坛祖母的身份与声誉撒手人寰，差一点横跨三纪，益寿齐彭。林徽因比冰心小四岁，然而命运多舛，天不假年，却早早地于1955年51岁时乘鹤西去，徒给世间留下了一串悲叹。

年轻时的林徽因提起冰心总有些愤愤，曾在写给费慰梅的信中这样说：

朋友"Icy Heart"却将飞往重庆去做官（再没有比这更无聊更无用的事

了），她全家将乘飞机，家当将由一辆靠拉关系弄来的注册卡车全部运走，而时下成百有真正重要职务的人却因为汽油受限而不得旅行。她对我们国家一定是太有价值了？！

翻译这封信的是梁从诫，他没有将英文中带有贬义的"Icy Heart"直译为"冰心"，而是保留了奇怪的原称谓。后来，一个研究林徽因的学者提到梁从诫谈起冰心时"怨气溢于言表"，还透露说："柯灵极为赞赏林徽因，他主编一套'民国女作家小说经典'丛书，计划收入林徽因一卷。但多时不得如愿，原因就在出版社聘了冰心为丛书名誉主编，梁从诫为此不肯授予版权。"果真如此，看来林徽因的率性固执、不通圆滑也遗传到了她的后人身上。

橡树旁的木棉

中国营造学社

尽管肺病的阴影一直挥之不去，但对林徽因来说，20 世纪 30 年代仍然是一生中最好的时光——丰沛的物质生活，志同道合的朋友，体贴的丈夫，可爱伶俐的女儿。对于一个女性来说最珍贵的东西她都拥有了。

但林徽因并不是一个只能养尊处优的坐在客厅里高谈阔论、不事生产的"太太"。1932～1935 年，只要一有机会，林徽因就和梁思成还有一帮营造学社的同仁们一起进行野外勘察，考察中国古建筑。

中国营造学社是一个私立机构，费慰梅将之形容为"一个有钱人业余爱好的副产品"。创始人朱启钤曾在北洋政府担任交通总长、内政总长、国务总理，他下野后，创办了营造学社，专门研究中国古代建筑。

1931 年，梁氏夫妇离开东北大学回到北平，加盟中国营造学社，梁思成任研究部主任，林徽因担任校理。截止到抗战爆发，营造学社先后考察了全国 137 个县市的古建殿堂房舍 1823 处，其中详细测绘的有 206 组，完成测绘图稿 1898 张。他们在春夏外出考察，秋冬两季用来整理照片和测稿，撰写考察报告。他们编撰了《中国营造学社汇刊》，在上面接连刊登最新的发现，在当时的欧美和日本都有读者。人们由此知道了中国的古建筑并不只有日本人在研究。他们针对亟须抢救的古建筑制定出相应的保护修葺的方案，提交给当地政府和中央古物保护文员会。

虽然林徽因的职位仅仅是校理，但这些成就也倾注了她许多心血。

营造学社的考察，从 1932 年夏天开始，他们的第一个目标是平郊的古建筑。同年，梁思成在《中国营造学社汇刊》发表第一篇科考报告——《蓟县独乐寺观音阁山门考》，在中国考古界乃至于国际考古界都引起了轰动。

1932 年 6 月 11 日，梁思成带着营造学社一个年轻社员和一个随从前往这野外调查的第二站——宝坻的广济寺。他在《宝坻县广济寺三大殿》中记录了这次考察的收获：

抬头一看，殿上部并没有天花板，《营造法式》里所称"彻上露明造"的。梁枋结构的精巧，在后世建筑物里还没有看见过，当初的失望，到此立刻消失。这先抑后扬的高兴，趣味尤富。在发现蓟县独乐寺几个月后，又得见一个辽构，实是一个奢侈的幸福。

可惜的是，作为妻子的林徽因没有办法和丈夫共同体验这种幸福，因为她这时候是一个大腹便便的孕妇，还有两个月，他们的儿子就要出生了。

虽然不能跟随丈夫去实地考察，但林徽因还可以用另一种方式参与、扶持梁思成的事业——撰写建筑论文或著作。夫妇俩于 1932 年共同撰写了《平郊建筑杂录》。她以优美的文笔和富有创造性的文思对枯燥的古建筑进行委婉的描述，把科学考察报告写得像散文一样具有可读性，这是林徽因对于丈夫最好的帮助，也是她作为一个建筑学家的独特贡献。

同年，林徽因又发表了《论中国建筑之几个特征》：

因为后代的中国建筑，即达到结构和艺术上极复杂精美的程度，外表上却仍呈现出一种单纯简朴的气象，一般人常误会中国建筑根本简陋无甚发展，较诸别系建筑低劣幼稚。这种错误观念最初自然是起于西人对东方文化的粗忽观察，常作浮躁轻率的结论，以致影响到中国人自己对本国艺术发生极过当的怀疑乃至于鄙薄。外人论著关于中国建筑的，尚极少好的贡献，许多地方尚待我们建筑家今后急起直追，搜寻材料考据，作有价值的研究探讨，更正外人的许多隔膜和谬解处。

林徽因的论述也解释了为什么她和梁思成不利用自己的专业去做工程

做设计，轻松快速地赚钱（当时北平只有两家中国人开办的建筑事务所，以梁林两人的留学背景，做这样的事情轻而易举），而是选择了冷门的中国古建筑作为研究对象。

1932 年 8 月，梁家的第二个孩子出生了，是个男孩。夫妇俩给孩子命名为"从诫"，意在纪念宋代建筑学家李诫。

日子一天天过去，孩子们慢慢长大，可以经受与母亲短暂的离别了。林徽因迫不及待地加入营造学社的考察队伍，和丈夫一起跋山涉水，餐风露宿，辗转于穷乡僻壤、荒郊野外，对中国的古建筑进行详细的考察。

1934 年，梁思成的《清式营造则例》由中国营造学社出版，林徽因为该书写了《绪论》。

石窟与塔的旋律

从北平开来的火车停在了大同站。一下车，梁思成、林徽因还有营造学社的同事都愣住了，这就是辽、金两代的陪都西京吗？

从火车站广场上望出去，没有几座像样的楼房，大都是些窑洞式的平房，满目败舍残墙。大街上没有一棵树，尘土飞扬直迷眼睛。

车站广场上聚集着许多驼帮。林徽因头一回看到大群大群的骆驼，成百上千的骆驼一队队涌进来。这些傲岸而沉默的生物的影子，被九月的夕阳拉得长长的，驼铃苍凉地震响了干燥的空气。这大群的骆驼总是让人想起远古与深邃，想起大漠孤烟与长河落日，这情景，仿佛是从遥远年代飘来的古歌。

林徽因、梁思成加上刘敦桢和莫宗江一行四人，沿着尘土飞扬的街道搜寻旅馆，强烈的骆驼粪尿气味熏得他们捂着鼻子直咳嗽。偌大一个大同城，竟然找不到一家能够栖身的旅馆。街上全是大车店一类的简陋的旅社，穿着羊皮服的骆驼客成帮结伙蹲踞在铺面的门口，呼噜呼噜喝着盛在粗瓷蓝花大碗里的玉茭稀粥，剃得精光的头顶冒着热气。

林徽因走到哪里，就在哪里引起一片骆驼客的骚动。刘敦桢打趣道："真是耕者忘其犁，锄者忘其锄，来归相怨怒，但坐观罗敷啊！"

可是很快他们就高兴不起来了。

跑了大半个城，天都快黑了，也没找到可容身的住处，四个人只好又折回火车站。本来身体就有旧伤的梁思成，这一折腾腰酸背痛，连连讨饶："看来只有蹲火车站啦！"

大家认命地进了候车室。还没安顿好，突然有谁喊了一声："这不是梁思成？"

梁、林二人惊诧地转过身，一位穿着铁路制服的大汉站在他们面前。两个人一起惊喜地喊起来："刘大个子，你怎么到这儿了？"

刘大个子说："这话该我问你们啊。"

梁思成说："我们来考察古建筑，跑遍了大同城，连个住处都找不下。"

林徽因高兴地跟刘敦桢和莫宗江介绍："这是我们在宾大的同学老刘，他是学铁路的。看样子我们今晚不用蹲车站了。"

老刘朗声笑道："我这个站长还能让你们蹲车站？走，到我家去。"

老刘用莜麦片炒山药蛋和黄糕做晚餐招待他们。莫宗江吃多了，肚子胀得像鼓一样，跑了好几次厕所。林徽因说："莜麦片吃多了就这样，真忘记告诉你了。"

翌日一大早，老刘开着弄来的敞篷吉普车陪同他们去云冈。

出大同城西30多里，便是云冈石窟。石窟依武周山北崖开凿，面朝武烈河，50多座洞窟一字排开。这座石窟开凿于北魏文成帝和平初年（公元460年），与中原北方地区的洛阳龙门石窟和西北高原的敦煌莫高窟为中外知名的三大石窟。《魏书·释老志》有记载，北魏和平年间（公元460～465年），高僧昙曜主持在京城郊武周塞开凿了五所石窟，即云冈16至20窟，后人称"昙曜五窟"。它是云冈石窟群中最早的五窟。其他

各洞窟完成于北魏太和十九年（公元495年）迁都洛阳之前。其主要洞窟大约在四十年间建成。北魏地理学家郦道元在《水经注·漯水》中写道："凿石开山，因岩结构，真容巨状，世法所希。山堂水殿，烟寺相望，林渊锦镜，缀目新眺。"使后人可窥当时之盛况。

营造学社的一行人完全被这石窟的壮美镇住了。云冈石窟的开凿，不凭借天然洞窟，完全以人工辟山凿洞。昙曜五窟，平面呈马蹄形，弯窿顶是苦行僧结茅为庐的草庐形状，主佛占据洞窟的绝大部分空间，四面石壁雕以千佛，使朝拜者一进洞窟必须仰视，才得窥见真容。这五尊佛像，是昙曜和尚为了取悦当时的统治者，模拟北魏王朝五位皇帝的真容而雕凿的。主佛像高大威严，充满尊贵神圣的气息。

《华严经》响起来了，排箫、琵琶、长笛奏出的美妙的仙乐缭绕在耳畔。这穿越了1500年时光的声音没有丝毫的消损，仍然轰轰烈烈地震荡着现代人的灵魂。在这里，活着的不是释迦牟尼，活着的是石头一样顽强的历史，是把这历史雕凿在侏罗纪云冈统砂岩上的无名的太史公们。远在西方雕塑之父米开朗琪罗没有诞生之前，这些无名艺术家的生命便活在这云冈统砂岩上了，便活在这有血有肉的石头里了。石头的灵魂是永远醒着的，他们要把一个个梦境千年万年地守护下去。

林徽因怔怔地聆听着这乐声，泪流满面而不自知。

他们用三天的时间考察了云冈石窟，搞了许多素描和拓片。接着他们又考察辽、金时代的巨刹华严寺和善化寺。这项工作结束以后，梁思成和莫宗江要去应县考察木塔，林徽因和刘敦桢返回北平，整理资料。

1934年夏天，梁氏夫妇继去年9月云冈石窟考察之后，又来到山西吕梁山区的汾阳。

他们原本计划到北戴河度假，临行时费正清和夫人费慰梅告诉他们，美国传教士朋友汉莫在山西汾阳城外买了一座别墅，梁思成原来也想到洪洞考察，两地相距很近，于是便一同前往。

这是他们第二次山西之行。虽名为消暑避夏，怎奈夫妇二人一看到古建筑就迈不开腿，又把度假变成了工作，还请了两个免费外国帮工。费正清回忆道：

菲利斯（林徽因英文名）穿着白裤子，蓝衬衫，与穿着卡其布的思成相比更显得清爽整洁。每到一座庙宇，思成便用他的莱卡照相机从各个方位把它拍摄下来，我们则帮助菲利斯进行测量，并按比例绘图，工作往往需要整整一天，只是中午暂停下来吃一顿野餐。思成虽然脚有点跛，但他仍然能爬上屋顶和屋橼拍照或测量。

梁思成、林徽因在费氏夫妇的协助下，对太原、文水、汾阳、孝义、介休、灵石、霍县、赵城一带汾河流域的古代寺庙进行了一系列的考察，发现古建筑40余处。这次调查最有价值的发现，莫过于赵城的广胜寺和太原的晋祠。1935年3月，林徽因与梁思成把这次山西之行的成果写成了《晋汾古建筑预查纪略》。

"我们夜宿廊下，仰首静观檐底黑影，看凉月出没云底，星斗时现时隐，人工自然，悠然溶合入梦，滋味深长。"

"后二十里积渐坡斜，直上高冈，盘绕上下，既可前望山峦屏嶂，俯瞰田陇农舍，乃又穿行几处山庄村落，中间小庙城楼，街巷里井，均极幽雅有画意。"

"小殿向着东门，在田野中间镇座，好像乡间新娘，满头花钿，正要回门的神气。"

《晋汾古建筑预查纪略》是梁、林二人合写的。那文字中的俏皮、生动，和诗情画意，应该就是这位聪明绝顶的女诗人留给山西的印记吧。

与宁公遇对话

1936 年 5 月 28 日，梁氏夫妇和营造学社的同事去河南洛阳龙门石窟、开封及山东历城、章丘、泰安、济宁等处作古建筑考察，林徽因在写给梁思庄的信中透露了旅途的艰苦：

"思庄，出来已两周，我总觉得该回去了，什么怪时候赶什么怪车都愿意，只要能省时候。每去一处都是汗流浃背的跋涉，走路工作的时候又总是早八至晚六最热的时间里，这三天来可真是累得不亦乐乎，吃得也不好，天太热也吃不大下，因此种种，我们比上星期的精神差多了。整天被跳蚤咬得慌，坐在三等火车中又不好意思伸手在身上各处乱抓，结果浑身是包！"

考察中国古建筑，必定是一项艰苦的工作，舟车劳顿只是其中的一部分。对发现的古建筑进行拍照、测量、绘图、整理，也远非容易的事情。到了 1937 年，梁思成已经带着营造学社的学员几乎跑遍了整个华北地区。虽然有很多惊喜发现，但仍然有一个令人揪心的事实摆在眼前：迄今为止发现的所有木结构建筑都是宋辽以后的遗存。日本学者曾经断言，中国已经不存在唐代以前的木构建筑，只有在奈良才能看到真正的唐代建筑。营造学社的努力似乎也印证了这一尴尬的现实。

但是梁思成和林徽因一直没有放弃希望，他们以科学家的敏感相信着在中国某一个偏僻的角落，一定还存有真正的唐代建筑。眼下战争形势越来越紧迫，时间不多了，梁思成和林徽因加紧了野外考察的步伐。

1937 年 6 月，他们上路了，先坐火车到太原，而后转乘汽车抵达五台县，再从那里骑乘骡轿，在崎岖陡峭的山路上走了整整两天终于到达了佛光寺。考察这座寺庙的契机很偶然。梁思成和林徽因无意间在法国汉学家伯希和的《敦煌石窟》一书中，发现了两幅描绘佛教圣地五台山全景的唐代壁画，壁画描绘了五台山的山川与寺庙，并标注了寺庙的名称。这燃起了他们内心深处残存的希望。他们决定立刻前往大山深处，看看能否找到一点儿唐代木结构建筑的残迹。

眼前的佛光寺业已失去往昔的光彩。推开沉重的殿门，黑暗的屋顶藻井是一间黑暗的阁楼，厚厚的尘土在藻井上累积了千年。成千上万只黑色的蝙蝠倒挂在屋檐上，尘土中还堆积着许多蝙蝠的死尸。蝙蝠聚集在黑暗的角落，三角形的翅膀扇动着令人窒息的尘土和秽气。藻井里到处爬满了臭虫，它们以吸食蝙蝠血为生。

这光景真是恐怖又凄凉。

梁思成和林徽因连忙戴上口罩。惊起的蝙蝠在他们身边飞来撞去，他们只顾得不停地测量、记录和拍照，在呛人的尘土和难耐的秽气中一待就是几个小时。身上和背包里爬满了臭虫，浑身奇痒难耐。

在殿堂工作了三天，他们的眼睛已适应了屋顶昏暗的光线。林徽因发现大殿的一根主梁上有模糊的刻字。于是他们在佛像的间隙搭起了脚手架，清除梁上的灰尘以看清题字。林徽因从各个角度仔细辨认着，庆幸自己是个远视眼。那些隐隐约约的字迹中有人名，有长长的官职称谓。她断断续续地读出了几个字："女弟子宁公遇"。忽然灵光一闪：大殿外的经幢上好像看到过类似的名字！她急忙跑出去核实，果然，经幢上刻着"佛殿主女弟子宁公遇"。

林徽因马上向大家报告了这个喜悦的发现，原来，他们先前看到的、大殿中那尊身着便装、面目谦恭的女人坐像，并不是寺僧所说的"武后"塑像，而是这座寺庙的女施主宁公遇夫人。

一行人在在佛光寺整整工作了一个星期，对整座寺院做了详细的考察记录。这座寺庙已经有超过1000年的历史，是思成他们历年搜寻考察中所找到的唯一一座唐代木结构建筑，比他们以前发现的最古老的建筑还要早一百多年。不仅如此，他们在这里还发现了唐代的壁画、书法、雕塑。

那一个星期是他们从事野外考察工作以来最高兴的日子，这份巨大的快乐把所有的疲倦都冲去了。

离开之前，梁思成特别给山西省政府写了报告，请求他们保护好这一处珍贵的建筑遗存。

林徽因恋恋不舍地向这座在他们的学术生涯中意义重大的古建筑告别。梁思成帮她和"女弟子宁公遇"的塑像拍了一张合影。她面对着宁公遇塑像仁蔼丰满的面容，遥想着这位女性的生平和性行，这是怎样一位女性呢？她为了信念捐出了家产修筑这座寺院，当寺院落成时，她把自己也永远地留在了这里，日日倾听着暮鼓晨钟和诵经声，谦卑地守护着缭绕的香火和青灯黄卷。

英文版《亚洲杂志》1941年7月号发表了梁思成的《中国最古老的木构建筑》，其中特别提到："佛殿是由一位妇女捐献的！而我们这个年轻建筑学家，一位妇女，将成为第一个发现中国最难得的古庙的人，这显然不是一个巧合。"

没错，这不是一个巧合，而是一场注定的缘分。几千年过去了，女建筑学家林徽因和佛光寺的宁公遇四目相对，她们都是有坚韧信念的女性，为了心中的理想和信念，她付出了什么？她又付出了什么？宁公遇谦卑地沉默着。林徽因默默无言，只想自己也化为一尊塑像，让"女弟子林徽因"永远陪伴这位虔诚的唐朝妇女，在肃穆中再盘腿坐上一千年。

1937年7月的五台山佛光寺考察是中国建筑史上最伟大的发现。另外还有唐代塑像30余尊和一小幅珍贵的唐代壁画与大殿一同被发现。这是除敦煌以外，梁思成所知道的中国本土唯一现存的唐代壁画。从那以后日本人再也不敢说要看唐代木结构建筑只能去日本这样的话了。

第一部中国人的建筑史

1939年，中央博物院筹备处聘请梁思成担任建筑史料编纂委员会主任，梁思成和林徽因开始了中国建筑史的构思。这是他们夫妇十几年的一桩心事。

工作开始没多久，1941年，他们得到一个不幸的消息，因为天津发大水，银行的地下室被淹，他们战前存放在那里的建筑考察资料几乎全部被毁。战前无数个日日夜夜的辛苦成果毁于一旦，林徽因和梁思成禁不住抱头痛哭。

哭过了，还是要振作精神重来。夜长梦多是他们最不愿看到的，当时正在李庄的夫妇俩决定就随身携带的资料，和营造学社的同事们一起全面系统地总结整理他们的调查成果，着手撰写《中国建筑史》。同时，用英文撰写说明并绘制一部《图像中国建筑史》，这是梁思成和林徽因从留学美国时就埋在心底的夙愿。

但梁思成的身体状况已经不允许他如此超负荷地工作。他的脊椎病复发了，写作的时候，身体支不住，只好拿一只玻璃瓶垫住下巴。

林徽因这时身体也已经不好，时常大口大口地咳血，大部分时间只能在床上靠着被子半躺半坐。即使是这样，她仍然为《中国建筑史》倾注了大量心血。她翻译了一批英国建筑学期刊上的学术论文，让丈夫从史语所给她借回来许多书，通读二十四史中关于建筑的部分，帮助丈夫研究汉阙、岩墓。

用金岳霖的话说，林徽因那段时间"全身都浸泡在汉朝里了，不管提及任何事物，她都会立刻扯到那个遥远的朝代去，而靠她自己是永远回不来的。"

梁思成在这段时间给费正清写的信当中也提到了这件事情：

> 徽因这些日子里，她对汉代的历史入了迷。有人来看她时，无论谈到什么话题，她都能联系到那个遥远的朝代去。她讲起汉代的一个个帝王将相、皇后嫔妃，就像在讲自己最要好的朋友一样熟悉。她把汉代的政治经济、礼仪习俗、服饰宴乐与建筑壁画结合在一起进行研究，做了大量的摘录和笔记。她甚至想就这段历史写一部剧本。

战时经济困难，梁思成的中国营造学社已经"挂靠"到中央研究院，纳入正式编制，学社的同事有了固定的工资，一些资助也陆续到位。林徽因特别高兴，她写信给费慰梅，难掩喜悦之情：

思成的营造学社已经从我们开始创建它时的战时混乱和民族灾难声中的悲惨日子和无力挣扎中走了出来，达到了一种全新的状态。它终于又像个样子了。同时我也告别了创作的旧习惯，失去了同那些诗人作家朋友们的联系，并且放弃了在我所喜爱的并且可能有某些才能和颖悟的新戏剧方面工作的一切机会。

林徽因和梁思成在艰苦的环境中忘我地工作着。梁思成给费正清写信说：

很难向你描述也是你很难想象的：在菜油灯下做着孩子的布鞋，购买和烹调便宜的粗食，我们过着我们父辈在他们十几岁时过的生活但又做着现代的工作。有时候读着外国杂志看着现代化设施的彩色缤纷的广告真像面对奇迹一样。我的薪水只够我家吃的，但我们为能过这样的日子而很满意。我的迷人的病妻因为我们仍能不动摇地干我们的工作而感到高兴。

1942年年底，从李庄回到重庆的费正清，给夫人写信讲述了梁氏夫妇撰写中国建筑史的情况：

思成的体重只有四十七公斤，每天和徽因工作到夜半，写完十一万字的中国建筑史，他已透支过度。但他和往常一样精力充沛和雄心勃勃，并维持着在任何情况下都像贵族一样的高贵和斯文。

肺病缠身的林徽因全然忘我的投入在工作中，承担了中国建筑史全部书稿的校阅，并执笔写了书中的第七章五代、宋、辽、金部分。这一章是全书的主干，共有七节，分别为：五代汴梁之建设；北宋之宫殿苑囿寺观都市；辽之都市及宫殿；金之都市宫殿佛寺；南宋之临安；五代、宋、辽、金之实物；宋、辽、金建筑特征之分析。她介绍了宋、辽、金时代，中国宫室建筑的特点和制式，以及宗教建筑艺术，中国塔的建筑风格，辽、金桥梁建设，乃至城市布局和民居考证。仅是中国的塔，她就列举了苏州虎丘塔、应县木塔、灵岩寺辟支塔、开封祐国寺铁色琉璃塔、涿县北塔及南塔、泰宁寺舍利塔、临济寺青塔、白马寺塔、广惠寺华塔、晋江双石塔、玉泉寺铁塔等数百种。细心地研究了它们各自的建筑风格、特点、宗教意义，成为集中国塔之大成的第一部专著。

另外，林徽因还以详实的资料，分析了中国佛教殿宇的建筑艺术，对正定县文庙大成殿、山西榆次永寿寺雨华宫、辽宁义县大奉国寺大殿、山西五台佛光寺文殊殿、正定龙兴寺摩尼殿和转轮藏殿、宝坻广济寺三大士殿、山西大同华严寺薄伽教藏及海会殿、善化寺大雄宝殿、河北易县开元寺毗卢、观音、药师三殿、少林寺初祖庵大殿、山西应县净土寺大雄宝殿、河南济源奉仙观殿、江苏吴县玄妙观三清殿等殿宇的建成年代、廊柱风格、斗拱结构、转角铺作诸方面进行了论证与分析。这些都是前人没有做过的事情。

尽管身体承受着痛苦，但梁思成和林徽因在工作中得到了极大的快慰，倾注在创作中的时候，他们早就忘记了病痛，忘记了时间和空间。

他们梦想着，等仗打完了，等病好了，能再去全国各地考察。梁思成对妻子描述着他的憧憬："我做梦都想着去上一趟敦煌呢！如果上帝肯给我健康，就是一步一磕头，也要磕到敦煌去！"林徽因则说她最向往去考察江南民居，在江南待了这许多年，没来得及实地考察实在是个遗憾。

《中国建筑史》成书于1944年，它的问世，结束了没有中国人写的《中国建筑史》的缺憾，纠正了西方人对中国建筑艺术的偏见和无知。

这部划时代的著作的作者署名是梁思成。是的，没有林徽因。她收集资料、提供灵感、执笔写作、文字加工，到最后校对书稿，亲自用钢板和蜡纸刻印。但是她却不曾署名！

对林徽因存有偏见的人，认为她的文学造诣比不上谁谁谁，在建筑学上，又沾了丈夫的光。他们忽略了，诗歌也好，小说也好，散文也罢，并不是林徽因刻意为之。写诗，是她耳濡目染，有感而发，只不过灵气浑然天成，恰好在现代文学中留了一笔。建筑，她倾心热爱，一生不悔。也许对她来说，

这已经不仅仅是一项事业，更是与梁思成爱情的见证和根基。那时候她不过是营造学社的一个小校理，又凭着对文学的热爱和朋友的邀请做了一些诗或者有关的事情。她一生中的大部分时间仅仅是梁思成的妻子，林家的长女，一个跟肺病耗了半生的弱女子。

林徽因深深爱着建筑，在做那些忙不完的家事时，她的心也放在建筑上。她在给费慰梅的信上说：

> 每当我做些家务活时，我总觉得太可惜了，觉得我是在冷落了一些素昧平生但更有意思、更为重要的人们。于是，我赶快干完手边的活儿，以便去同他们谈心，倘若家务活儿老干不完，并且一桩桩地不断添新的，我就会烦躁起来，所以我一向搞不好家务，因为我的心总一半在旁处。

虽然林徽因在当时是个反传统的女性，但她还是跟现在的职业女性不同，顶多算一个"准职业女性"吧。她在大学教书，在营造学社也有职位，但永远在丈夫之后。这是那个时代决定的。任凭你再怎么"异端"，也改变不了这有些无奈的事实。那让人眼前一亮的清丽诗句，第一代女建筑学家的头衔，都是从"梁太太"和"肺病患者"的间隙当中偷来的。这样来看林徽因的成就，会不会有另外一番感慨呢？

这也许是林徽因没有在《中国建筑史》上署名的原因吧？到底是梁思成成就了林徽因，还是林徽因成就了梁思成？对于已经不分彼此的他们，不必说，也早已说不清楚了。

诗的笑，画的笑

京派文学的精神领袖

通常认为所谓的"京派文学",是 20 世纪 30 年代中期北平的一个文学流派,由活跃在北平和天津等北方城市的自由主义作家群组成。这个定义带有时间和地域性,也有政治倾向性。这一文学派系的"命名"跟 20 世纪 30 年代初发生于上海与北京两个城市作家之间的一场论争直接相关,当时双方互相攻击的主要人物是北京的沈从文和上海的苏汶,后来又加进了鲁迅等人。1933 年 10 月,沈从文发表《文学者的态度》一文,批评了那些主要在上海的新派的作家,指责他们对创作缺乏尊严感,有"玩票白相"的习气。稍后在《论海派》一文中,他对上海某些文人作风提出了更为尖锐的批评,以轻蔑的口气指责他们是"名士才情"加上"商业竞卖",并且把"旧礼拜六派"和所谓"感情主义的左倾",统统都捆在一起,斥为"妨碍新文学健康发展"的"海派"。与此同时,沈从文又标榜北京作家的"诚实与质朴",主张要张扬文坛正气,破除"海派"的歪风。

北伐战争胜利后,革命中心南移,北平文坛因大批作家转战南方而落入沉寂。留居北平的文人们陆续聚集起来,接手《大公报》文艺副刊,并先后创办杂志《文学》《水星》《文学杂志》,将这四本刊物作为创作园地,开创与南方革命气势迥异的京派文学。

这些人大多是京城的教授和大学生,有的已经是享誉文坛的名家,有的是刚刚起步的明日之星。而林徽因似乎介于两者之间,比新秀有些资格,比起名家,又少了些像样的建树。

现在普遍认为,沈从文是京派作家第一人,他使小说诗化、散文化,现实主义而又带有浪漫主义气息。但按照萧乾的说法，京派初期的"盟主"是周作人，但周作人的前辈身份和消极思想已经与年青一代的文人产生代沟。林徽因文学素养不俗，人也生得美丽，又善言谈，自然而然成了"当时京派的一股凝结力量"。

这一时期，林徽因在《新月》《大公报·文艺副刊》《文学》和《文学杂志》上发表了许多诗歌、小说、戏剧和文艺评论，同时还积极扶植新人，选编集结，设计封面，为发展"京派文学"作了不少贡献。

1936 年 9 月，在上海筹办《大公报》沪版的萧乾回到北平，为了纪念《大公报·文艺副刊》接办十周年，举办了全国性文艺作品征文，请一些在文坛享有盛名的作家担任评委，有叶圣陶、巴金、杨振声、朱自清、朱光潜、靳以、李健吾、林徽因、沈从文、凌叔华。这些评委主要是京沪两地的作家，平时靠萧乾写信协调意见。

林徽因选编的《大公报文艺丛刊小说选》这个时候到了最后审订阶段。这部小说选是林徽因受萧乾之托编辑的。萧乾到《大公报》之后，林徽因一直是他的热情支持者，每个月萧乾回到北平，总要在"来今雨轩"举行茶会，邀来一二十个朋友，一边聊天，一边品茶，谈文学，谈人生，萧乾的许多稿子都是在这样的茶会上征得的。林徽因每请必到，每到必有一番宏论，语惊四座，成为茶会上令人注目的人物。萧乾早就钦佩林徽因的艺术鉴赏能力，在今年春天就把这件事委托给了她。

《大公报文艺丛刊小说选》编选了三十篇作品，有沈从文、杨振声、李健吾、凌叔华、老舍、张天翼、沙汀这些已经出名的作家的，也有些文坛上陌生的面孔，如徐转蓬、李辉英、寒谷、威深、程万孚等人的作品。林徽因为作品集写了序。在这篇序言中，她不仅概述了对入选作品的看法，而且直接阐述了她的文学观：

在这些作品中，在题材的选择上似乎有个很偏的倾向：那就是趋向农

村或少受教育分子，或劳力者的生活描写。这倾向并不偶然，说好一点，是我们这个时代对于他们——农人与劳力者——有浓重的同情和关心；说坏一点，是一种盲从趋时的现象。但最公平地说，还是上面的两个原因都有一点关系。描写劳工社会，乡村色彩已成一种风气，且在文艺界也已有一点成绩。初起的作家，或个性不强烈的作家，就容易不自觉的，因袭种种已有眉目的格调下笔。尤其是在我们这时代，青年作家都很难过自己在物质上享用，优越于一般少受教育的民众，便很自然的要认识乡村的穷苦，对偏僻的内地发生兴趣，反倒撇开自己所熟识的生活不写。拿单篇来讲，许多都写得好，还有些特别写得精彩的。但以创造界全盘试验来看，这种倾向表示贫弱，缺乏创造力量。并且为良心的动机而写作，那作品的艺术成分便会发生疑问。我们希望选集在这一点上可以显露出这种创造力的缺乏，或艺术性的不纯真，刺激作家们自己更有个性，更热诚的来刻画这多面错综复杂的人生，不拘泥于任何一个角度。

作品最主要处是诚实。诚实的重要还在题材的新鲜，结构的完整，文字的流丽之上。即是作品需诚实于作者客观所明吒、主观所体验的生活。小说的情景即使整个是虚构的，内容的情感却全得借力于逼真的、体验过的情感，毫不能用空洞虚假来支持着伤感的"情节"！所谓诚实并不是作者必需实际的经过在作品中所提到的生活，而是凡在作品中所提到的生活，的确都是作者在理智上所极明吒，在感情上极能体验得出的情景或人性。许多人因是自疚生活方式不新鲜，而故意地选择了一些特殊浪漫，而自己并不熟识的生活来做题材，然后敲诈自己有限的幻想力去铺张出自己所没有的情感，来骗取读者的同情。这种创造即浪费文字来夸张虚伪的情景和伤感，那些认真的读者，要从文艺里充实生活认识人生的，自然要感到十分的不耐烦和失望的。

所以一个作者，在运用文字的技术学问外，必须是能立在生活上面，能在主观与客观之间，感觉和了解之间，理智上进退有余，感情上横溢奔放，记忆与幻想交错相辅，到了真即是假，假即是真的程度，他的笔下才现着活力真诚。他的作品才会充实伟大，不受题材或文字的影响，而能持久普遍的动人。

小说集由上海良友图书公司出版，受到读者的欢迎，很快售罄。这本《大公报文艺丛刊小说选》不但体现了林徽因的艺术眼光，也充分显示了她的编辑才能和艺术。

林徽因还与梁思成合作，为《大公报·文艺副刊》设计了若干幅插图。其中一幅叫"犄角"的插图，是在北戴河冒着暑热赶制出来的。林徽因附信说："现在图案是画好了，十之八九是思成的手笔。在选材及布局上，我们轮流草稿讨论。说来惭愧，小小的一张东西，我们竟做了三天才算成功。好在趣味还好，并且是汉刻，纯粹中国创造艺术的最高造诣，用来对于创作前途有点吉利。"

萧乾接到插图非常高兴，在使用时还特意加了评语，说这幅"美丽的图案"，"壮丽典雅"，是这期副刊"精彩的犄角"！

梁从诫在《倏忽人间四月天——回忆我的母亲林徽因》一文中谈道：

母亲文学活动的另一特点，是热心于扶植比她更年轻的新人。她参加了几个文学刊物或副刊的编辑工作，总是尽量为青年人发表作品提供机会；她还热衷于同他们交谈、鼓励他们创作。她为之铺过路的青年中，有些人后来成了著名作家。关于这些，认识她的文学前辈们大概还能记得。

萧乾 1984 年写了一篇纪念林徽因的长文《一代才女林徽因》，就提到了林徽因对自己的提携，以及著名的太太客厅的聚会。

林徽因诗歌写得好，散文、小说、戏剧、杂评的水准也颇为不俗，赢得了北平作家们的钦佩和喜爱。她经常发表关于文学的精辟见解，语惊四座。所以萧乾说："她又写、又编、又评、又鼓励大家。我甚至觉得她是京

派的灵魂。"

　　作为一名建筑学家，林徽因也许无意在文学领域做出多大成绩，但是她过人的艺术涵养和文学天赋，真诚热情的心肠，机敏的思维和言辞，再加上个人魅力，还是在不知不觉之间把她推向了"京派文学的精神领袖"这样一个角色。

自然与心灵的契合

我说你是人间的四月天；

笑响点亮了四面风；轻灵

在春的光艳中交舞着变。

你是四月早天里的云烟，

黄昏吹着风的软，星子在

无意中闪，细雨点洒在花前。

那轻，那娉婷，你是，鲜妍

百花的冠冕你戴着，你是

天真，庄严，你是夜夜的月圆。

雪化后那片鹅黄，你像；新鲜

初放芽的绿，你是；柔嫩喜悦

水光浮动着你梦期待中的白莲。

你是一树一树的花开，是燕

在梁间呢喃，——你是爱，是暖，

是希望，你是人间的四月天！

　　作为诗人的林徽因，这首《你是人间的四月天》是她最广为人知的作品。本诗发表于1934年5月的《文学》杂志第一期第一卷。对于这首诗的写作

当徐志摩遇上林徽因

林徽因 人间四月天

对象，有两种观点。有人认为是写给已故诗人徐志摩的情诗，有人认为是写给儿子梁从诫的赞歌。在这里笔者倾向于后一种说法。因为梁从诫亲口承认过这一事实，说是梁思成告诉他，这是林徽因写给他的诗。再者，从文学角度来分析，春光、星星、百花、圆月、鹅黄、嫩芽、花开、春燕……这些美丽纯净的意象，充满了喜悦、希望、爱的光辉，看得出作者是怀着对一个新生的生命的爱怜，有感而发。这样看来，《你是人间的四月天》确实是一个母亲对自己两岁上下的孩子的赞颂，认之为悼亡诗，实在不大合时宜。

　　林徽因的诗歌创作在京派文学的活动中逐渐走上巅峰，这一时期除了《你是人间的四月天》以外，她发表的主要诗作有：《雨后天》《秋天，这秋天》《忆》《年关》《吊玮德》《灵感》《城楼上》《深笑》《风筝》《记忆》《静院》《无题》《题剔空菩提叶》《黄昏过泰山》《昼梦》《八月的忧愁》《过杨柳》《冥思》《空想》《你来了》《"九·一八"闲走》《藤花前》《旅途中》《静坐》《红叶里的信念》《十月独行》《时间》《古城春景》《前后》《去春》等。

是谁笑得那样甜，那样深，

那样圆转？一串一串明珠

大小闪着光亮，迸出天真！

清泉底浮动，泛流到水面上，

灿烂，

分散！

是谁笑得好花儿开了一朵？

那样轻盈，不惊起谁。

细香无意中，随着风过，

拂在短墙，丝丝在斜阳前

挂着

留恋。

是谁笑成这百层塔高耸,

让不知名鸟雀来盘旋?

是谁笑成这万千个风铃的转动,

从每一层琉璃的檐边

摇上

云天?

这首《深笑》可以说代表了林徽因当时诗歌风格的转变,笔调变得清丽明快。同时也可以看出林徽因一个时期内的总体上的美学追求,清新、细腻、纯净,仿佛每一个句子都有很高的透明度,同时又很讲究韵律美、建筑美、音乐美。

还有她的《藤花前——独过静心斋》:

紫藤花开了

轻轻的放着香,

没有人知道……

紫藤花开了

轻轻的放着香,

没有人知道。

楼不管,曲廊不做声

蓝天里白云行去,

池子一脉静;

水面散着浮萍,

水底下挂着倒影。

紫藤花开了

没有人知道！

蓝天里白云行去，

小院，

无意中我走到花前。

轻香，风吹过

花心，

风吹过我，——

望着无语，紫色点。

用独特的意象，全新的审美角度，像工匠用彩瓦砌造钟楼一样，她用语言营造着一个全美的艺术建构，仿佛在心的背面，也照耀着春日明媚的阳光。

古典主义的理性与典雅，浪漫主义的热情与明朗，象征主义的含蓄与隐秘，这三者在她诗中的统一，以及古典主义风格的托物寄情与现代主义的意象表情的对立统一，共同构成了这个时期的艺术风格。

但林徽因的诗歌才华并不是这时候才被人认可的。早在她在香山养病期间，就已经写下了不少水准不俗的作品。1931年4月的《诗刊》第二期，发表了林徽因的三首爱情诗《那一晚》《谁爱这不息的变幻》《仍然》。当时她的笔名是尺棰。到了香山后，春日的香山更引发了她的诗兴，便如痴如醉地写起诗来。她的每一首诗都与自然和生命息息相关。她的诗歌受到英国唯美派诗人的影响。在早期体现得更加明显。

笑的是她的眼睛，口唇，

和唇边浑圆的旋涡。

艳丽如同露珠，

朵朵的笑向

贝齿的闪光里躲。

那是笑——神的笑，美的笑：

水的映影，风的轻歌。

笑的是她惺忪的鬓发，

散乱的挨着她耳朵。

轻软如同花影，

痒痒的甜蜜

涌进了你的心窝。

那是笑——诗的笑，画的笑：

云的留痕，浪的柔波。

这首诗《笑》足可以代表林徽因早期作品的艺术风格。那轻轻地笑的"云的留痕，浪的柔波"，是从眼神、口唇边泛起的酒窝，那整齐洁白如编贝启唇而露的玉齿，在闪光之间的具象，描绘了一个灿烂无比、甜美绝伦的笑，——诗的笑，画的笑，是那样甜蜜，痒痒地涌进了人的心窝。细致入微的生动的体察。真挚的情感和精准的感觉，描绘出触手可及的具象。上下两节对称严谨，用词有很强的透明感，诗行中流露出的是对至纯至美的赞颂。

林徽因对于诗歌创作好像有天生的独到慧眼，如这首《深夜里听到乐声》

这一定又是你的手指，

轻弹着，

在这深夜，稠密的悲思。

我不禁频边泛上了红，

静听着，

这深夜里弦子的生动。

一声听从我心底穿过，

忒凄凉

我懂得，但我怎能应和？

生命早描定她的式样，

太薄弱

是人们的美丽的想象。

除非在梦里有这么一天，

你和我

同来攀动那根希望的弦。

这乐声，放佛是一种感召，又像是一段回忆。轻柔细腻中蕴含着热烈和真挚，这是来自性灵深处的诗情。在艺术形象的建构上，这首诗也更多地体现了音律美和建筑美，那意象细微的弹跳，好像赋格曲中最轻柔的音符，那旋律，让你心头荡漾，心弦颤动，又余音袅袅；在句式建构上，两长一短的三段式，抑扬适度，如一曲回廊，往还复沓，曲径通幽，构成了深邃的意境，又渲染了那种悲思和凄婉的意味；在韵律上，流畅而不单调，和谐又复自然。

这段日子里，林徽因还创作了《一首桃花》《激昂》《莲灯》《情愿》《中夜钟声》《山中一个夏夜》等诗歌。这是她写诗最多的一年。这个时期的作品，传达出她对生活和生命的挚爱，感情纤细，构思巧妙，以独特的想象，创造了一个内心情感和思想的诗性世界，具有音乐、绘画和建筑美。从这个花季始，她走上了诗歌创作的漫长旅程。

纸背的底蕴

在香山养病期间，林徽因创作了她的小说处女作《窘》，发表于《新月》月刊第三卷第九期。这篇12000多字的小说，叙述的是一个刚刚进入中年的知识分子维杉，在现实生活中的经济窘迫和精神压抑所带来的双重尴尬。

维杉在大学里做教授，学校放暑假时感到无聊之极。在朋友少朗家，

他同少朗的几个儿女在一起，觉得自己已经突然苍老了，似乎自己还未来得及享受人生，时光就把他粗暴地推入另一个边缘。他感到自己正在变成一个落魄的四不像。

小说一开篇，维杉就陷入了这样一个境地：

拿做事当作消遣也许是堕落，中年人特有的堕落。"但是"，维杉狠命地划一下火柴"中年了又怎样？"他又点上他的烟卷连抽了几口。朋友到暑假里，好不容易找，都跑了，回南的不少，几个年轻的，不用说，更是忙得可以。当然脱不了为女性着忙，有的远赶到北戴河去。只剩下少朗和老晋几个永远不动的金刚，那又是因为他们有很好的房子，有太太、有孩子，真正过老牌子的中年生活，谁都不像他维杉的四不像的落魄。

维杉好像在长起来的孩子和他自己面前划了一条分界线，分明地分成两组，他自己自然是前辈的那一边。他美慕那些只是一味的老气，或是一味的年轻的人。他虽然是分了界线的，仍觉得四不像，他处处感到"窘——真窘极了"。

在这篇小说中，林徽因首次提出"代沟"的概念：这道沟是有形的，它无处不在，处处让人感到一种生存的压迫；它又是无形的，仿佛两个永恒之间一道看不见的深壑。

林徽因以细致入微的心理描写手法，刻画出维杉这种无处不在的"窘"：

——他不痛快极了，挺起腰来健步到旁边小路上，表示不耐烦。不耐烦的脸本来与他最相宜的，他一失掉了"不耐烦"的神情，他便好像丢掉了好朋友，心里便不自在，懂得吧？他绕到后边，隔岸看一看白塔，它是自在得很，永远带些不耐烦的脸站着——还是坐着？——它不懂得什么年轻，老，这一些无聊的日月，它只是站着不动，脚底下自有湖水，亭榭松柏，杨柳，人，——老的小的——忙着他们更换的纠纷！

"要活着就别想"，维杉不得不这样安慰自己。维杉感觉到这世界和自己之间隔着深深的一道沟壑。"桥是搭得过去的，不过深沟仍是深沟，你搭多少桥，沟是仍然不会消灭的。"这是一代人的悲剧，作为知识分子的维杉，只不过是比别人更早地体味到了这一点：

> 维杉心里说："对了，出去，出去，将来，将来，年轻！荒唐的年轻！他们只想出去飞！飞！叫你怎不觉得自己落伍，老，无聊，无聊！"他说不出的难过，说老，他还没有老，但是年轻？他看着烟卷没有话说。芝看着他不说话也不敢再开口。

故事的最后，少朗的女儿芝请维杉写一封介绍信给她去美国的同学，少朗问："你还在和碧谛通信吗？还有雷茵娜？""很少……"维杉又觉得窘到极点了。过去那点有色彩的生活，也被这"代沟"给分隔开了，甚至没有回望生活的权利。

生活状态的窘迫，是心理状态窘迫的投射。这篇小说的主题，其深刻之处在于创作出了整整一代人的生存尴尬，这里面有社会的、历史的、道德的、观念的因素，但最本质的还是那道看不见、摸不着，却又无处不在的鸿沟。

林徽因的另一部重要的小说是《九十九度中》，在叶公超主编的《学文》杂志创刊号发表后，立刻引起了较大的反响和同代作家的注意。

这是一个充满象征和寓意的故事。李健吾先生早在 1935 年就慧眼独具，给予林徽因的小说《九十九度中》以很高的评价。他说："一件作品或者因为材料，或者因为技巧，或者兼而有之，必须有以自立。一个基本的起点，便是作者对于人生看法的不同。由于看法的不同，一件作品可以极其富有传统性，也可以极其富有现代性。""在我们过去短篇小说的制作中，尽有气质更伟大的，材料更事实的，然而却只有这样一篇，最有现代性；唯其这里包含着一个个别的特殊的看法，把人生看作一根合抱不来的木料，

《九十九度中》正是一个人生的横切面。在这样一个北平，作者把一天的形形式式披露在我们眼前，没有组织，却有组织；没有条理，却有条理；没有故事，却有故事，而且有那样多的故事；没有技巧，却处处透露匠心。……一个女性细密而蕴藉的情感，一场在这里轻轻地弹起共鸣，却又和粼粼水波一样轻轻地滑开。"

《九十九度中》以一幅全景式的北平平民生活的民俗风情画，多角度呈现了市民阶层一个生活的横断面。小说中处处洋溢着一个"热"字，有钱的人热热闹闹地祝寿，热热闹闹地过生日，热热闹闹地娶媳妇；生活在下层社会里的挑夫、洋车夫忙忙碌碌地为生活奔波，一切都是混乱的、无序的，仿佛这世界就是一只热气腾腾的开水锅，所有的面孔都在这生活的蒸气里迷离着。

这家人在忙着祝寿：

喜棚底下圆桌面就有七八张，方凳更是成叠地堆在一边；几个夫役持着鸡毛帚，忙了半早上才排好五桌。小孩子又多，什么孙少爷，侄孙少爷，姑太太们带来的那几位都够淘气的。李贵这边排好几张，那边小爷们又扯走了排火车玩。天热得厉害，苍蝇是免不了多，点心干果都不敢先往桌子上摆。冰化得也快，篓子底下冰水化了满地！汽水瓶子挤满了厢房的廊上，五少奶看见了只嚷不行，全要冰起来。

那户在忙着娶亲：

喜燕堂门口挂着彩，几个乐队里人穿着红色制服，坐在门口喝茶——他们把大铜鼓摆在一旁，铜喇叭夹在两膝中间。杨三知道这又是哪一家办喜事。反正一礼拜短不了有两天好日子，就在这喜燕堂，哪一个礼拜没有一辆花马车，里面揣出花溜溜的新娘？今天的花车还停在一旁……

这沸沸扬扬的闹热，的确已达到了九十九度，人生就像一台戏，总是由锣鼓声伴着开场的。然而：

> 此刻那三个粗蠢的挑夫蹲在外院槐树荫下，用黯黑的毛巾擦他们的脑袋，等候着他们这满身淋汗的代价。一个探首到里院，偷偷看院内华丽的景象。

这些生活最热情的参与者，最无奈的旁观者。小说通篇没有一个"冷"字，连冰菜肴的冰块都"热"得要融化了，却字字句句着逼人的寒气：

> 七十年的穿插，已经卷在历史的章页里，在今天的院里能呈露出多少，谁也不敢说。事实是今天，将有很多打扮得极体面的男女来庆祝，庆祝能够维持这样长久寿命的女人，并且为这一庆祝，饭庄里已将许多生物的寿命裁削了，拿它们的肌肉来补充这庆祝者的肠胃。

又有什么正隐藏在热闹的婚礼的背面呢？

> 理论和实际似乎永不发生关系；理论说婚姻得怎样又怎样，今天阿淑都记不得那许多了。实际呢，只要她点一次头，让一个陌生的，异姓的，异性的人坐在她家里，乃至于她旁边，吃一顿饭的手续，父亲和母亲这两三年——竟许已是五六年——来的难题便突然地，在他们是觉得极文明地解决了。

> 她没有勇气说什么，她哭了一会儿，妈也流了眼泪，后来妈说：阿淑你这几天瘦了，别哭了，做娘的也只是一份心。……现在一鞠躬，一鞠躬地和幸福作别，事情已经晚得没有办法了。

一幅多么发人深省的人生的冷风景！

林徽因以九十九度来比照生命的零度，以哲学的关照俯瞰人生，就好比《红楼梦》中翻看"风月鉴"，美人的另一面便是骷髅。

这是人生真正的残酷所在。

在这乱哄哄的热闹中，谁也没注意到，坐在喜棚门外的小丫头，肚子饿得咕咕叫，一早眼睛所接触的大都是可口的食品，但是她仍然饿着肚子，坐在老太太门槛上等候呼唤；没有谁注意到，给祝寿的人家送宴席的挑夫，因中了霍乱，跑遍全城竟找不到一粒暑药，只好眼睁睁地死去。

小说的结尾颇有深意：

报馆到这时候积渐热闹，排字工人流着汗在机器房里忙着。编辑坐到公事桌上面批阅新闻。本市新闻由各区里送到；编辑略略将张宅名伶送戏一节细细看了看，想到方才同太太在市场吃冰淇凌后，遇到街上的打架，又看看那段厮打的新闻，于是很自然地写着"西四牌楼三条胡同庐宅车夫杨三……"新闻里将杨三王康的争斗形容得非常动听，一直到了"扭区成讼"。

再看一些零碎，他不禁注意到挑夫霍乱数小时毙命一节，感到白天去吃冰淇凌是件不聪明的事。

果然是一幅精辟入理的"冷热金针"，准确无误地针砭到了社会的痛点。那滚沸的油锅底下，原来是一块万年不化的坚冰。人世炎凉，岂止是小说家一幅笔墨了得？这篇小说，真正给予读者的，是纸的背面的那些底蕴。

《吉公》也是林徽因有名的短篇小说，描写了一个身分卑微却灵魂高贵的小人物。吉公本是作者"外曾祖母抱来的儿子"，因此在家中的地位十分尴尬，介乎于食客和下人之间，但却聪明绝顶。他喜欢摆弄小机械，房间里像一个神秘的作坊，他能修理手表，自称大上海的手表修理匠还比他不过，他会照相，这在当时很是了不起，因此总能得到许多女人的青睐。还有一回：

我那喜欢兵器、武艺的祖父，拿了许多所谓"洋枪"到吉公那里，请他给揩擦上油。两人坐在廊下谈天，小孩子们也围上去。吉公开一瓶橄榄油，扯点破布，来回地把玩那些我们认为颇神秘的洋枪，一边议论着洋船，洋炮，及其他洋人做的事。

吉公所懂得的均是具体知识，他把枪支在手里，开开这里，动动那里，演讲一般指手画脚讲到机器的巧妙，由枪到炮，由炮到船，由船到火车，一件一件。祖父感到惊讶了，这已经相信维新的老人听到吉公这许多话，相当地敬服起来，微笑凝神地在那里点头领教。大点的孩子也都闻所未闻地睁大了眼睛；我最深的印象便是那次是祖父对吉公非常愉悦的脸色。

但吉公最终离开了，入赘到一个女人家里当上门女婿去了。这实在有损一个大家族的脸面，于是：

忽然突兀的他把婚事决定了，也不得我祖母的同意，便把吉期选好，预备去入赘。祖母生气到默不作声，只退到女人家的眼泪里去，呜咽她对于这个弟弟的一切失望。家里人看到舅爷很不体面地，到外省人家去入赘，带着一点箱笼什物，自然也有许多与祖母表同情的。但吉公则终于离开那所浪漫的楼屋，去另找他的生活了。

吉公的行为既是叛离亲族，在旧家庭里许多人就不能容忍这种不自尊。他婚后的行动，除了带着新娘来拜过祖母外，其他事情便不听到有人提起！似乎过了不久的时候，他也就到上海去，多少且与火轮船有关系。有一次我曾大胆地问过祖父，他似乎对于吉公是否在火轮船做事没有多大兴趣，完全忘掉他们一次很融洽的谈话。在祖母生前，吉公也还有来信，但到她死后，就完全地渺然消失，不通音问了。

这是一曲高亢的灵魂自由之歌。

生命最本质的生存形态——对生命意志的张扬和灵魂对自由的渴求，从一个独到的艺术视角被揭示出来。他不需要别人恩赐他的生活，他要凭着自己的生命去奋斗去追求。

这是对本真的赞美与呼唤。

这篇小说只有5000字，却有丰富的艺术含量和浓厚的人文主义色彩。

"京派文学"活跃的时期，是作为文学家的林徽因创作生命最辉煌的时期。她的艺术风格亦在此时确立，作品锋芒已露端倪并日臻完美。虽然这个时期很短暂，但林徽因的作品重在"少而精"，是现代中国文学一笔重要的财富。

《梅真同他们》

燕京剧社的小剧场，一场名为《梅真同他们》的话剧正在彩排。虽然是彩排，但剧社还是印了精致漂亮的请柬，上面有话剧的剧情简介。这出剧的作者是林徽因女士。请柬上还引了黄山谷一首咏梅的诗：梅蕊触人意，冒寒开雪花。遥怜水风晚，片片点汀沙。

舞台上已经搭起了布景：三间比较精致的厢房是女孩子们的书房。书房里的家居摆设都不新，但不知从书桌的哪一处，书架上、椅子上、睡榻上、乃至地板上，都显然透露出青年女生宿舍的气氛。

被请来观看彩排的有剧作家赵太侔、丁西林、余上沅，作家沈从文、杨振声，当然还有作者林徽因。这几位名家大都是林徽因留美期间中华戏剧改进社的成员。

这部话剧描写的是一个大户人家的丫头梅真，在思想启蒙运动作用下的社会环境里，所经历的独特的人生际遇，以及由此带来的情感危机与爱情悲剧。

梅真是李家的丫鬟，天资聪慧，性情活泼，很讨李家二太太李琼的喜欢。二太太将之视如己出，安排她与自己的女儿们一起上学读书，这使心胸狭窄的李家长房太太大为不满，也令前妻所生的大小姐文娟又妒又恨，因此常寻机会奚落梅真。四小姐文琪却与梅真交好，亲如姐妹。这天李家二少爷要从外地回来了，大家商量着为二少爷办一个家庭舞会。李家的小姐们忙碌起来，第一件事情是要把这间书房改装成未来派的休息室。

文琪（李家四小姐）：……你看，咱们后天请客，什么也没有准备呢？

梅真（李家丫头）："咱们"请客？我可没这福气！

文琪：梅真你看！你什么都好，就是有时这酸劲儿的不好，我告诉你，人就不要酸，多好的人要酸了，也就没有意思了……我也知道你为难……

梅真：你知道就行了，管我酸了臭了！

文琪：可是你不能太没有勇气，你得往好处希望着，别尽管灰心。你知道酸就是一方面承认失败，一方面又要反抗，倒反抗不反抗的……你想那么多没有意思？

梅真：好吧，我记住你这将来小说家的至理名言，可是你忘了世界上还有一种酸，本来是一种忌妒心发了酵变成的，那么一股子气味——可是我不说了……

文琪：别说吧，回头……

梅真：好，我不说，现在我也告诉你正经话，请客的事，我早想过了……

文琪：我早知道你一定有鬼主意……

梅真：你把人家的好意你叫作鬼主意！其实我尽可不管你们的事的！话不又说回来了么，到底一个丫头的职务是什么呀？

文琪：管它呢？我正经劝你把这丫头的事忘了它，你——你就当在这里做……做个朋友。

梅真：朋友？谁的朋友。

文琪：帮忙的……

梅真：帮忙的？为什么帮忙？

文琪：远亲……一个远房的小亲戚……

梅真：得了吧，别替我想出好听的名字，回头把你宝贝小脑袋给挤破了！丫头就是丫头，这个倒霉事就没有法子办，谁的好心也没有法子怎样的，除非……除非哪一天我走了，不在你们家！别说了，我们还是讲你们请客的事吧。

才看到这儿，大家就忍不住开始叫好。赵太侔赞道："开场就不错，台词写得真漂亮，人物性格全出来了。"

沈从文说："以前没看过燕京剧社的演出，还真有味道，演梅真的这姑娘会出戏。"

这时候，留洋回来的唐元澜来李家拜访，与大小姐文娟不期而遇。他俩虽被外人糊里糊涂地认作未婚夫妻，但彼此无话可说，相处并不和谐。而唐元澜是爱着梅真的。

时间到了第二天早上，在同一间书房里，家具一切全移动了一些位置，秩序显然纷乱，所谓未来派的吃烟室，尚在创造之中。地上有各种东西，墙边放着小木梯，小圆桌被推到舞台另一边，上面摆有几副铜烛台，插着些红蜡烛。一扇大屏风上画了一些颜色鲜浓而题材不甚明了的新派画，沙发上堆着各种靠背，前面也放着一张画，同样怪诞的新派作品。

大幕拉开，首先出场的是正在安装电灯的电料行小掌柜宋雄。他早对梅真有情，趁着这个机会，他再次向梅真求婚，希望这个识文断字的丫头，能成为他柜台上的老板娘，但被梅真回绝了。

四小姐文琪请来了研究史学、喜欢绘画的青年学生黄仲维，为舞台画了许多幅现代派的绘画，两个年轻人很快就坠入了爱河：

黄仲维：……立体画最重要的贡献，大概是发现了新角度！这新角度的透视真把我们本来四方八正的世界——也可以说是宇宙——推广了变大了好几倍。

文琪：你讲些什么呀？

黄仲维（笑）：我在讲角度的透视。它把我们日常的世界推广了好几倍！你知道的，现代的画——乃至于现代的照相——都是由这新角度出发！一个东西，不止可以从一面正正的看它，你也可以从上，从下，斜着，躺着或是倒着，看它！

文琪：你倒底说的什么呀？

黄仲维：我就说这个！新角度的透视。为了这新角度，我们的世界，乃至宇宙，忽然扩大了，变成许多世界，许多宇宙。

房间另一角，唐元澜也抓住机会，当面向梅真告白。他说他之所以常来李家，只是钟情于梅真，而并非是为了文娟。这样的表白却令梅真感到痛苦。她只得坦白，自己心里一直爱着二少爷文靖，但又总是有意躲避着他。因此她陷入了感情的苦恼与危机之中。

梅真：因为我——我只是没有出息丫头，值不得你，你的……爱……你的好奇！

唐元澜：别那样子说，你弄得我感到惭愧！现在我只等着二少爷回来把那误会的婚约弄清。你答应我，让我先帮助你离开这儿，你要不信我，你尽可让我做个朋友……我们等着二少爷。

梅真：你别，你别说了，唐先生！你千万别跟二爷提到我！好，我的事没有人能帮助我的！你别同二少爷说。

唐元澜：为什么？为什么别跟二少爷提到你？你不知道他是一个很能了解人情的细心人？他们家里的事有他就有了办法吗？

梅真：我不知道，你别问我！你就别跟二少爷提到我就行了。你要同大小姐退婚，自己快去办好了！那事我很同情你的，不信问四小姐。

丁西林对沈从文说："从文，你该写篇文章，就叫《梅真的悲剧同悲剧中的梅真》。"

沈从文说："这可是一篇大文章，梅真的悲剧，在于她清醒地认识到了自己的悲剧角色，而且这个悲剧角色是不可以改变的，人并不是赤条条地来到这个世界上，他一落生就穿了一件衣服，一开始是什么，终究也会是什么。如果这篇文章让徽因自己写，那可就太生动了。"

林徽因说："我写梅真的时候就像在写我的一个朋友，我喜欢她却无法改

变她，她自身的聪慧和所受的有限的教育，不仅不能帮助她摆脱现实的困苦与烦恼，反而加深了她内在心理的不平衡。这不是靠别人的施舍能够改变的。"

赵太侔赞同道："是啊，没有什么可以超越命运的力量，剧中的人物也应该是这样。"

交流间，剧情已经进入高潮。李太太深知梅真内心的痛苦和不平，她决定让梅真以客人的身份，而不是以丫鬟的身份参加女儿们的舞会。文娟对此大为不满，扬言如果梅真参加舞会，她就决不参加。此时迟迟不归的二少爷文靖终于在家中出现了。

同一间屋子已经不复早上的纷乱，一切收拾停当。房间被梅真和文琪布置成所谓未来派的吃烟室，墙上挂着新派画，旁边有一个怪诞的新画屏风，矮凳同其它沙发、椅子分成几组，每组有它中心的小茶几，高的、矮的，有红木的、有雕漆的，有圆的、有方的，书架上，窗子前，都有一种小小的点缀，最醒目的是并排的红蜡烛。

文靖：我怕见梅真……

文琪：为什么，二哥？

文靖：因为我感到关于梅真，我会使妈妈很为难，我不如早点躲开点，我决定我不要常见到梅真倒好。

文琪：二哥！你这话怎么讲？

文靖：老四，你不……不同情我么？有时我觉得很苦痛——或者是我不够能干。

文琪：二哥，你可以告诉我吗？我想……我能够完全同情你的，梅真实在能叫人爱她……现在你说了，我才明白我这个人有多糊涂！我真奇怪我怎么没想到，我早该看出你喜欢她……可是有一时你似乎喜欢璨璨——你记得璨璨吗？我今晚还请了她。

文靖：做妹妹的似乎比做姐姐的糊涂多了。大姐早就疑心我，处处盯着我，有一时我非常地难为情。她也知道我这弱点，更使得我没有主意，窘透了，所以故意老同璨璨在一起，老四，我不知道你怎样想……

文琪：我？我……怎样想？

文靖：我的意思是，我不知道你是不是也感到如果我同梅真好，这事情很要使妈妈痛苦，我就怕人家拿我的事去奚落她，说她儿子没有出息，爱上了丫头。我觉得那个说法太难堪；社会上一般毁谤人家的话，太使我浑身起毛栗。就说如果我真的同梅真结婚，那更糟蹋了，我可以听到所有难听的话，把梅真给糟坏了……并且妈妈拿我这个儿子看得那么重，我不能给人机会说她儿子没有骨气，我不甘心让大伯婶那类人得意的有所借口，你知道么？老四！

文琪：现在我才完全明白了！……怪不得你老那样极力的躲避着梅真。

文靖：我早就喜欢她，我告诉你！可是我始终感到我对她好只给她痛苦的，还要给妈妈个难题，叫她为我听话受气，所以我就始终避免着，不让人知道我心里的事儿，只算是给自己一点点苦痛。

文琪：梅真她不知道吗？

文靖：就怕她有点疑心！或许我已经给了她许多苦痛也说不定。

文靖是爱着梅真的，但惧于家族的反对和外界的嘲笑，内心矛盾重重，总想逃避现实。

舞会马上开始，文琪将就此宣布，她与黄仲维订婚。文娟依旧不肯露面，而梅真则心绪烦乱地坐在角落里，暗自饮泣。走进来的文靖对此视而不见，原是他误信浮言，以为唐元澜与梅真要好，故意对梅真疏远、冷淡，在说了一通莫名其妙的话之后，他毅然决定撇下梅真独自离去，梅真的希望和爱情彻底破灭了。

文琪：我问你梅真，元哥同你怎么啦？今早上你们是不是在这屋子里说话？

梅真：今早上？唉，可是你怎么知道，四小姐？

文琪：原来真有这么一回事！张爱珠告诉我的，二哥也听见了。爱珠说大姊亲眼见到你同元哥……同元哥……

梅真：可是，可是我没有同唐先生怎么样呀！是他说，他，他……对我……

文琪：那不是一样么？

梅真：不一样么！不一样么！因为我告诉他，我爱另一个人，我只知道那么一个人好……

文琪：谁？那是谁？

梅真：就是，就是你这二哥！

文琪：二哥？

梅真：可是，四小姐你用不着急，那没有关系的，我明天就可以答应小宋……去做他那电料行的掌柜娘！那样子谁都可以省心了……我不要紧……

文琪：梅真！你不能……

梅真：我怎么不能，四小姐？你看着吧！你看……看着吧！

文琪：梅真！你别……你……

幕布急急地拉上了。

梅真终于在清醒的悲哀中屈服了现实。她最终无法改变丫头的身份，作为一个受奴役者的代名词，她的命运似乎被打上了卑贱的烙印，也永远被排斥在上层社会之外。

文靖的心理障碍与梅真不同，是社会角色造成了他的懦弱。每个人都站在一定的社会台阶上，每个台阶上的人都扣着思想的枷锁。这无形的枷锁，绝不仅仅是梅真的悲哀。

演员们走出来谢幕了。台下的客人却忘记了鼓掌。他们还沉浸在梅真的命运里，还在想着她以后会怎么样呢……

乱世惊梦，尘世辗转

九死一生

如水岁月如水光阴，本该柔软多情，而它偏生是一把锋利的刀，雕刻着容颜，削薄了青春，刮去残存的一点梦想，只留下支离破碎的记忆。这散乱无章的前尘过往，还能拼凑出一个完整的故事吗？

1937年7月，梁思成和林徽因正与营造学社的同仁们在山西考察，12号到达代县，他们就听到了"卢沟桥事变"的消息。一路上发现佛光寺的兴奋，立刻被当头浇下一桶冷水。想到九一八事变之前，日寇在沈阳的种种暴行，大家的心情沉重无比。山中一日，世上千年，他们在深山僻壤中辛勤工作的时候，外界已经发生了翻天覆地的变化。梁思成不禁一声长叹，道："事不宜迟，还是快点回北平吧。"

刚回到北平，浓烈的火药味即刻扑面而来。宋哲元二十九军的兵车从大街上呼啸着开过，卷起的尘土像不祥的狼烟。回到总布胡同，又见士兵们在门口挖起了堑壕，好像要打一场大仗的样子。朋友们听说梁氏夫妇考察归来，便相约来到总布胡同。那时北平人心惶惶，大家都用实际行动支持宋哲元，梁思成、林徽因和刘敦桢一起，在北平教授致政府要求抗日的呼吁书上签了字。

战云压城，营造学社的工作无法继续，大家最担心的就是这几年积累下来的资料落入敌手，他们决定把这些资料转移到天津英租界英资银行保险库中存放。

战争烧到了太太客厅门口，但"我们的太太"却没有惊慌失措，她给女儿梁再冰写信，沉着地说：

如果日本人要来占北平，我们都愿意打仗！那时候你就跟着大姑姑那边，我们就守在北平，等到打胜了仗再说。我觉得现在我们做中国人应该要顶勇敢，什么都不怕，什么都顶有决定才好。

林徽因什么都不怕，政府可不这么想。不久之后，他们听到了守军撤兵的消息。看着满街的太阳旗，一种强烈的耻辱感涌上林徽因和梁思成的心头。

有一天，夫妇俩受到署名为"大东亚共荣协会"的请柬，邀请他们参加一个会议，林徽因愤怒地把请柬撕碎了。北平已经在日寇铁蹄之下，他们决定举家南迁。

1937 年的夏末秋初，总布胡同三号的四合院里仍然像往年那样生机勃勃，矮墙边的指甲花逗引着蜜蜂蝴蝶，粉红色的夹竹桃，也正开得绚烂。丁香花散播着幽幽的香气。院落被浓郁、和平、宁静的芬芳包围着。

但林徽因却和丈夫扶老携幼，带着简单的行李，在 8 月的一个黄昏，匆匆离开了这里，在弥漫的狼烟中向天津出发。

梁氏夫妇、金岳霖和清华的两位教授，下了从北平来的火车，眼前的情景比他们想象的还糟糕。车站里到处是荷枪实弹的日军，天桥上驾着机关枪，每一个过往的旅客都受到严厉的盘查。日军把他们认为可疑的人集中到角落里，用枪托在他们头上身上打着。一时间，日本兵的叫骂声，小孩惊恐的哭闹声和大人的哀求声混成一片。

临街的墙上到处刷满了"中日亲善""东亚共荣""建设大东亚新秩序"之类的黑色标语。街道上行人寥落，一队队巡逻的日本兵列队走过，树上的蝉也噤了声。

天津在血与火中颤抖着呻吟。

回到英租界红道路的家，还能稍微得到点安全感，但睡梦中总会被枪炮声吵醒。他们不敢久留，决定先乘船到青岛，然后南下到长沙。

之所以选择长沙，是因为他们从朋友处得到消息，国民党政府教育部指定清华大学、北京大学和南开大学三校联合，以长沙为校址组建第一临时大学。校址选在长沙，受益于清华的政治敏锐度。早在1935年，清华出于对局势动荡的考虑，就打算在长沙建立分校。他们一早就把贵重的中英文图书和精密仪器悄悄装箱，秘密运到了汉口，同时拨款在长沙岳麓山下建立新校舍，预计1938年初即可完工使用。

9月初，他们搭乘一艘英国商船，从新港出发，驶入烟波浩渺的大海。船到烟台，那里也已战云密布，中日军队正在烟台对峙着。一行人上有老下有小，不敢在这里留宿，马上转乘去潍坊的汽车，在那里住了一夜，第二天一早，又坐上了开往济南的第一班火车。

胶东半岛已经满目疮痍。火车在胶济线上行驶，不时有日军的飞机呼啸着掠过。每当这时火车就立刻停下来拉响警报，乘客大呼小叫地跑下车。飞机飞得很低，几乎能看见机身上的"太阳"标记。小弟天真地问："妈妈，那是舅舅的飞机吗？"

林徽因说："不是，那是日本鬼子的飞机。"

"那舅舅的飞机为什么不来打他们呀？"

"会来的，会来的。"林徽因摸着儿子的头，不知道是在对孩子说还是给自己打气。

火车走走停停，下午三点总算到了济南。

济南所有的旅店都爆满，梁思成跑到山东省教育厅，有他们帮忙，总算在大明湖边找到一间条件尚可的旅店栖身。

在济南住了两天，他们继续南下，经徐州、郑州、武汉，终于在9月中旬到了长沙。

9月的长沙热得像蒸笼，下了火车，在路边摊吃了几块西瓜解暑，林徽因一家就在火车站附近租了两间房子。这是一座二层灰砖楼房，房东住在楼下，楼后有个阴暗的天井。

在担惊受怕中疲于奔命，何雪媛支撑不住第一个病倒了。梁思成、林徽因只好承担起烧饭洗衣这些家务事。好在南方暂无战事，他们可以稍微喘口气观望局势，再作打算。

林徽因的其他朋友——一些北大和清华的教授也陆续来到长沙，张奚若夫妇和梁思永一家也来了。梁氏夫妇这个刚刚安置下来的简陋的家，又成了朋友们的聚会中心。现在他们讨论的话题总是战局和国内外形势。有时晚上聊到激动处，就一起高唱抗日救亡歌曲，有时用中文唱，有时用英文唱。梁思成担任指挥。连宝宝也学会了好几首歌，天天唱着"向前走，别退后"。

11月下旬的一个下午，天空忽然出现大批飞机。小弟在阳台上喊着："妈妈，妈妈，舅舅的飞机来了！"梁思成跑到阳台上远远望去，还没看清楚，乌鸦一样的机群，嚎叫着投下了炸弹。梁思成还没反应过来，炸弹便在楼下开了花。他一把抱起小弟，林徽因抱着宝宝，搀着母亲下楼。门窗已经被震垮，到处是玻璃碎片。刚走到楼梯拐角处，又一批炸弹在天井里炸响。林徽因被气浪冲倒，顺着楼梯滚到院子里。楼房倒塌了，一家人逃到大街上。街上黑烟弥漫，好几所房子正烧着大火，四处是人们惊慌的哭叫。

清华、北大、南开挖的临时防空壕就在离他们家不远处。一家人往那里跑的时候，飞机再次俯冲，炸弹呼啸而至，其中一颗落在他们身边。林徽因和丈夫紧紧护住两个孩子，只一个瞬间，他们绝望地对视了一眼，然而这颗炸弹却没有爆炸。

飞机飞走后，他们从焦土里扒出还能找得见的几件衣物。刚刚安置好的家，又化作一对废墟。一家五口东一家西一家在朋友那里借住了好一段日子，直到和金岳霖一起住在了长沙圣经学院。

那是日军第一次轰炸长沙，4架飞机在长沙上空投弹6枚，死伤300余人。等国民党空军飞机起飞时，日机已经扬长而去。

林徽因在 1937 年给费慰梅写信描述了这次轰炸：

炸弹就落在我们房门口大约十五米的地方，天知道我们怎么没被炸成碎片！先听到两声稍远处的爆炸和接着传来的地狱般的垮塌声音，我们各自拎起一个孩子就往楼下冲，随即我们自己住的房子就成了碎片。你们一定担心死了，没事！如果真有不测发生，对我们来说算是从眼前这场厄运中解脱。天啊，什么日子！

有了这样的开头，长沙也不再是一片净土了。日军隔三岔五地扔炸弹，长沙城很快就满目疮痍。

沅陵梦醒

可怕的空袭越来越多，长沙已经待不下去了。有消息说临时大学会继续撤退，搬迁到云南昆明，中央研究院这样的一些研究机构也会跟随。梁氏夫妇的古建筑研究资料很多时候要依赖于这些研究机构。而且林徽因的好友大多是清华、北大的教授，他们已经习惯在逃难的时候互相照应，就像一家人一样。所以，梁思成和林徽因决定也要前往昆明。

1937 年 11 月末，梁家离开长沙，乘公共汽车，取道湘西，前往昆明。

从长沙到昆明，要经过沈从文的老家凤凰。林徽因早就在他的小说中领略过凤凰的风光了。凤凰城在湘、川、黔接壤处的山洼里，四面环山，处处可见自然造化的鬼斧神工。茂密的原始森林是这座石头城的天然屏障。沱江自贵州的铜江东北流入湖南境内，过凤凰城北，在东北向注入湘西著名的武水。一架飞桥架在沱江江面，住家的房子在桥西两侧重叠着，中间是一道自然被分割出来的青石小街。桥下游的河流拐弯处有一座万寿宫。从桥上就能欣赏到万寿宫塔的倒影。凤凰城以多泉著名，泉水从山岩的缝隙中渗出来，石壁上是人们凿出的壁炉一样的泉井，泉井四周生满了羊齿形状的植物，山岩披上了青翠的纱裙。

这新鲜生动的景色让日夜担惊受怕的一家人心情放松了一些。

沈从文人在武昌，连连写信给林徽因，邀请梁家去自己老家小住几日，还说不方便的话，自己的哥哥住在沅陵，它被称为"湘西门户"，是长沙到昆明汽车的必经之地。林徽因盛情难却，便同梁思成商量，决定路过沅陵时停留两天看看沈从文笔下的湘西，看看沈从文的家乡和亲人。

湘西是传说中土匪横行之地。一家人提心吊胆地在沅陵下了车，在官镇住了一晚，竟是出乎意料地安全平静。店家很纯朴，满目的青山绿水更是令人心情格外沉静。第二天一大早，梁思成和林徽因就带着孩子们去拜访沈从文的大哥。沈家大哥的房子盖在小山上，四周溪流淙淙，宛如世外桃源一般。

林徽因不禁对梁思成感叹道："真是不虚此行，不来湘西，永远认为翠翠那样的人物是虚构的，来了才知道这里肯定有许多个翠翠。"

梁思成戏道："嗯，说不定在沈大哥家就有一个翠翠在等着我们呢。"

他们在沈大哥家受到了热情的款待。那热情不是用语言，而是用饭桌上一道又一道美味的菜肴，一碗又一碗香醇的美酒，一杯又一杯清冽的鲜茶表达出来的。晶莹饱满的米饭，风味十足的蒜苗炒腊肉，肉质鲜美的沅水鲑鱼，还有在北平亦很少有机会品尝的山鸡、野猪肉……他们太久没有享受到这样优渥的物质生活了。小弟和宝宝狼吞虎咽的吃相让林徽因有点尴尬，不断小声提醒孩子们斯文客气一些。女主人倒是善解人意，沈太太说："没关系，孩子这是在吃长饭呢！爱吃这里的饭菜，以后一定还要来啊。"

当然，沈家没有一个翠翠让他们见，倒是意外的见到了另一个人，沈从文的三弟。他在前线打仗负了伤，回家来休养。吃了饭，他们在廊边吃茶，一边畅谈时事，不知不觉时间就过去了。

乱世惊梦，尘世辗转

197

林徽因和梁思成依依不舍地告别了沈家大哥，离开了梦一样的沅陵。

在颠簸的汽车上，林徽因提笔给沈从文写信：

我们真欢喜极了，都又感到太打扰得他们（注：沈从文大哥）有点过意。虽然，有半天工夫在那楼上廊子上坐着谈天，可是我真感到有无限亲切。沅陵的风景，沅陵的城市，同沅陵的人物，在我们心里是一片很完整的记忆，我愿意再回到沅陵一次，无论什么时候，最好当然是打完仗！

说到打仗你别过于悲观，我们还许要吃苦，可是我们不能不争到一种翻身的地步。我们这种人太无用了，也许会死，会消灭。可是总有别的法子，我们中国国家进步了，弄得好一点，争出一种新的局面，不再是低着头的被压迫着，我们根据事实时有时很难乐观，但是往大处看，抓紧信心，我相信我们大家根本还是乐观的，你说对不对？

这次分别大家都怀着深忧！不知以后事如何？相见在何日？只要有着信心，我们还要再见的呢。无限亲切的感觉因为我们在你的家乡。

牧歌般的沅陵梦一般的消失了，一家子在战争的缝隙之间偷得一口气，现在又要挣扎在残酷的现实中。夫妇俩扶老携幼继续颠簸的旅途。从湖南到昆明，海拔也越来越高，山路越来越险。他们乘坐的汽车是老掉牙的铁家伙。林徽因在途中写给费慰梅的信透露了这个苟延残喘的交通工具是怎么把他们弄到目的地的：

为了能挤上车，每天凌晨一点我们就要摸黑爬起，抢着把我们少得可怜的行李和我们自己塞进汽车，一直等到十点，汽车终于开动。这是一辆没有窗户、没有点火器，实际上"什么也没有"的家伙，爬过一段平路都很困难，何况是险峻的高山。

经过晃县时，林徽因发起高烧，幸好意外遇见一群航空学校地学员，腾了一处地方给他们。梁思成又找了一位懂得中草药的女医生，给林徽因开了中药,养了半个月,才退了烧。一家人告别朝夕相处的8个学员和女医生,又继续赶路。

他们乘坐的这辆汽车,经常抛锚。有一回,车子开到一处地势险峻的大山顶上,突然停住不动了。天色已晚,大病初愈的林徽因在寒风中快被冻僵了。乘客们都很害怕,因为这里常有土匪出没,大家不停地抱怨着。

梁思成懂得机械原理,主动和司机一起修车,寻找车"罢工"的原因。他把手帕放进油箱,拿出来一看,手绢是干的,原来是汽油烧完了。这地方前不着村后不着店,又不能在车上过夜,梁思成召集乘客,大家一起推着车慢慢往山下走。太阳落山的时候,忽然一个村子奇迹般出现在路旁。大家都欢呼起来。

过了贵阳、安顺和镇宁,前面就是举世闻名的黄果树瀑布了。远远就听到轰鸣的水声。汽车在距离瀑布两公里的地方停下来,大家急不可待地循着水声的方向奔去。

一道宽约30多米的水帘飞旋于万丈峭壁,凭高做浪,发出轰然巨响,跌入深深的犀牛潭。飞瀑跌落处掀起轩然大波,水雾迷蒙中,数道彩虹若隐若现,恍若仙境。

林徽因立于百丈石崖之下,出神地凝望着眼前壮美的白练,听着奔腾的仿佛具有生命的活力的水声,对站在身边的梁思成说:"思成,我感觉到世界上最强悍的是水,而不是石头,它们在没有路的绝壁上,也会直挺挺地站立起来,从这崖顶义无反顾地纵身跳下去,让石破天惊的瞬间成为永恒,让人能领悟到一种精神的落差。"

梁思成说道:"你记得爸爸生前跟我们说过的话吗?失望和沮丧,是我们生命中最可怖之敌,我们终身不许它侵入。人也需要水的这种勇敢和无畏。"

车子再一次徐徐启动,过晋安,下富源,奔曲靖,春城昆明已经遥遥在望。那里将有一片全新的生活天地。

黄果树瀑布雷奔云泄的声音还响在耳畔，一面刚毅的白色旗帜在林徽因的心头招展着。

那不是生命向死亡投降的白旗。

昆明艰难

人活着，总要有一份信念在支撑，心里有了寄托，有了依靠，那些深楚的思想和情感才得以维系。否则这磕磕绊绊的人世，早晚会将你的意志瓦解，原本清雅的不再清雅，原本端然的不再端然。

人的力量，又是多么微不足道，抵不过一寸光阴的削减。过尽流年，以为可以让自己更加深邃成熟，内心却总是面临巨大的洪荒，一刻都不能消停。

饶是这老掉牙的破车时不时就要歇口气，到底还是把一行人带到了昆明，林徽因都惊叹这不可思议的顽强"生命力"，也许是他们的父亲的在天之灵在冥冥中庇佑自己的儿女呢。

穿过陡峭的悬崖绝壁和凹凸不平的土路，1938 年 1 月，林徽因一家晃晃悠悠，奇迹般地被驮到了春城。

昆明的春天不是奢侈之物。那垂柳，好像一天就换一件新衣裳似的，永远是翠绿中透出新鲜的鹅黄。季节的变迁只从天空的色泽中才能感知一二。早春的天空，是玻璃样的青色，是画家的画板上调制不出来的那种颜色。云总是疏疏懒懒地在天空的边角挂着，如果你不在意，八成会以为那是谁挂在那儿的一张网片。

天气好的时候，那远处的金马山和碧鸡山，也带上了水的意蕴，迷蒙飘忽，云梦沼沼。两三声鹧鹁好像从水里传来，淡远了一脉苍茫的记忆。

林徽因和梁思成还算幸运，通过老朋友的关系很快找到了居所。而且环境相当不错，就在翠湖巡律街前市长的宅院里。虽然是借住，但毕竟有了一个舒适的落脚之地了。个把月的奔波，早就疲惫不堪，终于能从那破车上爬下来好好休整了。

张奚若夫妇与梁家比邻而居。出门不远，便是阮堤。散步时，穿过听莺桥，就能到海心亭去坐坐。

林徽因很喜欢海心亭。作为建筑，它倒是没什么特色，林徽因喜欢的是里面的对联：有亭翼然，占绿水十分之一；何时闲了，与明月对饮两三。

但落难的人没有太多闲情逸致。

从长沙到昆明这一个多月的长途跋涉，梁思成这个家里的顶梁柱也倒下了。脊椎病痛排山倒海地袭来，即使穿了那件从不离身的铁背心，由于背部肌肉痉挛，也难以直起身子。

痛得最厉害的时候，梁思成整夜整夜无法入睡。医生诊断说是扁桃体化脓引起的，于是切除了扁桃体，又引发了牙周炎，满口的牙也给拔了，只能躺在一张帆布床上。医生让他找点简单的事情做做，分散一些注意力，以免服用过量的镇痛剂引起中毒。

于是梁思成就只有两件事情可做，一是拆旧毛衣，二是补袜子。梁思成有一双灵巧的手，画得一手好图，他做梦也没想到，这种技能也能用来补袜子。多年之后，梁再冰还能清楚地回忆起父亲半躺在帆布床上补袜子的情景。他做得非常专心，简直把手中的破袜子当成了艺术品，细心地穿针引线，反复搭配颜色，然后用彩线把袜子织补起来。建筑学家补出来的袜子果然相当漂亮。梁思成当了大约一年的"织补匠"，身体逐渐好转，可以下地自如活动了。

家中顶梁柱倒了，老母亲卧病在床。林徽因，这个昔日太太客厅优雅美丽的女主人，现在是一个被肺病折磨着的女病人，必须要撑起这个家。为了赚钱，林徽因给云南大学的学生补习英语，每周六节课，每月可以挣到四十块钱的课时费。每次上课，她都得翻过四个山坡，昆明海拔高，稀

薄的空气对林徽因脆弱的肺是个巨大的考验。

月底拿了钱，林徽因就去昆明城里转悠。她想买外出考察古建筑用的皮尺，这个是现在急需的工具。转了半天，终于在一间杂货店看到了皮尺。一问价钱，23块——这也太贵了！但林徽因咬咬牙买了下来。然后呢，还得给小弟和宝宝一人买一双鞋了。孩子们的旧鞋子早就开了花，天冷了，冻脚。还得去割一点肉来，家里已经几月不知肉味了。老的老，小的小，病的病，营养不能太缺……林徽因精打细算着身上的几十块钱，到后来还是所剩无几。天快黑了，她拖着疲倦的身子，回家烧饭。

一个人怎么分配手头有限的金钱，大体就能看出这一样样事物在他心里的分量。皮尺代表她钟爱的建筑事业，这份事业是她的生命，被她排在第一位。她是幸运的，那个与她相爱的人，支持着她的选择。他们开创了一片事业的新天地，他们的爱情亦开了花，结了果。

林徽因痴迷于建筑，家务活自然成了拖后腿的"元凶"。林徽因觉得没有比做家务更无聊更浪费时间的了。即使风餐露宿的野外考察，也没有比这来得更糟心。家务活儿，这个大部分女性无法分离的伙伴，几乎困扰了这个女学者的一辈子。她在给费慰梅的信中这样描述自己的生活：

> 我一起床就开始洒扫庭院和做苦工，然后是采购和做饭，然后是收拾和洗涮，然后就跟见了鬼一样，在困难的三餐中根本没有时间感知任何事物，最后我浑身痛着呻吟着上床，我奇怪自己干嘛还活着。这就是一切。

即使是偏于一隅的春城，也逃不开无处不在的战争。1938年9月28日，日军第一次轰炸昆明。从那天开始，这个他们原本以为安全的世外桃源，也要裸露在战争的伤口中。

昆明五华山的山顶有一座铁塔，塔上挂一个灯笼，叫预行警报；挂上两个灯笼，叫空袭警报；要是挂上了三个，就是紧急警报了。预防警报一挂出来，马上就得跑。躲警报成了昆明人日常生活的一部分。到最后，大家都对它习以为常了。

　　最最亲爱的慰梅、正清，我恨不能有一支庞大的秘书队伍，用她们打字机的猛烈敲击声去盖过刺耳的空袭警报，过去一周以来这已经成为每日袭来的交响乐。别担心，慰梅，凡事我们总要表现得尽量平静。每次空袭后，我们总会像专家一样略作评论："这个炸弹很一般嘛。"之后我们通常会变得异常活跃，好像是要把刚刚浪费的时间夺回来。你大概能想象到过去一年我的生活的大体内容，日子完全变了模样。我的体重一直在减，作为补偿，我的脾气一直在长，生活无所不能。（1939年致费慰梅的信）

　　尽管林徽因用轻松的口吻安慰着好友，但事实可不是那样轻松，昆明的形势也越来越严峻了。1940年7月，日军攻占了越南，战时中国海路运输的国际交通线被切断了。云南成为前线，昆明自然变成了日军的主要轰炸目标。五华山的警报越来越频繁，警报级数也越来越高。有时候，一天就能轰炸好几次，轰炸之前活生生的一个人刚才还跟着大家一块儿逃命，等飞机离开，那个人已经在混乱中被炸弹带离了这个令人绝望的世界。

　　昆明的天空失去了往日的宁静，日本人的飞机不断前来骚扰。联大的教授们为了保全性命，只好拖家带口地疏散到昆明郊外各处。

　　当时，美国有好几所大学和博物馆聘请梁思成和林徽因到美国工作和治疗，梁思成婉言谢绝道："我的祖国正在灾难中，我不能离开她；假如我必须死在刺刀或炸弹下，我要死在祖国的土地上。"

　　营造学社的几位骨干陆陆续续来到昆明，于是梁思成把大家组织起来，打算恢复工作，考察西南地区的古建筑。这一阶段，后来成为营造学社起死回生的关键时期。为了尽快筹到资金，梁思成致信中华教育文化基金会董事会的周诒春，申请基金补助。周诒春回信说，只要有梁思成和刘敦桢，基金会就会承认营造学社，也会继续提供补助。正好刘敦桢从湖南新宁老家来了信，说愿意到昆明来。这样，营造学社西南小分队就组建起来了。

1938 年 10 月到 11 月间，考察组调查了圆通寺、土主庙、建水会馆、东西寺塔等 50 多处古建筑，几乎涵盖了昆明的主要古建筑。

为了躲避空袭，梁家和营造学社由傅斯年任所长的中央研究院历史语言研究所搬到了昆明市东北八公里处的龙泉镇龙头村附近的麦地村，借住在一间名为"兴国庵"的庵堂里。绘图桌与菩萨们共处一殿，只用麻布拉了一道帐子。梁思成和林徽因的家就安在大殿旁一间半泥土铺就的小屋里。由于屋内非常潮湿，他们只能把石灰洒在地上吸走潮气。

1939 年 9 月至 1940 年 2 月，梁思成率领考察队对四川西康地区 35 个县的古建筑进行了野外勘察，发现古建筑、摩崖、崖墓、石刻、汉阙等多达 730 余处。在这期间，梁思成又为西南联合大学设计了校舍。林徽因身体不好，便留在兴国庵主持日常工作，但也完成了云南大学女生宿舍"映秋院"的设计。

战争把本就遥遥无期的归期推到了完全看不见的黑暗之中。总是在庵堂住着不是办法，梁氏夫妇决定在龙头村北侧棕皮营靠近金汁河埂的一块空地为自己设计建造一座住房。

1940 年春天，梁思成和林徽因亲手设计并建造完成了这间 80 多平方米的住宅，有 3 间住房和 1 间厨房。这座小屋背靠高高的堤坝，上面是一排笔直的松树，南风习习吹拂着，野花散发出清新的香，短暂的平静让人错觉又回到了往昔的生活。

这是梁思成、林徽因夫妇一生中唯一一次为自己设计建造住房。

后来，老金在他们住房的尽头又加了一间耳房，权当作他的居室。他每天白天去联大讲课，晚上才能赶回来，好不辛苦。钱端升等一群老友也在这里建了房子，大家都为这"乔迁之喜"自豪，这里的每一块砖，每一块木板，每一根钉子都浸透着他们的汗水。此时，北平太太客厅的欢乐，又得以在这里重聚了。

梁家为了建造这三间住房，花光了所有的积蓄。为了省钱，"不得不为争取每一块木板，每一块砖，乃至每根钉子而奋斗"，还得亲自运木料，做木工和泥瓦工。尽管这样，这个家也已经到了山穷水尽的地步。还好在此时，费正清、费慰梅夫妇寄来一张给林徽因治病的支票，才算付清了建房欠下的债务。

梁思成1940年在昆明写给费氏夫妇的信，流露出当时他们所处的窘境：

我们奇缺各种阅读和参考书籍。如果你们能间或从二手书店为我们挑选一些过期的畅销书，老金、端升、徽因、我，还有许多朋友都将无上感激。我们迫切希望阅读一些从左向右排列的西文书籍，现在手边通通都是从上到下排列的中文古书。我发现，我在给你们写信索要图书时，徽因正在给慰梅写信索要一些旧衣服，看来我们已经实实在在地沦为乞丐了。

不仅仅是梁家陷入绝境，随着国军节节败退，更多的内地难民涌入昆明，人口激增导致昆明物价节节攀升，昔日生活富足的教授、学者们全都陷入赤贫。为了贴补家用，联大的教授到中学兼职上课，闻一多打出了刻章广告，梅贻琦校长等13名教授联名为他推荐。生物系的教授发动大家开垦荒地，住地唐家花园被他们变成了菜园，梅贻琦的夫人韩永华和另外两位有名教授的夫人一起做了点心，拿到冠生园去寄卖。教授夫人们给这种点心取名"定胜糕"，寓意抗战一定能胜利。

为了糊口，一直清高的梁氏夫妇也不得不加入这场兼职大潮，给有钱人设计私人住宅，可往往得不到应得的报酬。他们也曾不情愿地出席权贵们的宴会，避不开的时候，林徽因必做声明：思成不能酒我不能牌，两人都不能烟。

没有钱，但不能没有节。他们可以接受最好的朋友的救济，可以在最好的朋友面前"沦为乞丐"，但是，对于别人，他们始终保持着知识分子的尊严，不食嗟来之食。

竹林深处

我想象我在轻轻地独语：

十一月的小村外是怎样个去处？

是这渺茫江边淡泊的天；

是这映红了叶子疏疏隔着雾；

是乡愁，是这许多说不出的寂寞；

还是这条独自转折来去的山路？

是村子迷惘了，绕出一丝丝青烟；

是那白沙一片篁竹围着的茅屋？

是枯柴爆烈着灶火的声响，

是童子缩颈落叶林中的歌唱？

是老农随着耕牛，远远过去

还是那坡边零落在吃草的牛羊？

是什么做成这十一月的心，

十一月的灵魂又是谁的病？

写下这些诗句时，橘红色的阳光正洒在窗前。林徽因的目光循着阳光里那对靛蓝色的小鸟，它们在窗外的竹梢上唱着，跳着，享受着阳光梳理着它们轻盈的羽毛。它们有时候会跳上窗台，在这个窄窄的舞台上展示自己的身姿和舞步。

孩子们在窗外笑闹着跑动着。孩子们的快乐很简单，一朵野花、一只蝴蝶、一只田螺或是拇指大的棒棒鸟，都能让他们在甜梦中笑出声响。

林徽因多么羡慕窗外的世界，羡慕在窗台上舞蹈的小鸟，羡慕在窗外玩乐的孩子们。她也需要那么一丁点简单的微小的快乐。但现在她只能躺床上，能做的唯有看阳光在窗棂上涂抹着晨昏。

1940 年底，营造学社迁往更偏僻的四川李庄。这是一次无奈的迁徙。中央研究院历史语言研究所要搬到四川，营造学社靠史语所的资料生存，不得不跟着搬迁。用梁思成的话说，这次迁徙"真是令人沮丧，它意味着我们将要和一群有着十几年交情的朋友分离，去到一个远离大城市的全然陌生的地方。"

　　李庄位于宜宾市城区东郊长江下游 19 公里的南岸，梁思成当年称之为"谁都难以到达的可诅咒的小镇"。梁思成不能和妻子同行，因为营造学社经费严重短缺，已经无法维持运转。梁思成要找在重庆的教育部要一些补贴。他从昆明出发，先到重庆，再到李庄。

　　林徽因带着老母亲和两个孩子，坐着四面透风的敞篷卡车，走了两个星期，才从昆明到达李庄。

　　在营造学社同仁的协助下，林徽因拖家带口在李庄镇外的上坎村找到一间 L 形平砖房安顿下来。

　　战争的阴影尚未完全笼罩李庄，但另一个可怕的敌人毫不留情地扑向了这个本已摇摇欲坠的家庭，那就是林徽因的肺病。肺病在当时是一种痨病，没有能治愈的法子，只能靠静养。但整个中国都卷入抗战，一家人居无定所，颠沛流离之中何来静养？晃县那次长达半个月的高烧，侵蚀了林徽因的病体。现在，经过两个星期的颠簸，加之已是对肺病患者极为不利的严冬，旧疾再次疯狂反扑，击倒了林徽因。

　　四十几度的高烧，好几个礼拜退不下去。林徽因每天晚上躺在床上，大汗淋漓，什么也吃不下，瘦成皮包骨。何雪媛已经是个六十多岁的老太太，孩子们又太小，谁也没法子去李庄找医生。而且，李庄这个穷乡僻壤，没有西医，农民生了病只吃中药，生死在天。林徽因也跟他们一样了。她强打精神安慰着被吓坏的幼子幼女："宝宝，小弟，妈妈没有事！"

　　林徽因挣扎着给丈夫写了封信，但只说她病了，盼着他早点回来，没有提到自己病成什么样子。她知道那只会给焦头烂额的梁思成徒增负担和

烦恼。而全家人能做的，就只有焦急地等着一家之主的归来。

这边，梁思成在重庆心急如焚，但是筹不到款，妻子的病也没有办法。梁思成四处奔走，和教育部的官员们做着踢皮球的游戏。他已经下了决心，就是当了乞丐，也得多少筹一些款子回去。他身上担着妻儿老小和营造学社的生计。

直拖到 1941 年 4 月 14 日，梁思成终于赶到了李庄。一回到家，就看到病得不成人样的妻子。他的心里充满了内疚。他立即给费正清夫妇去了封信：

直到 4 月 14 日我才从重庆抵达李庄，发现徽因病得比信中告诉我的要严重许多。家徒四壁混乱不堪，徽因数月病重在床令我十分痛心……比听到文章被《国家地理》杂志拒绝还难受。不否认给他们投稿的目的是为了挣一些额外的报酬。在通货膨胀中，一些外币的确可以让人略有安全感。你们先后寄来的两张支票简直是天外礼物，如此真挚情谊，我们心存感激，无以言表。支票已被收藏起来做应急之用。

丈夫回来了，林徽因才能享受到一些病人的待遇，不用一己操持整个家了。但物质生活依然清苦。村子里无医无药，林徽因发了烧，梁思成请来史语所的医生为她诊治，无奈之下他也学会了打针。

川南的冬天来了，这意味日子将更加艰苦。营造学社的经费几近枯竭，中美庚款基金会已不再提供补贴，只靠着重庆教育部杯水车薪的资助。成员的薪水也失去了保障，亏得史语所、中央博物院筹备处的负责人傅斯年和李济伸出援手，把营造学社的五人划入他们的编制，每个人才能领到一些固定的薪水。

梁思成和林徽因两人的薪水大半都买了昂贵的药品，生活上的开支自然拮据起来。每月得了钱，必须马上去买药买米。通货膨胀如洪水猛兽，稍迟几日，钱就会化成一堆废纸。小弟有一回失手打碎了家里唯一一支体温计，就再也买不到，林徽因大半年都没办法量体温。

因为吃得少，林徽因身体越来越瘦，不成人形。在重庆领事馆工作的费正清夫妇托人捎来一点奶粉，吃油一样珍惜地用着，算是给林徽因补身子的"奢侈品"。为了改善伙食，梁思成学会了蒸馒头、煮饭、烧菜。他还去跟老乡学着腌菜，用橘子皮做果酱。

家里实在没钱可用的时候，梁思成就只得到宜宾委托商行去典当衣物。每当站在当铺高大的柜台下面，梁思成就觉得双腿发软，自己正一节一节地矮下去。留着山羊胡子的账房先生，总是用嘲弄的眼神注视着这个一脸焦急的斯文的男人，他只对他递过来的东西感兴趣，可是每一次都把价钱压得极低。梁思成拙于讨价还价，换得的钱总是不多。

衣服当完了，就只好去典当当作宝贝一样留下来的派克金笔和手表。账房先生对梁思成无比珍惜的宝物，却越来越表现得冷漠和不耐烦。一支陪伴了建筑学家 20 多年的金笔，一只在美国绮色佳购得的手表，当出的价钱只能到市场上买两条草鱼。

但梁思成从未在林徽因面前流露出抱怨和消极情绪。他拎着草鱼回家时，还开玩笑地跟妻子说："把这派克金笔清炖了吧，这块金表拿来红烧。"他轻快地、有条不紊地做着家务，甚至哼起了轻松的小曲。林徽因看着丈夫进进出出的忙碌背影，眼睛慢慢地湿了。一丝愧疚同时涌上心头。一年以前，梁思成在昆明病倒的时候，自己也是这样忙进忙出，却是满心牢骚，而不是这样快乐。

病情稍微有点好转的苗头，林徽因就闲不住了。白天她拖着瘦弱的病身上街打油买醋，晚上就在灯下给丈夫和孩子们缝补几乎不能再补的衣物。孩子们冬天也只有布鞋可穿，其他季节都是打赤脚，至多穿上草鞋。南瓜、茄子、豇豆成了全家人的主食。后来，同在李庄的傅斯年实在看不下去了，悄悄写信给教育部长朱家骅和国民政府委员长蒋介石，恳请对梁家给予救济。其理由是梁思成的父亲梁启超"于新教育及青年之爱国思想上大有影响启明之作用"；"思成之研究中国建筑，并世无匹"；林徽因"今

之女学士，才学至少在谢冰心前辈之上"。林徽因得知傅斯年出手相帮，特别写信表达感激之情："尤其是关于我的地方，一言之誉可使我疚心疾首，夙夜愁痛。"

更多的时候，林徽因以书为伴，雪莱、拜伦的诗歌支撑着她挨过无数个病痛、孤寂的白天夜晚。那些美丽的字句已经深植于她的内心：

你那百折不挠的灵魂——

天上和人间的暴风雨

怎能摧毁你的果敢和坚韧！

你给了我们有力的教训：

你是一个标记，一个征象，

标志着人的命运和力量；

和你相同，人也有神的一半，

是浊流来自圣洁的源泉。

当林徽因觉得自己的生命快要被困苦和病魔消耗殆尽的时候，她就从这些诗句中积蓄力量。就像一个在沙漠中跋涉许久的旅人，终于找到了绿洲和甘泉。

身子不那么难受的时候，林徽因就躺在小帆布床上整理资料，做读书笔记，为梁思成写作《中国建筑史》做准备。那张小小的简易帆布床周围总是堆满了书籍和资料。

林徽因只能从窗外风景的变化感受着季节的变迁。夏天来了，小屋里的气温骤然升高，闷热难当。宝宝正在放暑假，偶尔闲下来，她就教宝宝学英语——课本是一册英文版《安徒生童话》。宝宝很聪明，等暑假结束，已经能用英文流畅地背诵里面的故事了。

小弟也上了小学。虽然生活艰辛,孩子的个头倒也长起来了。一年到头，他都是光着脚，快上学了，才穿上外婆给做的一双布鞋。

生活就这样步履蹒跚地前进着。

由于营造学社的资金严重不足，对西南地区古建筑的考察已经完全停滞了。梁思成、林徽因跟大家商量着恢复营造学社停了好几年的社刊。

但是抗战时期的四川，出版刊物是极其困难的，尤其是李庄这样的偏远乡下。没有印刷设备，他们就用原始的药水、药纸书写石印。莫宗江的绘图才能此时得到了最大的发挥，他把绘制那些平面、立体、刨面的墨线图一己承担下来，描出的建筑图式甚至可以与照片乱真。抄写、绘图、石印、折页、装订，营造学社的同仁们全都自己动手。紧张的时候，家属和孩子们也来帮忙了。一期刊物漂漂亮亮地出版的时候，大家高兴得又笑又跳。

继抗战前的六期汇刊后，第七期刊物就诞生在这两间简陋的农舍里。

皇天不负有心人，在梁思成坚韧不拔的努力和朋友们的帮助下，教育部和英国庚子赔款基金给予了一些赠款，费正清夫妇也从重庆捎来了食品。梁家的生活状况稍有改善，他们有能力从当地请了一个热心的女佣人。尽管她有时会因为过于热心勤快洗坏了梁思成的衬衫，打坏了杯盘器皿。无论如何，林徽因总算能从拖累人的家务中完全解脱，接近于静养了。

窗子外面的景色变幻着，田野重新焕发出生机，几乎可以听到雨后的甘蔗林清脆的拔节声。棒棒鸟仍然是窗台上的常客，它们洞悉所有季节的秘密。阳光透过窗子，把林徽因纸上的诗句都染成了充满生命力的橘红色：

山坳子叫我立住的仅是一面黄土墙；

下午透过云霾那点子太阳！

一棵野藤绊住一角老墙头，

斜睨两根青石架起的大门，

倒在路旁无论我坐着，我又走开，

我都一样心跳；我的心前

虽然烦乱，总像绕着许多云彩，

但寂寂一湾水田，这几处荒坟，

它们永说不清谁是这一切主宰

我折一根柱枝，看下午最长的日影

要等待十一月的回答微风中吹来。

何处是归程，长亭更短亭

困顿中的一道光

困苦的生活中，最大的安慰和乐趣就是来自朋友。当时，虽然也有一批教育和研究机构迁到了李庄，比如同济大学工学院、中央研究院等，但大家留学背景不同，学科也不一样，来往并不亲密。梁家熟悉的老朋友大多都留在昆明，林徽因的身体状况是让她没办法去看他们了。但幸好老友们没忘记身处偏远一隅的他们，只要有机会就来探望。

最先来的是老金。他早就知道林徽因在李庄生病的事情，恨不能长出翅膀飞过来看望病重的老朋友。1941 年暑假，老金从昆明来到李庄。第一眼看到林徽因，老金几乎要认不出来了，她枯瘦如骷髅，面色苍白毫无血色，完全不是当年顾盼生辉光彩照人的林徽因了。两个孩子倒是长高了不少，但又黑又瘦，一看就是营养不良的样子。

老金自己也好不到哪里去。他身材消瘦，头发脱落了大半，眼睛也不好使了，像个小老头。完全不是当年那个风流倜傥、高大挺拔的老金了。

外貌被生活改变了，那份情谊依旧。老金第二天就跑到集市上买了十几只刚孵出的小鸡回来，说是要养鸡下蛋，给大人孩子改善伙食，补充营养。

西南联合大学的教授当时享有"轮休"制度，可以带薪离校休假一年。老金在林家住下来，一边饲养着他的十几只鸡，一边写作他的《知识论》。老金和他的这一群鸡，还留下了一张合影：斑驳的日光从院子里的矮树的枝叶缝隙中洒下来，白色的竹篱笆围着已经长到半大的鸡。黑的白的都有，老金拿着玉米粒之类的食物喂它们，一只黑鸡大胆地从这个消瘦的、头发已经斑白的哲学家手中啄食。旁边站着梁思成、宝宝和小弟，一个邻居家的孩子也在那里，他们饶有兴趣地看着哲学家喂鸡。

此情此景，再要纠缠于老金和林徽因那些真真假假的八卦，那些肤浅的所谓"爱"，所谓"情"，还有什么意义呢！

梁思成、林徽因和金岳霖这么多年的交往，与其说是朋友，倒不如说是亲人来得更贴切吧。他们早已心心相印，患难与共，这份情谊，没有什么能将之阻隔。

林徽因给费慰梅写信，这样描述三个人在李庄的生活：

> 思成是个慢性子，愿意一次只做一件事，最不善处理杂七杂八的家务。但杂七杂八的事却像纽约中央车站任何时候都会到达的各线火车一样冲他驶来。我也许仍是站长，但他却是车站！我也许会被碾死，他却永远不会。老金（正在这里休假）是那样一种过客，他或是来送客，或是来接人，对交通略有干扰，却总是使车站显得更有趣，使站长更高兴些。

林徽因写完，就交给梁思成和老金看，问他们有没有什么补充，于是便有了老金写下的这一段：

> 当着站长和正在打字的车站，旅客除了眼看一列列火车通过外，竟茫然不知所云，也不知所措。我曾不知多少次经过纽约中央车站，却从未见过那站长。而在这里却实实在在地见到了车站又见到了站长。要不然我很可能把他们两个搞混。

老金写完，梁思成又接着附言道：

> 现在轮到车站了：其主梁因构造不佳而严重倾斜，加以协和医院设计和施工的丑陋的钢板支架经过七年服务已经严重损耗，（注：梁思成因车祸脊椎受伤，一直穿着协和医院为他特制的钢马甲）从我下方经过的繁忙的战时交通看来已经动摇了我的基础。

一张又薄又黄的"信纸"承载着这封苦中作乐的信，不分段，字非常小，没有天头地脚，连多余的半页都被截去，只为了节省纸张和邮费。这封信让远在华盛顿的费正清夫妇笑了很久，继而是更长久的心酸。

1942年是梁家最热闹的一年，完全可以说是宾客盈门。

1942年的深秋，李庄上空萦绕着若有似无的薄雾，野花在田野里热烈地开放着，空气里飘荡着农民焚烧稻草、玉米秸秆的味道。宝宝和小弟正在家门口的田地里玩着捉迷藏的游戏，突然，小弟兴奋地喊道："妈妈，妈妈，是林耀舅舅！林耀舅舅来了！"

林耀是澳门人，是林徽因那9个飞行员弟弟中最年长也最沉稳的一个。这时候，同期的飞行员和林徽因自己的亲弟弟林恒已经相继殉国，她和梁思成这对"名誉家长"只剩下这一个"孩子"了。说起来，他们都姓林，算得上同宗，林徽因待这个年轻的飞行员就更如亲弟弟一般。

大多数时间里，林徽因只能用书信和林耀保持联系。她经常翻出林耀写的长信，反复仔细阅读，称赞弟弟是个"有思想的人"。

大约在1941年，林耀作战受了重伤，左肘被射穿，虽然骨头没有大碍，却打断了大神经。伤口愈合之后，林耀做了第二次手术，好歹把神经接上了，但从此左臂没法伸直，而且患上了严重的神经痛。医生知道他喜爱西洋古典音乐，就劝他买一部留声机（这在当时是一种昂贵的奢侈品），通过听音乐来镇静神经，同时进行各种康复训练。在疗养中，林耀用各种体育器械来"拉"自己的左臂，虽然剧痛难当，但他还是咬牙坚持了下来。最后终于恢复了手臂功能，可以出院了。

作为光荣负伤的老兵，林耀完全可以离开战斗第一线，甚至申请退役，但他却执意归队，继续作战。归队前有一个短暂的假期，他来到李庄，探望林徽因这个不是亲姐姐胜似亲姐姐的人。

在简陋的农舍中，林耀常常和林徽因、梁思成秉烛夜谈，每当谈到战争形势的严峻和胜利的渺茫，三人总是会长时间的沉默。这时候只有林耀带来的留声机还在旋转着,为他们送出不朽的《第五交响乐》《命运交响曲》,雄浑的音符一声声叩着每个人的心扉。

孩子们不懂大人的忧愁。特别是小弟,每一个飞行员"舅舅"都是他心目中的英雄,每次这些"舅舅"来家里都是两个孩子的节日。两条小尾巴跟在这些年轻的飞行员身后缠着他们讲战斗故事,做飞机模型,听他们唱起浪漫动听的苏联歌曲。

归队后不久,林耀到乌鲁木齐去接收一批苏联援助的轰炸机。回到成都,他再次来到李庄小住了几日。他把唱机和唱片都送给了梁家,这次又带来一张新的唱盘《喀秋莎》,附上了他手抄的中文歌词。小弟得到的礼物是一把蓝色皮鞘的新疆小刀。大家还吃到了甜甜的新疆哈蜜瓜干。

这部留声机是他们的宝贝,即使是在最艰苦的时候也没有当掉它。在那些日子里音乐就是他们的药品和粮食。那些音符是一群精灵,因为他们的降临,这两间陋室充满了光辉。阴冷的冬日开始大面积地退却,音乐的芬芳,在所有的空间里弥漫着一个季节的活力。

林耀刚走,令孩子们兴奋的消息又传来了:二姑姑梁思庄马上要带着表妹从北平来看他们了!

1942 年 10 月,梁思庄带着女儿从沦陷的北平燕京大学,辗转越过日军的封锁线到了李庄。梁思庄的李庄之行,是代表全家来看望梁思成的。她已经五年没有见过自己的哥哥了。乍一见,梁思庄对林徽因几乎不敢相认,她已经瘦成了一把骨头,蜡黄的脸,只有那双大眼睛还能依稀看见往日的美丽的影子。

11 月 14 日,梁家又迎来了另一个挚友费正清。费正清当时以汉学家的身份出任美国驻华大使特别助理、美国国会图书馆代表和美国学术资料服务处主任。这三个显赫的头衔能让他在重庆、四川、云南和广西自由地行动。因此,从美国抵达重庆两个月后,他便以访问中央研究院的名义来李庄看望他在中国最好的朋友梁思成夫妇。他们自 1935 年圣诞节分手以来,直到

1942 年 9 月 26 日在陪都重庆与梁思成相逢，差不多有七年时间没有见过一次面。那次相逢，他们激动地握着手足足有五分钟。

一进门，费正清就愣住了。他不敢相信自己的眼睛，这"蜗居"，简直就是原始人的穴居生活状态。这就是这两位中国第一流的学者栖身、研究的地方吗？费正清望着林徽因，心情激动难抑，几年不见，这个美丽的东方女建筑师，再也找不到当时的顾盼神飞了！

费正清终于忍不住说："我很赞赏你们的爱国热情，可在这样的地方做学问，也太难了，你们是在消耗自己的生命。要是美国人处在这样的环境下，他们要做的第一件事情，是改善自己的生活条件，而绝不是工作。西部淘金者们，面对着金子的诱惑，他们做的第一件事却是设法使自己有舞厅和咖啡馆。"

同来的陶孟和也说："还是去兰州吧，我的夫人也在那里，西北地区干爽的空气有助于治好你的病。先把病治好了，再去写你们的书。"

费正清趁热打铁劝说林徽因去美国治病，他可以提供经济上的援助。

林徽因微笑着说："你们在这儿住上几天，也许会有不同的看法。"

后来，费正清在他的《费正清对华回忆录》中，满怀深情地讲述了当年去李庄探望梁思成和林徽因时的情景：

梁家的生活仍像过去一样始终充满着错综复杂的情况，如今生活水准下降，使原来错综复杂的关系显得基本和单纯了。首先是佣人问题。由于工资太贵，大部分佣人都只得辞退，只留下一名女仆，虽然行动迟钝，但性情温和、品行端正，为不使她伤心而留了下来。这样，思成就只能在卧病于床的夫人指点下自行担当大部分煮饭烧菜的家务事。

其次是性格问题。老太太（林徽因的母亲）有她自己的生活习惯，抱怨为什么一定要离开北京；思成喜欢吃辣的，而徽因喜欢吃酸的，等等。第三是亲友问题。我刚到梁家就看到已有一位来自叙州府的空军军官，他是徽因弟弟的朋友（徽因的弟弟也是飞行员，被日军击落）。在我离开前，梁思庄（梁思成的妹妹）从北京燕京大学，经上海、汉口、湖南、桂林，中途穿越日军防线，抵达这里，她已有五年没有见到亲人了。

林徽因非常消瘦，但在我做客期间，她还是显得生气勃勃，像以前一样，凡事都由她来管，别人还没有想到的事，她都先行想到了。每次进餐，都吃得很慢；餐后我们开始聊天，趣味盎然，兴致勃勃，徽因最为健谈。傍晚五时半便点起了蜡烛，或是类似植物油灯一类的灯具，这样，八时半就上床了。没有电话，仅有一架留声机和几张贝多芬、莫扎特的音乐唱片；有热水瓶而无咖啡；有许多件毛衣但多半不合身；有床单但缺少洗涤用的肥皂；有钢笔、铅笔但没有供书写的纸张；有报纸但都是过时的。你在这里生活，其日常生活就像在墙壁上挖一个洞，拿到什么用什么，别的一无所想，结果便是过着一种听凭造化的生活。

我逗留了一个星期，其中不少时间是由于严寒而躺在床上。我为我的朋友们继续从事学术研究工作所表现出来的坚韧不拔的精神而深受感动。依我设想，如果美国人处在此种境遇，也许早就抛弃书本，另谋门道，改善生活去了。但是这个曾经接受过高度训练的中国知识界，一面接受了原始纯朴的农民生活，一面继续致力于他们的学术研究事业。学者所承担的社会职责，已根深蒂固地渗透在社会结构和对个人前途的期望中间。

如果我的朋友们打破这种观念，为了改善生活而用业余时间去做木工、泥水匠或铅管工，他们就会搞乱社会秩序，很快会丧失社会地位，即使不被人辱骂，也会成为人们非议的对象。

费正清卧床休息的时候，林徽因便拿了她在李庄写的诗给他和陶孟和来念。他们没想到，在这样恶劣的生存条件下，林徽因的诗情仍然在燃烧着。

等感冒痊愈后，梁思成和林徽因就陪着他们去散步。费正清对这个川南小村庄产生了浓厚的兴趣。林徽因对他说："中国南方的民居，最充分地

体现了中国人的人文精神，我有个设想，等身体好了，要对江南民居做一番详细的考察。"

费正清感慨地说："林，我已经明白了，你的事业在中国，你的根也在中国。你们这一代的知识分子，是一种不能移栽的植物。"

梁家的"宾客潮"从1942年延续到次年。1943年6月，英国驻重庆大使馆战时科学参赞李约瑟来李庄访问。这位生物化学家个性严肃，不苟言笑。到了李庄之后，招待他的知识分子相互打赌，看李约瑟能不能在李庄笑一笑。这个"不可能的任务"被梁思成林徽因夫妇给"征服"了。

这件事是在林徽因写给费正清夫妇的信中透露的：

李约瑟教授来过这里，受过煎鸭子的款待，已经离开……这位著名的教授在梁先生和梁夫人（她在床上坐起来）的陪同下谈话时终于笑出了声。他说他很高兴，梁夫人说英语还带有爱尔兰口音。我以前真不知道英国人这么喜欢爱尔兰人。后来他在访问的最后一天下午，在国立博物馆的院子里，当茶和小饼干端上来的时候，据说李教授甚至显得很活泼。

悲喜交加

抗日战争已经打了八年了，多灾多难的中国人，被无处不在的战火拖得奄奄一息。林徽因的病情在一天天恶化。膀胱部位时不时传来一阵阵剧痛。林徽因感到从未有过的恐慌，或者说绝望。

太久了，以致胜利的消息传来时，大家一瞬间还反应不过来。也是，这消息确实来得颇为突然。

1945年8月14号晚上大约8点钟，重庆正显示着它火炉的威名，连晚风吹来的都是热气。梁思成、费慰梅还有两个年轻的中国作家，一起吃了晚饭，就在美国大使馆门前乘凉。

梁思成现在的头衔是中国战地文物保护委员会的副主席。他需要负责编制一套沦陷区重要的文物建筑目录，并在军用地图上标注出他们的具体位置，以防止这些建筑在战略反攻中被毁坏。

费慰梅则是作为美国大使馆的文化专员在这年夏季来到中国的。老朋友相见，分外激动。他们怎么也想不到，会一起见证这个历史性的时刻。

梁思成正在跟费慰梅讲着多年前泰戈尔访问北京的事，忽然间，四周骤然安静下来。这不寻常的寂静让人摸不着头脑，大家面面相觑，仔细地听着动静。警报声从远处传来，经久不息，江上的汽笛也跟着长鸣。人们一开始是压抑地喊喊喳喳，接着有人在大街上飞跑，再接着就是"胜利了！胜利了！"的欣喜若狂的欢呼。轰然炸响的鞭炮声中，全城的人都跑到了大街上。

梁思成和费慰梅也来到大街上，到处是欢笑的市民，到处是挥舞的旗帜和 V 型手势。吉普车、大卡车和客车满载着欢庆的人群自发组成车队，陌生的人们在车上彼此握手拥抱庆祝这来之不易的胜利。

夜已经深了，中央研究院招待所却灯火通明。梁思成和学者们聚在一起高兴地笑啊说啊，还开了一瓶存了许久的白酒。梁思成在这非凡的热闹中忽然感到怅然若失。苦苦盼了 8 年，熬了 8 年，等了 8 年，可是当胜利的时刻到来，自己却没有陪在妻儿身边。

费慰梅看穿了梁思成的心思。在她的努力下，梁思成和她坐上了一架由美国飞行员驾驶的 C — 47 运输机飞到宜宾。从那里去李庄就近多了。

在李庄的陋室，费慰梅和病床上的林徽因相拥而泣。她们分别已经有十个年头了。

第二天，林徽因下了床。尽管病得厉害，但她还是想用自己的方式庆祝。她和费慰梅坐着轿子到茶馆去，以茶代酒庆祝中国的胜利。这是她四年以来第一次离开她的居室。梁思成兴致勃勃地拿了家里仅有的一点钱，买了肉和酒，还请了莫宗江一起相庆。林徽因也开了酒戒，痛快地饮了几杯。

费慰梅给林徽因留下了治疗肺病的药品，然后离开了李庄，与林徽因相约在重庆再见面。

随着抗战的胜利，林徽因心头的阴霾也一扫而空。在李庄晴天是稀罕物，赶上的话，林徽因一定不会放过。这年宝宝梁再冰已经是个 16 岁的花季少女，她陪伴着体弱的妈妈，一起到李庄镇上，在小面馆吃面，去茶铺喝茶，还去看了梁再冰的同学的排球赛。有一天阳光特别好，林徽因兴致来了，穿上以前在北平穿的漂亮衣服，到女儿的校园里散步，竟引起一阵小小的轰动。

孩子们看到将要随父母回到阔别多年的北平了，也雀跃无比。

然而，林徽因看到和听到的消息，让不安在她的心中一点点扩散开来。虽然日本已经宣布投降，可是歌乐山上空仍然战云密布。蒋介石调兵遣将，准备打内战了。

1946 年 1 月，她从重庆写信给费慰梅说：

正因为中国是我的祖国，长期以来我看到它遭受这样那样的罹难，心如刀割。我也在同它一道受难。这些年来，我忍受了深重苦难。一个人毕生经历了一场接一场的革命，一点也不轻松。正因为如此，每当我察觉有人把涉及千百万人生死存亡的事等闲视之时，就无论如何也不能饶恕他……我作为一个"战争中受伤的人"，行动不能自如，心情有时很躁。我卧床等了四年，一心盼着这个"胜利日"。接下去是什么样，我可没去想。

我不敢多想。如今，胜利果然到来了，却又要打内战，一场旷日持久的消耗战。我很可能活不到和平的那一天了（也可以说，我依稀间一直在盼着它的到来）。我在疾病的折磨中，就这么焦灼烦躁地死去，真是太惨了。

在这同时，还有另一桩心事困扰着林徽因。营造学社经费来源完全中断，已经无法继续维持，刘敦桢和陈明达先后离去，留下的也是人心涣散。

梁思成觉得，中国古建筑的研究，经过营造学社数年的努力，已经基本理清了各个历史时期的体系沿革，战后最需要的是培养建设人才。

一家人准备先到重庆去。虽然早早收拾好了行李，但雨一直不停，没有船。林徽因写信给费慰梅抱怨"显然你从美国来到中国要比我们从这里去到重庆容易得多"。

终于等到船了，梁思成带着衰弱的妻子踏上了重庆的土地。

林徽因五年来头一次离开李庄。她身体不行，在重庆的大部分时间都待在中研院招待所里。费慰梅一有时间就开着吉普车带林徽因去城里玩，有时去郊外接在南开中学读书的小弟，有时到美国大使馆的餐厅一起进餐，有时到费氏夫妇刚刚安顿下来的家里小聚。在重庆，费慰梅请了美国著名的胸外科专家里奥·埃罗塞尔博士为林徽因检查病情。当她身体略好的时候，费慰梅还带他们全家去看戏看电影。林徽因和小弟还参加了马歇尔将军在重庆美新处总部举行的一次招待会，在那里见到了共产党高级领导人周恩来和"基督将军"冯玉祥等名人。

后来，他们又找了一家医疗条件较好的教会医院检查。梁思成说："咱们一定得把身体全面检查一下，回去路上心里也踏实。"

X光透视之后，医生把梁思成叫到治疗室，告诉他："现在来太晚了，林女士肺部都已空洞，一个肾也已感染。这里已经没有办法了。她最多还能活五年。"

梁思成顿时如五雷轰顶，一下子瘫倒在椅子上。他不能接受这个宣判。最艰难的日子已经过去了，至爱之人难道只能与自己共苦，却不能与自己同甘？

林徽因却很坦然，她对丈夫说："我现在已经感觉好多了。等回了北平，很快就能恢复过来的。"她拉起还在呆呆地望着自己的梁思成的手，轻声说："思成，咱们回家吧。"

重返春城

人在病中，就格外容易想家。可是家在哪里呢？北平，是林徽因魂牵梦绕的故都。奈何山河破碎今何在，她现在还不能回去。就是李庄，那个偏僻的小山村，竟也回不去了。因为长江航运局正在清理河道，重庆到李庄的船全都停运了。

梁家在昆明的老朋友知道了情况，邀请他们去昆明住一段时间。老金在张奚若家附近找了一处房子，是军阀唐继尧后山上的祖居。那祖居的窗户很大，有一个豪华的大花园，几棵参天的桉树，婆娑的枝条随风摇曳，散发着阵阵芳香。

林徽因一到昆明就病倒了，但是与朋友相聚的喜悦压倒了一切。长期的分离之后，张奚若、老金和钱端升夫妇这一群老友又围绕在她身边，床边总是缭绕着没完没了的话题。他们用了十多天，才把各自在昆明和李庄的点点滴滴，包括所有琐事弄清楚。他们谈着每个人的情感状况、学术近况，也谈论国家情势、家庭经济，还有战争中沉浮的人物和团体，彼此都有劫后余生之感。林徽因体验到了缺少旅行工具的唐宋诗人们在遭贬谪的路上，突然和朋友不期而遇的那种极致的喜悦。

林徽因给费慰梅写信说：

……我们都老了，都有过贫病交加的经历，忍受了漫长的战争和音讯的隔绝，现在又面对着伟大的民族奋起和艰难的未来。此外，我们是在远隔故土，在一个因形势所迫而不得不住下来的地方相聚的。渴望回到我们曾度过一生中最快乐的时光的地方，就如同唐朝人思念长安，宋朝人思念汴京一样。我们遍体鳞伤，经过惨痛的煎熬，使我们身上出现了或好或坏或别的什么新品质。我们不仅体验了生活，也受到了艰辛生活的考验。我们的身体受到了严重损伤，但我们的信念如故。现在我们深信，生活中的苦与乐其实是一回事。

春城气候宜人，但海拔高度对林徽因的呼吸和脉搏有不良影响。但她周围总是有老朋友陪伴，有聊不完的话题，看不完的书，还有女仆和老金热心周到的照料，令她心中感到十分惬意。

云南的彩云很是奇特，并非是那多变的模样，也不在于洁净的气质，而在于它即使远在天边却仿若触手可及一般。特别是夜晚来临，月亮挂在树梢，彩云依依地追着月亮。林徽因就是在那时相信云南的彩云是有生命的，那是多情的姑娘的精魂的化身。

有时候好好的天也会下雨。但是不是李庄那种混合着煤矿的酸雨。昆明的雨不染纤尘，雨中是繁花和青草的气息，也有泥土发酵的气味。昆明的雨也像林徽因的脾气，来得快去得也快，不像李庄那样慢吞吞地拖啊拖啊烦死人。

林徽因给费慰梅讲述了住在唐继尧"梦幻别墅"的感受：

> 一切最美好的东西都到花园周围来值班，那明亮的蓝天，峭壁下和小山外的一切……
>
> 房间这么宽敞，窗户这么大，它具有戈登·克莱格早期舞会设计的效果。就是下午的阳光也好像按照他的指令以一种梦幻般的方式射进窗户里来，由外面摇曳的桉树枝条把缓缓移动的影子泼到天花板上来。
>
> 不管是晴天或者下雨，昆明永远是那样的美丽，天黑下来时我房间里的气氛之浪漫简直无法形容——当一个人独处在静静的大花园中的寂寞房子里时，忽然天空和大地一齐都黑了下来。这是一个人一辈子都忘不了的。

这时候西南联大已经北返，老朋友们都归心似箭，中国营造学社的历史使命也已完成。再加上梁思成受聘清华大学建筑系主任等缘故，1946年夏，梁家和西南联大的教授们一起，乘包机顺利从重庆返回北平。

故都惊梦

九年了，日日夜夜走进梦中的北平，会用什么样的姿势拥抱病弱的林徽因？

她在心中无数次勾勒过的北平的形象，却变得扑朔迷离。铺天盖地的太阳旗已经不复踪影，取而代之的是酒幌似的青天白日旗，如经幡一般在每家每户的门上招摇着。林徽因茫然不知所措，拽住路过的行人一打听，原来今天是教师节。北平政府正准备举行八年来的祭孔大典。

前三门大街上，一辆辆十轮卡车吼叫着驶过。炮衣下裸露出的粗大的炮管泛着金属特有的冷冷的光，看得人本能地畏惧。士兵们坐在炮车上，趾高气昂地向街上的人们打着口哨。

林徽因领着孩子站在"信增斋修表店"的屋檐下，这纷乱的街景让她迷惑了。大成至圣先师重新被邀请到这座故都，虽然没有异族的刺刀对准他的胸膛，但这满街的炮车，不知该让他怎样"发乎情，止乎礼"。她有预感，这暗涌马上就要演变成一场海啸。

北返后的清华大学有了自己的建筑系，梁思成是第一任系主任。1946年夏季，林徽因一家搬进了清华园新林院 8 号，这是清华的教授楼，环境优雅，住宅也十分宽敞。

匆匆组建的建筑系刚刚安顿下来，梁思成很快又要赴美考察战后的美国建筑教育。同时应耶鲁大学的聘请讲学一年，教授《中国艺术史》。

战后的北平经济萧条，物价飞涨，工商业纷纷倒闭，国统区的钞票像长了翅膀似的。他们回来只几个月，北平的大米由法币 900 元一斤猛涨到 2600 元一斤。清华的学生食堂前常常挤满了出售衣物的学生，旁边铺着旧报纸，上书"卖尽身边物，暂充腹中饥"。

饥饿的阴影笼罩了北平，也笼罩了清华园。清华园的民主墙上写满了反饥饿的标语："内战声高，公费日少，今日丝糕，明日啃草。""饿死事大，读书事小。""向炮口要饭吃！"

上海、南京等地也开始了抢救教育危机的运动，反饥饿反内战的浪潮由南向北，汹涌澎湃。清华开始罢课，高音喇叭播送着学生的罢课宣言："今天饥饿迫使我们不能沉默。今天为了千千万万在死亡边缘挣扎的人民，为了在内战炮火下忍受饥饿的全国同胞，我们不得不放下了我们的书本。……一切根源在于内战。内战不停，则饥饿将永远追随人民。"

梁家的日子越来越不好过了。

一家人颠沛流离，9年之后回到故土，已是两手空空。贫困和饥饿仿佛认准了他们，跟着回来了。林徽因的病也越来越厉害。

好日子真的是遥遥无期。

梁思成临出发去美国前，交代系里的年轻教师，有事情可以找林徽因商量。于是，开办新系的许多工作暂时就落在了她这个没有任何名分的病人身上。

建筑系刚成立，图书馆的资料不多，林徽因就把家中藏书推荐给年轻教师，任他们挑选借阅。除此之外，林徽因也同青年教师们建立了亲密的同事情谊，热心地毫无保留地与他们交流和探讨学术思想。她还结交了复员后清华、北大的文学和外语专业的教师，大家畅谈文学和艺术，各抒己见，好不热闹。

当时更有一些年轻学子慕名而来求教于林徽因，其中就包括后来成为梁思成第二任夫人的林洙。当时校方为了让林徽因能清静地养病，在她的住宅外面竖了一块一人高的木牌，上面写着：这里有位病人，遵医嘱需要静养，过往行人请勿喧哗。来访的学生们，都以为自己将看到一个精神萎靡的中年女子怏怏地靠在床上待客，没想到这位林先生虽然身体瘦弱，却神采飞扬。她滔滔不绝地谈论着文学、艺术、建筑，融会贯通，妙语连珠。谈到兴奋处，林徽因自己都忘了，她是个被医生判了死刑的重病人。

只是当难熬的夜晚来临，林徽因在床上辗转反侧，整夜咳嗽着不得安宁，半夜里一次次吃药、喝水、咳痰……这一切都只能孤身承受，没有人能帮上她一点忙。她在孤单和绝望中凝视着窗外的黑夜，那么深那么长的夜，不知道何时才是个头？！往往也是这样，白天的林徽因就显得越兴奋，好像是在攫取某种精神上的补偿。

这年夏天，梁思成回到北平。一年来，他在耶鲁大学讲学，同时作为中国建筑师代表，参加了设计联合国大厦建筑师顾问团的工作。在那里，他结识了许多现代建筑权威人物，如勒·柯布西埃、尼迈亚等。他还考察了近二十年的新建筑，同时访问了国际闻名的建筑大师莱特·格罗皮乌斯、沙理能等。

他在美国与老朋友费正清、费慰梅夫妇见了面，并将在李庄时用英文写成的《中国建筑史图录》，委托费慰梅代理出版，后因印刷成本高，而没有找到出版人。1948年，一位英国留学生为写毕业论文，将书稿带到马来西亚。直到1979年，这份稿子才辗转找回，并经费慰梅奔波，1984年在美国出版，获得极高的评价。

梁思成是接到林徽因重病的消息提前回国的。林徽因的肺病已到晚期，结核转移到肾脏，需要做一次手术，由于天气和低烧，也需要静养，做好手术前的准备。

梁思成又恢复了他"护士"的角色。尽管回国后工作很忙，但他还是抽出尽可能多的时间照料妻子。住宅里没有暖气，室内温度高低关系到林徽因的健康和术后恢复。梁思成就在家里生了三个半人高的大炉子，这些炉子不好伺候，收拾不好就"罢工"。添煤、清除煤渣，这些烦琐细致的活儿，梁思成全都亲力亲为，怕佣人做不好误了事。他遵医嘱每天给林徽因搭配营养餐，为她肌肉注射和静脉注射，为她读英文报刊。每次去学校上班前，他总是在林徽因身边和背后放上大大小小各种靠垫，让她在床上躺得舒服一点。

秋凉以后，林徽因身体状况略有改善，她被安排在西四牌楼的中央医院住院。这个白色世界好像有禁锢生命能量的威力似的，没有流动，没有亢奋，只有白得刺目的安静煎熬着灵魂。

《恶劣的心绪》就是她在这个时期写下的：

我病中，这样缠住忧虑和烦忧，

好像西北冷风，从沙漠荒原吹起，

逐步吹入黄昏街头巷尾的垃圾堆；

在霉腐的琐屑里寻讨安慰，

自己在万物消耗以后的残骸中惊骇，

又一点一点给别人扬起可怕的尘埃！

吹散记忆正如陈旧的报纸飘在各处彷徨，

破碎支离的记录只颠倒提示过去的骚乱。

多余的理性还像一只饥饿的野狗

那样追着空罐同肉骨，自己寂寞地追着

咬嚼人类的感伤；生活是什么都还说不上来，

摆在眼前的已是这许多渣滓！

我希望：风停了；今晚情绪能像一场小雪，

沉默的白色轻轻降落地上；

雪花每片对自己和他人都带一星耐性的仁慈，

一层一层把恶劣残破和痛苦的一起掩藏；

在美丽明早的晨光下，焦心暂不必再有，——

绝望要来时，索性是雪后残酷的寒流！

这种恶劣的心绪时时刻刻缠绕着她。她隐隐觉得，生命就要走到尽头了。这时她才感到了命运的强悍，似乎是她早已期待过这样的结局了。生命是一个圆，从一点出发，终要回到那个点上，谁都无法违抗这种引力。

通货膨胀还在持续着，市场上蔬菜几近绝迹，偶尔有几个土豆挑子，立刻就被抢购一空。梁思成开着车跑到百里外的郊县，转了半天，才能买回一只鸡。

10 月 4 日，林徽因给在美国的费慰梅写信说：

我还是告诉你们我为什么来住院吧。别紧张。我是来这里做一次大修。只是把各处零件补一补，用我们建筑业的行话来说，就是堵住几处屋漏或者安上几扇纱窗。昨天傍晚，一大队实习医生、年轻的住在院里，过来和我一起检查了我的病历，就像检阅两次大战的历史似的。我们起草了各种计划（就像费正清时常做的那样），并就我的眼睛、牙齿、双肺、双肾、食谱、娱乐或哲学，建立了各种小组。事无巨细，包罗无遗，所以就得出了和所有关于当今世界形势的重大会议一样多的结论。同时，检查哪些部位以及什么部位有问题的大量工作已经开始，一切现代技术手段都要用上。如果结核现在还不合作，它早晚是应该合作的。这就是事物的本来逻辑。

12 月手术前的一天，胡适之、张奚若、刘敦桢、杨振声、沈从文、陈梦家、莫宗江、陈明达等许多朋友来医院看她，说了些鼓励和宽慰的话。

为了以防万一，林徽因给费慰梅写了诀别信：再见，我最亲爱的慰梅。要是你忽然间降临，送给我一束鲜花，还带来一大套废话和欢笑该有多好。

她对梁思成绽出一个安静的笑颜，然后被推进了手术室。

她躺在无影灯下，却看到命运被拖长的影子。她渐渐感觉到，自己在向一个遥远的、陌生的地方走去，沿着一条隧道进入洞穴，四周是盘古初开一样的混沌。

不知过了多久，她隐隐听到了金属器皿的碰撞声。

新生与弥留

1948 年，反饥饿、反内战的浪潮方兴未艾。11 月 6 日，清华开始总罢课，全校师生频频举行演讲会，第一次喊出"只有反抗，才能生存"的口号。与此同时，北平政府对学生的镇压也随之开始了。北平政府发出逮捕进步学生的通令之后，清华园被反动军警和"棍儿兵"包围了数日，特务们还在西校门外的围墙上写上"消灭知识潜匪"的反动标语。校园被围之日，清华园内菜粮来源断绝，学生和住在园内的教授们只能靠一点咸菜和辣椒度日。

生命的奇迹又一次回到林徽因身上。肾脏切除手术很顺利，虽然由于体弱，刀口愈合很慢，但在梁思成的精心照料下也慢慢复原了。有一天半夜，几个脸上涂着油彩，身穿黑衣的人带着几个"棍儿兵"闯进梁家，怦怦地砸着门，嚷着"抓学匪！抓共产党！"林徽因气愤难当，从床上跳下来，大声斥骂着，把他们赶了出去。

梁思成和林徽因都感到蒋家王朝气数已尽，中国就快要有一场翻天覆地的变革了。

远处不时有炮声传来，人民解放军兵临城下。北平外围的国民党飞机经常来清华园骚扰。梁思成为北平的古建筑担忧着。他想起"历代宫室五百年一变"的说法，看样子北平在劫难逃。有一天梁思成开会回来，在路上就遇到了飞机轰炸，炸弹落在梁思成身前不远的小桥边，一声巨响，弹片从耳边呼啸而过，竟毫发未伤。回家后梁思成讲及这番历险，一家人都吓出一身冷汗。宝宝却说："还是爹爹命大，全国那么多寺庙，成千上万的菩萨保佑着你呢！"

有天晚上，张奚若领着两位身穿灰色军装，头戴皮帽子的军人来到梁家。张奚若介绍说："这二位是解放军十三兵团政治部联络处负责人，他们

有件事情想请你帮忙。"

两位军人给梁思成和林徽因敬了军礼说："梁先生、林先生，我们早闻二位先生是国内著名的古建筑学家，现在我们部队正为攻占北平做准备，万一与傅作义将军和平谈判不成，只好被迫攻城，兵团首长说要尽可能保护古建筑，请二位先在这张地图上给我们标出重要古建筑，划出禁止炮击的地区，以便攻城时炮火避开。"

两人愕然片刻，随即紧紧握住军人的手，一个劲地说："谢谢你们！谢谢你们！"

当晚，梁思成和林徽因悬着的心终于放下了，在炮火声中睡得特别踏实。

1949年1月22日，傅作义宣布起义，北平和平解放。4月21日，全国解放的命令下达，中国大地上摆开了人类战争史上最大的战场。解放军的代表再次来到清华园，听取梁思成和林徽因的建议。梁思成立即召集建筑系部分教师和学生，夜以继日地赶工，在一个月的时间手工完成了厚厚一本《全国重要文物建筑简目》，供人民解放军作战及接管保护文物之用。

光的道路，从历史的一端铺展过来。

林徽因的生命也出现了前所未有的奇迹，在同死神的角力中，她又一次成了胜者。1949年，她在新政权接管的清华大学被聘为一级教授，主讲《中国建筑史》课程，并为研究生开设《住宅概论》的专业课。林徽因再次沉浸在工作中，像以前那样，拖着病体陀螺一样忙碌着。值得庆幸的是，困扰她多年的家务事像秋后蚂蚱一样越来越少了。再冰参加了解放军南下工作团，从诚考上了北京大学历史系。买菜、烧饭、洗洗涮涮这些烦琐的家务事终于不再困扰她了。

1949年7月10日，中华人民共和国成立前夕，《人民日报》等各大报刊刊登了公开征求国旗、国徽图案和国歌词谱的启示，征稿截止日期为8月15日。梁思成和林徽因领导了清华大学国徽设计组的工作，同时，梁思成还担任了国旗、国徽评选委员会顾问。

自从接受了国徽设计的任务，林徽因的生活就像拧满了发条的钟，每一天都以分钟计。忙碌了两个多月，清华送审的第一稿却没有通过，原因是这个方案体现"政权特征"不足。

梁思成回来，传达了国徽审查小组要求在国徽图案中有天安门图像的意见。林徽因认为这是一个很好的构想，立刻派朱畅中去画天安门的透视图。营造学社藏有测绘天安门建筑的图纸，有百分之一比例和二百分之一比例的天安门立面、平面、剖面图。当时在北京，其他单位要找这样的图纸是不可能的，幸亏营造学社保留了这么完整的资料。

一张又一张图纸，一场又一场讨论，一次又一次修改，大家的设计思想越来越明确了。林徽因始终主张，国徽应该放弃多色彩的图案结构，采用中国人民千百年来传统喜爱的金红两色，这是中国自古以来象征吉庆的颜色，用之于国徽的基本色，不仅富丽堂皇，而且醒目大方，具有鲜明的民族特色。

林徽因和梁思成一连数日通宵达旦地工作着。再冰从南方回来探家，一进门大吃一惊，家里成了一个国徽的作坊，满地堆的都是资料和图纸，还有各个国家的国徽，小组每一次讨论的草图，几乎没有下脚的地方。

平日病得爬不起来的林徽因，完全顾不得自己的身体了。她靠在枕头上，在床上的小几上画图。累得实在支持不住了，就躺下去喘口气，起来再接着画。

三个多月的日夜奋战，最后的图案终于出来了：图案外圈环以稻麦穗，下端用红绶带绾接在齿轮上，国徽中央部分和下方是金色浮雕的天安门立面图，上方绘有金色浮雕的五星，衬在红色的底子上，如同天空中飘展的五星红旗。整个图案左右对衬，庄严肃穆。

迎接最终评选的那天，大家兴奋中带着不安。梁思成和林徽因都病倒了，于是便让兼任秘书工作的朱畅中去参加评选会议。林徽因一遍遍叮嘱着："畅中，我等候你的消息，评选结束了，多晚也要赶回来。"

评选会议在中南海怀仁堂举行。会议厅的中间墙上，左边挂着清华的设计方案，右边是中央美院的设计方案。美院设计的天安门的图像是一幅彩色的风景画，天安门形象一头大、一头小、一头高、一头低，有强烈的透视感，华表只画一个，立在一侧，碧蓝的天空，金色的琉瓦，红柱红墙，加上金桥的白石栏杆和白石华表，铺地的大石块依稀可见，石缝里还画着青草。

参加评审的委员们，在两个国徽之间穿梭着，热烈地争论着。朱畅中心里没底了，脸上浸出了热汗。

正在这时，周恩来总理来了。

周总理跟大家打了招呼，就站到两个图案前仔细审视着。过了一会儿，他让大家发表意见。田汉说："我认为中央美院的方案好，透视感强，色彩比较明朗。"

他的看法得到了许多评委的赞同。

坐在后排的朱畅中心脏都不会跳了。

张奚若站起来说："我认为清华的方案好，有民族特色，既富丽，又大方，布局严谨，构图庄重，完全符合政协征求图案的三条要求。"

周总理注意到坐在右边沙发上的李四光，就问："李先生，你看怎样？"

李四光沉吟片刻，指了指清华的设计方案说："我看这个有气魄，有中国特色。"

周总理再次仔细端详了两个图案，然后再次让大家发表意见，多数委员赞成清华的方案。

周总理说："那么好吧，我也投清华一票。"

朱畅中又听到胸腔里传来咚咚咚的心跳声。他真想飞跑出去，给林徽因打电话。

周总理问："清华的梁先生来了没有？"

张奚若说："梁先生和林夫人都病倒了，清华小组的秘书来了。"又叫朱畅中，"小朱到前头来。"

周总理把朱畅中叫到清华的图案前指点着问："这是什么？"

朱畅中回答："这是稻穗。"

"能不能向上挺拔一些？"周总理比划着。朱畅中回答："稻穗下垂是表示丰收，向上挺拔，可以改进。"

周总理说："稻穗向上挺拔，可以表现时代的精神风貌嘛，从造型上也更为美观。1942年冬天，宋庆龄同志在她的寓所，为欢送董必武同志返回延安举行的茶话会上，桌上就摆着重庆近郊农民送来的两串稻穗，被炉火映得金光灿灿，当时有人赞美这稻穗像金子一样。宋庆龄说：'它比金子还宝贵，中国人口百分之八十都是农民，如果年年五谷丰登，人民便可以丰衣足食了。'当时我就说，等到全国解放，我们要把稻穗画到国徽上去。"

评选结束已是深夜，朱畅中没吃夜宵就急着赶回了清华。

清华国徽设计组用了两三天就完成了修改任务，重新画了大幅国徽图案，在图纸上首，林徽因用红纸剪了"国徽"两个字，图的下方写了"国徽图案说明"：国徽的内容为国旗、天安门、齿轮和麦稻穗，象征中国人民自"五四"运动、新民主主义革命斗争和工人阶级领导的以工农联盟为基础的人民民主专政的新中国的诞生。

1950年6月23日，仍然是中南海怀仁堂。全国政协第一届第二次会议在这里召开。林徽因被特邀出席会议。在今天这个会议上，新政权要正式确定中华人民共和国国徽。在毛泽东的提议下，全体代表起立，以鼓掌的方式通过了由梁思成、林徽因主持设计的国徽图案。

当掌声在大厅里潮水般回荡的时候，林徽因已经是热泪盈眶。一个视艺术为生命的人，还有什么比凝聚着自己心血的作品成为国家形象的代表更令人激动呢？幸福的眩晕感淹没了林徽因。

她病弱的身体，甚至无法从座位上站立起来答谢了。

这一年，林徽因被任命为北京市都市计划委员会委员兼工程师。

新中国成立后的第二个国庆日，梁思成、莫宗江搀着林徽因来到天安门金水桥头。仰望着天安门城楼上悬挂的国徽，林徽因的泪水模糊了双眼。

人民英雄纪念碑从 1949 年 9 月 30 日破土奠基，到 1956 年 7 月建成，用了 7 年的时间。林徽因生前没能看到纪念碑落成，但她生命的最后几年一直与这项工作紧密相连。

1952 年，梁思成和雕塑家刘开渠主持纪念碑设计；参加设计工作的林徽因，被任命为人民英雄纪念碑建筑委员会委员。此时她已经病得不能下床了，在起居室兼书房里，她安放了两张绘图桌，与她的病室只有一门之隔。

当年夏天，郑振铎主持召开会议，决定碑身采用梁思成的设计方案，对碑顶暂作保留；因为有人坚持要在碑顶上放置英雄群像雕塑，梁思成坚决不同意。11 月，北京市人民政府开会，最后决定，碑顶采用梁思成的构想，建成我们现在看到的"建筑顶"。同时放弃碑顶雕塑，因为在高达 40 米的碑上放置群塑，无论远近都看不清，而且主题混淆，相互冲突。

林徽因主要承担的则是纪念碑须弥座装饰浮雕的设计，从总平面规划到装饰图案纹样，她一张一张认真推敲，反复研究。每绘一个图样，都要逐级放大，从小比例尺全图直到大样，并在每个图上绘出人形，保证正确的尺度。在风格上，则主张以唐代风格为蓝本进行设计。

林徽因对世界各地的花草图案进行反复对照研究，描绘出成千上百种花卉图案。枕头边上，床头桌上，书桌前，沙发上到处都是一叠叠图纸。梁思成把林徽因废弃在一边的大堆图纸收集起来。他知道林徽因性子急，哪天嫌这些图稿碍事，就会让女佣给烧了。梁思成认定这些画稿是有价值的，他找来一个纸箱，在林徽因废弃的画稿中挑了一些装进箱子保存起来。

在成百上千种图案中，林徽因和梁思成最终选定了以橄榄枝为主题的花环图案。

在选用装饰花环的花卉品种上，他们很伤了一段时间脑筋。最初选用了木棉花，经咨询花卉专家，得知木棉并非中国原产，随后放弃这一构想。最后，他们选定了牡丹、荷花和菊花三种，象征高贵、纯洁和坚韧的品格精神。

须弥座正面设计为一主两从三个花环，侧面为一只花环。同基座的浮雕相互照应，运用中国传统的纪念性符号，如同一组上行的音阶，把英雄的乐章推向高潮。

林徽因和梁思成是海王村古文化市场的常客。早在20世纪二三十年代就经常同张奚若、徐志摩、沈从文等一班朋友到这里光顾。这一天，她又由梁思成陪着来到了海王村。她被一个小小的古玩摊上一只景泰蓝花瓶吸引了。这只花瓶几乎同她小时候在上海爷爷家看到的那只一模一样，她拿在手里仔细观赏着。

摊主见林徽因很喜欢这只花瓶，便说："二位先生还是有眼力的，这是正宗老天利的景泰蓝，别处你见不到了。就是老天利这家大字号，也撑不住，快关张了，北京的景泰蓝热闹了几百年，到这会儿算绝根儿了。"

林徽因买下花瓶后，摊主还跟他们说，北京景泰蓝以老天利和中兴二厂为最大，都是清康熙的老厂，现在已经办不下去了。致于德兴成、天瑞堂、全兴城那几家小厂，就更加难以为继。

林徽因为景泰蓝的命运担忧起来。

1952年，北京将召开亚太地区和平会议，筹备组决定要给每位代表送上一份既有鲜明的中国特色，又精致典雅的礼物。礼品分成四类，第一类是丝织品，第二类是手工艺品，第三类是精印的画册，第四类是文学名著。筹备组将第一和第二类礼物交给林徽因负责。

林徽因和梁思成商议，在清华建筑系成立一个美术组，她想借这次制作和平礼物的机会，抢救景泰蓝这一濒临灭绝的中国独有的手工艺品。景泰蓝是国宝，绝不能让它在中国失传。

美术小组除了营造学社多年的伙伴莫宗江，还有两个年轻的女学生常莎娜和钱美华。林徽因和他们跑了一整天，才找到几间不起眼的小作坊，都是一副凄凉破败的惨象，三五个老师傅，几副小炉灶，产量很低，产品也销不出去。他们为了搞清景泰蓝的生产工艺，整天泡在作坊里看工人们的操作过程。林徽因看着那些灰不溜秋的坯胎变成炫丽的艺术品，感到又神奇又惊讶。

但很快林徽因就感到不满足了。北京的几家景泰蓝厂早就处在倒闭边缘，新老艺人青黄不接，几百年来一直是作坊式的操作，图案单调，尽是些牡丹、荷花、如意之类。林徽因认为想要让景泰蓝起死回生，必须要全面更新设计。她发动大家为景泰蓝设计新的图案，每人画若干幅。林徽因已经不能自己动笔，她的创作构想就由莫宗江完成。

景泰蓝厂的老师傅看林徽因病成这样子，不忍心让她一趟趟地往厂里跑，他们就主动到梁家切磋。这样，一批又一批新品试制出来了。美术小组设计的祥云火珠简洁明快，敦煌飞天的形象浪漫动人。

林徽因像虔诚的教徒一般，对这项工作投入了全部的心力和热情。看着她工作时那双神采奕奕的眼睛，谁也不会相信这是个身患重疾，非常清楚自己将不久于人世的人。

和平礼物被送到了亚太各国代表的手中。这些富有民族特色的礼物令他们赞不绝口。苏联著名芭蕾舞蹈家乌兰诺娃得到了飞天图案的景泰蓝，这位"天鹅公主"欣喜不已："这是代表新中国的新礼物，太美了！"

1953 年第二届文代会召开，林徽因由于拯救景泰蓝艺术的成果被邀请参加。开会那天，萧乾坐在会场后面的位子，林徽因远远地冲他招手，萧乾走过去坐在她旁边，还像以前一样轻声说："林小姐，您也来了！"

林徽因笑道："还小姐哪，都成老太婆了！"

林徽因已经 49 岁了。最好的年华，就在与肺病的拉锯中被一点点消磨光了。她瘦得令人不忍目睹，只有那双沉淀着智慧的眼睛，诉说着"太太客厅"

的林小姐的热情和对这个世界的虔诚的留恋。

她的生命，只剩下最后短暂的两年了。

山雨欲来

1953年完成景泰蓝抢救工作之后，林徽因的身子彻底垮了下来。她生命的热能仿佛彻底耗尽了。每到寒冬，她的病情就愈加严重，药物已不能奏效，只能保持居室的温度。即使是一场感冒，对林徽因也是致命的。每到秋天，梁思成就要用牛皮纸把林徽因居室的墙壁和天花板全都糊起来，几个火炉也早早地点上。

10月，中国建筑学会成立，梁思成被推举为副理事长，林徽因被选为理事。他们二人还兼任了建筑研究委员会委员。

北京城兴起了"拆城墙"的运动。这是梁思成和林徽因做梦也没想到的。

他们深深爱着这座高贵沧桑的城市，从金碧辉煌的宫殿到气势巍峨的城墙城门，从和平宁静的四合院到建筑群落上开阔醇和的天际线。这些固有的风貌，怎能如此轻易的就损失掉呢？他们为此殚精竭虑。

梁思成和南京的建筑学家陈占祥一起拟定了《关于中央人民政府行政中心区未知的建议》（后被称作"梁陈方案"），建议在月坛以西、公主坟以东的位置另设中央行政厅，这样就能把北京旧城的古建筑完整地保留下来。

但是"梁陈方案"被否定了。因为新中国刚刚成立，中央政府没有资金来建一个新区；更重要的是，决策者们认为以天安门作为北京的中心有重大的政治意义，它从来就有强烈的政治色彩，理应成为新中国的行政中心。

在一次大型庆典活动上，北京市的一位市领导告诉梁思成，中央的一位负责人说过，将来从天安门城楼望出去，看到的处处都是烟囱。

梁思成吃惊得说不出话来。他无法理解为什么要把北京变成这个样子，也无法想象一座有这么悠久的历史的古都会变成烟囱的丛林。在他的构想中，北京应该像罗马、巴黎和雅典那样，成为全世界仰慕的文化名城。

林徽因等人拿出实际行动，他们提出"城市立体公园"的构想，在城墙上面修建花池，栽种植物，供市民登高、乘凉；城墙角楼等可以辟为陈列馆、阅览室、茶点铺。

因为这个构想，他们被划成"城墙派"。主张拆墙的人说，城墙是古代的防御工事，是封建帝王为镇压农民起义而修建的，乃是封建帝王统治的遗迹，是套在社会主义首都脖子上的枷锁，必须要拆除。

1953年5月开始，对古建筑的大规模拆除开始在北京蔓延。梁思成和林徽因，为北京城的城墙疲于奔命。1953年，林徽因的肺病已经越来越重了，她在一次聚会中掷地有声地撂下一句话："你们现在拆的是真古董，有一天，你们后悔了，想再盖，也只能盖个假古董了！"

林徽因说中了。2004年8月18日，"假古董"——重建的永定门城楼竣工。

1955年春节刚过，建工部召开了设计和施工工作会议，各部、局的领导和北京市委宣传部门的负责人参加了这次大会。会上，根据近年来各报陆续披露的基本建设中的浪费情况，和设计工作中的"复古主义""形式主义"偏向，进行了激烈的讨论和批判。这次会上，还组织了一百多篇批判文章，已全部打好了清样。

于是，"以梁思成为代表的资产阶级唯美主义的复古主义建筑思想"的批判，在全国范围内开始了。其中一篇批判文章《论梁思成对建筑问题的若干错误见解》刊登在《学习》杂志上。梁思成只好自我批评，从此在城墙保护运动中沉默下来。

你是人间的四月天

林徽因就是一个那么奇妙的人，无关山河的年岁，她的心总能守住春天，守住那片绿意。谁都知道，姹紫嫣红的春光固然赏心悦目，却也得从了四季流转，开幕时开幕，散场时散场。但心灵却可以栽一株长青的植物。林徽因这样聪慧，漫步红尘烟火里，灵魂却是一只青鸟，栖息在春花盛开的枝头。所以，即使她的生命里也有残缺，而我们看到的却是花好月圆。

该来的还是会来。

1954 年秋冬之际，林徽因再一次病倒了。这次是真的再也起不来——连挣扎着起床的力气也被肺病抽得一干二净。《中国建筑彩画图案》序文的校样已经送来好几天了，她刚读了几行就头昏眼花。光是靠在床上什么也不做，冷汗就止不住地淌。她整夜整夜地咳嗽，片刻安睡都是奢侈。林徽因面如死灰，双眼深陷得吓人。

梁思成也病了，但他还是拖着病体照顾着妻子。从清华园进城一次很不容易，每次去城内的医院做检查对他们来说都是一次考验。而林徽因的身体也实在不能抵御郊外的寒冷。为了方便治疗，梁思成计划到市区内租房子。可还没等他安排妥当，他就病倒了。他从妻子那里传染的肺结核复发，必须住院治疗。

梁思成和林徽因都住进了同仁医院。他们的病房紧挨着，虽然从这一间到那一间只要走两分钟，但他们都没力气走动。

梁思成没有住院的时候，还能三天两头到医院来一趟。现在他就在他隔壁，却一步都不能走近她。他们只得拜托送药的护士每天传一张纸条，相互问候。

一道墙壁，却像隔着万水千山，似乎要把他们永远地分开了。

林徽因已经很久不敢照镜子了，她怕在那块明亮的玻璃上，看到自己

瘦骨嶙峋的面容和一生跌跌撞撞的路程。

林徽因的床头一直放着一本《拜伦诗选》，医院的医生和护士常常能听见她低声地诵读着那些诗句。

在她没有力气翻动书页的时候，她就把手放在书本上，仿佛要从书本里汲取一些力量。

1955 年的春节，夫妻俩是在医院里度过的。再冰和从诫回来了。他们从父亲的病房到母亲的病房，给他们讲学校里发生的趣事，社会上的见闻。这是梁思成和林徽因一天中最快乐的时光。孩子们离去后，幸福的微笑还久久地停留在他们憔悴的脸上。

一些老朋友和清华建筑系的师生也不时前来探病。他们大多住在学校，进城不方便，梁思成和林徽因总是劝他们不要再折腾了。

春节过后，梁思成病情稍微好了些，医生允许他轻微活动活动。每天等医生查完房，护士打完针，他就来到林徽因的病房陪着她。他们挨在一起小声地聊着天。一直以来，妻子都是说话的主角，丈夫是听众。现在他们的角色终于互换了。林徽因惊讶地发现，原来丈夫竟然是这么健谈，而且记忆力惊人。从年少时的趣事，到他们初次相见，到宾大的甜蜜和争吵，到李庄的相濡以沫不离不弃……每一件事他都记得这么清楚。林徽因听着梁思成的回忆，那些往事又像放电影一样在眼前上演了，青春的影子在飘摇着。梁思成说现在没什么遗憾的，再冰写了入党申请书，正在积极地争取入党呢！这是再冰的秘密，想要等被批准后给妈妈一个惊喜。林徽因听了高兴坏了，答应和丈夫"合谋"严守秘密。

梁思成担心林徽因会疲劳，说一阵，就让她闭目养神。这时候他或者回到自己房间，但大部分时候还是留在妻子身边陪着她。什么都不说，什么都不做，只是安静地待在一起。这是一段静谧的，完全属于他们的时间。从美国读书回来后，他们就很少有这样的时光了。每一天都为事业、为生活忙碌着不得闲。现在，反倒是这场病，给了他们难得的清闲时光。

林徽因非常平静，她丝毫没有表现出对死亡的恐惧。十年前，甚至更早，她就已经做好了一切准备。她来过这个世界，每天都没有浪费地努力地活着；她的爱人还在她身边，战争和疾病都没能把他们分开；孩子们长大了，有自己的主见和未来；她有自己钟爱一生的事业，建筑、文学、艺术，这些给了她莫大的快乐和安慰，支撑她熬过一个个病痛的白天夜晚。什么她都有了，没有遗憾了。

梁思成的心情却截然相反。看着妻子一天天衰竭，他心如刀绞，却又无能为力。他绝望地向老天乞求着，祈求生命的奇迹再一次降临。他害怕林徽因这次真的要走了，丢下他在这个他越来越不懂的世界里彷徨。她常常在剧烈的咳嗽之后闭着眼睛微微喘气，好一会儿才能缓过来。她垂着眼睑的样子，那安静的神态让他想起他们的第一次相遇。

那时候，她是一个14岁的小仙子。小仙子施了魔法，令他再也放不下她。明知道这不是一条容易的路，还是陪她走了一程又一程。

直到生命的尽头。

外面已经是山雨欲来风满楼，梁思成不怕。他怕的是她离他而去。

夜晚又来了。

林徽因半夜醒来，呼吸忽然变得急促。往事像走马灯似的在她眼前飞掠而过。杭州陆官巷的栀子花开了，祖母摘了一朵插在小徽因的发间，祖父严肃的脸露出不易察觉的慈爱的神色；不是啊，那是父亲吧？那清奇的相貌不是父亲是谁？他在问："徽徽，你幸福吗？"刚要开口回答，母亲又来了，她在抱怨父亲的离去。康桥上，那个戴着玳瑁眼镜的长衫青年在对她吟诗，是她没听过的新的诗句。老金来了，手上拿着两个鸡蛋，高兴得像个孩子……不不，那分明是思成，他躺在帆布床上补着破袜子，一会儿他又起来了，去给那三个半人高的炉子扇风添煤。思成忽然变成了再冰，她和从诫在哭呢……什么事情那么伤心？妈妈在这里……思成告诉他们不要哭了……妈妈在这里……

"思成！思成！"林徽因挣扎着拼尽力气呼喊。实际上她只发出微弱的声音。

灯亮了，是护士走进来。她轻声问："林小姐，您需要什么？"

"我想见一见思成。"林徽因忽然变得清醒又镇静，她知道这一次，自己的命真的留不住了。她清楚地说："我有话要对他讲。"

护士柔声说："已经很晚了，有什么事情明天再说吧。"

没有"明天"了。

黑夜的幕布一点点拉开了，死神的黑袍却落了下来。曙光悲怆地将温热献给这间雪白的房间，和病床上雪白的人。

林徽因神情安详，恍若剥离了痛苦一般安然沉睡着。

这是 1955 年的 4 月 1 日，清晨 6 点。

中国第一代女建筑学家走完了 51 年的人生。

在一天中最清新的时刻，世界刚刚睡醒，朝露还没有被蒸发。这样的时刻，其实是很适合天堂打开大门，迎接这个美丽绝伦的灵魂的。

1955 年 4 月 2 日，《北京日报》发表了林徽因病逝的讣告。

治丧委员会由张奚若、周培源、钱端升、钱伟长、金岳霖等 13 人组成。

4 月 4 日，林徽因的追悼会在北京市金鱼胡同贤良寺举行。

在众多的挽联中，她一生的挚友金岳霖教授和邓以蛰教授合写的挽联最引人注目：

一身诗意千寻瀑，万古人间四月天。

这是对林徽因一生最好的注解。

由于林徽因生前设计国徽和人民英雄纪念碑的特殊贡献，北京市人民政府决定，将她的遗体安葬于八宝山革命公墓。

林徽因曾和梁思成互有约定，谁先去世，活着的那个要为他（她）设计墓碑。梁思成履行了最后的承诺。他设计的墓体简洁、朴实、庄重——也许，林徽因在他的心中，就是这个样子。

人民英雄纪念碑建筑委员会决定，把林徽因设计的一方白玉花圈刻样移做她的墓碑。墓碑上镌刻着"建筑师林徽因之墓"几个字。

生如夏花之绚烂，死若秋叶之静美。51 年的生命，不短不长，比起长寿者，还是有些许遗憾；但一生华美，断不是庸常之人所能企及，亦足以无悔。活着的时候喜欢热闹，死去时，却像青鸟一样倦而知返，在月色还未散去的清晨踏着薄雾而去。

一代才女的人生，被季节封存在四月天。

图书在版编目（CIP）数据

当徐志摩遇上林徽因 / 吉家乐，姜文漪编著. — 北京：中国华侨出版社，2013.7（2019.11重印）

ISBN 978-7-5113-3890-7

Ⅰ.①当… Ⅱ.①吉…②姜… Ⅲ.①随笔—作品集—中国—当代 Ⅳ.①1267.1

中国版本图书馆CIP数据核字（2013）第190369号

当徐志摩遇上林徽因

编　　著：	吉家乐　姜文漪
责任编辑：	滕　森
封面设计：	冬　凡
文字编辑：	李翠香
美术编辑：	游桤渲
经　　销：	新华书店
开　　本：	700mm×1000mm　1/16　印张：32　字数：512千字
印　　刷：	三河市华成印务有限公司
版　　次：	2013年10月第1版　2021年4月第3次印刷
书　　号：	ISBN 978-7-5113-3890-7
定　　价：	78.00元

中国华侨出版社　北京市朝阳区西坝河东里77号楼底商5号　邮编：100028

法律顾问：陈鹰律师事务所

发 行 部：（010）58815875　　　传　真：（010）58815857

网　　址：www.oveaschin.com　　E-mail：oveaschin@sina.com

如果发现印装质量问题，影响阅读，请与印刷厂联系调换。

当徐志摩遇上林徽因（下）

徐志摩

一生一双人

吉家乐◎编著

中国华侨出版社

北京

前　言

　　他说："我将于茫茫人海中访我唯一灵魂之伴侣，得之，我幸，不得，我命，如此而已。"他想作诗便作一手好诗，并为新诗创立新格；他想写散文便把散文写得淋漓尽致出类拔萃；他想恋爱便爱得昏天黑地无所顾忌……他，就是徐志摩。

　　徐志摩，1896 年出生于浙江省海宁县硖石镇。"志摩"是在 1918 年去美国留学时他父亲给另取的名字。说是小时候，有一个名叫志恢的和尚，替他摩过头，并预言"此人将来必成大器"，其父望子成龙心切，即替他更此名。徐志摩是徐家的长孙独子，自小过着舒适优裕的生活。小时在家塾读书，11 岁时入硖石开智学堂，从师张树森，从而打下了古文根底。1910 年入杭州府中学，与郁达夫等同窗。1915 年，考入上海浸信会学院。1916 年赴天津，进入北洋大学预科。1917 年，随学校合并进入北京大学法科，拜梁启超先生为师。1918 年赴美留学，两年后为追随罗素而到了英国，在伦敦大学、康桥大学（即剑桥大学）深造，获得硕士学位。在康桥两年，他深受西方教育的熏陶及欧美浪漫主义和唯美派诗人的影响。1921 年开始创作新诗。1922 年回国后在报刊上发表大量诗文。1923 年，参与发起成立新月社，集中了当时文坛上的很多精英。1924 年与胡适、陈西滢等创办《现代评论》周刊，任北京大学教授。1925 年赴欧洲，游历苏、德、意、法等国。1926 年在北京主编《晨报》副刊《诗镌》，与闻一多、朱湘等人开展新诗格律化运动，影响到新诗艺术的发展。同年移居上海，任光华大学、大夏大学和南京中央大学教授。1927年参加创办新月书店，次年《新月》月刊创刊后任主编。1930年冬到北京大学与北京女子大学任教。1931年初，与陈梦家、方玮德创办《诗刊》季刊。同年11月19日，由南京乘飞机到北平，因遇雾在济南附近触山，机毁身亡。

徐志摩是中国现代文坛最具特色、最有才华的作家之一，他是开一代诗风的"新月派"的主将，被誉为"中国的雪莱"，对我国新诗的发展作出了不可磨灭的贡献。他谈话是诗，举动是诗，毕生行径都是诗，没有他的诗坛是寂寞的。他的诗风格欧化，在艺术形式上富于变化，但又不失整饬；语言清新，洗练，以口语入诗，但又不失文雅；音乐性强，但又不囿于韵脚，而追求的是内在的节奏感和旋律美。他的大量诗作在情感的宣泄、意境的营造、节奏的追求和形式的探求诸方面，都为后世留下了珍贵的启迪，体现了其特殊的美学价值。

他的小说作品虽数量不多，但也颇有新意，既有散文化特色，又有西方现代小说的意味。在作品中，他好用诗的句型、艳丽形象的比附、抒情的笔调，因而，多带有浪漫的抒情色彩，具有"独特的华丽"的格调。

他热爱交际，在他的交友名单里，几乎囊括了所有民国同时期杰出人士的姓名。他感情经历丰富，和他相关的女人都是名门才女。他把爱情演绎到了极端之处，情烈时是极端的快乐，情去时是极端的悲哀。在这欢喜悲哀中，徐志摩上升为一位情圣式的诗人，他们的故事也总是被人提起、叹赏、吟诵。即使在很多年之后，与之有过关联的张幼仪、林徽因和陆小曼，也一再被人们提起。徐志摩的《翡冷翠之夜》《爱眉小札》更是为后人提供了恋爱的最高典范。

本书记述了徐志摩的一生，从出生到求学到离世。同时，文中还收录了徐志摩的部分经典诗作，会让你看到一个充满文采、充满激情、充满睿智的徐志摩。

目 录

目录

3

你的明媚，我的忧伤

关于婚姻，关于自由

1988 年，纽约的一份中文报纸登载了一篇报道：

"据《纽约时报》二十四日报道，近代中国著名诗人徐志摩的原配夫人张幼仪女士，已在上周六（二十一日）因心脏病突发病逝于纽约的曼哈顿寓所，享年八十八岁……"

张幼仪去世了。

她的离开，终于定格了近代中国文坛上一幅鲜活的情感画面，而那出被几代人评讲的，关于自由与爱情的现实剧，也仿佛随着她的离开，终于散了场。

张幼仪是这出戏中最早登台的演员，最后离场的角色，但她似乎从不是戏台上的主角。直到她谢幕的那一刻，也直到今天，她的名字仍然与"徐志摩元配夫人"的头衔形影不离。不能怪世人忽视幼仪的光芒，只是与她同台的徐志摩如同喷薄的朝阳般，太耀眼。生活在他周围的人，难免陷入他制造的阴影中。其实，不单是张幼仪，哪一个与徐志摩有关的女人，在被人提及时不带着一点儿徐志摩的味道？更何况是被徐志摩拿来，为"新思想"祭旗的张幼仪。

张幼仪最初上场的那一年是 1915 年。那一年，中国的飘摇与动荡与往年相比，或许并没有不同。每个人都在历史的航向上，朝着既定的方向前行。这一年，袁世凯正为了他的千秋帝国梦，紧紧攥着跟日本人签订的"二十一条"；陈独秀在《青年杂志》上竖起了人权与科学的旗帜；孙中山与宋庆龄刚刚在东京举行完婚礼……

国是大家的国，家是个人的家。帝制，人权，科学，这一切似乎都与海宁硖石徐家的婚礼无甚关联。若一定要说有关，也不过是这场婚礼多少受了些时髦的西洋观念的影响，脱离了中国传统婚礼的形式，是一场"文明"的西式婚礼，没有"拜堂"。

十六岁的张幼仪纱裙曳地，那份被热闹的人群与欢乐的仪式催发出的兴奋、好奇与不安，化作红晕爬上了她的脸庞。尽管她有好几次忍不住想要打量身旁的丈夫，但婚礼的规矩与礼仪阻止了她的视线。年轻的新娘能做的，只是低顺着眉目，安静等待仪式的结束。

这场婚礼对于张幼仪来说，或许有点突然。在得知自己将要结婚的消息前不久，她才刚刚说服父母，送她去苏州的女子师范学校上学。尽管幼仪深晓，作为女人，自己的前途并不在家人的期望中，因为"女子无才便是德"是牢牢扎在父辈的心里的女德标杆，千百年了，没有变过。但是，在她生命底质中，潜伏着一种特质，应和了汹涌灌进中国的西方新文化。这让她鼓起了勇气向父母提出上新式学校的要求。

在学校里受到西方教育的张幼仪，聆听了新的主张，但对婚姻的观念，她顺从了中国传统女子的另一种特质，父母之命。不过，确切点说，帮幼仪挑选夫婿的是她的四哥张公权。幼仪还记得那天，她的四哥兴冲冲地从外头回来，告诉她，硖石商会会长徐申如的独子徐志摩，一表人才，才气不凡。论人，他配得上张家的女儿，论家世，海宁首富徐家也配得上张家的显赫的声势。张幼仪，这个聆听了新思想的女性，此时听从了旧言论，甚至没有一点怀疑。

她的丈夫……张幼仪还是忍不住悄悄地将视线移向了身旁的徐志摩。与所有旧中国的婚姻一样，她在婚前与这个男人并没有交集。现在，她也只是看到一个清瘦的侧影。她的丈夫有圆润的额头，鼻子很挺，俏俏地立着，薄的嘴唇抿出温柔的线条。尽管她不了解他，但也并非一无所知。毕竟，

徐家公子，硖石的神童，十三岁就写得一手好文章，有谁没听过呢？现在，他已经是燕京大学的预科学生了。他的学问应当要比自己好的，他的思想自然也超在自己的前面；将来，他还要留洋去的。所以，这时的幼仪最担心的，或许并不是丈夫的为人与前程，四哥疼她，替她看中的人不会有错。显然，她现在最在意的，是她能否跟上这个聪明而新潮的丈夫。

正因如此，张幼仪的心里对二哥张君劢的感激，在今天涨到了顶点。二哥在她三岁那年解开了家人裹在小幼仪脚上的厚厚白棉布，放开了她的小脚。所以今天，她有了一双大脚。尽管这双大脚曾被家里的婆婆、姨妈、姐妹们很是嘲笑了一番，但大脚代表着"新式"呢。所以，今天的她站在这场西式的婚礼上，与西装革履的丈夫，看上去才能如此般配。

张幼仪此刻庆幸她有一双大脚，可她没有想到的是，她这位思想解放的丈夫从一开始，就没有将她的那双大脚放在眼里。就是到后来，也没有。

徐志摩不时瞅瞅身旁的新娘，想起两年前，父亲递给他一张姑娘的照片，说那是他未来的妻子。照片里的张幼仪看不到特别地好，但也不难看。只是生得有些黑，嘴唇似乎也厚了一些。其实，幼仪长着一张典型中国少女的脸，圆润而柔和，沉静的眼里刻着大家闺秀应有的大气端庄。可徐志摩没由来的一阵嫌恶。

他知道，这是父亲精心的安排。徐家的生意，张家的声望，门当户对，天作之合。但他并不满意这样的安排。这与他在学堂里学到的自由精神相距太远。如果这桩婚事被安排在十年以后，徐志摩也许会高喊着："我要追求爱的自由与婚姻的权利。"并拒绝父母送给她的新娘。但此刻的他，没有。

也许是他的理想与追求还不够坚韧，也许是父母的命令与张家显赫的声势一起制成的牢笼太坚固，总之，那天他只是将自己的不满，变成了下垂的嘴角，吐出了一句："乡下土包子。"他与所有中国包办婚姻中的男人一样，甚至没有花时间去了解未来妻子，便用自己的妥协，将张幼仪日后的生命轨迹，扯进了自己的命运航道中。

这是一场西式的文明婚礼，却脱胎于一场旧式的中国礼制。这或许是徐志摩在面对这次婚姻时，最大的心结。这个结，不但捆住了他与妻子的情感交流，更捆住了他理想中的自由，捆住了他进化成新青年的通道。他觉得，自己尽管穿上了西装但却与自己的灵府如此不搭调。新式的衣装，与这骨之里的旧，让自己显得这样滑稽。

徐志摩与张幼仪一起向"旧"妥协了。在那样一个新旧交错的年代里，徐志摩或许并没有意识到，自己将要对抗的东西究竟是何等深刻，或许他同样没有意识到，当他妥协的那一刻，他与"小脚"的女人并没有质的差别。但徐志摩毕竟曾立志，要"冲破一切旧"。只是在他还没有找到冲破的方式时，一切就在他毫无准备的思想里发生了，而他灵魂的一部分仿佛还留在北京的锡拉胡同里。那里，住着蒋百里。

蒋百里是徐志摩姑丈的弟弟。他在早年留学日本期间，结识了当时因戊戌变法失败而流亡海外的梁启超，并拜梁启超为师。回国后，蒋百里时任保定陆军军官学校校长，袁世凯总统府一等参议。他的身体里流淌着尚武的血液，怀抱着爱国的热诚。更难得的是，学贯中西的蒋百里，在作为一个军事家的同时，在文学与史学方面也有极高造诣。他的《国魂篇》《民族主义论》等长篇论文立论独到，文辞流畅，颇有梁启超之风；而他的书法也深具晋人气韵。

徐志摩在 1915 年考上燕京大学预科班时就住在蒋百里家。平日里，徐志摩与蒋百里谈时事，聊文学，评历史，讲政治；他敬蒋百里，爱蒋百里，虽然蒋百里长徐志摩十四岁，可徐志摩与他甚是亲近，无话不谈；他徐志摩口中最亲的"福叔"。与蒋百里的交往，让当时的徐志摩在思想上趋向政治。在一次闲谈中，蒋百里曾对徐志摩说："青年有了真才实学才能展鸿鹄之志，救国救民。你何不与他们一起出洋去，学西洋之长为己所用。"

这话正说到了徐志摩的心里，此前，他已经有了留洋的想法。当初，他之所以报考了燕京大学的预科班而非本科，就是因为当时的燕大预科班

注重外语的应用，学成之后可以尽快地留洋；此番，加上蒋百里对他的影响，徐志摩更是觉得他在北京的求学生活充满了奋斗的热情。他在锡拉胡同与学校图书馆两头跑，埋头在西方新思想中，闲暇时与友人聊聊戏剧界的"菊选"，别人爱梅兰芳，他独爱杨小楼；兴致到了还会跟朋友打打网球……

福叔劝他留洋时的神情还在眼前，杨小楼的腔调似乎都萦绕耳边，燕京大学图书馆里的墨香还都能闻见，怎么一转眼，自己就与这个不认识，不爱的女人站在一起了？做梦一样。父亲频频的电报是催命的符，那些"男大当婚""识大体""有利家业"的话是魔咒；祖母最疼自己，可她殷殷的期盼却把她那份深厚的荫慈变成了最重的包袱。于是一切就这样发生了。其实徐志摩心里清楚，与张家的联姻，不过是他的父亲在为独子规划前程的棋盘中，落下的一颗棋而已。

父亲徐申如是个精明的商人，他的一生都在用精准的眼光打造生活中的一切。在他所有的实业中，有两件事最值得骄傲：第一件，是他在1908年联合了海宁的绅商，克服了重重阻力，硬是让拟建中的沪杭铁路生生拐了个弯，穿过了硖石，成就了海宁硖石地方几代人的福祉；第二件，便是儿子徐志摩。别的不说，单单是他为了让儿子的书法水平有所长进，便将当时的上海寓公，后来的"伪满洲国总理大臣"，著名书法家郑孝胥，聘作儿子的书法老师。这次，尽管儿子已经与张家小姐有了婚约，尽管他本应让儿子尽早将张幼仪娶进门，但他仍然顶着张家人的反对，亲自将儿子送上了北京最好的大学。可以说，这个精明的父亲在儿子的培养上，同样用上了他敏锐的经商头脑。现在，父亲觉得是时候让儿子回来成亲了。

张家现在的名望不一般。看中自己儿子的张公权是当时的浙江都督府秘书，将来大有作为；而他的兄长张君劢则是有名的法学家，与梁启超过从甚密。徐申如再次以他精准的眼光，准确地预见了未来的张家兄弟在中国未来的政界与财经界中，呼风唤雨的地位。与这样一个有钱权有名望有修养的上流社会家庭联姻，徐申如没有再拖延的道理。于是，给儿子拍几封电报，对他进行几次动情的说理，徐申如便为他自己谋回了一个好儿媳。

这种境况下的徐志摩，挣扎在传统与现代之间，他成了那个变革时期的精神缩影。或许很多东西可以在朝夕间改变，但也有许多东西无法轻言抛弃，比如孝道。这一点，即便是在他走出硖石，跳进那些欧洲思想家行列的那一天，也仍然无法割弃。

但他仍然得做些什么。于是，一场热闹的婚礼之后，他选择了冷漠。

冷漠，婚姻的唯一韵脚

冷漠，是这场婚姻唯一的韵脚。它的第一个音节奏响在张幼仪死寂的新房里。新婚之夜，洞房的花烛下，徐志摩一句话都没有对幼仪说，幼仪也不知该用什么，来打破她与这个陌生丈夫间的沉默。后来，徐志摩离开了，躲进了奶奶的房间。只是，他的行动力仍是敌不过长辈的希望。几天后，徐志摩在佣人的簇拥下，踏进了新房。

两年后，张幼仪怀孕了。关于这一点，浪漫的诗人有自己的解释，他说："爱的出发点不定是身体，但爱到了身体就到了顶点；厌恶的出发点，也不定是身体，但厌恶到了身体，也就到了顶点。"

徐志摩并没有因为肉体而将他对幼仪的爱推到顶点，相反，他对张幼仪的厌恶，却因肉体达到了顶点。有一次，徐志摩在院子里读书，忽然觉得背痒，于是便唤佣人帮忙。一旁的张幼仪想，这样的事情何必佣人动手，于是便凑近了替丈夫解痒。可是她没有想到，徐志摩仅仅用一个眼神，便拒绝了她的献出的好意。那个眼神轻蔑，不屑，冰冷刺骨，多少年以后，张幼仪回想起来，仍然不寒而栗。

幼仪其实是个很好的太太，但凡认识她的人总是对她印象极佳。时人曾评价张幼仪："其人线条甚美，雅爱淡妆，沉默寡言，举止端庄，秀外慧中，

亲故多乐于亲近之……"徐志摩的好友梁实秋也说："她是极有风度的一位少妇，朴实而干练，给人极好的印象。"幼仪也是个很好的儿媳妇。她在徐家克守着一个好儿媳的本分：她帮着公公徐申如操持庞大的家族生意，照顾婆婆，管理徐家的下人，家事人际操持得井井有条。为了照顾公婆，她甚至放弃了继续上学的机会。婚后的幼仪曾经写信给苏州女子师范学校，表达了继续学习的愿望。但校方提出，幼仪必须重新修业一年，修满两年课才能毕业。新媳妇要离开公婆两年，这对幼仪来说实在难以接受。于是，她从外面的世界退回了硖石的老宅。幼仪的大脚并没有带她踏出自由的脚步。

幼仪是公婆眼中的好媳妇，甚至可能是许多人眼中的好妻子，但她却不是徐志摩心中的好太太。在徐志摩眼里，幼仪嫁过来以后很少笑过；她办事主动，有主见，有主张，就像《红楼梦》里的薛宝钗。但徐志摩要的，是一个能与他的思想共鸣，与他的浪漫情调合拍的女人；她的妻子应该有思想，有个性，应该是个开放，新潮的新女性；但张幼仪只是宝山县首富张家的小姐；她的偶像是《红楼梦》里的王熙凤，她的人生在徐志摩的眼中，始终沾染着铜臭；她的角色在徐志摩看来，不过是纠缠于家业中，翘着双腿对下人的指手划脚的管家婆。因此，张幼仪无论再怎样地温顺体贴，恭俭礼让，她在徐志摩眼中，也不过是旧婚姻的傀儡，旧制度下的陈旧女性。这个妻子于徐志摩，不过是个"守旧"的代名词，平庸而乏味地立在了浪漫与自由的对立面。他与她的思想，分明是站在时间的两端，空间越近，心灵越远。于是，一座旧式婚姻的围城困住了两个人。

可浪漫的诗人不会甘心被围城关住，他在迟来的洞房之夜里完成了传宗接代的任务后，几乎是立刻便离开了硖石，就近去了上海沪江大学继续他的修业。1916 年科天，他考入北洋大学法科特别班。第二年，由于北洋大学预科部并入北大，因此徐志摩再次北上，进京学习。只是这一年，他的福叔因为袁世凯的复辟举动，离开了北京。

福叔的离开，让徐志摩失了一位可以倾谈的对像，但这并没有给徐志摩造成多大困扰，相反，他这一年轻轻松松便过完了。他家境殷实，没有温饱的烦扰；他为人聪慧，选着自己爱学的课；他志向高远，以留洋为盼，精神亦有所寄托；更何况，他通过张幼仪的二哥张君劢，拜入梁启超门下做了入室弟子，身价与前途都像闪光的星子一般耀眼明亮。海宁硖石保宁坊徐家老宅里那座阴郁的婚姻牢笼，都似乎被顺心的生活阳光融化了。就在他拜师不久，1918 年 8 月，徐志摩终于搭上了载他留洋的南京号去了美国，留下了老宅里的张幼仪，依然寂寞。

丈夫离开了，张幼仪没有回忆可守。两年的婚姻生活中，她能想起来的仅仅是丈夫的冷眼与漠视。在丈夫出国留学的日子里，留在硖石的张幼仪所拥有的最多东西，便是时间，但他的丈夫没有给他年轻的妻子留下任何可供她打发寂寂年月的念想，除了他留给她的儿子徐积锴。徐志摩去美国时，他的儿子刚刚满四个月。可这个儿子也不过是徐志摩为尽孝道不得不履行的婚姻责任。

责任二字在旧时的中国是大多数婚姻得以延续的支撑。如果徐志摩没有出国，如果他日后没有遇到那些，"偶然投射在他波心的云影"，他是否能依着这"责任"二字，成全了幼仪平淡的生活？我们不知道，但我们知道，"责任"二字却牢牢地将幼仪锁在了他与徐志摩有关的所有事情上，仿佛是前世欠下徐志摩的情债，今生用了她所有的时间来一一偿还，直到徐志摩死去。

很多年以后，张幼仪的房间里仍挂着徐志摩的油画，在她的台桌玻璃下，压着有关徐志摩的消息。戏台上的演员来来去去，张幼仪始终站在一个属于她的角落里，固守着传统女人对生命中第一个男人的执着，演着她的独角戏。幼仪在这场戏里，仅有一张与徐志摩的合照。那张照片里，她戴着圆顶帽子，虽然沉静但却带着难掩的腼腆，甚至有些不安地，在嘴角扯出一道看似笑容的曲线。她身旁的丈夫徐志摩脸上挂着浅淡的笑。这张照片

摄于 1920 年，彼时两人结婚已经有 6 年，但照片中的他们，身体语言显得如此拘谨，像是一对不相熟的人被凑在了一起……

1920 年冬，徐家老宅里接到了徐志摩的一封信。或许这是丈夫从海外寄回的信中，最熨帖幼仪心灵的一封。信中说道：

"父母亲大人膝下：

儿自离纽约以来，过二月矣！除与家中通电一次外，未尝得一纸消息。儿不见大人亲笔恐有年矣。儿海外留学，只影孤身，孺慕之私，不俟罄述。大人爱儿岂不思有以慰儿耶？……从前铃媳尚不时有短简为慰，比自发心游欧以来，竟亦不复作书。儿实可怜，大人知否？即今铃媳出来事，虽蒙大人慨诺，犹不知何日能来？张奚若言犹在耳，以彼血性，奈何以风波生怯，况冬渡重洋，又极安便哉。如此信到家时，犹未有解决，望大人更以儿意小助奚若，儿切盼其来，非徒为儿媳计也……"

她的丈夫写信来，要她去陪他了。

丈夫走了两年，他每次写信回来的开头都是"父母亲大人"，每次只到信的最后才提到自己，每一次信中对儿子的关照要比对自己的多上许多，可这一次，虽然信的开头仍是"父母亲大人"，但信纸上却满满的，尽是要她出洋去陪她呢。

这封信似乎吹走了幼仪心头那层从新婚当天起就布下的尘土。于是，她变得比往日轻快，心里有了以往从不曾有过，甚至不敢有过的希望。在这以前，幼仪从来不敢问公婆她是不是能够去陪丈夫，即使是丈夫来了这样一封看起来殷殷迫切的信，她仍是不敢问。幸好，还是疼她的二哥张君劢劝服了公公。1920 年冬天，幼仪终于也踏上了渡洋的甲板。她要先到法国马赛，再转飞机到英国。

轮船整整在海上走了 3 个星期。这 3 个星期里，幼仪把与丈夫相见的情境，把他们未来的生活翻来复去地想了不知已有多少遍：志摩出国有两年了，他一定有了变化，胖了？瘦了？他一定是想家的，想阿欢（徐积锴的乳名），或许……也想我；他一定需要我，否则他怎么会专门写信要我去陪他？我要告诉他，我接到他的信后，下了决心要出来，就连阿欢我也放下了。他还小，但婆婆她们可以照顾；这海船真的不好坐，晃得人直晕……他让我来陪他，他需要我，我们的日子可以重新开始了。或许，我在外头可以和他一样去上学？这样，他会更喜欢我了，他喜欢有思想，开放一点的女人……幼仪靠着栏杆，一道黄昏的光影静静铺展在甲板上。远处的海平线上，出现了蜿蜒错落的海岸线。

船靠岸的时候，幼仪隔着层层的人潮，一眼就看见了她的丈夫。他穿着一件瘦长的黑色毛大衣，脖子上围了条白丝巾，站在人群中，那么显眼。丈夫很好认，并不是因为他的衣着多么显眼，只是因为他的神情于幼仪而言那样熟悉，又与接船的人群那样不一致。很多年以后，张幼仪回忆起那时她看到的徐志摩时说："他是他们当中唯一露出极不愿意到这里来的神情的人。"

如果幼仪的心曾经轻快过，那么此刻，在它狠狠地砸到地上，发出闷闷的一声响。那些日日遥想的倾诉，那些憧憬与希冀，都随着心的落地变得悄无声息；如果那封信曾经让她产生了不切实际的幻想，那么如今，人群中的徐志摩，远远地，便用那种仿佛永远不会变的冷漠表情，惊醒了她的梦。

沙士顿的"同居"生活

在英国伦敦郊区有个地方叫 Sawston，徐志摩说，那里是"沙士顿"。他还说，那里有座小屋，是他与张幼仪同居的地方。"同居"，并不是用来形容夫妻共同生活的词。像徐志摩这样，将爱情视作宗教的人，在情感上

始终也没有承认过他与张幼仪的婚姻。

在他眼里，那场婚姻徒有一个空洞的躯壳，张幼仪只是一个与自己同住在一个屋檐下，以合法的方式生活在一起的女人。当初在硖石老家，他就从未曾用正眼瞧过张幼仪。他的视线也总是像掠过空气那样，掠过这个父母送来的妻子。但现在，他得把这个与他不搭调的女人接到身边来，在这个异国郊区的小屋里，日日面对面，怎么想都不是滋味。

这个女人为什么就不能有些风情呢？在马赛接到她的时候，她竟还穿着土气的旗袍，说什么，那是她精心挑选出的。既然到外头来，就得有点洋气不是么？这身旗袍太不入眼，与法国的气质太不谐调。还是带她去买了一身当下时髦的衣裳，圆顶帽，连身裙，黑丝袜，亮皮鞋。挺好，可你瞧她那个样子，别别扭扭，不知道新潮，不知道接受外面的好。

她连照个相，都拘谨成那样。不就是靠近一些拍个合照？多正常，多简单的动作。既然你把我当丈夫，亲近一点又有什么关系？你看法国大街上的情侣，哪个不是见了面，先来一个热烈的拥抱。可她，还守着那份家教。传统传统，矜持压抑，这样的女人，死守在传统里，不知道要逃跑。

既然来了，就让她见识见识外头的风景和人事，所以带她走了一圈。看埃菲尔铁塔，看巴黎圣母院，看凡尔赛宫，看枫丹白露。这些景致很好，但她不懂这里的历史、故事与情调。也懒得与她细讲，走马观花，匆匆看了一圈，还是早点转飞机去英国的好。

直到很多年以后，徐志摩还记得那次乘机的经历。他记得，张幼仪从一上飞机开始，就窘迫得拎不清。腿痒去抓，结果，那细腻的丝袜就因她的粗陋破了洞。那双脚，在柔软的皮革里不安份地扭动。她后来竟是要吐了，可她居然抓过了帽子，幸亏还算机灵，换了纸袋……"你真是个乡下土包子……"他终于没有忍住，还是说出了奚落的话。结果，他话还没说完呢，自己竟也吐了起来。后来，徐志摩回国当老师的时候，在一次课堂上跟学生们说起这次经历，他对自己的这次出糗这样解释："想来是因为天气恶劣……这一路吐着，从巴黎吐到了伦敦。"但他没有告诉学生们，他因这次吐，而被那个他看不上的女人小小回击了一记："我看你也是个乡下土包子。"那话音里，分明有点报复的小小快意。

那次飞行，一路，无话。

飞机落了地。徐志摩站起来走向舷梯。机场来了两个中国人，是接机的友人。他很开心，一扫飞机上的沉闷，脸上生动了起来，几乎是冲下了舷梯。与来人拥抱，用的洋人的方式；他们的交谈，也用洋人的话。张幼仪静静立在一边，她无法参与，她没有被介绍，她仿佛不存在。窘迫，无聊，那个男人为什么一直提他的裤子？另外那个人的脸为什么一直在抽搐？好不容易得了空当，问丈夫："这是你的朋友吗？"可她只等来一个轻蔑的眼神。丈夫扔下她，转身离开。她步步跟上，心想，那样举止没分寸的朋友，也入不了她的眼的。

看起来，丈夫还是那个在硖石的丈夫，但她可以变成更新潮的她。她没有缠过脚，她也上过师范学校，如果能在英国好好读几年书，学识和修养都丰富起来的话，就一定能配得上他。张幼仪以为自己总有一天可以跟上丈夫的脚步，可慢慢地，她就会发现，她被隔绝在丈夫的心门之外，就连敲门的机会也没有；慢慢地，她还将发现，她的到来，竟无意间挡在了丈夫追爱的路上。而此时，她只是想不明白，既然不是思念，既然不是需要，丈夫那封盼着她早日出国的信，又要如何解释？其实，这一切都是二哥张君劢的好心成全。

这还得从 1918 年说起。

1918 年 9 月，徐志摩搭乘的南京号抵达了美国。父亲送他出洋留学，希望他将来进金融界，他自己的最高野心，也是想做一个中国的 Hamilton（汉密尔顿，美国华盛顿时代的政治家，对美国的建国方略起过不可估量的作用）。他在那里进了克拉克大学历史系，毕业后又到哥伦比亚大学入了政治学系。当时的徐志摩，规矩而勤奋。他每日"六时起身,七时朝会,晚唱国歌,

十时半归寝，日间学勤而外，运动跑步阅报。"这样剔励自重，也难怪他后来只用了半年的时间，便得到了哥伦比亚大学的硕士学位。

就在徐志摩留美期间，1919年4月，他收到了张君劢的来信。信中说，张君劢计划到美国来，顺带还提到，希望徐志摩能将他的妻子张幼仪接到国外来一起生活。

彼时，"一战"刚刚结束不久，张君劢正与老师梁启超在欧洲考察。这次考察让他得到一次机缘——跟随著名哲学家倭伊铿学习，并留在了德国。张君劢对他的这位妹夫本来怀有极深的信赖。他不仅是徐志摩的妻舅，还是"挚友"，他更是在徐志摩的求学路上做了一回引路人——是他亲自把徐志摩引进了梁启超的门下。因此，他认为他了解徐志摩，他认为既然徐志摩如此向往西方，那么他一定也希望自己的妻子一起到国外去，与他一起了解西方，学习西方的种种。

一切只是他认为。可能，他的确很了解了这个妹夫，但他唯有一件事没有了解：他的妹夫在婚后没多久，就对着妻子张幼仪说："我要做中国第一个离婚的男人。"张君劢或许对徐志摩反传统的"叛逆"性体察甚深，但他却未能真正了解，徐志摩血液中的叛逆因子，已然让他不惜用最冷酷的方式，去对待他无辜的妻子。如果他知道他的好心成全，会间接划出张幼仪生命中最深的一道疤，那么或许，他会重新考虑让妹妹到徐志摩身边去的计划。

但正因为张君劢料不到，所以他在张幼仪的出国一事上，倾注了最大的热心。在张君劢留学德国约半年后，他有机会回了一趟家。时值1919年，国内爆发五四运动期间，张君劢因国家的革新潮流而感到兴奋，但他在为国事振奋的同时，竟还问起了妹妹的家事。也正是那一次，他得知徐志摩并没有如他所认为的，让张幼仪出国团聚。

他敏锐的嗅觉嗅到了这对夫妻之间的不和谐，闻出了徐志摩可能会在国外"分心"。于是他坚定地对妹妹说："你非出去不可。"接着，他在这边，劝说了徐申如放儿媳出国，以"提醒徐志摩对家庭的责任"，毕竟年轻夫妻分开久了不好；在那边，他频频与徐志摩通信联络，以责任与情感为筹码力劝他接妻子出国。就这样，徐志摩写了一封情辞恳切的信，将张幼仪拉了出来。

那时徐志摩为了追随罗素，已经到了英国伦敦。

张幼仪便这样出国了。一切在她的意料之外，若不是哥哥让她非得出去，若不是丈夫真的有信来，若不是公婆首肯，她是绝不敢动这样的念头。无论如何，她出来了。现在，她跟丈夫住在那个叫沙士顿的伦敦郊区。但是，她在过洋的轮船上想到的新日子真正展开时，全不是她想的样子。很多年以后，张幼仪再次回到这里，竟再也无法相信，当年的她真的曾经这样安排过自己的生活：

张幼仪在徐家是太太，在这里却变成了佣人。她每天坐着公共汽车去市场，再拖着食物回家，安排一日三餐，洗衣扫地。繁忙的家务占去了她全部的时间。她原来想学点英文，可是教课的家庭老师嫌路远，竟然不来了；她原本以为，夫唱妇随，跟着丈夫一起学点西方的文化，可是，每天干的竟是这些。她什么也没有学成，知道的东西少到不可思议。她甚至不晓得客厅壁柜里那个奇怪的机器是吸尘器，所以一年多了，她一直用扫把打扫屋子；她还以为，离了公婆，少了拘束，丈夫可以对她再亲近一些，但少了拘束的只是丈夫。他在家里来来去去，全凭兴致，好像她不在似的。

幼仪白天很少看到徐志摩，他总是在学校，直到黄昏时分才会回来。徐志摩不在家的时候，幼仪一个人待着，家务忙得她脚不着地；就算徐志摩在家，幼仪也还是一个人。他对她跟在家乡的时候一样，沉默，冷淡，哪怕是当天的饭菜不好，徐志摩也不发表任何意见。那样的时刻很奇怪，丈夫在身边，幼仪却那么寂寞。或许是徐志摩也觉得这样的气氛不妙，于是便找了一位叫郭虞裳的中国留学生来同住，为的只是避免二人之间，空气一样无处不在的沉默。也只有那时开始，幼仪才有了一个个可以陪着她买菜、聊天的人。

幼仪觉得，她的丈夫之所以还能每天回家之饭，或许是因为当时他们的经济条件有些拮据，抑或许是因为，她烧的饭菜还算符合丈夫的胃口。但徐志摩即便待在家里，也并不与幼仪交谈，因此幼仪无法把她的任何想法告诉徐志摩。张幼仪出身名门，家里有博学多闻的兄弟，她可以与兄弟们无话不谈，但她只要在丈夫徐志摩面前开口，得到的回应永远是："你懂什么？""你能说什么？"其实，幼仪并不是什么都不懂。到伦敦不久后，她便很敏锐地觉察了徐志摩行动的不合理之处。徐志摩每天一大早便出门，即使当天不上学，他也是吃完早饭就出门。这时候，徐志摩难得地热心，会告诉他的妻子一声，他要去理发店。

每次理发都要去理发店么？丈夫完全可以在家里，让她帮忙理发。更何况，他们每月都得等着徐申如寄钱来花，因此，更是当省则省。徐志摩的举动令幼仪不解，但她最终还是猜到了，这与他的女朋友有关。

张幼仪与徐志摩的婚姻一直这样空洞乏味地进行着，徐志摩的心从来未曾停留在幼仪身上。现在，他的心更是飞了，飞到书本上，飞到文学上，飞到他一直藏着的，那个女朋友的身上去了。

小脚与西服不搭调

她的女朋友，名叫林徽音。《诗经·大雅·思齐》里唱："思齐大任，父王之母。思媚周姜，京室之妇。大姒嗣徽音，则百斯男。"那个美丽的名字，就从这里来，很久以后，她才把自己的名字改成了"徽因"，据说是为了与当时一位有名的男性作家"徽音"区别。

林徽因与徐志摩走得很近，虽然后来她否认了自己对徐志摩的爱情，说那只是对徐志摩才情的单纯倾慕。但在幼仪看来，她与徐志摩之间的交往，显然已经是恋人才有的举动；她更是认为，林徽因当年给了徐志摩一个爱的承诺。

不管幼仪对林徽因的猜测是不是事实，但至少徐志摩对林徽因的确动了感情。他深深地陷入了恋爱，爱上了那个十六岁未经人世的清纯少女。

恋爱中的人总是陷入不可救药的无理性之中？因为他们只看得见自己想看见的东西。徐志摩也是这样。当他中了名为"林徽因"的毒时，便只看到林徽因对自己的倾慕，却看不到一个情窦初开的少女，在第一次面对男性追求时的懵懂与迷惑，所以他的爱因她的倾慕而更加热烈；他中的毒，令他只能看到自己的妻子，在这场关乎理想的爱情中变成了他的死穴，却看不到林徽因由于早年的家庭阴影，再也无法接受任何形式的家庭裂痕。于是，一个在他心中蛰伏许久的想法，终于在沐浴了"自由之爱"的阳光后，破土而出。

"做中国第一个离婚的男人。"现在，他要实现这个想法，当然，这是为了理想。当然，这也为了林徽因。他现在要做的，只是找一个时机告诉张幼仪。可偏偏在这个时候，张幼仪怀孕了。

"把孩子打掉。"几乎是立刻，徐志摩在听到幼仪怀孕的后，便做出了这样的指示。

幼仪看着丈夫一脸的不耐，仿佛全身的力气都被抽走，脑袋空茫茫的一片。她想过丈夫在听到她怀孕时可能有的反应，比如他可能会有点高兴，他可能会和她一样不安，他会送她到其他地方养小孩，他可能会让她回硖石，但她绝没有料到是这种反应，就如同她当初没有料到丈夫根本不希望她来伦敦一样。她永远不懂他。她不知道她的丈夫为什么会作出如此狠心的决定。她对他一直很忠诚，他们的生活也没有到养不活孩子的程度，为什么要打胎？打胎可是会死人的。

"我听说，有人打胎……结果死了……"幼仪心里发凉。

徐志摩现在对张幼仪很没有耐心："还有人因为火车出了事故死掉的，

难道大家就都不坐火车了吗？"他说完，转过脸去不再看幼仪。

我们的确无法想象，怎样冷酷的灵魂才会将坐火车，与杀死母亲腹中孕育的生命联系在一起；但我们现在完全了解，如今的徐志摩，为了他的"理想"，已经陷入何等的非理性之中。不过，徐志摩在离婚这件事上，却仍保持着必要的清醒。现在，什么都无法阻止他。就在得知幼仪怀后不久，徐志摩毫不犹豫地向幼仪提出了离婚。他给的理由是："小脚与西服不搭调。"

"小脚与西服不搭调"这句话，其实是从幼仪嘴里说出来的。

那天，徐志摩请了当时在爱丁堡大学留学的袁昌英来家里吃晚饭。幼仪以为，她就是丈夫的女朋友。晚年的幼仪已经记不得这位客人的名字，她"唯一真正记得的一件事，是她的外表。"那位小姐，短发，擦着暗红色的口红，穿着一套毛料海军裙装。时髦的外表。可是，挤在她鞋里的，却是一双小脚！

是的，这位新式女子裹了小脚，幼仪差点放声大笑。真是讽刺，就是这样一个女人吸引了丈夫？她难道不应该更新式一些吗？我是乡下土包子，那他带回来的这个女人，那双小脚，会比我的大脚更先进不成？她受过新式教育，会流利的英文，可我年轻的时候一样读过书，如果你当时鼓励我上学，让我好好学英文，我能学到的东西肯定不比你带回来的这个女人少！但，丈夫要纳妾，做妻子的没什么可说的，接受便是。在嫁到徐家以前，母亲便教过，在丈夫家里，女人的答案永远只有一个字："是。"是了是了，你满意了，你婆便是。

晚餐后，徐志摩把客人送走，回来后便问幼仪对刚刚这位客人的看法。于是幼仪说："她挺好。只是，那双小脚与西服不搭调。"

小脚与西服不搭调。这八个字，每一个都敲在徐志摩心里。这桩婚姻长久以来在他心里淤积的烦躁与挫折在这八个字的振动下，呼地一下从他压抑的心里猛地直冲向脑门。他提高了声调，用从来没有过的尖利嗓音冲着幼仪大声地叫道："我就知道，所以我才想离婚。"

那层笼罩在这场婚姻上的雾，终于在徐志摩这声宣誓般的尖叫中散去。一个长久以来被隐藏的事实，也终于露出了尖锐的轮廓。

幼仪想不通，她从来不懂他。现在，她更是拿不准徐志摩的脾气。那天晚上之后，他们再没有说过话。几天后，徐志摩连早饭都没有碰，便出门了，从此以后，再也没有回来。几天后，同住的郭虞裳提着皮箱也走了，屋子里只剩下无依无靠的幼仪，和她肚子里的孩子。幼仪不知道自己可以去哪里，她不知道自己可以做些什么。就算只做一日夫妻也有百日恩情，更何况幼仪已经为他生了一个儿子，现在还怀着另一个，但徐志摩就这样一走了之，直到幼仪离开，都不曾出现。他没有给在伦敦举目无亲的幼仪安排生活的去路，只是将她放在那里，一直以来就那样放着，不闻不问。

无奈，幼仪给当时在巴黎的二哥张君劢写了封信，说徐志摩要和她离婚，说她怀孕了。她问二哥，她要怎么办。张君劢回信了，信的第一句是："张家失徐志摩之痛，如丧考妣。"然后，他才说，幼仪你到巴黎来，腹中的孩子千万留住，二哥收养。于是，幼仪走了，离开了沙士顿的房子。身后的门轻轻关上，隔开了她生命中一段，最不忍回顾的旧生活。

离婚，笑解烦恼结

张幼仪再次见到徐志摩是在转年 3 月的柏林。一个星期以前，她刚刚生下了她与徐志摩的第二个儿子徐德生。在这个三月，幼仪迎接了一个新生命，也与一段旧式婚姻诀别。1922 年 3 月，由吴经熊、金岳霖等人做证，徐志摩与张幼仪在柏林签署离婚协议。徐志摩成为中国西式文明离婚第一人。

离婚，这在当时是个革命性的举动。在这些以革新，甚至以革命为口号的热血青年眼中，包办婚姻简直是对人权的压迫。它扭曲了人类的自由

情感，亵渎了神圣的爱情。正如徐志摩所说："无爱之婚姻无可忍"，所以，"真生命必自奋斗自求得来，真幸福亦必自奋斗自求得来，真恋爱亦必自奋斗自求得来！"但是，"追求自由爱情"这几个字，还远远无法承担徐志摩式的青年对"进步"希望。

徐志摩嫌恶的是守旧的一切，与一切传统下的腐旧。要反对旧，可旧是什么？旧抽象得很，你必得找个形影，旧诗，八股文，旧婚姻……很不幸，那桩父母精心挑选并打造的婚姻，正正撞到了徐志摩喷涌出的新思想的岩浆上；很不幸，何其无辜的幼仪成了那守旧的形影。

所以，徐志摩离成了婚，便是一场胜利。他登报发了个启示，还送给幼仪一首诗，叫《笑解烦恼结》。他在诗里对幼仪说："……毕竟解散，烦恼难结，烦恼苦结。来，如今放开容颜喜笑，握手相劳；此去清风白日，自由道风景好。听身后一片声欢，争道解散了结儿，消除了烦恼！"

所以，当这婚离成了，烦恼结解了，"旧"的阴影散了；所以，当幼仪在离婚文件上签下了自己的名字时，徐志摩会对她连声道谢，谢她帮助他对旧传统进行了一次猛烈而成功的打击；所以，在幼仪与徐志摩离婚后的很多年里，她与徐志摩的关系反而近了。他们会经常通信，与对方谈未来的打算与生活的琐事。徐志摩甚至还向人夸奖幼仪，说她是个很有志气的女子。他开始觉得这个女人可以稳稳地独立，会觉得她的"思想确有通道"，会觉得她什么都不怕，甚至觉得她有可能"丢几个炸弹，惊惊中国鼠胆的社会"；所以，那段旧式的婚姻是徐志摩心头的结，阻碍了他看到张幼仪身上已经拥有的，和可能拥有的好。

离婚，在当时多少还带有点戏谑的味道。据赵元任的妻子杨步伟说："那时还有一个风行的事，就是大家鼓励离婚，几个人无事干帮这个离婚，帮那个离婚，首先是陈翰笙和他太太顾淑型及徐志摩和他太太张幼仪，张其时还正有身孕呢。"只要是旧式婚姻，就不管不顾地鼓励人家"解烦恼结"，这是不是也是那个时代的新潮文人，与时代一起生的病？当徐志摩要与成全了他自由大义的张幼仪握手相劳，欢庆解散烦恼结的时候，他觉得：我解放了自己，也是解放了你。但不知他有没有为这个被他牺牲的女人考虑过出路，考虑过公平。

推翻自己的包办婚姻，似乎是那个时代接受过进步西方进步思想的文人，在反对所谓的腐朽传统时，运用的共同武器，无论这些人的性格或是主张有怎样的差别。也许，这是新思潮在碰到旧体制时，本能竖起的倒刺，抑或许，这是一个新潮文人在被拉入一场旧婚姻时，仅有的可供选择的反抗方式。但无论如何，在这场新与旧的较量中，女性永远是角力的被动方。

无论是革命还是游戏，徐志摩离婚的举动在张幼仪眼中，不过是为了追他的新女朋友。多少年过去了，幼仪仍坚定地认为，如果没有新女朋友，徐志摩不会那样急着要离婚。什么理想与勇气，那不过是徐志摩为了追到她的女朋友而找的借口。这样的行为称不上壮举，如果他只是单纯地依着自己的意思，因这场婚姻里没有"爱"才离婚，那才是壮举。幼仪的想法不无道理，但却也并不能说与"自由勇气"完全无关。只是，当这一切被时代的镜头定格住时，"徐志摩为林徽因而离婚"便自然地被虚化，而"自由与勇气"的轮廓，则显得异常清晰。

与徐志摩离婚后的张幼仪，开始了自己的生活。她在张君劢的帮助下，入德国裴斯塔洛齐学院攻读幼儿教育，归国后在东吴大学教德语。再后来，她在四哥张公权的支持下出任上海女子商业银行副总裁，成为中国第一个女银行家。与此同时，幼仪还集资，在上海静安寺路开办"云裳服装公司"，任总经理。1934 年，她在二哥张君劢主持成立的国家社会党内任财务。作为女人，她的风光，一时无两。

但对幼仪来说，最值得安慰的可能是她在徐家的地位不但没有因离婚而丧失，反而更加稳固。徐申如认了她做干女儿，这使她在实际上，即便不是徐志摩的妻子，却还是徐申如的儿媳妇。她仍帮着徐申如料理徐家大大小小的生意，参与徐家大大小小的事务，甚至连后来徐志摩再婚，徐申

如都不忘记她的意见。张幼仪海宁硖石徐家少奶奶的地位，不可动摇。

或许有人会说，正是徐志摩的遗弃，才使得张幼仪成长。但毋宁说，是张幼仪自身潜藏的特质，让她在被遗弃的日子里，走向了独立。那种特质，在她少年时将她带进了学堂，但却在她的结婚后寂寂沉睡。于是她坚定地守着传统，或为侍奉公婆而放弃学业，或夫唱妇随做个无怨言的家庭主妇。因此，即使她走出了国门，却没有走出传统为女性画定的圈。而当她被自己信赖的传统遗弃后，她潜藏的特质及时地苏醒。正因如此，她才有可能理解徐志摩的思想，认同他的做法，从而接受徐志摩离婚的主张。但更重要的是，她再一次地，因这种特质的苏醒而走上了新式女性的路。中国第一场西式的文明离婚中，不但有徐志摩的勇气，也有张幼仪的勇气。

至此，与张幼仪有关的剧情，缓缓落下了帷幕。她幸运地在这座舞台上，有了能让自己独自站立的角落。她在徐志摩给她的一时痛苦中，找到了通向一世幸福的路。现在，她所要做的，便是在属于自己的那方戏台上，静静演好自己的故事。而另一边，徐志摩的人生戏剧，才刚刚进入主题。

你是爱，是暖，是希望

当爱遇到林徽因

有人说，爱一座城市，实际上爱的是这个城市里的某一个人。所以，在爱上城市以前，请先在这里谈一场恋爱。这样，你才能把心留给这座城市，而如果你的爱人没有离这里的，那么，你的心就永远无法从这座城市离开。

徐志摩说，康桥是他的爱。康桥令他觉得幸福，幸福得他从未忘记，以至于多少年后，当他重新回到这里，仍旧向它倾弹了深情的夜曲。这样的情感，或许正是因为他爱上了这里的林徽因。

感情很玄妙，有的人日日在你眼前，你却对他视而不见；可有的人，只一眼，便是一世的记挂。徐志摩从来没有想到，他为了追随罗素，从美国追到伦敦。罗素没有见着，但却认识了让他一眼，便记挂了一世的林徽因。

那天，徐志摩听说国际联盟同志会理事林长民先生，将在伦敦国际联盟协会上发表演说。这位人称"书生逸士"的林长民，在当时提倡宪政、推进民主、热心公益；他与徐志摩的老师梁启超是政治上的知己，生活中的挚友。徐志摩早就仰慕这位前辈的人格魅力，这次听说他来伦敦演讲，便拉了同在伦敦的陈西滢与章士钊一同去看。这一看，两人便成了忘年交。林长民很喜欢这位年轻的朋友，一见面便引为知己。此后，徐志摩便常到林长民的家里喝茶，聊天，说点政治，谈点诗艺。也正是这时，徐志摩认识了林长民的女儿，林徽因。

林徽因，系出名门，蕙质兰心。这年她16岁，跟着父亲到欧洲。依着父亲的意思，她到这儿来，为的是增长见识；同时领悟父亲林长民的胸怀与抱负，扩大眼光养成将来改良社会的见解与能力。这样的抱负，在徐志摩初见她时，想来也洞察不到。徐志摩在林长民家里见到的，只是一个 16 岁的少女。她 16 岁的面容，没有风霜与世俗尘埃，秀丽纯净；但她 16 岁的眼中，已有聪慧的光在闪；16 岁，少女一身白衣，仿佛刚从烟雨朦胧的南国小巷里走出，带着一身水漾的诗意与一身清丽，优雅而灵动，如一件精美的瓷器。这样的女子，让徐志摩一眼，便是一世。

那是一个关乎理想的时代，甚至连爱情都与理想有关。偏偏，徐志摩是个浪漫的理想主义者，所以很多人都说，徐志摩对林徽因热烈的爱只是一种理想。在他眼中，林徽因是新女性。她自小便受过新式教育；她 16 岁便跟着父亲游历欧洲，眼界开阔；她会流利的英文；她结交众多外国名士……不必说，这样的女人与张幼仪相比，一个天上，一个地下。所以，徐志摩恋爱了，第一次，以自由的名义，从他的灵魂深处，爱上了这个从自己的理想中走出来的女子。纵使他爱的，真的只是那个被自己理想化了的林徽因又如何？他生来便是为了理想而前行。

于是，徐志摩愈加频繁地出现在林长民的寓所。或许就连他自己都未曾觉察，究竟从何时开始，他的初衷从找林长民，变成了找林徽因。

徐志摩叫这个灵气逼人的女孩"徽徽"。有了徽徽的生活一下变得丰富起来。他可以与徽徽谈诗，谈艺术，谈书法，看戏剧，跳舞；他所有的情感可以向徽徽倾诉；他的理想与追求可以被徽徽理解；他每一次的激情迸发，都能得到回应……

浪漫的徐志摩开始了对林徽因的热烈追求。他想用自己的热烈换他的徽徽许他一个未来。可 1920 年 12 月，林徽因的父亲林长民给他去了一封信，信上说："足下用情之烈令人感悚，徽亦惶恐不知何以为答，并无丝毫 mockery（嘲笑），想足下误解了……徽言附侯。"看来，徐志摩的热烈着实吓着了林徽因。本来，他们认识不过月余，况且林徽因第一眼见到徐志摩时，差点管这个爱慕她的男人叫"叔叔"。这也难怪，那时的徐志摩已为人夫，已为人父，而林徽因无论如何新式，却终归是个 16 岁的女中学生。或许，

这小小的误会正折射出一个事实：林徽因初识徐志摩初时，对他更多地怀着尊敬与仰慕。

此时的林徽因，面对徐志摩的追求有"惶恐"，有羞涩。她或许并不知道应该如何回应徐志摩的追求，但她的心里，也定然藏着喜悦——那样一个才华才华横溢，浪漫而多情的男人出现在自己的生命中，哪一个少女能不心动。所以，当时间前行，最初的惶恐与羞涩褪去后，他们的交往愈加亲密起来，特别是在林长民到瑞士开国联大会以后。

那是 1921 年 6 月，徐志摩经狄更生介绍，成为剑桥大学王家学院的特别生。幼仪此时已经到了伦敦，与徐志摩一同住在了沙士顿。不久，幼仪便发现她的丈夫频繁地往理发店跑。尽管幼仪明白这与一个女人有关，但她却未必知晓其中的细节。其实，徐志摩每天一大早出门，为的是赶到理发店对街的杂货铺——他用那里当作收信地址，收林徽因从伦敦的来信。

伦敦那边，林徽因由于父亲到瑞士开国联大会，而过着"闷到实在不能不哭"的日子。用林徽因自己的话说，当时的她总希望生活中能发生点儿浪漫，而所有浪漫之中，最要紧的是，要有个人来爱她。但她面对的，却是伦敦除了下雨还是下雨的天气，没有一个浪漫聪明的人同她一起玩。这时，沙士顿的来信，无疑是为伦敦下雨的阴沉天空里注入了一点浪漫的阳光。而她从伦敦寄出的信，也仿佛是一阵奇异的风吹过徐志摩的心头，他的"性灵"也似乎一下子从懵懂与彷徨中看到了光亮。于是，康河柔荡的水波旁，诞生了中国近代史上最浪漫多情的诗人。

寂寞少女的心头有了浪漫的诗人，浪漫诗人的灵魂有了伴侣。可是一切就像电影突然中断了放映，几个月后，诗人的灵魂伴侣却抛下他回国，没有给徐志摩留下任何解释。

徐志摩的爱，像不断跳荡着向前的小溪，欢快热烈，无遮无掩，这正像他；而林徽因的感情却像伦敦永恒的轻雾，轻轻晕出迷蒙的暧昧，这也像她。今天，我们将这段感情从记忆的旧书箱中翻出，也只能看着点模糊的光影。

我们用想象描摹着光影，再无法还原当年的影像。但无论如何，"林徽因"三个字，如康桥上升起的轻雾永远缭绕着徐志摩，从不来曾从徐志摩的生命中消散去。

康桥的名士们

在著名汉学家魏雷（Arthur Waley）眼中，徐志摩在英国的经历，是一场充满了东方色彩的寻师问道。徐志摩怀着顶礼朝圣的心情要来跟从罗素，为此他甚至连哥伦比亚大学的博士学位都不珍惜，漂洋过海到了英国。可罗素那时已经离开剑桥大学，无奈之下，徐志摩进了伦敦政治经济学院。后来，他转到了康桥。

在康桥，他进行了一场心灵革命。他先是下定了决心与幼仪离婚，这决心一下，灵魂便得到了释放。而他生活中的忧郁，似乎也在幼仪离开沙士顿后被带走。于是，那一年，离了婚后的徐志摩开始了真正的康桥生活，他眼中的一切都变得韵致非常。

他每天在清晨富丽的温柔中骑着单车上学，又伴着黄昏返家；当黄昏的晚钟撼动时，他会放眼一片无遮拦的田野中，或斜倚在软草里，等待天边第一颗出现的星；有时，他也会站在王家学院桥边的榆荫下，眺望妩媚的校友居，瞻仰艳丽蔷薇映衬下圣克莱亚学院里玲珑的方庭；而康河两岸协调匀称的学院建筑，是他永远看不厌的风景；他也曾在河边的一处果园里喝茶休憩，等着成熟的果子跳入他的茶中，看着跳跃的小雀落到他的桌上觅食。

也许，他最喜欢的，是单独一人到康河那儿去，在这份"单独"里寻味着康河，就像寻味着一位挚友。河流梦一般淌过翠微的草坪，怀抱住了这里所有的灵性。徐志摩就像当年的拜伦，徘徊于河边，久久不去。这是

他向往的自然，是他爱的"美"。当年康河的水抚慰了拜伦的心，而今它激荡了另一个人的性灵，如一帖"灵魂的补剂"注入了徐志摩天性敏感而多情的心里。

但是，徐志摩的心灵革命历程中，不仅仅只有柔丽风光与闲适的生活，如果仅是这样，那便称不上"革命"。康桥生活之所以能让他脱胎换骨般重生，与他在那里结识的人有关。

还是先从他刚到伦敦时说起。

徐志摩刚到伦敦时，很快便与一众中国旅英学者、留学生们打得火热。林长民、章士钊、陈西滢等人，都是在他就读伦敦政治经济学院期间结识的。后来，借着陈西滢的关系，徐志摩认识了著名作家威尔斯（H. G. Wells），又通过威尔斯认识了魏雷。威尔士与魏雷都是英国顶顶有名的作家、学者，他们对徐志摩的印象极好，威尔斯甚至认为，和徐志摩的会见是他一生中最激动人心的事件之一。这句话，对一个默默无闻的青年学生而言，已是极高的赞誉。

与倾心仰慕的名士相交，还能得到如此荣耀，羡刹多少旁人，可徐志摩却实觉得"闷"。但如果你能了解，此时的徐志摩已经冲淡了留学之初的野心——做中国的 Hamilton——那就能理解他的"闷"所谓何来。

在美国时，徐志摩也是钟情于政治的人。他在哥伦比亚大学念的政治学系，也算是政治学科班出生的人。无怪乎当年的他会自动自发加入中国留美学生的爱国组织"国防会"；也难怪他会写文章，讨论社会主义；当五四爱国运动的热潮从中国越洋袭来时，他热情高涨。多少年后，吴宓还清楚地记得，那时的徐志摩又是要打电话到巴黎阻止中国和会代表签字；又是要在美国报纸上登文章，还要参与中国留美学生会，讨论弹劾某人……忙得十分起劲。就连他自己也说，那时他对诗的兴味远不如对于相对论或民约论的兴味。

就是这样一个曾经被称为"中国鲍雪微克"的政治青年，到了英国，结识了众多英国名士后，对文学的兴趣日长。于是，美国的日子在他眼里变成了一笔糊涂账。伦敦政治经济学院里那些枯燥的政治学课程与古板的教授，也自然变得烦闷无趣。正当徐志摩开始揣摩，如何换条路走时，他遇到了狄更生。狄更生看出了徐志摩的烦恼，便介绍他进剑桥大学，做了"特别生"。

进了剑桥，徐志摩的交际愈加广泛。这位风度翩翩的儒雅中国士子，时常身着长衫与师友们高谈阔论。瑞恰慈（I. A. Richards）、欧格敦（C. K. Ogden）、吴雅各（James Wood）这样的先锋学者，都是他乐于交往的对像。在这些人中，欧格敦是邪学会（The Heretics' Club）的创立者。这个学会主要研究诗歌创作与翻译，由于他们总是发表一些与传统思想相异的，所谓"异端邪说"，故而自称"邪学会"。徐志摩参与其中，与人积极地讨论中国诗学，成为了团体中的活跃分子。

除了青年学者外，徐志摩的剑桥岁月，还与作家嘉本特（Edward Carpenter）、曼殊斐尔（Katharine Mansfield）、美术家傅来义（Roger Fry）的名字连在一起。徐志摩跟他们说唐诗，也跟他们说中国诗翻译，他的深厚的文学素养，加上流利的英文，令他这些文人雅士的中，如鱼入深潭，悠闲自在。当其他中国留学生抱怨难以融入欧洲生活时，徐志摩似乎是一下子就从中国士子儒雅生活的主流跳进了欧洲的诗人、艺术家和思想家的行列。这些欧洲文人、学者们通过徐志摩，第一次真正清晰地看见"文学艺术这些事物在现代中国有教养的人士中的地位。"而徐志摩也在他们的影响下，真正将自己的兴趣指向了文学。

浪漫主义与理想主义已经在徐志摩的心里扎下了根。他开始奉拜伦为偶像，总爱把自己视作拜伦式的英雄。尽管在魏雷看来，徐志摩缺乏拜伦式的愤世嫉俗，但他的确在日后的生活中，彰显了拜伦式的我行我素与倔强叛逆。或许，徐志摩从来没有想过他会在康桥遇到一场心灵革命。他查过家谱，祖上无论哪一代，都不曾有人写出过哪怕一行可供人诵读的诗句，

但现在他开了家族先河，成了诗人。这一切都起源于康桥，而来康桥则全为罗素。

作为蜚声国际的哲学家，罗素也一向热衷与讨论政治，并积极参与各种政治活动。第一次世界大战期间，罗素就积极从事各种反战活动。他先是进行了一系列和平演讲，接着又撰写反战传单，为此罗素被罚了 100 英磅。他不服，拒不付罚金，于是政府变卖了他在剑桥大学的藏书。不怕，继续发表反战文章，最后终于被逮捕。正是带着对人类命运的深切同情，罗素对抗着政府和社会舆论的压力，捍卫真理，绝不屈节。这一切，落进当时还在美国当"中国鲍雪微克"的徐志摩眼中，引得这位青年学生对他的人格无比景仰。

所以，徐志摩开始阅读罗素的书，这下更是教徐志摩领教了罗素的渊博学识。1920 年 10 月罗素访华。这期间，他发表了多次演说，其观点震动当时中国知识界。这种震动，随着报纸，波及了大洋彼岸的徐志摩。终于，徐志摩毅然放弃了哥伦比亚大学的博士头衔，乘船到了英国，想跟罗素这位二十世纪的伏尔泰，认真念一点书去。

可直到徐志摩到了伦敦以后才知道，罗素竟然会因其在"一战"期间的和平主张，被剑桥三一学院除名。这多少令徐志摩觉得失落。无奈之下，他只得进了伦敦政治经济学院，跟着拉斯基教授继续学他原来的政治学。第一次寻访，他与罗素失之交臂。

直到徐志摩进了剑桥大学，终于又有了机会。1921 年 9 月，罗素回到英国，与他的第二任妻子住在伦敦，靠卖文章过日子。十月，徐志摩从欧格敦那里打听到罗素的地址后，便找机会拜访了这位神往已久的 20 世纪的伏尔泰。

从此以后，他开始了与罗素密切的往来。罗素时常会从伦敦到欧格敦的邪学会中作演讲，徐志摩便经常有机会得以瞻仰这位精神导师的风采，聆听嘉言。他沐浴了罗素思想的光辉——平等，和平，捍卫自由，渴望爱，追求真理以及对人类苦难的深切同情。徐志摩对罗素这位精神导师，真正到了恨不得顶礼膜拜的程度。他曾这样赞颂罗素，说他"是现代最莹澈的一块理智结晶。而离了他的名学数理，又是一团火热的情感；再加之抗世无畏道德的勇敢，实在是一个可作榜样的伟大人格，古今所罕见。"而罗素同样也对徐志摩高水准的文化修养，赞叹不已。

虽然，罗素在徐志摩新诗创作道路上，并没有产生直接的推力，也很难说浪漫的徐志摩对罗素严谨的哲学体系有多深刻的理解，但罗素的个性气质与思想的确太合徐志摩的胃口。渐渐地，徐志摩身上折射出罗素式的气质特征，变得越发清高起来。最明显的，或许便是关于婚姻与爱情的态度，那简直就是罗素的投影。

罗素一生有过四次婚姻。第一次，贵族出身的罗素恋上了爱丽丝。但由于这位姑娘的平民身份，他们的爱情遭到了罗素家庭的反对。但年轻的罗素克服重重阻力，哪怕没有一个家人愿意参加他的婚礼，他仍然与爱丽丝举行了婚礼。然而在婚后，罗素的爱情却不仅仅属于爱丽丝一个人。奥托莱恩·莫雷尔夫人、康斯坦斯·马勒森夫人以及名演员科利特·奥尼尔都曾经得到过罗素的爱情。当然，罗素与爱丽丝终于分居。罗素的第二次婚姻则发生在十年后，1921年9月，也正是徐志摩在剑桥游学期间。十四年后，1935年，罗素与第二任妻子离婚，然后他挽着他的秘书贝蒂第三次走进了婚礼的殿堂；然而到了1952年底，已然八十岁的罗素再一次离婚，随后便与英国传记作家埃迪斯·芬琪一起打造了他的第四次婚姻。当然，也是最后一次。

罗素的婚姻正应了他对自己的评价：对爱情的渴望是支配他生命的三大激情之一。严谨的哲学家如此，浪漫的诗人又怎会让心中的爱情溜走？徐志摩一生的热烈最直白的体现，便是他对自由爱情的执着。甘冒天下之大不韪，与幼仪离了婚，是罗素式的叛逆。而他接下来要实现的爱情理想，比之罗素，有过之而无不及。

我有一个恋爱

剑桥大学校友居顶楼的走廊十分宽敞，静谧，带着几分安详。从走廊的窗户向外望去，可以看见康河对岸的草场。那里有十数匹黄牛与白马，正悠闲地嚼草。一阵风吹过，带着几声细碎的鸟语飘进窗口，成了这里唯一的声响。徐志摩独自一人坐在狄更生的房门口，已经有几个钟头。

徐志摩十分喜欢狄更生，很喜欢到他这里来。徐志摩终其一生，都对这位慈蔼的老人敬爱有加。如果不是他，自己恐怕进不了剑桥，无法在这里体验快乐剑桥生活，更无法形成对文学艺术的兴趣。所以，遇到狄更生是他一生最大的机缘。

他与狄更生的初次见面，即是在徐志摩认识林长民的那次国际同盟协会上，狄更生是那次会议的主席；后来徐志摩在林长民家里喝茶时，再次见到了他。渐渐地，二人便熟识起来。徐志摩对这位亦师亦友的长者崇敬非常。1921年，他送给狄更生一部家藏的康熙五十六年版《唐诗别裁集》，还用毛笔在书上写了献辞：

> "赠狄更生
>
> 举世扰扰众人醉，先生独似青人雪；
>
> 高山雪，青且洁，我来西欧熟无睹，
>
> 惟见君家心神折。
>
> 嗟嗟中华古文明，时埃垢积光焰绝，
>
> 安得热心赤血老复童，照耀寰宇使君悦
>
> ——西游得识狄更生先生，每自欣慰，草成芜句，聊志鸿泥。"

这是徐志摩作为诗人的处女作，其中可见他对狄更生的崇敬。而狄更生也对徐志摩爱护有佳。徐志摩时常到这位慈祥老人的寓所里与他聊天。狄更生便与徐志摩聊他对爱与真的希冀，聊他所崇尚的古希腊生活与东方文明，聊他对伟大浪漫主义作家的推崇。这一切，都在徐志摩心里，织造了关于浪漫与理想主义情愫。但狄更生大多数时候都在伦敦与他姐妹们住在一起，鲜少待在剑桥。当他不在时，徐志摩仍然会时不时地来到狄更生的房门口，坐在那里沉思，关于理想，关于生活的方向。今天他坐在这里，想得更多的也许是林徽因。

尽管与幼仪已经在离婚协议书上签了字，徐志摩的精神已经从枷锁中解放，但灵魂却仍然缺少伴侣。林徽因早在十月就已经随父回国，其间他们尽管也有通信，但他与林徽因之间却总是隔着一层看不清的雾，暧昧不明。暧昧，让徐志摩的心被忧郁占定。这分忧郁与英国名士的影响一起，慢慢潜化出了他诗人的气质；暧昧，也带给爱情最美妙的想象。所以，愈发遥远的距离，反倒让徐志摩的心，往林徽因那里走得更近一些，他渴望她的心越发强烈。

回国找她！这个念头就像康河上终年不散的水雾一般，在他脑中挥之不去。但是，他刚刚从剑桥大学的特别生转为正式研究生，博士学位眼看便能拿到。想当年为了追随罗素，他放弃了哥伦比亚大学的博士头衔，而今在剑桥，他还没有完成任何研究计划，当真舍得就这样离开？

其他人或许会顾念学业，但他是徐志摩，理想与激情一旦迸发，就再也拦不住。或许，也是因为坐在狄更生门前沉思，让徐志摩能够更加强烈地体会到狄更生以及其他浪漫主义诗人的精神感召，最终，他决定为爱离开剑桥。徐志摩一生都在寻求精神的安定，少了林徽因，他的灵魂似乎少了归宿，即便取得了成就，他的心也无法安定。回国追她是必然，时间早晚而已。

1922年9月，他放弃了剑桥大学博士学位，起程回国。但并不是一去不回，等他实现了心愿，一定会再回来，于是他写了一首诗，以此明志：

康桥，再会吧！

你我相知虽迟，然这一年中

我心灵革命的怒潮，尽冲泻

在你妩媚河身的两岸，此后

清风明月夜，当照见我情热

狂溢的旧痕，尚留草底桥边，

……

设如我星明有福，素愿竟酬，

则来春花香时节，当复西航，

重来此地，再捡起诗针诗线，

绣我理想生命的鲜花，实现

年来梦境缠绵的销魂足迹，

……

我今去了，记好明春新杨梅

上市时节，盼望我含笑归来，

再见吧，我爱的康桥。

"设如我星明有福，素愿竟酬，则来春花香时节，当复西航"。看来，诗人心中正憧憬着此番归国，追上林徽因后"含笑归来"继续学业。可是他不知道，林徽因归国后不久，就被梁启超指定为儿媳妇了。

月下待杜鹃不来

徐志摩回国了，跟着他一起回来的，还有他离婚的消息。

与张幼仪离婚，在徐志摩看来是件欢乐无比的事情，但传到国内，就谈不上欢乐。外人不说，硖石老家的父母不会欢乐；幼仪的家人定然也不会欢乐。这不欢乐的许多人中，还有徐志摩的师父梁启超先生。梁先生原本以为青年人相处不来，只得离婚。他一生致力于维新改良，这点开明程度自然是有的。但后来他听张君劢说，徐志摩离婚后，反而与张幼仪相处得不错，通信不断，这就让他想不明白。所以，在徐志摩回国后，他给徐志摩写了封信，一顿教训。

他说，徐志摩，天下岂有圆满之宇宙？你要知道，人生树立甚难，但消磨甚易。你现在风华正茂，正处在人生中最宝贵，也是最危险的时期。如果沉迷在虚幻的梦境里，只会受挫，最终失志堕落！你要慎而又慎！你与幼仪离婚的举动，是以他人之痛苦，易自己之快乐。况且，这样做是否真的能令你快乐还未可知，却已经让许多人为你的行为感到痛苦；还有，如今的年轻人总是榜标恋爱是天下唯一神圣的事，我固然不反对，但是天下神圣的事情太多，神圣的恋爱亦是可遇而不可求，不能你想如何便如何。多情多感的人，梦想虽多但却难以满足。你所梦想的那种神圣境界，恐怕亦将落空，最后徒增烦恼！

徐志摩知道，梁先生所谓的"神圣境界"，指的是他对林徽因的追求。先生此番话的目的，确是出于爱护徒弟，字字都是金玉良言。但是，徐志摩那时已经得知，林徽因已经与梁先生的儿子梁思成有了婚约。想来梁先生通过张君劢等人，也不难知道他对林徽因的心思。所以，梁先生的这封信，恐怕也包含着对徐志摩的警告：不要再对林徽因心存幻想。

可纵是先生警告又如何，他既然回来，就抱定了决心全力一搏，因此他在回信中说：

我之甘冒世之不韪，竭全力以斗者，非特求免凶惨之苦痛，实求良心之安顿，求人格之确立，求灵魂之救度耳。人谁不求庸德？人谁不安现成？人谁不畏艰险？然且有突围而出者，夫岂得已而然哉？……

我将于茫茫人海中访我唯一灵魂之伴侣；得之，我幸；不得，我命，如此而已。

他真是将爱情激荡与理想中，已经全然不顾现实，不忌庸俗的猜忌与世俗的卑鄙。他发誓要用心血浇灌他的爱情理想，将它凝成明珠，朗照灵府。所以，梁启超又能如何？他一样与他叫板。而且，梁启超在对待婚姻的态度上，也已经与徐志摩这一代人的追求拉开了距离。梁启超自己的婚姻，即是包办。娶妻后，又纳妻子的待女为妾。娶妻纳妾，一代维新志士在自己的婚姻上，同样行使了中国封建社会赋予男人的权利。如今，他看见徐志摩在婚姻问题上，对传统如此蔑视，未免觉得有些不是味道。

然而在徐志摩看来，爱情自由，是人类自由精神的倒影，绝对不能人工嫁接似地包办强配，而只有追求真爱，将爱情放在自由的祭坛上顶礼膜拜，才能体现它的真诚与神圣。也许神圣爱情的确可遇不可求，但茫茫人海中，得之我幸，不得我命，我只管去追求便是。

于是，他放开手脚追。但毕竟，林徽因已名花有主，再怎么追也只能让他们的关系悬着，悬到最后徐志摩就只剩尴尬。

这天，徐志摩去北京松坡图书馆找林徽因。松坡图书馆其实有两处，一处在石虎胡同七号，另一处设在北海公园快雪堂，是梁启超办公的地方。这里一到星期天，少了游人，便显得格外幽静古朴，很适合情人约会。徐志摩不是第一次来这里找林徽因。本来么，他是梁启超的弟子，进进出出也没有不对，但他总是在梁思成与林徽因约会时出现，把梁林二人的约会变成了三人聚会。徐志摩俨然是颗明晃晃的电灯泡，梁思成不满意了。这不，今天徐志摩到了快雪堂，只见门上贴了张条：Lovers want to be left alone. 这是婉转的逐客令：情人不愿被打扰。可以想见，徐志摩见了这字条，离开的时候，定是愁成了凄凉。不顾一切追爱，却只得这样的结果，正如他自己说：

我骑着一匹拐腿的瞎马，

向着黑夜里加鞭；——

向着黑夜里加鞭，

我跨着一匹拐腿的瞎马！

……

我冲入这黑绵绵的昏夜，

为要寻一颗明星；——

为要寻一颗明星，

我冲入这黑茫茫的荒野。

……

累坏了，累坏了我胯下的牲口，

那明星还不出现；——

那明星还不出现，

累坏了，累坏了马鞍上的身手。

……

　　如果仅怀着单纯理想而不顾现实，理想无异于"瞎眼拐马"，如何能够依凭？梁启超果然对徐志摩看得透彻。他太了解自己的徒弟。徐志摩过分执着于单纯的理想，热血到无法感知现实的冷酷。所以他教训他，不可妄求"圆满之宇宙"，那不过是个"茫然如捕风"的幻象罢了。但徐志摩偏偏听不进，他硬是骑了瞎眼的拐腿马来寻明星，于是碰了钉子，撞了一鼻子灰。最终，爱情的明星遍寻不着，希望只剩下残骸：

希望，只如今……

如今只剩些遗骸；

可怜，我的心……

却教我如何埋掩？

……

我唱一支惨淡的歌，

与秋林的秋声相和；

滴滴凉露似的清泪，

洒遍了清冷的新墓！

……

可是，爱情的微光总是会在希望最黯淡的时候闪动，挑逗多情之人的感观。就在徐志摩以为他追寻的爱情明星永远落下地平线时，却不料，它竟又有亮光。这一切要先从 1924 年的泰戈尔访华说起。正是他，带着新月般的清辉，照亮了徐志摩因爱而黯淡的生活。

相随泰戈尔

泰戈尔的中文名字"竺震旦"，得自梁启超。

1924 年 5 月 8 日，泰戈尔在他的访华行程中迎来他六十四岁生日。北京各界为他举行了隆重的生日庆贺会。庆贺会的其中一项，便是为泰戈尔献赠中文名。之所以取名"竺震旦"，梁启超这样解释：泰戈尔的英文名字 Rabindranath 翻译为中文即"太阳"与"雷"，"震旦"二字由此而来。再循中国以往翻译外国人名之例，泰戈尔的中文姓氏应以其国——印度，即"天竺"为姓，故定为"竺"。因此，泰尔戈的中文名，便定为"竺震旦"。泰戈尔许是对这个名字很满意，高兴之余受了启发，也给徐志摩起了个印度名字"素思玛"——Soosima。

这次泰戈尔来华，虽是以梁启超"讲学社"的名义邀请，但实际上真正大力推进的人正是徐志摩。虽然，徐志摩对泰戈尔敬爱非常，到了后来，更是直呼泰翁"罗宾爹爹"，但有意思的是，他对泰戈尔的文学作品以及哲学体系似乎并不感冒。

早在 1913 年，泰戈尔经已凭借抒情诗集《吉檀迦利》获得诺贝尔文学奖，成为亚洲获此殊荣第一人。这位诗哲的作品有世界级的影响力，但徐志摩从头到尾都没有对他的诗作投以足够的关注，对他的哲学思想也从未明显表达过自己的立场。不过，这些并没有影响徐志摩对泰戈尔的崇拜。1923 年 9 月 10 日，泰戈尔来华前，徐志摩在《小说月报》上发表了《泰戈尔来华》，他说：

> "泰戈尔在世界文学中，究占如何位置，我们此时还不能定，他的诗是否可算独立的贡献，他的思想是否可以代表印族复兴之潜流，他的哲学是否有独到的境界——这些问题，我们没有回答的能力。但有一事我们敢断言肯定的。就是他不朽的人格。

> 他的诗歌，他的思想，他的一切，都有遭遗忘与失时之可能，但他一生热奋的生涯所养成的人格，却是我们不易磨翳的纪念。所以他这回来华，我个人最大的盼望，不在他更推广他诗艺的影响，不在传说他宗教的哲学的乃至于玄学的思想，而在他可爱的人格，给我们见得到他的青年，一个伟大深入的神感……"

不难看出，徐志摩对泰戈尔的推崇，完全源自他的人格——博爱，至诚，坚韧，追求和平与自由。这似乎也是徐志摩自己终生探求的生命境界。所以，泰戈尔在徐志摩眼中成了高山仰止的人物。他不惜用最华丽的辞藻来形容这位慈爱的老人：

> "他是不可侵凌的，不可逾越的，他是自然界的一个神秘的现象。他是三春和暖的南风，惊醒树枝上的新芽，增添处女颊上的红晕。他是普照的阳光。

> 他是一派浩瀚的大水，来从不可追寻的渊源，在大地的怀抱中终古的流着，不息的流着，我们只是两岸的居民，凭借这慈恩的天赋，灌溉我们的田稻，苏解我们的消渴，洗净我们的污垢。

> 他是喜马拉雅积雪的山峰，一般的崇高，一般的纯洁，一般的壮丽，一般的高傲，只有无限的青天枕藉他银白的头颅。……"

虽然这几行浓烈的文字读起来难免发腻，但无疑表达了徐志摩对泰戈

尔人格的崇敬。同时，对泰戈尔的作品与诗作的影响，徐志摩也承认"无法回答"。因此，他积极推动这位伟大的诗哲到中国来，不为"推广他诗艺的影响，不在传说他宗教的哲学的乃至于玄学的思想，而在他可爱的人格，给我们见得到他的青年，一个伟大深入的神感……"。让泰戈尔人格的神辉，引导陷中国人在动荡的年岁里，从"怀疑、猜忌、卑琐的泥溷"中解脱。

徐志摩笃定泰戈尔的影响力，但泰戈尔自己，却怀疑他的到来是不是真的能给中国人的思想与心智补充营养。但无论他在踏上了这片古老的土地之前有多么迟疑，当他见到那些欢迎的人潮时，或许能找回勇气。他的到来是当时中国文化界的一大盛事。当他乘坐的轮船抵达上海码头时，文化界名人，各大报社记者，都在欢迎他。据说连末代皇帝溥仪都与他会面。而与泰戈尔神交已久的梁启超在欢迎词中，也不吝溢美之词："我们用一千多年前洛阳人士欢迎摄摩腾的情绪来欢迎泰戈尔哥哥，用长安人士欢迎鸠摩罗什的情绪来欢迎泰戈尔哥哥，用庐山人士欢迎真谛的情绪来欢迎泰戈尔哥哥。"

有欢迎的地方就一定有批评。陈独秀、郭沫若、沈雁冰、瞿秋白、林语堂等人在对待泰戈尔的态度上，就与梁超启、徐志摩泾渭分明。在陈独秀他们看来，泰戈尔的思想放在中国，简直是中国青年的思想大敌。郭沫若就毫不客气地说："世界不到经济制度改革之后，一切什么梵的现实，我的尊严，爱的福音，只可以作为有产有闲阶级的吗啡，椰子酒；无产阶级的人终然只好永流一身的汗水。平和的宣传是现世界的最大的毒物"。

听到了这样的反对声，泰翁的心受了打击。他的思想在自己的国家，被认为过分前卫，而到了中国他却被指责太过保守。真是愁刹了老人。虽说他原本认为，如果只谈诗歌，或许对不住对他寄予厚望的中国朋友，但事实证明，如果他仅仅谈诗，或许更容易被人接受。

老人心累，再加上三四十场的演讲，无数的会面与接见，身累。或许此时，最能令身心俱疲的泰戈尔感到安慰的，就是他的忘年交素思玛——徐志摩了。这真是一位热情真挚的青年。他几乎一路都在陪着泰戈尔，无论是演讲，茶话，游览，从上海到北京，他当翻译，当导游。其至有一次，他陪泰戈尔到法源寺赏丁香，竟因情绪激动，在树下作了整整一夜诗。

泰戈尔的访问是否对当时的中国有现实意义，或许的确值得商榷。但就徐志摩个人而言，泰戈尔的这次访问，意义重大：正是在这次接待泰戈尔的活动中，他看见了他与林徽因爱情中那点残存的微弱希望。

泰翁到了北京后，同是新月社成员的林徽因加入了接待工作。据说当时陪同泰戈尔的"林小姐人艳如花，和老诗人挟臂而行，加上长袍白面，郊荒岛瘦的徐志摩，犹如苍松竹梅的一幅三友图。"这一对金童玉女似的人物，本就前缘未了，加上日日相处，旧情复燃也在情理之中。而这段期间他们最珍贵的记忆，恐怕要数为排演《齐德拉》时的接触。

同样是为了在泰翁六十四岁生日庆贺会上为他庆祝，新月社同人排演了由泰戈尔改编自印度史诗摩诃婆罗多的《齐德拉》。那是一个与爱有关的故事。戏里，林徽因扮演女主角齐德拉公主，徐志摩扮演爱神。在爱神的帮助下，齐德拉公主终于与她爱慕的王子，过上了幸福快乐的生活。

这出美丽的爱情神话里，观众最无法忽略的，不是王子与公主，而是爱神与公主。他们的每一次交会眼神，都是心的相连，连得如此默契如此和谐。他们仿佛能从对方的眼中读懂台词，更能从对方的眼神中，读出台词以外的情愫。真情演绎出的戏剧，无疑能感动所有人。这次演出取得了巨大的成功。它是第一次以全英文演出的戏剧；是徐志摩的新月社，作为一个团体，第一次公开举行的活动；而它对徐志摩而言，最重要的意义是，它是一剂强心针，让徐志摩仿佛早已麻木的爱情渐渐苏醒。不但如此，或许是徐志摩与林徽因在台上的感情过分满溢，漫出了舞台，渗入了现实，于是招来了流言。据说，梁家也对二人产生了不满。

因为一场戏，两人传出绯闻，俨然现代八卦新闻的桥段。但这两人的绯闻却很难让人不当真。毕竟，他们曾有一段共同的康桥回忆。而徐志摩从来没有彻底放弃对林徽因的爱，这几乎是公开的秘密。他归国后仍是待

她殷切，待她温柔一如初见。林徽因再理智，但终归还是个女人。女人对痴情浪漫的男人天生少了免疫。因此，就算林徽因当时诚如外界所传，真的陷入了情感的挣扎，也再自然不过。

可是，林徽因依旧是林徽因，理智得能让所有女人羡慕。她或许挣扎矛盾，但她最终选择了远离情感的是非。《齐德拉》公演后不久，林徽因再次离开了，这次是去美国上大学，与梁思成一起。于是，徐志摩的爱情苏醒宛如一次生命的回光返照。

天地彻底暗了。徐志摩茫茫然，不知道该往哪里走，颓丧得直想掉泪。偏偏这时，他要陪泰戈尔到山西推广农村建设计划。这一别再回来，怕是林徽因已经离开，不知何日才能见到了。5 月 20 日，泰戈尔前往山西，送行的车站，徐志摩终于爆发。他知道林徽因就站在人群里，但是他不敢看。即便看了又能怎样？他们只是随着车辆前行，越来越远，最终消失在彼此眼里。他系在林徽因身上的情丝，怎么就这样能说断就断了？原来爱情如此脆弱，真是不敢相信。他伤心至极，铺开信纸，写了封信：

"我真不知道我要说的是什么话，我已经好几次提起笔来想写，但是每次总是写不成篇。这两日我的头脑只是昏沉沉的，开着眼闭着眼都只见大前晚模糊的凄清的月色，照着我们不愿意的车辆，迟迟地向荒野里退缩。离别！怎么的能叫人相信？我想着了就要发疯，这么多的丝，谁能割得断？我的眼前又黑了！"

信没有写完，他还来不及送出，火车却要走了。他焦急，冲向站台，同行的泰戈尔秘书恩厚之见他如此伤情激动，便将他拦下，帮他把信收起。于是，这封没有写完的信，就这样永远没有被寄出，随着徐志摩与林徽因的爱情，一起被岁月留在了记忆里。的确，单凭理想无法对抗现实，"去罢，青年，去罢！悲哀付与暮天的群鸦"；从那场幻梦里醒来，"去罢，梦乡，去罢！我把幻景的玉杯摔破"。天空爱上大海，只有风叹息……

万丈诗情洗尘心

石虎胡同七号

北京西单附近的石虎胡同七号有座王府似的宅子，古树参天。这座宅子有名，里面住过西南王吴三桂和清代名臣裘曰修；也有人说这宅子闹鬼，是当年北京城有名的凶宅；后来，梁启超把松坡图书馆专藏西文图书的分馆办在这里。徐志摩回国以后，便进来当了英文干事，并将其间的一处房屋作为自己的居所。

当年，松坡图书馆总务部主任是蹇季常先生。有一天，他看见徐志摩在自己的住处外挂了块牌子，上书"新月社"。或许他当时没有想到，这个25岁的年轻人，在自己的房门口挂了块并不起眼的牌子，竟成为中国近代文坛上，一个全新文化团体诞生的标志。

那还是1924年春天，徐志摩正等着泰戈尔访华。总有人说，伶俐如徐志摩，定是为了讨泰翁欢心，才应景似地将自己创立的团体命名为"新月社"。诚然，徐志摩的"新月社"与泰戈尔的《新月集》有必然的联系，但"新月"二字，也镌刻着强烈的徐志摩韵味。

徐志摩爱月，看他的诗，总能见团团月彩。雷峰塔下，有明月泻影在眼熟的波心；再看明月似新娘娇羞，用锦被掩盖光艳；有时残月半轮，如破碎的希望，应和了半夜深巷传出的琵琶；而当月光将花影描上石隙，竟能让粗丑的顽石生媚……徐志摩爱月，人也如月浪漫，情感亦如月般澄明，毫无遮掩。想当初，他为自由，能对张幼仪冷酷如此，却也为了林徽因，热情温柔；他能为理想，毅然拒绝美国的博士头衔，而去英国朝拜罗素，也能为了爱情干干脆脆地离开剑桥。徐志摩的爱与恨，旁人一眼便能直直看明白。这种对情感毫无遮掩的表达，应了"新月"的清澈明亮，但同时，也是他遭遇文坛风波与情感纠葛的原因。

恐怕就连徐志摩自己都无法确定，像他这样二十几岁，毫无根基的青年，能在短短两年时间中做出什么成就来。那时，大批青年学生海外归来，北京城里藏龙卧虎，不定哪条逼仄的胡同里一扇不起眼的门后，就坐着一个华才惊艳的青年；而一场新文化运动，又催生了多少团体与刊物。团体如文学研究社，创造社，锐气逼人；刊物如《小说月报》《新青年》亦是风声水起。新月清淡的光辉真的能照彻他的理想吗？

1922 年 10 月，徐志摩回到北京。虽然此时，他正因无法获得林徽因的爱情而被一份深刻的忧郁占定，但这真的不是他生活的唯一重心。毕竟，身在大北京，不管是新朋还是旧友，围绕着自己的都是精英。这些人的才气与名声是驱策的鞭子，让徐志摩一刻也懈怠不得。于是，他与所有刚出道的文学青年一样，跃跃欲试，想在文坛打天下。当然，最直接最简单的方式，便是多多投稿。

从 1923 年 1 月至 3 月，短短两个月内，徐志摩在《创造季刊》《小说月报》《努力周报》《时事新报·学灯》《晨报副刊》等刊物上，接连发表了十数篇作品。初入江湖的文学青年，就这样跃马扬鞭开始经营自己的文学生涯。

虽然，徐志摩谦虚地说自己的东西不成气候，都是些烂笔头，但实际上，他的诗格律新颖，给了古老的中国诗歌以新的体魄。而他的文字，则带着富丽的联想，清新俏皮，仿佛不沾人世烟火。因此，他的作品一发表，就吸引目光无数。这期间，他最有名的诗，恐怕要数《康桥再会吧》。

康桥，再会吧；

我心头盛满了别离的情绪，

你是我难得的知己，我当年

辞别家乡父母，登太平洋去，

（算来一秋二秋，已过了四度

春秋，浪迹在海外，美土欧洲）

扶桑风色，檀香山芭蕉况味，

平波大海，开拓我心胸神意，

如今都变了梦里的山河，

渺茫明灭，在我灵府的底里；

……

这是首新诗，它最初登报是在 1923 年 3 月 12 日的《时事新报》副刊《学灯》上。只不过，不是以诗文形式，而是以散文形式出现。并不能责怪编辑出错。这首新诗在当时的中国是一种全新的体裁。它近似于英义"索体诗"，全篇无一字压韵，却贯穿以一定的音节。所以，即便拿他当散文来读，也是一气连贯。没有见过这种诗歌体裁的人，将其误认作散文也实属正常。因此，徐志摩见出了差错也没生气，只是写了信去报社纠正。3 月 25 日，《康桥再会吧》重新登载。徐志摩看了后，发现还是错——顺序乱了。没办法，只得再改。于是，这首诗第三次见报，这次总算对了。

这首诗很快便引起大家关注，其中的原因除了它的创新之外，接连出错的周折也占了一份。徐志摩因这首诗，成就了最早的诗名，其中有才华，亦有风波。最初的成名经历，就像是徐志摩文坛经历的预言。徐志摩以后便会知道，他这一路走来，麻烦不断，但就目前看来，一切都还平静。

现在，徐志摩诗名日高，加上他天生善交际，所以身边很快聚集了许多志同道合的朋友。他们与徐志摩一样，都曾留学欧美，都是精英，都急迫地想将西方新思想植入古老中国的陈旧生命中。也因为都是书生，所以激扬文字成为他们最好的表达方式。新一代青年渴望言说的空间，于是，"聚餐会"出现了。

在当时的北京知识份子中,流行着一种具有欧洲"沙龙"性质的"会"。生日会、消寒会、聚餐会、互友会,等等。参与的人多是社会名流,大家在一起或论国事或聊生活,或宣泄情感或抒发苦闷。早在英国期间,徐志摩就对参与沙龙聚会情有独钟,现在,他有了自己的交际圈,何妨也组织个"会"?于是,他开始忙碌,积极动员胡适、林长民、丁文江、张君劢等人,成立了"聚餐会"。

这个聚餐会每周聚餐一次,但聚餐的地点不定,或在某个朋友家里,或在饭庄、公园。虽名为"聚餐",但重点却不在"餐"而在"聚"。一群朋友坐在一起,交流观点,互通信息。他们将严肃、甚至枯燥的思想话题,糅杂于趣味无穷的社交中。或许,一种新的艺术风格,一种新的文艺思想,一个新的文学流派,就在觥筹交错间被形塑。

有人说,徐志摩热心组织大家成立"聚餐会"是他因失去林徽因后,便只能寄情于事业。这话也有几分道理,或许在朋友的笑谈中,在浅吟低唱声里,他能暂别失恋的苦痛,描一描自己理想的"棱角"。

> "我们的小园庭,有时荡漾著无限温柔:
>
> 善笑的藤娘,袒酥怀任团团的柿掌绸缪,
>
> 百尺的槐翁,在微风中俯身将棠姑抱搂,
>
> 黄狗在篱边,守候睡熟的珀儿,它的小友,
>
> 小雀儿新制求婚的艳曲,在媚唱无休——
>
> 我们的小园庭,有时荡漾著无限温柔。
>
> 我们的小园庭,有时淡描著依稀的梦景;
>
> 雨过的苍茫与满庭荫绿,织成无声幽冥,
>
> 小蛙独坐在残兰的胸前,听隔院蜘鸣,
>
> 一片化不尽的雨云,倦展在老槐树顶,
>
> 掠檐前作圆形的舞旋,是蝙蝠,还是蜻蜓?

我们的小园庭，有时淡描着依稀的梦景。

我们的小园庭，有时轻喟著一声奈何；

奈何在暴雨时，雨槌下捣烂鲜红无数，

奈何在新秋时，未凋的青叶惆怅地辞树，

奈何在深夜里，月儿乘云艇归去，西墙已度，

远巷薙露的乐音，一阵阵被冷风吹过——

我们的小园庭，有时轻喟著一声奈何。

我们的小园庭，有时沉浸在快乐之中；

雨后的黄昏，满院只美荫，清香与凉风，

大量的羹翁，巨樽在手，蹇足直指天空，

一斤，两斤，杯底喝尽，满怀酒欢，满面酒红，

连珠的笑响中，浮沈著神仙似的酒翁——

我们的小园庭，有时沉浸在快乐之中。"

《石虎胡同七号》，徐志摩诗作中的名篇。藤娘、棠姑、槐翁、黄狗，映着他的天真本性。那道"依稀的梦景"，正是他理想中的静谧恬宁。这里远离人情纷扰，洋溢诗趣无限，清澈秀逸一如他心中的康桥。一首诗，便将一座城移植到这里。徐志摩带着他的康桥情结，在这座小园里滋养着他"诗化的生活"与希望。

那时，徐志摩的愿望很简单，他不过是想集合身边的朋友，借着众人的力量，做点自己想做的事情——演戏。演戏一事在当时的知识分子中并不简单，尤其在五四以后，它成为许多进步青年最有力的思想宣传媒介：李叔同在日本创立了"春柳社"；田汉有了自己的"南国社"；茅盾也组织了"民众剧社"。徐志摩也想借着戏剧起步，为自己开辟条新路。

但是，一直到徐志摩把"新月社"的牌子挂起，这些聚在一起想演戏的人却什么都没演成。多亏后来泰戈尔来了，众人为了给泰翁祝寿，才被

逼出了一出《齐德拉》。之后,他们也曾想排演几出丁西林的戏,却也只是想,一直没有动静。

没过多久,松坡图书馆为了节省经费,出售了石虎胡同七号。为了延续新月社的活动,徐志摩办起了"新月社俱乐部"。也正是此时,新月社作为一个团体,才真正成形。"聚餐会"时期,大家轮流做庄,活动没有固定场所;当初的"新月社"看起来,也只是名称,组织显然还未定形。现在,新月社同仁有了固定的活动场所,即位于松树胡同七号的"新月社俱乐部"。说到这里,还得多谢徐申如与黄子美的帮忙。

新月俱乐部

在徐申如眼里,儿子徐志摩显然背离了父亲为他设计好的航向:先是从父亲为他定下的婚姻中"叛逃",接下来又不好好读书以继承家业,而跑去写些无用的诗。换了其他人,把儿子关起来管教也说不定。但徐申如毕竟见过世面,也够开明,所以当徐志摩表达了他要建立新月社俱乐部的愿望时,他大方地答应了。何乐而不为呢? 建立团体,有利于儿子扩大他的交际圈。用商人的眼睛观察,这是好事。所以,他不但答应,还垫了一笔钱给儿子当经费。此外,徐申如的好友黄子美也出了钱,而且还帮他们找了房子——松树胡同七号。

在陈西滢的记忆中,那是一栋花园平房,一间大房用来开会,一间小饭厅用来请客。另一间不大不小的房间,是徐志摩的书房兼卧房。黄子美也把这里布置得很好,通了电,接了电话,就连厨子都备好了,听说做的菜很好。

这里有舒服的沙发躺,有可口的饭菜吃,有相当的书报看,徐志摩挺满意。他的新月社会员们常来这里聚谈。一群文人雅士聚在一起,兴趣也

便成了"雅兴"。他们交流学术，探讨文艺，评论时政，好不热闹。此外，新月社还举办各种"会"，其中自然少不了诗歌朗诵会。

秋天，五色的爬墙虎叶子，将松树胡同七号院点缀得色彩斑斓。沈从文一走近院子，便听见一阵清而轻的声音。原来徐志摩坐在墙边石条上读诗，缓急之间，见出情感。这是沈从文第一次见到徐志摩。新月社俱乐部时常举行这样的诗歌朗诵会，徐志摩但有新作，也总是很有兴致地将它读给客人听。

除了诗歌朗诵会，新月社还办读书会。熊西弗印象最深的一次读书会，是梁启超先生来讲解和朗诵《桃花扇》。那天，梁先生讲了《桃花扇》作者的历史，详尽地分析了它的时代背景以及它在戏曲文学上的价值。末了，梁先生还用他流利的"广东官话"朗诵了《桃花扇》中最动人的几首词。据说当时，先生在"诵读时不胜感慨之至，顿时声泪俱下，全座为之动容。"

新月社办了许多"会"，新年举有舞会，元宵闹灯会，总之琴棋书画，能想出的事情几乎都办成"会"了，只是这戏剧，仍然全无踪影。

这并不奇怪，新月社众人当中，有小说家，如凌叔华；有美术家，如闻一多；有知识分子，如胡适、陈西滢；有银行家如黄子美；有军界人士如王赓，还有政界人士如张君劢。众人各有各的专长，各有各的工作，哪抽得功夫志门写戏排戏？而这戏迟迟没排上，却也反映了新月社组织的松散。真的过于松散，以致连新月社成员在回忆有关它的事情时，竟然都模糊了记忆。

"他（徐志摩）那门前挂着'新月社'牌子的寓所，石虎胡同七号，是因为他曾经在这里接待过《新月集》的作者——印度老诗人泰戈尔……"

这是饶孟侃的说法。他记错了徐志摩挂牌的时间——应当是泰戈尔来华之前。

"'新月'本来是北平北海公园的一个小俱乐部，由胡适、徐志摩和几个银行家组成，最初只是大家常聚在一起聊天玩玩，当时我在美国没有参加……"

这是梁实秋的记忆，但是他没有参加的"俱乐部"其实是当时的"聚餐会"，并不是后来的新月社俱乐部。而且，当时的聚餐会，显然并不固定在北海举行。

"'新月'不是一个正式的社团，最初是民国十三年在北平的一些教授们，其中包括胡适、徐志摩、饶孟侃、闻一多、叶公超等人定期聚餐的一种集会……"

这是叶公超的回忆，但是，最初的"定期聚餐"时期，可没有饶孟侃、闻一多和叶公超自己。

真不能怪成员们混淆了记忆。要让徐志摩自己想，他可能连自己的新月社有多少人，都弄不清。他随性得很，遇着聊得来的，便把人往新月俱乐部里拉，连入会手续都不见得齐全。比如闻一多，他在 1925 年 8 月 9 日加了一场新月社的茶话会后，第二天，就正式成为会员了。难怪陈西滢从未曾见新月社有过社员名单。不仅没有社员名单，甚至就连大家一起开会讨论社团宗旨这样的事情都没有。所以，这个时期的新月社，与其说是文学团体，倒不如说是徐志摩朋友的组织，彼此有襟袍关系，各人有各人的兴趣。如果新月社俱乐部里坐着一群人，你根本不知道谁是正式社员，谁又是来访的客人。

新月社很松散，散到连会费都没有正式的负责人来收。所以也就不难想象，新月社俱乐部成立以后，因为无人按时交会费，所以仅两个月，新月就有了巨额的亏空。

交会费一事，不是没有规定，每个人每月一圆五。也不是大家手里紧，交不上。当时新月社里多是名流绅士，太太小姐，每月那点钱不成问题。

问题是，不知交给谁。交给徐志摩是万万不成的，他这人没有计划，也没有管帐的心思。会费收不上来，其他人倒也罢了，只是委屈了黄子美。

黄子美当初出钱帮徐志摩成立了新月俱乐部，后来又在新月当了管事，大大小小的杂务，都得要他来。徐志摩对他很是感激，本来是想收了会费，把黄子美的垫资还上。这下可好，他随意收人，又不管事，会费没收齐，不但还不上钱，还亏了钱。这倒也罢了，本就垫钱帮忙的黄子美，为着亏空，还得自掏腰包补漏洞。也难怪后来黄子美听说徐志摩因感情苦闷要去欧洲散心时，会连眼睛都红了。所以，徐志摩无比自责："他（黄子美）不向我们要酬劳已是我们的便宜，再要他每月自掏腰包贴钱，实在是太说不过去了。……如果我要是一溜烟走了，跟着太爷们爱不交费就不交费，爱不上门就不上门。这一来黄爷岂不吃饱了黄连，含着一口的苦水叫他怎么办？"

能维持住散沙样的新月社，原因之一，是新月社毕竟是"徐志摩朋友的团体"。这些朋友与徐志摩在文艺思想与政治理念上有共同的追求。但更重要的是，徐志摩在人群中产生的强大凝聚力，否则单是朋友，也并不见得非得跟你一起结社。

徐志摩的信仰单纯坚定，他追求真与自由的，他的情感一向真诚坦荡，对人的怀有爱与同情。这些个人魅力，令徐志摩产生了奇妙的黏性，连接着周围的朋友。因此，"新月"给了徐志摩灵感与希望，而徐志摩给了"新月"以灵魂。所以，一旦这个灵魂寂灭，新月便会黯淡，人心便散。不说远的，只说1925年，徐志摩不过离开北京出游欧洲半年而已，新月社便几乎只剩下一个名号。徐志摩曾在旅途中给新月社众人写了封信，他半是自责，半是激励地问众人："新月新月，难道我们这新月便是用纸版剪的不成？"

徐志摩的自责，并不仅止于新月社的管理。他真正懊恼的，是他的理想一点"棱角"也没有露。那些新年年会，元宵灯会，古琴会书画会读书会，在徐志摩眼里，充其量不过是大家一时兴起，消磨时光用的时令点缀。不是说谈诗歌吗？怎么现在搓麻将，打弹子的居多了？不是说借演戏以推广文艺，以宣传思想吗？怎么现在，这里越来越像会友交际的场所？不是要谈理想吗？怎么现在竟成了上流先生太太们的娱乐消遣？"这 petty bourgeois（小资产阶级）的味儿，我第一个就受不了。"徐志摩痛心，"我们新月社岂不变了一个古式的新世界或是新式的旧世界了吗？"

他深觉，理想不露棱角，真是可耻。如果他的新月社生活一直这样过下去，那他笔尖的光芒与心血就都将黯淡，所以他一定要振作。他从来就不是轻言放弃的人。到现在，他仍相信，"'新月'虽则不是一个怎样强有力的象征，但它那纤弱的一弯分明暗示着、怀抱着未来的圆满。"当初，"罗刹蒂一家几个兄妹合起莫利思朋琼司几个朋友在艺术界里就打开了一条新路，萧伯纳卫伯夫妇合在一起在政治思想界里也就开辟了一条新道"，现在，凭借众人的才学与创造力，凭借着共同的梦想，他们一定能让新月呈现它应有的样子。

理想是好，只不过，现实仍然让他失望，他的新月一直被乌云笼罩。但也只是暂时，等他从欧洲回来，接办《晨报副刊》后，他的理想才算露了棱角。虽然新月社众人不像其他文学团体那样，习惯团队作战，但就他们个人而言，都是才华横溢的人物，都可以独挡一面。最拿得出手的人，非胡适莫属。

世上另一个我

几乎所有人都承认，徐志摩是新月社的灵魂，而胡适则是新月社的领袖。胡适何许人也？他本名嗣穈，后来，他给自己改了名字——"适"，据说出自达尔文"物竞天择，适者生存。"他是 1910 年"庚子赔款"第二期

万丈诗情洗尘心

官费生赴美留学生。到了美国，他进了康奈尔农学院学习农学。可是，这个智慧一流的人物，却被苹果树的分类弄得晕头转向。其他人二十分钟能分清三十种苹果树，胡适花了两个半小时，只分出了二十种。所以，他极郁闷地转行。这一转，非同小可，竟成就了他日后的名声。

他开始研究文学、哲学、史学、考据学、教育学、伦理学，陆续获得有三十多个博士头衔；他一篇《文学改良刍议》，倡导白话文写作，石破天惊；此后，他出版了中国新文学史上第一部白话诗集《尝试集》；他第一个用白话写作独幕剧，确立了现代话剧的新形式；他的小说《一个问题》，为中国"问题小说"流派开宗之作；他是那场文学革命的领袖。

在徐志摩眼中，胡适敦厚，师长一样令人觉着温暖，受人尊敬，但创造社的郭沫若就对他印象不好。而胡适在那场"夕阳楼之争"中表现出的英文优越感，更是让创造社视他为死对头。不过，也不能全怪胡适，若不是郁达夫在那场争论中，先用了些不入流的话嘲弄了胡适，胡适后来也不至于"过分激烈地"对创造社等人不通英文的事实表达蔑视。毕竟，胡适崇尚的也是绅士风度。他生命中的绝大多数时光，都维持着平和。所以那次"夕阳楼事件"也是他先退让，在争论中先对自己的过分言辞表示惭愧，对自己在争论过程中的无礼道歉。然而双方的纠纷在胡适的退让中渐息时，冒冒失失的徐志摩又一头撞入，于是纷争再起，不过那已是后话。

胡适与徐志摩，新月社双绝。因为新月，他们结下了深厚的情谊。徐志摩亲近胡适，"与适之谈，无所不至，谈书、谈诗、谈友情、谈爱恋、谈人生、谈此谈彼……"胡适欣赏徐志摩，认为徐志摩对诗的见解甚高，学力也好。他甚至希望徐志摩能成为东方的惠特曼。也许正是带着这样的期望，他不断地在徐志摩的文学创造上给予他鼓励与灵感，所以徐志摩才会说，他的大多数的诗行都是胡适撩拨出来。可以说，胡适亲手开创了新文化运动，而徐志摩的出现，则继承了他的使命。

胡适与徐志摩的相交，是新文化运动的倡导者与力行者之间的相遇。事实证明，在新月社的全部发展历程中，无论少了他们当中的哪一个，新月都将黯淡光辉。曾经，胡适在徐志摩离开北京时，维系着他们的聚餐会，否则，用徐志摩的话说，聚餐会早已呜呼哀哉了；后来，胡适失去了徐志摩，新月失去了灵魂。他作为领袖，再也无法像原来那样感召新月同人。于是，新月众人散成了天上群星，各自光彩。

尽管在很多事情上，胡适与徐志摩同声相契，但他们实如一个灵魂的正反面。徐志摩在这一点上看得透彻，他对胡适说："你我虽则兄弟们的交好，襟怀性情地位的不同处，正大着。"

徐志摩浪漫温柔，文字柔软多情，但现实中，他却能激烈到先以离婚的方式反传统，后以再婚的方式实践他的先锋理想。所以，徐志摩在浪漫里成为持刀骑士，惊世骇俗。而胡适，倡导全面西化的新锐干将，却谨慎保守地留在了包办婚姻里，甘心成就世人"小脚夫人，留美博士"的笑谈。胡适的矛盾，诚然是那一代文人的典型性格，却也是胡适自己的性子。他持守中国文人的礼义与温和，强调着"容忍比自由更重要"。"情愿不自由，也就自由了。"说着这话，胡适在自己的情感问题上秉持了理性。

这种理性，使得蒋介石正评价胡适是"新文化中旧道德的楷模，旧伦理中新思想的师表"，也是这种理性，令胡适在唐德刚的《胡适杂忆》中，被说成"发乎情、止乎礼的胆小君子"。或许，发乎情、止乎礼，是因为胡适将他的生命重心落在了经世致民上，而不像徐志摩那样，仿佛是为爱而生的。

还是徐志摩的话："你（胡适）在社会上是负定了一种使命的，你不能不斗到底，你不能不向前迈步，……但我自己却另是一回事，……我唯一的希望是……在文学上做一点工作……始终一个读书人……"或许，胡适并不愿承认自己的使命——政治。在这点上，他羡慕徐志摩也说不定。因为胡适曾说，终生不谈政治。但终其一生，他都在谈论。谈五四，谈苏俄，

55

谈人权，谈法治……他跟袁世凯谈过，同吴佩孚谈过、与段祺瑞谈过，也与蒋介石谈过。每一次面向庙堂的言谈，也都是温和，他似乎永远微笑着，向世人描绘他的理想中的社会。

最后，在他离开人世后，人们在他的墓志铭上写："这是胡适先生的墓。生于中华民国纪元前二十一年，卒于中华民国五十一年。这个为学术和文化的进步，为思想和言论的自由，为民族的尊荣，为人类的幸福而苦心焦思，敝精劳神以致身死的人，现在在这里安息了！我们相信形骸终要化灭，陵谷也会变易，但现在墓中这位哲人所给予世界的光明，将永远存在。"

泪浪之争

1923 年，徐志摩回国一年而已，就已经凭借着他的诗，才名远播。徐志摩的文学生涯，除了以其才华惊艳于世外，大大小小的麻烦也接连不断。这多少也是因他的性子坦率，不管对人或对己，对敌对友，他有话总是直说。所以，得罪人了。

先是开罪了郭沫若。

郭沫若当年写过一首诗，说的是他重返故居时，不由感伤，"泪浪滔滔"。正是这泪浪滔滔，让徐志摩有话说：

"固然做诗的人，多少不免感情作用，诗人的眼泪比女人的眼泪更不值钱，但每次流泪至少总得有个相当的缘由。踹死了一个蚂蚁，也不失为一个伤心的理由。现在我们这位诗人回到他三个月前的故寓，这三月内也不曾经过重大的变迁，他就使感情强烈，就使眼泪"富裕"，也何至于像海浪一样的滔滔而来！"

徐志摩觉得，无论如何眼泪都至于像海浪一样滔滔。这意见不免偏颇。

作为浪漫主义诗人，徐志摩应该知道"夸张"是诗人最常用的手法之一。况且他批评郭沫若"回到他三个月前的故寓，这三月内也不曾经过重大的变迁，他就使感情强烈"——这显得徐志摩缺乏同情。

郭沫若被批评的这首诗名为《重过旧居》，写他重访日本旧居时的心境。当时郭沫若从上海返回日本福岗旧居，发现妻儿因无钱缴房租早已被逐出了住处。当郭沫若经人指点，找到妻儿时，却见儿子蓬头垢面，妻子形容憔悴。郭沫若因此伤情，而作此诗。徐志摩恐怕无论如何都无法体会郭沫若那样情感。他出生优裕，无须为稻粱谋，哪能体会人世艰苦。但毫无亲身体会的徐志摩不知哪里来的勇气，偏偏在这件事上，对郭沫若进行指点。

徐志摩缺乏同情的指点，着实把郭沫若伤得不轻，以至于郭沫若在这件事情上，一直没能解开心结。直到十年后，他在写《创造十年》时，仍然提起他的眼泪被徐志摩说成比女人的更不值钱。徐志摩的批评开罪了郭沫若，如此也等于得罪了创造社。创造社众人与徐志摩计较的，可不是"泪浪"到底能不能"滔滔"这样简单的事。

6月7日，《创造周报》上刊登了成仿吾的公开信。成仿吾在文中说，徐志摩你是个伪君子！你写那文章的目的不为别的，只是为了攻击沫若的诗，进而为了攻击沫若的人格：

> "我由你的文章，知道你的用意，全在攻击沫若的那句诗，全在污辱沫若的人格。……你把诗的内容都记得那般清楚（比我还清楚），偏把作者的姓名故意不写出，你自己才是假人。……我所最恨的是假人，我对于假人从来不客气，所以我这回也不客气把你的虚伪在这里暴露了，使天下后世人知道谁是虚伪，谁是假人。"

此番言论，似乎并不是单纯的文学讨论，颇有人身攻击的意味。成仿吾说徐志摩是伪君子，是因为徐志摩在回国之初曾向创造社表达过入社的

意愿，但同时，徐志摩又与创造社的对头胡适打得火热。创造社原就对徐志摩两边讨好的行为不满，而这次，徐志摩在文章中更是直言他曾与胡适讨论过"泪浪"。这直接点着了创造社的火——徐志摩向创造社示好，却又与胡适一起嘲笑郭沫若的诗。因此成仿吾才会说："你（徐志摩）一方面虚与我们周旋，暗暗里却向我们射冷箭。"

可是，徐志摩哪有这番考量。虽说他心思单纯，之前向创造社示好是真心，批评郭沫若的诗也是诚恳，但他的做法难免有些草率，处世也少通了些人情世故，以为他把别人当朋友，就可以放心公开地批评；况且他脑子里根本没有团体、派别的概念，就这样不知深浅地一脚蹚进来，怎能不犯人忌讳？所以，就算徐志摩当真只是就文学而论文学，别人恐怕也不这样看。

当徐志摩回过神来，弄清事情缘由后，赶紧发文章解释。于是，6月10日，徐志摩的《天下本无事》在《晨报副刊》上发表。他态度诚恳，言辞和缓，先安抚怒气冲天的成仿吾：

"仿吾兄，你是位评论家，不是当面恭维，我认为你算得上国内见过文艺界大世面的人，你总该理解我说的话吧。我怎么我评了一首诗的字句不妥，你就给我下那种相差不可衡量的断语，说我是'污辱沫若人格'……难道我们说雪莱的一首诗幼稚，就等于说雪莱是幼稚的吗？同样，华兹华斯的诗有些是无聊的，但这并不影响到他在当时最伟大诗人的地位啊……"

再表达对郭沫若的欣赏：

"沫若兄，要是仿吾兄还有湖南人特有的那种猬急，我希望你的气度要大些。如果你真的相信我的话里怀有恶意，我只能深深地道歉。但我相信你不会那样的。真的，你就一斧子劈开我的脑子，也绝不会发现我有一星半点的不良用意。……我只当沫若和旁人一样，是人，不是圣贤，我不佩服'泪浪滔滔'这类句法，并不妨害我承认沫若在新文学界是最有建树的一个人……"

　　文章写得好，这态度也是十分恭敬。把郭沫若和雪莱、华兹华斯放在一起比，创造社想来也不会有意见。这公开信发表后，也就算徐志摩弃械投降，所以这场笔战没有真正打起来。但值得一提的是，徐志摩在这场事件中，得罪的不止创造社，还有文学研究会。

　　还得从这次泪浪事件之前说起。徐志摩归国之初，郑振铎等人发起成立的文学研究会与郭沫若等人的创造社，是文坛风头最劲的两大团体。当时双方发生了一系列争论，气氛颇不融洽。"天真单纯"的徐志摩当时不知深浅，只想着结交社会精英才俊，因此与两边都有了接触。如果仅是这样也就罢了，坏就坏在，他在跟创造社示好时，曾给成仿吾写过一封信，里面有这么一句："雅典主义，手势戏——我笑到今天还不曾喘过气来，且看那位大主笔怎样来答辩！"——"雅典主义，手势戏"指的是茅盾的一处翻译错误，"大主笔"正是文学研究会的郑振铎。

　　本来是私信，结果，"泪浪事件"中，成仿吾一气之下将这信公开了。文学研究会的人看到徐志摩写的这信，会做何感想，徐志摩不用想也知道。明里示好，暗里嘲笑，难怪会被成仿吾说成是"假人"。不过幸好，郑振铎那边没有追究。或许正因有这次事件，所有人们才会推测，徐志摩想办"聚餐会"，或许也是因为在这次事件中，他把创造社与文学研究会一并得罪了；同时他也感到，与创造社也好，与文学研究会也罢，风格总有些不相投的地方，所以只得自己组自己的团。

　　这次，创造社的火算是暂时灭了，事情也告一段落。但他那支笔，似乎除了用来写好文章外，就是专门用来惹祸的。接下来，他又惹恼了鲁迅。

志摩的音乐与鲁迅的刀锋

1924 年冬天，"语丝社"成立，它的刊物《语丝》也随即刊行。鲁迅、周作人、林语堂、钱玄同、孙伏园、俞平伯、刘半农等，是它的主要撰稿人。这些名字，一下便为《语丝》定了基调：反旧立新，针砭时弊，或庄或谐，简洁明快。这风格怎么看，都跟徐志摩挨不着边。但是，语丝办刊兼容并包，不拘一格。所以当徐志摩把他译的一首波德莱尔的诗——《死尸》，以及一篇充满了强烈神秘感的题记投给《语丝》时，《语丝》编辑还是将它刊登了。

这晚，鲁迅睡不着，于是披衣点灯，看《语丝》，看到了徐志摩的文章。单是那首译诗还好，该死的是那题记中的一段话：

"我深信宇宙的底质，人生的底质，一切有形的事物与无形的思想的底质，只是音乐，绝妙的音乐！天上的星，水里泅的乳白鸭，树林里冒的烟，朋友的信，战场上的炮，坟堆里的鬼磷，巷口那只石狮子，我昨夜的梦……无一不是音乐做成的，无一不是音乐。你就把我送进疯人院去，我还是咬定牙龈认账的。是的，都是音乐——庄周说的天籁地籁人籁：全是的。你听不着就该怨你自己的耳轮太笨，或是皮粗，别怨我！"

徐志摩论的是音乐。廖辅叔在《乐苑谈往》中曾说，徐志摩对音乐也颇有修养，因此文章中不时写些与音乐有关的事来做帮衬。这文章倒是符合徐志摩一贯的浪漫主义风格，想象华丽，玄乎其玄。可这种夸张不落实地的语言，正是鲁迅最不愿嚼的。更何况，鲁迅视《语丝》为珍宝，岂容这种不实浮夸，态度居高临下，漠视残酷社会现实的文章在这里出现？于是，他拿起笔，瞄准了徐志摩。只是这一次，他手下留情，一向寒光闪闪的投枪，换成了软刀子。

鲁迅只是调侃，说自己是个苦韧的非神秘主义者，所以无福听到徐志摩的"音乐"。接着，他模仿了徐志摩的笔调，神秘了一回：

"……慈悲而残忍的金苍蝇，展开馥郁的安琪儿的黄翅，唵，颉利，弥
缚谛弥谛，从荆芥萝卜钉铮溯洋的彤海里起来。Br-rrr tatata tahi tal 无终始
的金刚石天堂的娇袅鬼茱萸，蘸着半分之一的北斗的蓝血，将翠绿的忏悔
写在腐烂的鹦哥伯伯的狗肺上！你不懂么？咄！吁，我将死矣！婀娜涟漪
的天狼的香而秽恶的光明的利镞，射中了塌鼻阿牛的妖艳光滑蓬松而冰冷
的秃头，一匹黯黮欢愉的瘦螳螂飞去了。哈，我不死矣！无终……婀娜涟
漪的天狼的香而秽恶的光明的利镞，射中了塌鼻阿牛的妖艳光滑蓬松而冰
冷的秃头，一匹黯黮欢愉的瘦螳螂飞去了。哈，我不死矣！无终……"

不愧是鲁迅，想象之妙，言辞之绮丽不输徐志摩。最后他说："咦，玲
珑零星邦滂砰珉的小雀儿呵，你总依然是不管甚么地方都飞到，而且照例
来唧唧啾啾地叫，轻飘飘地跳么？"显然，这是告诉徐志摩这只小雀儿，
别在语丝这儿跳来跳去。这番戏谑讥讽着实呛得徐志摩喘不过气来。他算
是彻底领教了鲁迅的功夫，从此在《语丝》销声匿迹，甚至连辩解都没有。
可就算辩解，就算回击，他徐志摩又哪里是以辛辣讽刺见长的"语丝文体"
的对手。

其实，徐志摩的那段"音乐"未必真的犯了鲁迅的多大忌讳。非说有，
那或许是那句"你听不着就该怨你自己的耳轮太笨，或是皮粗"，让鲁迅觉
得徐志摩一副居高临下姿态，自夸自赏；抑或许，是徐志摩把"战场上的炮"，
"坟堆里的鬼磷"都当成了"音乐"，这让鲁迅觉得他是在冷眼旁观残酷现实，
冷漠而残忍。

徐志摩为人，浪漫激荡于血液，理想得超越现实。文如其人，所以他
写起文章来有时也确实浪漫得不着边际。所以他的文章在当时的中国，显
得离人间烟火太远。但仅就一篇味道不合自己口味的文章，鲁迅真有必要
尖酸至此？徐志摩自己也纳闷，他到底哪里开罪了鲁迅？于是，在给周作

人的信中，徐志摩便委屈地说："令兄鲁迅先生脾气不易捉摸……，听说我与他虽则素昧平生，并且他似乎嘲弄我几回我并不曾还口，但他对我还像是有什么过不去似的，我真不懂，惶惑极了。"

徐志摩的惶惑不是没有理由，因为他与鲁迅也曾和谐相处过。

1923 年，鲁迅《中国小说史略》出版，除了出售外，还留了一部分赠送朋友。赠送的对像中，也包括徐志摩。徐志摩看过后，觉得不错，便写信给英国的魏雷，说他的朋友最近写了一本书不错，打算买一本给寄给魏雷。又是送书，又是以"朋友"相称，看来，原本双方有交情，可能不一定有多深，但也算有情分。所以，此番徐志摩无法理解鲁迅的气从哪里来。

其实，鲁迅不喜欢徐志摩的原因很简单，他说了："我不喜欢新诗……更不喜欢徐志摩那样的诗，而他偏爱各处投稿，《语丝》一出版，他也就来了……我就做了一篇杂感，和他开一通玩笑，使他不能来，他也果然不来了。"鲁迅不喜欢徐志摩那样的诗，或许，更不喜欢他行事的风格。早在泰戈尔访华时，鲁迅就十分厌恶徐志摩对泰戈尔的极致吹捧。当时他就写了文章讽刺。那次徐志摩同样没有还嘴。也许真是徐志摩太天真，即便鲁迅已经给了他脸色看，但他还是毫无顾忌地往语丝投稿，于是便有了这次冲突。

人与人的矛盾，是行事风格之间的矛盾，亦是思想与思想的矛盾。趣味相投的人聚在一起，就好像协调的颜色搭配，用的人舒服，看的人也舒服；但鲁迅与徐志摩，就像两种不协调的颜色撞在一起，无论如何，只有别扭。他们一个冷峻如冰，一个热情似火。所以，鲁迅容不了徐志摩，他握着投枪，一定会划破徐志摩虚无的浪漫；徐志摩也受不了鲁迅，他捧着鲜花，一定得避开鲁迅的刀锋。这次的冲突，被鲁迅称为与徐志摩积仇的第一步。此后，徐志摩和他的新月社与鲁迅之间，用笔打了不少战。

自负的绅士气

与鲁迅相比，徐志摩似乎只会说些软绵绵轻飘飘的话，但事实上，他不只会写温软的情诗与文章。留学英国的经历，让徐志摩有机会从罗素那儿学来英国式的幽默讽刺，而他优裕的家境，又不可避免地在这种讽刺上添了一份自负。当徐志摩把这种讽刺与自负放在文章中，也着实能气煞不少人。新剧家们就受了他的气。

1923 年，北京新明剧场演出哈姆雷特。这出新剧的编导是郑正秋，但他的剧本并非从莎士比亚的原文改编而来。根据陈大悲的说法，先是兰姆将莎翁的戏写成故事，然后古文大家林琴南从兰姆那里翻成古文，最后，郑正秋又把林琴南译的古文改成了新剧。不难想象，如此周折以后，那天新明剧场台上的哈姆雷特与原版或许有出入。而这，便成为徐志摩嘲讽与自炫的理由。他那次确实过份，后来，就连徐志摩自己都在文章中反省，他当年在看哈姆雷特时，态度自大。

当时，徐志摩看完哈姆雷特后觉得，那些人既没到过外国，而且还只看了不完的原著，所以，原本在英国人口中体面的莎士比亚，到了中国艺人这里，却显得好笑。既然不精通英文，不懂莎士比亚，那艺人们就不配插嘴，只配扁着耳朵悉心地听。说完这些讥讽新剧家的话，徐志摩还顺带把受剧情感动的观众也嘲笑了一番。

也许编导与演员的演绎确有不到位之处，但这无损于他们追求文艺革新的热情；而受剧情感染而动情落泪的观众，又何罪之有？徐志摩此种心态也真正刻薄高傲。

还是 1923 年。

那年四月，霍路会剧团来京演出《林肯》。徐志摩原以为，这样远道而来的剧团要认真上演一出真正的艺术剧，想来一定会大受欢迎。可事实让

他大失所望。梅兰芳来了，姚玉芙来了，可偏偏大学生没几个。徐志摩受不了，于是写了篇《得林克华德〈林肯〉》在《晨报副刊》上分四天连载，批评新剧界：

"除了女子高等师范学校有两位学生在场外，北大、高师、美专、剧专诸大学的学生，连单个的代表都没有。后来跟陈西滢谈了，陈说怕是学生嫌票价太贵。真是不可思议——不错，表面看来戏价似乎贵些。但凭着良心讲，这样远道而来的剧团演这样认真的戏，要你们三两块钱的戏价，只要演的过得去，你能说太贵吗？梅兰芳卖一圆二毛，外加看座茶钱小账，最无聊的坤角也要卖到八毛一块钱，贾波林的滑稽电影也要卖到一块多——谁都不怨价贵，每演总是满座而且各大学的学生都是最忠诚的主顾。偏是真艺术戏剧的《林肯》，便值不得两块钱，你们就嫌贵，我真懂不得这是什么打算。"

徐志摩或许真的不懂那些打算。当时的中国，政局纷乱，不是所有人都与他一样，仅看到理想，就有心思进剧场看戏；也不是所有人都像他一样，不用担心家计，掏得起两块钱看戏。就算真有心思也真掏得起钱，不爱看就是不爱看，个人品味使然，又有谁规定大学生一定要看新剧的？又有谁能说大学生不看新剧就不进步了？

不过徐志摩也许只是痛心。五四以后，中国的新剧运动正进行得热闹，在徐志摩看来，这些推崇新剧的进步青年，偏偏忽视了这场真正的艺术剧，实属不该。他的批评或许带着诚挚的情感，有话直言——这是他写批评文章的一贯风格。但无论如何诚挚，言辞毕竟偏颇。最不该的，是他竟然在文中批评中国学校里教莎士比亚的教师，十个有九个说不出莎士比亚的好。这话，无论怎么看，都太过张狂。

所以，新剧家们坐不住了，回击是必然。而就在这个当口上，徐志摩被抓了小辫子。5月6日，还是在新明剧院，徐志摩与朋友看北京女子高等师范学校学生演出的《娜拉》，他中途退场。当时便有人对他们大张挞伐，说他们不懂《娜拉》反映出的女子人格问题，不知道戏剧与人生的关系，不配看《娜拉》这样有价值的戏。

那天，跟徐志摩一块儿看《娜啦》的是陈西滢。面对外界指责，他先写了文章回应。陈西滢为了证明他们退场的必然性以及对手指责的无聊程度，从剧场秩序混乱，说到新明剧院的构造不合乎声学原理；从演出者太过业余，说到"如果你痛斥没看完《娜拉》的人不懂得人生问题，那简直就是在骂易卜生不是一个伟大的艺术家。"

陈西滢的文章写得义愤填膺，徐志摩的口气倒是平和。他强调《娜拉》之所以不朽，不在于对手所说的所谓"人格"或"人生"，而在于这出戏本身的艺术性，而他评价戏的标准，也只是把它当戏来评价，而不当它做宣传某种主义的工具来评价。所以，新剧家们，你们就不要谈什么人格人生了。最末了，徐志摩主动与新剧家们讲和："劝被西滢批评的诸君，不要闹意气，彼此都是同志，共同维持艺术的尊严与正谊，是我们唯一的责任，此外什么事我们都不妨相让的。"

徐志摩的确不像陈西滢那样生气。当然，你可以认为徐志摩的平和，是因为他此前并没有看到对手们攻击他的文章，所以不至于太生气；你也可以认为，徐志摩的平和是因为陈西滢的文章已然激愤，他为避免招来更大的怨毒，所以只得平和一些。但实际上，徐志摩在他一生所经历的文坛论战中，大都平和。这与他的性格有关。况且，他从罗素那儿学来的不仅有讽刺，也有英国式的绅士风度。

这种风度，包含了文明、公正、平和、豁达、稳重与自由。所以，徐志摩在他参与的文坛争论中，的确从未恶语伤人。虽然他的高傲自负，总招来非议与攻击，但至少，他能坦然地应对这些攻击，对事的态度也大体公正。而他一旦认识了自己的错，也能大方承认。就像在哈姆雷特一事上，事后徐志摩也大胆地揭疮疤，说他作为一个自命时新的人，骨子里也时时

有守旧甚至顽固的时候，所以得严防自大与虚荣。

　　然而，就是这种英国式的绅士风度，却一直入不了鲁迅的眼。他曾经讥讽这些绅士，说他们"头上有各种旗帜，绣出各种好名称：慈善家，学士，长者，青年，雅人，君子……头下有各种外套，绣出各式好花样：学问，道德，国粹，民意，逻辑，公义，东方文明……"鲁迅不屑这样的"正人君子"，所以，在不久的将来，鲁迅用他冷光闪闪的匕首对准了新月派的绅士们，将他的第一次全方位大规模的论战，献给了新月社。

遇见你是我最美的意外

小曼是古城光艳的风景

她是上海中国画院专业画师，上海美术家协会会员；她谙昆曲，演皮黄，一手文章气韵天成；她的文学作品很少，几篇散文，一首新诗，一个短篇，半部剧本，却已有人称其为作家；她精通英、法文，三年外交翻译生涯令她成为中国第一位涉足外交领域的女性；她柔艳曼妙，是北京城里最有名的交际花；她在胡适眼中，是北京城里不可不看的一道风景；她的前夫王赓，人中俊杰，但她却把风情交给了徐志摩；她是徐志摩情书中的"眉"，是他爱的"小龙"；她叫陆小曼。

据刘海粟回忆，他之所以去见陆小曼，只因听了胡适的一句话。那是1925年春天，他正闲居北京。一天，胡适对他说："海粟，你到北平来，应该见一个人，才不虚此行。……北京有名的王太太。你到了北平，不见王太太，等于没到过北平。"作为艺术青年，刘海粟对见这位不得不见的王太太充满了罗曼蒂克式的想象，于是他刮净了胡子，换了衣裳便随胡适去了。刘海粟没有后悔去见王太太。第一眼，他便觉得她美艳绝伦，光彩照人。那时刘海粟才知道，站在他面前的这位王太太，正是蜚声北京社交界的陆小曼。

初见的直觉，让刘海粟觉得，像陆小曼这样的女子应该会些丹青。果然，在胡适为他们作了介绍后，陆小曼便对刘海粟说，她曾学过绘画，希望能得到刘海粟的指点。胡适也在一旁怂恿："海粟，你应该收这位女弟子。"陆小曼笑了，银铃样的笑声竟让年轻的画家有些不安："如果刘先生肯收，我就叩头了！"就这样，陆小曼就成了刘海粟的弟子。

就在刘海粟与胡适刚到不久，徐志摩便匆匆赶来。他微笑着与陆小曼打了招呼后，便待在一旁不说话。一整天下来，徐志摩全用自己的眼神来表达意见，很少开口。刘海粟觉得奇怪，志摩平时健谈得很，怎么今天却也拙于言辞？难道是被这位王太太的睿智与辩才慑服了不成？

陆小曼对新拜的先生很是敬重。她拿出自己的许多字画来给他看，要他批评。刘海粟看了以后对她说："你的才气，可以在画中看到有韵味，感觉很好。有艺术家的气质。但笔力还不够老练，要坚持画下去，一定能成为一个好画家。"听了这番话，徐志摩按捺不住心中的喜悦，一把握住刘海粟的手说："海粟，你真有眼力！"这一下，刘海粟更是不解，心头暗忖：小曼听了赞美都还沉静呢，你激动什么？

大约半年后，刘海粟总算解了这个疑惑。那时，整个北京社交界都在疯传：有夫之妇陆小曼搭上了离婚男人徐志摩。这时的刘海粟回想起那次见面时徐陆二人眉目间的神色，才恍然明白：早在那时，徐志摩与陆小曼已难舍难分了。只是他没想到，自己后来竟也成能在这段风月情事中，占得不大不小的一席。

刘海粟还记得，那是 1925 年 9 月上海，徐志摩刚从欧洲回来两个月。一天，他带着一张满是心事的脸来找自己。徐志摩的眼里有悲，有喜，闪着光，那里有千言万语，只是一时无从说起。亏得刘海粟聪明，直直便问："你和小曼相爱多久了？"

徐志摩稍镇定了心绪，便说："我们已经不能自拔了。我曾几次很想忘掉她，但已经忘不掉了……你得帮我……"

刘海粟这才知道，那时徐志摩与小曼相识不过两年，但他们感情却早已站在命运的路口，彷徨。

通常的说法是，徐志摩与陆晓曼相识于 1923 年。那时，他与张幼仪的离婚协议书上还有余温，他的灵魂还带着因失去林徽因而留下的泪痕。而恰恰就在徐志摩的心，空洞成一片荒凉时，陆小曼眩了他的眼。

或许你会说，黑白老照片里的陆小曼平凡得很。那样的容貌实在撑不

起"一代佳人"的帽子。今人看陆小曼，只是从照片里，但真正见过陆小曼的人都说，照片中的影像远远不足以描摹陆小曼的风致。都说她本人极美，起立坐卧都是风度。在那样一个聚集了无数绅士名媛的北京城里，陆小曼的行止举动可以让无数人神迷。先不论别的，单说她跳舞。

陆小曼是跳舞高手，据说要是哪一天的舞池中没有她的倩影，"几乎阖座为之不快。"而只要她在，"中外男宾固然为之倾倒，就是中外女宾，好像看了她也目眩神迷，欲与一言以为快。"

徐志摩最初与陆小曼结识，只因她是友人王赓的妻子而接触交往。回国之初，除志摩认识了王赓。同是梁启超的学生，认识起来定然不费力，既然是同门的妻子，认识陆小曼也是自然。况且，整个北京社交界，又有谁不知道陆小曼？所以，当初陆小曼最先吸引徐志摩的地方，也只不过是她顶上"一代佳人"的名号而已。可渐渐地，徐志摩发现，陆小曼的那些名声绝不是单靠交际手腕搏得，她是真正的大家闺秀。

陆小曼是美，可那不是面上的妖媚，而是从骨子里透出的风韵。或许是因出身名门，陆小曼的气质中，带着东方女性的端庄娴雅。那番气韵，笼着珍珠样的光泽。如果你以为陆小曼作为一代交际名媛，定然爱些艳丽的装扮，那就错了，其实她并不特别打扮自己。陆小曼不爱艳丽的衣裳，总是选择淡色的服装，就连发式也永远是清丽的直发，或是扎成小辫，或是笼在耳后，雅致俏丽。说她淑女贞静，并不为过。你听徐志摩怎么说，他说一件蓝布袍，就能让陆小曼眉间带上特异的光彩。他在日记里写着："我爱你朴素，不爱你奢华。……你穿戴齐整的时候当然是好看，但那好看是寻常的，人人都认得的，素服时的眉，有我独到的领略。"

陆小曼确是独到。你别说这北京城里名媛无数，她们也个顶个儿的漂亮，有才气，但陆小曼的才华却不一般。就是她这样一个容光明媚，体态轻盈，颠倒众生的女子，才情与她的身姿一样曼妙。

陆家是江苏常州的望族，世代书香。家学渊源，让陆小曼自小便养成了深厚的古文功底，写起旧诗来，婉约，清新，不饰雕琢。时人评价她的文风颇有明清风度。她人生得美，画起画来也是美。刘海粟后来评价陆小曼的画，说她的工笔花卉和淡墨山水，颇见宋人院本的传统。陆小曼不但通晓传统国学，西学功底也不差。18岁前，她就读得许多英法原版书，说起英文、法文来，也是优雅流畅，有时竟也如同说起中文时，不乏连连妙语。

在新文化运动蓬勃的年代，陆小曼已然成为时髦的代名词。与她在一起，你不必问可以与她聊些什么，单看你想与她聊什么。这样的陆小曼，似乎生来便是为了让世上的男男女女为之神迷。若说徐志摩被她吸引不足为奇，那么，也许就连当事人自己也说不清，究竟是什么力量的牵引，使得他们的恋情如风暴般猛烈地发展。要知道，陆小曼当时已是罗敷有妇，她的丈夫王赓，陆军少校，一时才俊，论人才品貌并不输徐志摩。况且，徐志摩与王赓同是梁启超的门生，朋友之妻，徐志摩怎么就真的这样不客气？

但或许，陆小曼的这个丈夫，正是那股力量的来源之一。

爱是寂寞的玩笑

王赓，也是不一般的人物。他能被梁启超相中做弟子，能进美国普林斯顿大学与西点军校，想必也是才华横溢，亦可称得上学贯中西。当时他任职外交部，1919年巴黎和会期间，也曾是中国代表团的上校武官，回国后任航空局委员，前程大好，一时俊彦。这也就难怪陆小曼的父亲，会从追在女儿身后的无数权贵士子中，一眼便挑中他。或许是怕乘龙快婿被人抢了去，陆父在相中了王赓后，不过一个月，就急急地把19岁的女儿嫁了过去。

一样的父母之命媒妁之言，陆小曼同样逃不了那个时代的礼制。这一嫁，陆小曼仿佛坐在云端里，性灵迷糊竟和稚童一般来不及反应。慢慢地，新

婚的新鲜劲儿过去，陆小曼发现，这位杰出的青年，日子过得就跟在军队里一般：星期一到星期六上午，工作，杜绝一切玩乐；星期六下午到星期日全天，玩乐，拒绝一切工作。

试想，此时的陆小曼早已名动京城，跳舞，聚会，出游，都是她信手拈来的快活。那种在王赓看来合情合理的规律生活，在陆小曼看来，定然刻板得闷。其实，王赓并不是不爱小曼。他年纪大陆小曼不少，对她是尽了心地宠着，护着。但是，女人，尤其是陆小曼这样柔艳如三月春花的女人，你除了要护着外，还得懂温情，有情趣。这样她才会满意，才能开得娇俏。只可惜，王赓不会。他宠爱有余，而温情不足。磊奄曾在他的《徐志摩陆小曼艳情史》中这样评价王赓："这位多才多艺的新郎，虽然学贯中西，而与女人的应付，完全是一个门外汉，他娶到了这个如花似玉的漂亮太太，还是一天到晚手不释卷，并不能分些工夫去温存温存。"

王赓是个好人，如果与他结婚的是别人，那他或许是个好丈夫，可惜他的妻子是陆小曼。他不懂小曼，他不了解小曼的风情与志趣所在，给不了小曼要的那种体贴，更给不了她想要的热情与生活，所以陆小曼与他在一起，并不开心。她最终明白，王赓并不是适合自己的丈夫，"两性的结合不是可以随便听凭别人安排的，在性情和思想上不能相谋而勉强结合是人世间最痛苦的一件事。"可是，陆小曼天性中的"娇慢"让她宁愿将自己的意志压抑，也不想让人看见自己正在受苦。于是，她硬着脖子，埋在众人艳羡的眼光里，忽略内心痛苦的呼号。

直到，她认识了徐志摩。

与棋盘一样规整齐划的王赓不同，徐志摩是跳荡的溪水，欢快而灵动。徐志摩自小就比别人活泼。郁达夫曾这样回忆徐志摩。他说，徐志摩还在杭州府中的时候，就总喜欢"和这个那个闹闹，结果却终于会出其不意地做出一件很轻快很可笑很奇特的事情来吸引大家的注意的。"待到徐志摩游历了欧美后，与欧洲名士的结交经验，更是让他长成了一个长于社交的人。

就好像与陆小曼在舞池中的光彩呼应一般，徐志摩在交际场上，同样也是个人物。你可以在文人学者的座谈上找到他，也可以在达官丽妹的聚会中见到他。无论在哪里，只要他清亮的，带着一点硖石口音的嗓音一响，在座的人无论心神如何不快，都自然地被他声调中的快乐所感染，一切烦心的事，便同化在他的热情与欢快里，不见了踪影。

徐志摩所具有的生活情趣，想来王赓也定然不及。徐志摩喜欢跳舞，爱看戏自己也演戏；他乐与名人雅士游山逛水，山水间还能与人讨论些人生哲学生活艺术；他会抽烟也能喝酒，但却不是瘾君子；他爱漂亮女人，欣赏她们赞美她们追逐她们，虽也涉足花丛，却从不耽溺其中，浪漫而不颓靡……如此徐志摩，女人哪有不爱的道理。相传，当年曾有名门淑女因仰慕他而相思成灾，还差点闹出了人命。于是徐志摩便多了个"大众情人"的封号。

结识了王赓与陆小曼，徐志摩常常往王家跑，约夫妇俩看京戏，到六国饭店去跳舞，去来今雨轩喝茶，往西山游玩。陆小曼自然乐意加入，但王赓有些犯难。最初，碍于同门情谊，加之他又极欣赏这位横溢的诗人，因此徐志摩相邀，他也常抽空一起去玩。可徐志摩来找他与小曼，才不会管什么假日不假日，只要兴起，一准儿到王家报道。久而久之，王赓心疼起那些耗在游山玩水、舞池玩乐上的时间，于是，只能对徐志摩说："叫小曼陪你去吧，我太忙，我不去……"。他也会对自己的妻子说："对不起，让志摩陪你去玩，我忙……"

不难想见，王赓为人冷静，理智，是个事业心重的人。当然，徐志摩也并是不游手好闲的纨绔子弟。他一样有事业心，胸中一样埋着理想的火苗。只是，他与王赓相比，更懂得如何享受生活，而不愿轻易辜负生命赋予的意义，所以他浪漫，也热烈，对生命有火一样的激情，仿佛不将人间烧成一片赤地而不罢休。就好像他还在康桥求学时，曾有一次在狂暴的风雨里等待，浑身浇了个透，只为了捕捉一条雨后虹。

这便是他对生活的激情，带着不顾一切的执着与绝决，多大的风雨也浇不灭。他的生活宗旨，一向带着他所推崇的西方人的入世方式，是一种把"热乎乎的一个身子一个心放进生活的轧床去，不叫它留存半点汁水回去；非到山穷水尽的时候，决不肯认输、退后、收下旗帜……"。

所以，当徐志摩带着他的热烈与爱情面对面时，便坚持："真爱不是罪（就怕爱不真，做到真的绝对义才做到爱字）在必要时我们得以身殉，与烈士们爱国，宗教家殉道，同是一个意思。"是的，徐志摩便是这样将爱情视作宗教，愿为之身死的人。

因此我们便能想见，浪漫热烈如徐志摩，遇见了陆小曼，那是一场胜却多少人间至景的绝代相逢。一个是浪漫的彩虹，热烈多情；一个是美的光芒，轻盈娉婷。四目相接，眼波一抹惊鸿，如春风吹开三月桃花，便是人间最美的风景。可若仅仅是这样，徐志摩与陆小曼的爱，或许会少一些。但偏偏，那股让他们陷入热恋浓情的力量里，还有他们为彼此点亮的，精神的需要。正是这一点，让他们义无返顾地一起投向了爱情。

"爱的生活也不能纯粹靠感情，彼此的了解是不可少的。……最高的了解是灵魂的化合，那是爱的圆满功德。"徐志摩深信他与陆小曼——他的眉，能因对方而让彼此的灵魂走向圆满。因为他们了解对方，因为他们趣味相投。同是文学与艺术浸染下的灵魂，每一次交流都是生命的愉悦。不单如此，徐志摩懂陆小曼。他知道，陆小曼正压抑着自己的心性，所以他劝她，做一个"真"的自己，教她"自埋自身是不应该的。"徐志摩在对陆小曼说着这样的话时，想来眼睛里正射出灿烂的神辉，照彻了陆小曼的肺腑。

真正的情场高手会明白，抓住女人的心，从来不必使太大的力气在别地方，只要你能真正懂她，懂得她心里那一点从不愿为别人说的情绪，那你便抓住了她的心软。那一点情感的触碰，会御下她所有的心防。徐志摩或许不是特别的情场高手，但他天性中的浪漫与热烈，令他比其他人更懂女人，最重要的是，他比王赓懂陆小曼。所以，当王赓在他日日刻板的生活行轨中，将陆小曼推给他时，他真挚地，劝着陆小曼不必再自欺欺人地在时光中偷活。这，便是在陆小曼的心上拉了一把，把她拉向了自己。于是，陆小曼的生活转了方向，心也转了方向。

他们跌入了恋爱。

徐志摩因有了陆小曼，而宛若新生。这是爱情的力量。有人说，如果无法忘记一个人，是因为时间不够久，新欢不够好。可是，一个好的新欢或许比时间更能治愈心伤。此时的徐志摩失去林徽因不过一年半而已，但多亏了陆小曼这个新人够好，于是，他这朵本无处着地的雪花，才能那样快地摆脱情感的迷茫，认清自己的方向。现在，他可以"盈盈的，沾住了她的衣襟，贴近她柔波似的心胸——消溶，消溶，消溶——溶入了她柔波似的心胸！"多么甜蜜温柔。情人的抚慰，融融的，暖了他的胸。这就是爱情。

也许是上天有意，就在徐志摩与陆小曼频繁往来的时候，王赓被调往哈尔滨任警察厅厅长。原本就是志趣相投的人，再得了这样好的机缘，这一天天的，感情哪有不浓起来的道理？于是，徐志摩与陆小曼的爱，开始肆意地放纵，仿佛这世上再没有其他人存在似的，情浓得再也化不开。

陆小曼像是一道光照进了他原来灰暗的灵府，点亮了他的心火。原本在情人间最平常不过的调笑，也能激发诗人最澎湃的诗潮。不过是玩笑间，陆小曼娇嗔吐出一个"疼"字，在徐志摩的诗里，都是浓情带着缠绵："那'疼'，一个精圆的半吐，在舌尖上溜——转。一双眼也在说话，睛光里漾起心泉的秘密。"

那怎么也看不够的爱人，当然也得用笔写下，记录她是徐志摩的眉：你看她郊游时，快活逍遥："一闪光艳，你已纵过了水，脚点地时那轻，一身的笑。像柳丝，腰娜在俏丽的摇……"你看她安睡时，一样美丽娇艳，就像"星光下一朵斜敧的白莲……香炉里袅起一缕碧螺烟……三春的颜色移上了她的香肌，是玫瑰，是月季，是朝阳里的水仙，鲜妍，芳菲！"

徐志摩在陆小曼流动的生命里起了一座爱墙，在那里，他的爱纯钢似的强，"任凭秋风吹尽满园的黄叶，任凭白蚁蛀烂千年的画壁；就使有一天霹雳翻了宇宙，——也震不翻你我"爱墙"内的自由！"用浪漫情诗说出的爱的誓言，如此执着而坚强。

这是爱。世事轮转，年复一年。相同的日升月落，因为身边有你在而变得独特。你是一切灵感的源泉，生命也便因此而丰富生动。爱你，等于爱着自己的生命。于是，石虎胡同七号新月社里，"翡冷翠的一夜"后，两人私定了终身。从此，徐志摩变得什么也不要了，陆小曼已经给了他"完全的甜蜜的高贵的爱情"。在那里，他"享受了无上的心与灵的平安"。但这平安享得太早。

这对才子佳人，在当时都是风流的人物，本就活在众人眼底，一点风吹草动都能引起话题，更何况他们的交往，已然热烈到盲目，忘记了遮挡。于是，陆小曼的母亲知道了。任你多开明，任外头的新潮、解放已经吵得有多凶，但已婚的女儿与人私通，在哪个做父母的眼里，不是一件有辱家风的事？放着好日子不过，什么精神不精神，都是外国小说上的行为，在长辈眼里，都是无谓的话。因此陆家家长禁止了徐志摩与陆小曼的往来。

原本徐志摩得着陆家长辈的宠爱，在陆家进出自如，但这下，他几次去找陆小曼，勃勃的兴致都被守门的仆役兜头浇了凉水。无奈，只好学旧戏文中的情形，贿赂了挡驾的门人。使了这一手，门就打开了缝。可几次下来，门人的胃口却越来越大，一次竟要了徐志摩五百元。但这不是最令情侣头疼的地方，更头疼的是，陆家的丫鬟们，总是纠缠。她们甚至将徐志摩送给小曼的香水，名贵饰物，乃至书信都扣下……可怜陆小曼虽然心里清楚，但却也说不得。

渐渐地，整个北京城知道了。这段风流韵事被人嚼成了渣。最后，王赓也知道了。被自己信赖的兄弟扣上了绿帽子，这怨与恨，凡是个男人都吞不下，更何况王赓是个军人，自有军人的硬脾气。听说，他为此事摔了枪。

那时的王赓正在孙传芳的五省联军司令部里任参谋长。按说北洋军阀治下，王赓身居这样的职位，举起枪对着徐志摩扣动扳机泄愤，于公于私外人都无法多说一句。但他没有这样做，毕竟也是儒将。不对徐志摩喊杀，站在王赓的角度看，便是极大的风度。也正是这风度，足以让徐志摩愧得避开。

欧游漫录，爱的疗伤

"龙龙：

　　离别当然是你今晚纵酒的大原因，我先前只怪我自己不留意，害你吃成这样，但转想你的苦，分明不全是酒醉的苦……"

　　离别，是因徐志摩要去欧洲。

　　一个月前，徐志摩接到恩厚之从南美寄的来信，说是泰戈尔正想他想得厉害，希望能跟他在意大利见上一面。泰戈尔想他想得紧，可徐志摩此时正为了他与陆小曼的爱情肝肠寸断，绝不想离开北京。但他还是回了信，告诉他最亲爱的老戈爹，自己虽然不愿意离开北京，但一想到老戈爹病了，想他了，就禁不住眼中蕴泪，坐立不安。于是，他决定，无论如何一定要在3月里跟老爹见上一面。

　　他在这个当口走，虽说是应泰翁邀请赴欧，可明眼人一看便知，徐志摩多半是借这次离开，避避与陆小曼情事的风头。

　　大多数时候，感情没有理智与道理可言。徐志摩与陆小曼的爱情，在情感上或许能为人所理解，但在道德上，他们着实理亏。那还是20世纪的20年代，旧道德容不得他们。即便在今天，新道德无论再怎样提倡开放，也无法原谅他们。徐志摩面对舆论，或许还能倚仗着他的理想与激情挺着胸面对，但王赓，他要如何面对？无论自己眼里的爱情有多高贵，理想有多纯洁，他徐志摩总归夺了兄弟妻。

所以，你可以说他的离开，是为了逃。逃开一时之间的满城风雨，逃开王赓；你也可以说，这是他的自罚。就如他自己所说，这是一次"自愿的充军"；你或许还可以说，他是为了沉淀自己的情感，理清自己的思绪，细想与陆小曼的情感出路。无论如何，徐志摩打算离开了。

1925 年 3 月 9 日晚，酒宴，饯行。

新月社的朋友们在场，陆小曼出席，王赓也出席。这不是一去不回的旅程，但因感情的波折，这酒吃得反倒像是为了一次永诀。陆小曼大醉，连叫着："我不是醉，我只是难受，只是心里苦。"小曼苦，徐志摩也苦。他想抱着他的眉，让她安稳，让她舒服，可是王赓在，所以，他只能站在一旁看，轮不到他来疼他来爱，而只能揪着心，咬紧牙关替陆小曼熬着。好不容易，人群散去，他含泪，把爱恨情痴写在纸上：

"我的肝肠寸寸的断了，今晚再不好好的给你一封信，再不把我的心给你，我就不配爱你，就不配受你的爱……我现在不愿别的，只愿我伴着你一同吃苦……

我只能站在旁边看，我稍微的一帮助就受人干涉，意思说'不劳费心，这不关你的事，请你早去休息吧，她不用你管'！……

……愤，慨，恨，急的各种情绪就像潮水似的涌上的胸头；那时我就觉得什么都不怕，勇气像天一般的高，只要你一句话出口什么事我都干。……

我人虽走，我的心不离开你，要知道在我与你的中间有的是无形的精神线，彼此的悲欢喜怒此后是会相通的，你信不信……"

信的最后，他不忘嘱咐陆小曼等他回来。他说，"只要你决意等我，回来时一定使你满意欢喜。天下没有不可能的事——只要你有信心，有勇气，腔子里有热血，灵魂里有真爱。"这信一写，便写了整整一夜。

从信上看，徐志摩似乎对他与陆小曼的事情有了解决的方法，以至于"回来时一定使你满意欢喜。"但现实中，徐志摩看起来并没有明显的举动。他只是一边周游，一边等着与泰戈尔汇合。不但如此，他这次欧洲之旅，倒像是专程为了做清明去的。

在写给《现代评论》的通讯中，徐志摩说："我不仅上知名的或与我有关系的坟，……我每过不知名的墓园也往往进去留连，那时情绪不定是伤悲，不定是感触，有风听风，在块块的墓碑间且自徘徊，等到斜阳淡了再计较回家。"

过莫斯科，他凭吊了克鲁泡特金、契诃夫，瞻仰了列宁遗容；到佛罗伦萨，他去了但丁、勃朗宁太太、米开朗基罗的坟；在罗马，他拜谒了雪莱、济慈；等到了巴黎，他不但去了伏尔泰、卢梭、小仲马、雨果、波特莱尔、曼殊斐尔的墓前，还哭拜了茶花女、卡门。

凭吊是将精神的迷茫托付理想的偶像。徐志摩带着一颗惶惶的心来，因为道德与理想的拉扯，人情与现实的残酷，一切都在危及他的信念。在出国前，3 月 4 日，他写给陆小曼一封信，第一句话便是："你知道我这次想出去也不是十二分心愿的，假定老翁的信早六个星期来时，我一定绝无顾恋的想法走了完事……"可见，他想过放弃，但或许是幸运，泰戈尔的信晚了六个星期才来。

既然机缘不许他放弃，那便只有坚持。寻访伟人，便是为了给自己的意念注入坚定的心血。雪莱、济慈、伏尔泰、卢梭、曼殊斐尔，都曾在他心里种下浪漫与激情。现在，他重来探访，静静凝望，幽幽冥想。一次次瞻仰英灵，一次次缅怀这些痴男怨女的爱与痴，亦是在回望他曾有过的理想，坚定他现在怀抱的追求。或许就在这墓园里听风的时候，生者的信仰与死者理想再一次地，产生了共鸣。

自己的理想坚定了，就盼爱人的想法与他一样。但他与陆小曼中间隔着远远的距离，她的身边还有家人跟朋友在干扰她，所以他生怕爱人忘了自己，于是便写信对她说："你不能忘我，爱，你忘了我，我的天地都昏黑了。"他必须鼓励他的爱人，让她明白，他们之间的真爱"一定有力量打破

一切的阻碍,即使得渡过死的海"。

可有时,陆小曼捎来的信中,总透着绝望的语气。这对徐志摩而言,无异于一把杀人的刀。但他不能退却,他必须鼓舞她,给她勇气。"能勇就是成功,要大抛弃才有大收成,大牺牲的决心是进爱境唯一的信道。"还有些时候,陆小曼免不了因顾念家人的情感,而显得软弱。这时,他得坚定爱人的信念,让她抛却妇人之仁:"你说老太太的'面子'……我不知道要杀灭多少性灵,流多少人的血,为要保全她的面子!……这是什么时代,我们再不能让社会拿我们的血肉去祭迷信!"他告诉陆小曼,他们俩人的命运,就在于她的决定,而她决定的日子,就是他们的理想成功的日子。

一封封信,连连地发,纵使隔着半个地球,他也没有忘记让自己的精神与陆小曼站在一起,肩并肩地对抗那些因循守旧的人群与制度。这是一场与命运之神的战斗,也正是在这场战斗中,徐志摩知得,他的小儿子徐德生夭折了。

那是 3 月 26 日,他抵达柏林,去见了张幼仪。三年,这是徐志摩与她离婚后,第一次见到她。他来见幼仪,也是来见小儿子德生,却不料,幼仪挂着两行泪在等他,而三岁的幼子只剩了一撮冷灰,静静躺在小小的盒里。

这才是他真正要做的清明。

孩子生前,徐志摩仅见过他一面。那是在与幼仪签署离婚协议那天,他们刚放下笔就到医院去看孩子。小小的生命,软软地躺着,莹润的肌肤闪着生的希望,正等待着未来。徐志摩那时贴着玻璃痴痴看了好久。可那一见之后,他再也没有见过自己的孩子,只是通过他母亲的信,才知道他长高了,长得像极了自己;知道他人见人爱;知道他极有音乐天赋,三岁大就喜欢听贝多芬与瓦格;知道他睡前一定要抱着小提琴才能入睡……

如果他能长大,必定漂亮,或许能成为另一个莫扎特。他承了父亲的性灵,母亲的坚忍,会是天底下最出色的孩子。也许是上天后悔将这样完美的品性赋予一个凡人，所以将他的性命折损。徐志摩捧着孩子的骨灰盒不断地掉眼泪，这泪里有伤痛，有愧疚，有对命运无常的哀叹：

"彼得，可爱的小彼得，我'算是'你的父亲，但想起我做父亲的往迹，我心头便涌起了不少的感想；我的话你是永远听不着了，但我想借这悼念你的机会，稍稍疏泄我的积愫……是怨，是恨，是忏悔，是怅惘？对着这不完全，不如意的人生，谁没有怨，谁没有恨，谁没有怅惘？除了天生颟顸的，谁不曾在他生命的经途中——葛德说的——和着悲哀吞他的饭，谁不曾拥着半夜的孤衾饮泣？我们应得感谢上苍的是他不可度量的心裁，不但在生物的境界中他创造了不可计数的种类，就这悲哀的人生也是因人差异，各各不同，——同是一个碎心，却没有同样的碎痕，同是一滴眼泪，却难寻同样的泪晶……"

或许徐志摩此时能想起，这个从自己血肉与性灵中生生分裂出的灵魂，在他甫未出世时，曾遭到自己怎样的诅咒。他在生命的最初，没有得到父亲的祝福。没有福缘的幼子，就这样离开。徐志摩初次明明白白地感受到，曾经真的有一点血肉从自己的生命里分出，可惜迟了。迟到的慈爱甘液，无法滋润一株已然萎折的鲜花。他给陆小曼写了一封信，倾诉了自己的悲切，还在信里附了小彼得的照片，让小曼帮他珍藏。而他似乎也深切体验了生命无常之后，将那份永远无法对爱子表达的情谊，全都转给了陆小曼。

徐志摩对陆小曼的情意，日复一日地浓烈。他每天都在等陆小曼来的信。等不到，就仿佛被几百斤的石头压住了心，心口火热，身体冰凉，说不出的难受；只有等到了信，他才有了安慰。所以，每一次通信，他都迫切地，不厌其烦表达自己的爱意与决心，他信中的一字一句都在鼓舞他的眉。徐志摩实现了离开前的诺言，"人虽走，但心不离开你。"

小曼的挣扎

当徐志摩在海外惆怅的时候，陆小曼正在闺中呻吟。当别人做着浓浓的梦时，她静悄悄地坐在书桌前，听着街上的一声两声的打更声，听着风漏过树枝，冷冷清清呆坐着。坐到最后，惆怅得只得去寻梦，梦里徐志摩没有走。在那里他们能自由做想做的事情，没有旁人毁谤，没有父母干涉。她悔，悔她当初不该劝徐志摩离开，她也恨，恨自己没勇气，总是顾着别人的闲话生活。

在这场恋爱中，陆小曼并非毫无顾忌。很久以后，当陆小曼回想起这场疾风骤雨般的热恋时，她还清晰地记得那份，跟随着恋爱一起到来的烦恼与痛苦。她很清楚，她与徐志摩的爱，得不到家庭的谅解，更得不到社会的谅解。至少，在她还没有离婚，还是"王太太"之前，她就得背负自己的耻辱与家门的耻辱；她更清楚，她投进徐志摩生命中的爱，极有可能不但不能给他幸福，反而坏了他的一生。所以，当初劝说徐志摩应泰翁邀请出国的人中，除了朋友，也有她。

让他走吧，约好了彼此再不通信，让他到外头去洗一洗脑，借一次短暂的分别，让这段因缘暂告一段落，让各自的生活都变回原来的方向。因此，她对徐志摩说："你还是去走那比较容易一点的旧路吧，那一条路你本来已经开辟得快成形了，为什么又半路中断付出呢？前面又不是绝对没有希望，你不妨再去走走看，……我很愿意你能得着你最初的恋爱，我愿意你快乐，因为你的快乐就和我的一样……"

这是不是真心话？徐志摩若真的得着"最初的恋爱"，陆小曼会快乐么？也许，她会继续将自己埋在热闹的交际场里，艳羡着别人的快乐，快乐着别人的快乐。情人总是嘴里硬着，心里软绵绵的。否则，信不过迟来了几天，她怎么坐立不安，无理由地心跳，又怎么会胡思乱想，他是不是当真实践了分别时的承诺，再不写信来了？

怎么可能不通信？徐志摩的信，还是一封封地发来了。几乎是每到一站，便给他亲爱的眉写信，告诉她沿途的风光，告诉她新鲜的事物，告诉她自己无时无刻都在念着她。

徐志摩的爱情，就这样隔着远远的大洋，穿透薄薄的信笺，烘烤着她日日冰凉的心。甚至在她自认失败，决定随命运漂流，任由他人摆布的时候，徐志摩挚诚的情感，也一再地击碎她逃避的计划。她或许想不到，那个以浪漫著称的诗人，竟也能激昂如此，他说：

"来！我的爱，我们手里有刀，斩断了这把乱丝再说话。——要不然，我们怎对得起给我们灵魂的上帝！是的，曼，我已经决定了，跳入油锅，上火焰山，我也得把我爱你洁净的灵魂与洁净的身子拉出来。……"

其实，她并没有少跟家人争论，没少跟王赓闹。她为了爱情，决定要"拼命干一下的好"。做人为什么不轰轰烈烈做一番呢？她争取了，闹了。闹完了，就回房间倒头便哭。本就是个病美人，这样一来身体每况愈下。况且，她的应酬多得躲也躲不掉，每天拿着自己千疮百孔的身子应付别人，在精神上苦到极处，却没人知道。有时候，她会觉得，若是日子再这么熬下去，身体就再也担不起这样的愁苦，或许等不到徐志摩，这日子便要过完了。

毕竟，她不过是独自一人面对众人，徐志摩的精神支持再大，也无法解决眼前的实际。那天，母亲丢给她一封信。那是徐志摩写给母亲的，信中透着稚儿般的真诚，婉转地劝导着母亲。可是他哪里知道，那些"明珠似的话好似跌入了没底的深渊"，那些可怜的求告，丝毫打动不了母亲滑石一样硬的心肠。所以，她只能将日子一天天拖下去，直到有一天，她再也无法拖延，陆家收到了王赓的最后通牒。当时王赓在上海公干，他给陆家写了一封信，那严肃的语气在陆小曼看来，像极了对下属的命令："如念夫

妻之情，立刻南下团聚。"

父母要她立刻作决定，逼着她必须一个星期内动身去上海。她苦思了一宿，一清早便去争闹。她勇气百倍，预备拿性命来碰。可是，她大败而归。做女儿的，再狠，也敌不过父母凄凄的泪。父母到底生了她养了她，岂能害他们。于是她妥协了，牺牲了自己的爱情。她给徐志摩去了最后一封信，希望他能回来：

"摩！唯一的希望是你能在二星期中飞到，你我作一个最后的永诀。以前的一切，一个短时间的快乐，只好算是一场春梦，一个幻影，没有留下一点痕迹，可以使人们纪念的，只能闭着眼想想，就是我唯一的安慰了。……要是我们来不及见面的话，苦也不要怨我，不是我忍心走，也不是我要走，我只是已经将身体许给了父母……"

这是"永诀"。乌云盖住了她的希望，黑暗暗地不见一点亮光。悲切中，陆小曼不禁生出恨：上天造出了陆小曼，为什么又造出徐志摩，让他教会了自己爱，尝了爱的苦，却不给她爱的结果。这真正是让她痛在心头，恨在脑底。

信发出去，徐志摩接到后，见事情再无法拖延，便打点行装回国。他本在早些时候就有回国的打算。因为他接到胡适从国内来的信，得知陆家与王赓松了口风。当时原想马上动身，可是，泰戈尔还没有来。毕竟是应了泰戈尔的邀约，无论如何，总得见一面。所以徐志摩还是按下心，耐心等，却还是免不了写信跟小曼抱怨：

"这回旅行太糟了，本来的打算多如意多美，泰戈尔一跑，我就没了落儿，我倒不怨他，我怨的他的书记那恩厚之小鬼，一面催我出来，一面让老头回去，也不给我个消息，害我白跑一趟……"

泰戈尔一直没等到，徐志摩趁这时候到处游玩，伦敦，巴黎。为了陪幼仪散心，他们俩人一起去了意大利。只是这期间，他的心一直挂着北京，为了陆小曼终日抑郁，食不知味。这样的徐志摩让张幼仪觉得，他对陆小曼热切超过了对爱子的哀悼，于是便拿他取笑："你来欧洲只带了一双腿，胃没带来，'心'也在别处用着。"他就这样，一路愁苦着，直到收到陆小曼信。这下，徐志摩再也管不了泰戈尔了，打点行装匆匆回国，7 月底便到了北京。

功德圆满的离婚宴

在徐志摩出国的这段时间里，事情并非如陆小曼的担心的，只是一味地坏，其中也有些积极的亮光，仍是有同情他们的朋友替他们出声，刘海粟便是。

刘海粟与陆家有同乡之谊，加上他又是陆小曼的师傅，因此陆家人视刘海粟，便少了一份看外人的生疏。曾有一次，刘海粟与陆小曼的母亲谈起小曼与徐志摩的事情，陆母对他说了心里话："当初是因为我们都喜欢王赓才把亲事定下来的。我们也不是不喜欢徐志摩，只是人言可畏。"

刘海粟听完这话，当即便向陆母提出："许多因婚姻不自愿而酿出的悲剧，希望长辈要为儿女真正的幸福而作出果断的抉择。"陆母也是知书达理的人，仔细想想也就明白了几分道理，再加上做母亲的哪有不心疼女儿，她何尝不知道小曼为了这件事情受了太大的苦，再拖下去也不是办法。所以她最终还是松了口。这下，事情便有了转机。

胡适把这个好消息，捎给了海外的徐志摩，当下，徐志摩便有了计划。于是，他回国后，便找到了刘海粟，两人一商议，决定由刘海粟与陆母一起，陪陆小曼去上海见王赓。

在刘海粟的印象中，陆小曼动身去上海那天，来送站的人当中不乏

北京的社会名流，有学者教授亦有闺阁名媛。刘海粟不免感慨，得陆小曼这样一位情人，定然需要不浅的福分。旁人有心发感慨，而徐志摩无心。对他而言，陆小曼这次南行，是一次与命运相关的搏斗，他哪有不盯紧的道理。于是，陆小曼前脚刚到上海，徐志摩后脚便跟上了。他以学术研究为名，与刘海粟待在一起，于是便有了开篇中，刘海粟与徐志摩二人的对谈。在那次谈话中，徐志摩将他与陆小曼感情线索，详细告诉了刘海粟。

当时的刘海粟，二十多岁的年纪，留学日本归来，也是血气方刚的青年。与所有的新潮青年一样，刘海粟的血液里，同样激荡着破旧立新的因子。早在 1914 年，这位艺术青年就在自己创办的上海国画美术院开设人体写生课。这在中国，可是开天辟地的第一次。他因此成了当时人们口中的"艺术叛徒"。可他不但不退缩，反倒以此名号自居。这样的热血青年，自然也以反封建为己任。想当初，他自己也为了"自由婚姻"而逃过婚。此时，他听了徐志摩的讲述，自然倍加同情，便答应将这个忙帮到底。于是，就有了那场功德林酒宴。

功德林是一家素菜馆，环境雅致。1925 年 9 月的一天，功德林里来了这样一群人：徐志摩、陆小曼、王赓、陆母吴曼华、杨杏佛、唐瑛、李祖法、张君劢、唐腴庐（唐瑛之兄）、刘海粟。虽说刘海粟是这次宴会的召集人，但徐志摩也是半个主人——他这次，是公开要向王赓要老婆。徐志摩紧张，用刘海粟的话说，这是因为徐志摩毕竟是个生性忠厚的君子。他虽然极爱小曼，但要这样公然夺好友妻，脑子里的道德束缚哪有那样容易挣脱；陆小曼心里也忐忑，她虽巴不得马上解决这愁杀人的事端，但她极深的涵养，令她看起来从容不迫，坐在母亲身边仍是仪态万端。刘海粟很佩服陆小曼当晚的举动，她的行止即不让王赓有半点难堪，也不让徐志摩觉得过分得意。

开席后，刘海粟斟酌了一番，以反封建入题，大谈婚姻应以感情为基础，否则便是有违道德，而离婚的双方应当继续保持友情，因为爱情与友谊不可混为一谈。王赓聪明，不会不明白此话的用意，终于，他举杯向众人说："愿我们都为自己创造幸福，并且为别人幸福干杯。"用徐志摩的话说，王赓"开眼"了。他在这次宴会后，表示自己同意与陆小曼离婚。1925 年 9 月，王赓便与陆小曼办了离婚手续。一场功德林酒宴，似乎圆满了一场功德，陆小曼与徐志摩的日子迎来了云破日出后的第一道光束。

　　陆小曼自由了，可是这一对冤家，那时虽同在上海，但那场功德林宴会后，却总也见不上面。不奇怪，毕竟两人的关系现在正处在风口浪尖上，虽然王赓应了要离婚，但两人还是不能太张扬。为此，徐志摩心情郁闷得很，他写信给胡适诉苦：

　　"今天又是淫雨天，爸爸伴我来（杭州），我来并无目的，只想看看影踪全无了的雷峰，望一望憔悴的西湖，点点头，叹叹气，回头就走。……适之，这心到底是软的，真没法想，连着几晚真是：

　　我长夜里怔忡，

　　挣不开的噩梦，

　　谁知我的苦痛？

　　眉影踪全无，料来还在上海，我离南前大致见不著了……"

　　真是字字句句透着惨淡。其实，徐志摩也曾约了陆小曼到杭州来私下里会面。他以为小曼会来，一个人跑去车站守着，但冤家不曾来，无奈，拿出日记本写下几句：

　　"去车站盼望你来，又不敢露面，心里又层的难受，结果还是白候，这时候有九时半！王福没有电话来，大约又没有到，也许不叫打，这几次三番想写给你可又没法传递，咳，真苦极了，现在我立定主意走了。"

　　记这日记的本子，便是日后著名的《爱眉小札》。徐志摩从欧洲回来时，

便将它随身带着，只记他的小曼，只写他对小曼的恋。今天，他记的，是他来车站等她，站在车站远远看着，想见却不敢靠前的窘相。无奈，这次等小曼等不来，而徐志摩却是非走不可了。他答应了陈博生和黄子美要接办《晨报副刊》。

飞扬，我有我的方向

接手《晨报副刊》

其实，徐志摩早想要办份报纸。想他回国之初，老师梁启超有意推荐他当《时事新报》副刊《学灯》的主编。虽然有梁任公推荐，但徐志摩毕竟刚刚回国，一无名气，二无根基，所以《学灯》主编一事未能如愿。不久以后，张君劢的"理想会"要办一份月刊，名为《理想》。他向徐志摩要稿子，当然，也拉了徐志摩入伙。因《学灯》一事抱负未展的徐志摩欣然同意，挥笔写就《政治生活与王家三阿嫂》投了过去。结果，徐志摩发现，那《理想》月刊永远只是"理想"，一直出不了娘胎，他失望至极。

再后来，《晨报》负责人黄子美听说徐志摩有意办报，就想让他为《晨报》办个副刊。但当时的徐志摩已然没有先前的踌躇满志，此时的他，正为着陆小曼的事情心神不定，所以对黄子美的提议一直没有上心。

徐志摩自己不上心，可是他的朋友们却替他上心。当他说要去欧洲散心时，陈博生和黄子美都不放他走。情急之下，他只得应承，说从欧洲回来后，一定接办《晨报副刊》。等他从欧洲回来了，陈博生他们便讨债似地逼他赶紧兑现办报的承诺。可是，那会儿的徐志摩还在为着陆小曼的事情伤情呢，哪里顾得上办什么报纸。这下陈博生急了，无奈之下，他联合众人演出戏来激徐志摩。

这天，陈博生在《晨报》报馆里摆开宴席，约了徐志摩，陈西滢，张若奚等几个朋友吃饭。徐志摩知道，这是要让几个人当说客了，可他想不到，席间居然有人对他接办《晨报副刊》提出了反对意见，理由是：徐志摩不配办报纸。他这样的人，只配东游西荡，偶尔写点小诗解闷。甚至还有人说，副刊这种东西是"该死"的时候了。

说到这里，陈西滢干脆说："我也不赞成徐志摩办副刊，因为我最厌恶副刊。我主张处死副刊，趁早扑灭这流行病。如果是冲着这目的，我倒是支持志摩办副刊的。志摩，我给你两条建议：第一步，你逼死别家的副刊，第二步，掐死自己的副刊，从此人类可永免副刊的灾殃。"

大家听了陈西滢这话，都笑得停不住。陈博生趁机开始利诱，说徐志摩啊，如果你要办报，另起炉灶的话总得要自己贴钱，现在《晨报副刊》现成给你了，还有薪水可以领，多好的一件事。

一通激将，威逼加利诱，徐志摩总算动了心。想他原来一直"心不定"，遇到感情的事情，又把一切抛在脑后，只活在自己的情绪里，或许浪漫的诗人，注定感性大过于理性。所以，虽然他对理想总是执着，但却也总是脚跟无线，无目的地忙碌着。现在，朋友们对他还是信任，愿意把一份报纸交给他来办。自己的理想总算有人愿意帮他实现，还有什么可推辞的？接手就是，但是他又一想，《晨报副刊》是日刊，这意味着每天都要出一张报纸，多难啊。这一下脑子又胀起来了，于是便开条件道："我也愿意帮忙，但日刊实在太难，假如晨报周刊或是甚至三日刊的话，我总可以商量。"

陈博生一听，手一拍："好！你就管三天副刊！"就这样，徐志摩有点半推半就地接编了《晨报副刊》。

接手了《晨报副刊》，徐志摩的理想有了崭露棱角的平台。他的"棱角"是什么？是他的态度，主张与思想。

"我自问我决不是一个会投机的主笔，迎合群众心理，我是不来的，谀附言论界的权威者我是不来的，取媚社会的愚暗与褊浅我是不来的；我来只认识我自己，只知对我自己负责任，我不愿意说的话你逼我求我我都不说的，我要说的你逼我求我我都不能不说：我来就是个全权的记者，……我自己是不免开口，并且恐怕常常要开口，不比先前的副刊主任们来得知趣解事，不到必要的时候是很少开口的。"

这就是徐志摩，只对自己负责，不迎合，不谀附，不取媚。正是这份对自由的追求，与对个性的提倡，让徐志摩的形像看上去，不仅限于浪漫诗人，同时也是一个具有独立思想的知识分子。尽管，这个知识分子看上去感性与浪漫永远大于理性与现实。

自己人的文艺圈

如今，徐志摩从英国回来已有三五年。三五年，给一个普通人能做些什么？一场真心实意的恋爱也便满了。但徐志摩在这三五年里，不但经历了一场刻骨铭心的失恋；更打造了一场惊世骇俗、毁誉参半的热恋；他写了诗文若干，惊艳了暮气沉沉的中国；还创办了属于自己的社团，开一代文学流派之先声。现在，他不过也才 28 岁，就接手了《晨报副刊》，当了主编。上天眷顾徐志摩，就是这份被"逼"接手的报纸，在他的主持下，竟成了日后与《京报副刊》《民国日报·觉悟》《时事新报·学灯》齐名的，五四时期中国四大报纸副刊之一。

徐志摩"入主"《晨报副刊》，无疑开启了《晨报副刊》的"徐志摩时代"。这么说总有道理，先看徐志摩为《晨报副刊》找的撰稿人：

梁启超、赵元任、张奚若、金岳霖、刘海粟、闻一多、任叔永、丁西林、陈西滢、胡适之、张歆海、陶孟和、江绍原、沈性仁、凌叔华……这些的名字眼熟？哪能不眼熟，都是平日里走动的朋友，大多也是新月社的友人。单看这些名字，也就怪不得其他人说，《晨报副刊》是徐志摩的，更是新月社的。的确也是新月社的，徐志摩正是要借着这份报纸好露一露他的棱角；原本松散的新月社能因这份报纸的联结得以团结，何乐而不为呢？

说是《晨报副刊》的"徐志摩时代"，还因徐志摩一来，晨报的风格便整个地照着徐志摩走。他早先接办的时候便对陈博生他们说了："我说我办就办，办法可得完全由我，我爱登什么就登什么。"徐志摩说办法由着他，这第一件事，就是把报纸的刊头先换了。原来的刊头只是几个楷体字外加年月日期数，太不符合徐志摩的艺术审美要求。先是那几个字太平常，于是徐志摩找来前清举人书法家蒲殿俊，重新提了刊名，写的是隶书。还不够，单是字有些单调，于是，找来凌叔华照着琵亚词侣的一张扬手女郎图放在刊头。

结果，这画因徐志摩的一时疏忽，让外界误以为是凌叔华"剽窃"了琵亚词侣的作品。虽然后来徐志摩写文章解释清楚了，但凌叔华后来总被人拿这事说事。一直到来年五月，凌叔华还气哼哼地为这事抱怨徐志摩。所以，后来的晨副刊头画，换成了闻一多的画——一个男子站在山崖上，瘦骨嶙峋，绝望呐喊。

"办法由着他"的第二件事，便是要对《晨报副刊》的编排做了调整。先是版式，由原来的八开八版，改成了四开四版；然后是出刊的日期。原来《晨报副刊》是日刊，到了徐志摩这里，便是周一、三、四、六四天出刊，且偏重于文艺。比如，有罗志希、姚茫父、余越园谈中国美术，邓以蛰来谈西洋艺术；有余上沅、赵太侔谈戏剧，谈文学，而西洋音乐则有萧友梅、赵元任；中国音乐，自然是李济之谈。

看起来，《晨报副刊》的徐志摩时代，真正来临了。为它撰稿的人，在它那里所发表的文章，都符合徐志摩的趣味。很明显，他就是要借着这个大平台团结他的新月同仁，而不为发行量迎合读者，不为党派依附上层言论。《晨报副刊》成了徐志摩最有力的思想武器。这里激荡着徐志摩的思想主张，同样也激荡着新月社价值观念。有了它，徐志摩终于有了一个可以发声的地方。

虽说《晨报副刊》多多少少成了徐志摩自家人的地盘，但它并不封闭。但凡优美忠实的文字，也总是能被他发现，比如沈从文的《市集》；有时，哪怕是反对意见，只要写得漂亮，徐志摩也一样照刊不误，后来的两次文坛大讨论，也亏了徐志摩的不分正反的刊文。但这里，先说沈从文的《市集》。

沈从文原来潦倒。在刘勉己还是《晨报副刊》主编时，沈从文曾给他

投过三四篇文章，换稿费缴二十块房租。其中有一篇便是《市集》。徐志摩接了报纸后，发现了这些文章，而且一眼便看上了《市集》。他折服于沈从文白描式的笔触，欣喜之余便将它发表了。徐志摩掩饰不住对这文章的欣赏，在全文发表了沈从文的文章后，还在后面加了一段附注：

"这是多美丽，多生动的一幅乡村画。作者的笔真像是梦里的一支小艇，在波纹瘦鳞鳞里的梦河里荡着，处处有着落，却又处处不留痕迹；这般作品不是写成的，是"想成"的。给这类的作者，批评是多余的：因为他自己的想像就是最不放松的不出声的批评者；奖励也是多余的：因为春草的发青，云雀的放歌，都是用不着人们的奖励的。"

却不料，这样赞美的文字，沈从文见了，却背脊发凉。因为这文章，是在《燕大周刊》发表过的，《民众文艺》也曾转载。原来报纸刊发的时候，用的只是他的笔名，而现在，徐志摩把"沈从文"三字写上了。或许是凌叔华刊首图事件让沈从文心有余悸，亦或许是沈从文一稿多投的事情总让人产生不好的印象，所以连忙写了声明到《晨报副刊》解释。徐志摩当然把沈从文的声明全文发表了，完了还不过瘾，他在沈从文的声明后，又加了自己的附注：

"从文，不碍事，算是我们副刊转载的，也就罢了。有一位署名'小兵'的劝我下回没有相当稿子时，就不妨拿空白纸给读者们做别的用途，省得捡上烂东西叫人家看了眼疼心烦。我想另一个办法是复载值得读者们再读三读乃至四读五读的作品，我想这也应得比乱登的办法强些。下回再要没有好稿子，我想我要开始印红楼梦了！好在版权是不成问题的。"

这便是徐志摩的风格，有点义气，有点潇洒。

从沈从文的事情上，也透露了徐志摩办报纸的另一个风格：总喜欢在别人的文章后面，加上一段附记、按语之类。这到底是得谁真传？恐怕是梁启超。话说当年蒋百里写了篇《欧洲文艺复兴史》，洋洋洒洒五万字，交给梁启超作序。

结果梁先生这序一作，也是五万字。五万言的文章作序怕是不妥，于是梁先生重新为蒋百里的书写了一短序，把自己的五万言长序改作著作给出版了。

徐志摩在当主编时，竟也有这样的时候。比如，张若奚投来一篇《副刊殃》，不过一千字。结果，徐志摩在后面加了附注，竟有两千字之多；比如刘海粟投来一篇《特拉克洛洼与浪漫主义》短文，也不过一千来字，结果徐志摩给它的附注竟有三千字之多。所以，他的附注被"扶正"，独立成文发表了。

徐志摩喜欢写附注，也是因为有话想说，便借着作者的话一并说了。太长的按语到最后喧宾夺主，这分理直气壮也着实可爱。徐志摩自认这是一种"毛病"，但他这"毛病"却便宜了读者。除了评介作者，徐志摩也总喜欢在附注里谈谈他选文章的想法，谈谈报纸的稿件都是如何来的。他的附注，有时就像电影花絮一样给了观众以得见幕后制作的乐趣。

著名的闲话事件

徐志摩在接办《晨报副刊》以后，新月社众人有了自己的发声管道。徐志摩领着他的撰稿团队几番驰骋，文名渐盛，当然，麻烦也不少，最麻烦的一件，要数"闲话事件"。这件事情说起来，也是件意外。

新月社成员陈西滢不但给《晨报副刊》撰稿，同时也在《现代评论》上主持专栏，名曰"闲话"。陈西滢在专栏里，或写文化批评，或论时事，所有文章的题目一律定为《闲话》。

1926年1月9日，陈西滢写了一篇关于法郎士的文章，登他的专栏上。后来，它被收进著名的《西滢闲话》中，定名为《法郎士先生的真相》。这是一篇文化评论，陈西滢在其中对法郎士的文字风格发表了看法，兼谈了他的一些趣闻逸事。文章干净利落，正是陈西滢的一贯风格。

两天后，1月11日，徐志摩正发愁，他的《晨报副刊》缺稿了。徐志摩

正当无计可施之时，看到了陈西滢的那篇关于法郎士的文章。真是不错，妩媚可羡，徐志摩当下喜欢得不得了，又想起自己早先也曾在《晨报副刊》发表过一篇《法郎士先生的牙慧》，于是提笔写了一篇《"闲话"引出来的闲话》。

徐志摩下笔时也只是想再谈一些关于法郎士的话。后来可能是因为他太喜欢陈西滢，也实在佩服陈西滢那篇文章写得干净灵巧，于是，他着了魔似地笔下一滑，把那篇《"闲话"引出来的闲话》写成了"西滢颂"。其中的对陈西滢的夸赞，颇有"吹捧"的嫌疑：

"……西滢是分明私淑法郎士的，也不止写文章一件事——除了他女性的态度，那是太忠贞了，几乎叫你联想到中世纪修道院里穿长袍喂鸽子的法兰西派的'兄弟'们……西滢就他学法郎士的文章说，我敢说，已经当得起一句天津话：'有根'了……像西滢这样，在我看来，才当得起'学者'的名词……他学的是法郎士对人生的态度，在讥讽中有容忍，在容忍中有讥讽；学的是法郎士的'不下海'主义，任凭当前有多少引诱，多少压迫，多少威吓，他还是他的冷静，搅不混的清澈，推不动的稳固，他唯一的标准是理性，唯一的动机是怜悯。……"

这闲话说多了，麻烦就来了。

这天晚上，徐志摩回家后，继续为凑稿子的事情发愁。原来以为，又得熬到半夜了，不曾想家里正有稿子等着他呢。那是周作人写来的《闲话的闲话之闲话》。徐志摩看了，周作人的文章满满的，全是对陈西滢和自己的攻击，而且看起来，似乎是因为自己原先的那篇"西滢颂"把陈西滢夸过头了，这才引起周作人的不满。尤其是针对徐志摩说陈西滢对女士太忠贞，周作人这么评价：

"忠贞于一个人的男子自然而然也有，然而对于女性我恐怕大都是一种犬儒态度罢。结果是笔头口头槽蹋了天下女性，而自己的爱妻或情人也就槽蹋在里头。我知道在北京有两位新文化新文学的名人名教授，……扬言于众曰：'现在的女学生都可以叫局'。这两位名人是谁，这里也不必多说，反正总是学者绅士罢了。……许多所谓绅士压根儿就没有一点儿人气，还亏他们恬然自居于正人之列……像陈先生那样真是忠贞于女性的人，不知道对于这些东西将取什么态度：讥讽呢，容忍呢？……"

徐志摩不明白，周作人一向以平和文雅形象示人，怎么今天的文章会写得如此火药味十足。说女学生可以叫局的意思，即是说女学生们在当娼妓。周作人暗指陈西滢说过这话，这个指控，非同小可。徐志摩更不明白，自己即便在先前的文章里夸陈西滢夸过了头，周作人何至于生这样大的气？

虽然心里有疑问，但正为稿子发愁的徐志摩，忽然得了现成的文章心里还是开心，无论如何舍不得放掉，于是便决定刊登。同时，徐志摩觉得总归是自己的笔惹了祸，所以，连夜写了篇《再添几句闲话的闲话乘便妄想解围》。1月20日，徐志摩在《晨报副刊》上，将周作人与自己的文章一并发了。

周作人的文章放在头版头条，徐志摩的解围的话紧随其后：

"……我实在始终不明白我们朋友中像岂明与西滢一流人何以有别扭的必要——除非你相信"文人相欺"是一个不可摇拔的根性。不，我不信在他们俩中间（就拿他们俩作比例）有不可弥缝的罅隙！……"

徐志摩自己心里也清楚，他这番话说出来多半是两边不讨好，但他还是愿意做个和事老。所以在文章最后，他问双方："我来做一个最没出息最讨人厌的和事老，朋友们以为如何？"

陈西滢没有给徐志摩这个面子。周作人污他名誉的"叫局说"哪能轻易就过去。所以，他理都没理徐志摩的劝解，当天便写了质问的信，直扑周作人而去：

"先生今天在晨副骂我的文章里，又说起'北京有两位新文化新文学的名人名教授……扬言于众曰，'现在的女学生都可以叫局'。这话先生说了不只

一次了,可是好像每次都在骂我的文章里,而且语气里很带些阴险的暗示。……先生兄弟两位捏造的事实,传布的"流言"本来已经说不胜说,多一个少一个也不打紧,可是一个被骂的人总情愿知道人家骂他的是什么。所以,如果先生还有半分"人气",请先生清清楚楚的回我两句话:(一)我是不是在先生所说的两个人里面? (二)如果有我在内,我在什么地方,对了谁扬言来?"

"先生兄弟",听陈西滢这话,显然是把鲁迅与周作人绑在一起对付了。陈西滢与鲁迅早有罅隙,现在,他习惯性地认为,那针对他的"叫局流言"鲁迅一定参与其中。但此时的鲁迅尚还沉得住气,毕竟,他与周作人失和在先,而现在这事儿,只是周作人与陈西滢之间的问题,所以现在他暂时没有吭气。

陈西滢的质问一出,周作人与他之间就在"叫局"一事上开始了频繁通信,几番辩驳缠斗下来,事实总算清楚:陈西滢没有说过"叫局"的话,系中间人张凤举误传。

事情清楚了,总该要道歉了。但张凤举说,他从头到尾都没有把这事写出来登报,所以向陈西滢私下道歉即可。如果张凤举这话还有接受的余地,那么周作人的态度就让陈西滢无论如何也吞不下这口气。周作人说,他从来没有在文章中公开过"陈西滢"三字,所以没有登报声明的道理。周作人在此事的态度上,从头至尾,都有欠诚恳。这让陈西滢相当不满。

所以,1月30日,《晨报副刊》上发表了陈西滢的一封长信,还有陈西滢辑录的他与周作人、张凤举的通信9封,另外有陈西滢与刘半农的3封通信,全是有关此事的信。因此这期的《晨报副刊》,得了称号——"攻周专号"。

"周"不仅是周作人,还包括鲁迅。周作人自然是不能放过的,在陈西滢的那封长信中,他直截了当一剑刺出,说周作人在"叫局"事件是上是自己打自己嘴巴。而对鲁迅,陈西滢在信中更是集中功力给予打击:

"……鲁迅先生一下笔就想构陷人家的罪状。他不是减,就是加,不是断章取义,便捏造些事实。……他没有一篇文章里不放几枝冷箭,……他常常"散布流言"和"捏造事实"，……他常常的无故骂人，要是那人生气，他就说人家没有"幽默"。可是要是有人侵犯了他一言半语，他就跳到半天空，骂得你体无完肤——还不肯罢休。他常常挖苦别人家抄袭。有一个学生抄了沫若的几句诗，他老先生骂得刻骨镂心的痛快。可是他自己的《中国小说史略》却就是根据日本人盐谷温的《支那文学概论讲话》里面的'小说'一部分……"

这一击，陈西滢气势万千，尤其是指责鲁迅的《中国小说史略》为剽窃之作，真正击中文人最敏感的神经。二人的死仇，就这样结下。鲁迅再也沉不住了。他深吸一口气，举起了他的投枪对准陈西滢狠狠刺出，冷峻而凌厉。2月8日，鲁迅在《语丝》上发表了《不是信》，全文六千余字，逐字逐句，对陈西滢的文章进行了尖锐而泼辣的驳斥。

陈西滢是鲁迅第一个论敌，这个论敌是鲁迅少逢的强劲对手。而陈西滢对《中国小说史略》的污蔑，让鲁迅对他记恨终身。翻开鲁迅的《华盖集》与《华盖集续篇》，他将大半篇幅，都献给了这位绝对不饶恕的对手。

周作人在鲁迅出手后，渐渐收了阵仗，但"闲话"却仍在说。卷进来说"闲话"的人也越来越多，李四光、胡适、林语堂，都加入了战局，场面混乱不堪。最后，还是因徐志摩离京南下过春节，《晨报副刊》未再登载"闲话"，众人才不算停止"闲话"。

徐志摩在这场"闲话"里是始作俑者，还是陈西滢的至交好友。作为《晨报副刊》的主编，他还必须站在中间，做个和事佬。他也努力想做到中立，但事实证明他的努力如此苍白。在徐志摩心里，陈西滢在这场论争中孤单一人，而他的对手，笔杆却不止一枝。这样的想法，让他的情感天秤倾向了陈西滢。

如果少了这一层，徐志摩当初是不是就不会办那期所谓的"反周专号"。但如果真是如此，后人是不是就看不到这场精彩的文坛旧事？虽然这次论战到最后，诸位文人君子丢了斯文，"鸟相干""狗屁""忘八"之类粗鄙的话都在众人的文章里出现了，一副泼妇骂街的架势，但这丝毫不影响"闲

话事件"在中国文坛中的地位。

有人评价说，"闲话事件"不愧是中国文坛最自由的一次辩论，因为里面少了政治，只有人性的动机与品行，它足以成为中国现代知识分子人格研究的最佳文本；也有人说，"闲话事件"是中国文人最具才智、最具实力的一次对战，因为那时，寻衅的人机警，反击的人有力。人人矫健，人人伶俐；还有人说，这次论战，最值得让人记住的地方，或许是欧美留学生与留日学生之间，真正划开了界线。

无论其他人怎么说，对徐志摩而言，"闲话事件"意味着他的新月与鲁迅的语丝到了再也无容忍的余地；更重要的是，它让世人自此以后，无法轻视他与他的朋友们建立起的文化势力。他的新月社，从此与文学研究会、创造社，鼎足而立。

文人们的"政治疯话"

闲话事件是徐志摩主持《晨报副刊》中最值得纪念的一次论战。如果说这场"闲话"没有充分展现出徐志摩对时事的敏感，那么"苏俄友仇"的讨论，或许是他表现自己政治敏感度的一次机会。

徐志摩初归国的这几年，除了写诗外，也以一个时事评论家的姿态活跃在文坛。毕竟也是学政治出身的人，当时中国社会的诸多问题，必然引发他对时事的敏锐思考。所以，在罗文干事件后，他以一篇《就使打破了头，也还要保持我灵魂的自由》，支持了蔡元培在罗文干事件中所展现出的正义与公理；所以，在张君劢的"理想"向他约稿时，他会立刻写下《政治生活与住家三阿嫂》。所以，在拥有政治热情的徐志摩手里，《晨报副刊》不仅仅是单纯的文艺刊物，它和当时其他许多报纸一样，充满了对民主与自由的热切追求。比如，徐志摩在《晨报副刊》上，开展的那场"苏俄仇友问题讨论"。

1925 年 10 月 6 日，就在徐志摩刚刚接手的《晨报副刊》上，登载了陈启修的文章《帝国主义有白色和赤色之别吗？》。陈启修在文章中直言，苏俄是中国人民的朋友。这引发了当时清华大学政治学教授张奚若的不满。

张奚若曾经提议徐志摩办一份"疯子说疯话"的"志摩报"。这次他干脆在徐志摩的报纸上说他的政治疯话。于是，张奚若写了文章《苏俄究竟是不是我们的朋友？》来批驳陈启修。一场历时两个月的苏俄仇友问题大讨论，便这样展开。不得不说，政治学出身的徐志摩，在此类问题上，有他敏锐的眼光。他很清楚，这样的讨论，不仅与中俄邦交有关，更重要的，是与中国国运有关。

徐志摩在这场论战中，观点与当时中国知识界的论调，当然也与大部分新月社同志的论调一样——主张苏俄一样是帝国主义。但是，徐志摩并没有因为个人的主张，而打压陈启修的言论。他依然将陈启修的文章发表了。而当苏俄仇友问题的讨论展开后，徐志摩作为《晨报副刊》的主编，在他的报纸上组织了两场讨论："关于苏俄仇友问题的讨论"与"仇友赤白的讨论"。在这两场讨论中，徐志摩大体做到了公允中立，既刊发了自己支持的言论，也刊发了自己反对的言论，两个月内，计有三十余篇相关文章见报，几乎每一两期《晨报副刊》上就会有关于苏俄问题的文章见报。

很难得不是？这样的态度，最能表现徐志摩办报的方针。他曾说："自由说话，不仅是我认为我的特权并且是我的责任。"在他的理想中，《晨报副刊》不会是任何党派的宣传工具。所以，他在这次讨论中，不以正反定文章。他的标准，是真理，真实，勇敢，坦白与一切忠实的思想，因此他发出这样的宣言："我要求每一朵花实现他可能的色香，我也要求各个人实现他可能的色香。"

然而，徐志摩在这场苏俄仇友问题的讨论中，公允也只是"大体"上的公允。他还是有意无意透露了他"反苏"的倾向。比如，把反苏的议论刊在显要位置，把亲苏的言论刊在后面；又比如，他刊登的反苏观点文章，明显多于亲苏观点的文章；比如，他在刊登的文章之前，都附有带有明显个人倾向记者前言。所以，尽管徐志摩自信他在这场论战中"无成见"，但

他的这些举动，却显然让他的"无成见"大打折扣。

实际上，关于政治，徐志摩最看好的还是英国。在他眼中，不但东方人的政治，就是欧美的政治也不如英国，英国人可称是现代的政治民族。他们自由而不激烈，保守但不顽固，怀着天生多元主义的宇宙观与人生观的英国人，才最适合干政治。如此看来，徐志摩在苏俄仇友问题中的所持的立场，是常年英国思想浸淫下的自然结果；而徐志摩在骨子里，仍然是一个浪漫的诗人，所以，他那些打了折扣的"无成见"则是他内心深处的感性。所以，一场苏俄仇友的讨论，展现了《晨报副刊》在进入徐志摩时代后的独特风格；也展现了徐志摩的政治眼光，更展现了他的人性缺陷。

细细想来，在这两个月的争论中，徐志摩最亲密的战友胡适，却是一言未发。朋友们也曾劝胡适写点什么，参与讨论，但沉稳谨慎如胡适，直到 1926 年 7 月实地考察了苏联后，才给国内写信公开他的看法。胡适在这个问题上，站到了与徐志摩，以及与大多数新月社同志相反的立场上。他说：苏联正在进行的空前的伟大的政治新试验，他真是佩服极了。他甚至批评了他的同伴们，说他们总是以学者的武断，来附和传统的见解与狭窄的成见。

如果在那两场讨论中，徐志摩作为报纸主编，在立场的表达上还能有所克制，那么现在，面对胡适的言论，徐志摩放开了。他撰文直指胡适在政治上的天真与糊涂，直指胡适过分注重实干，直指胡适从留学归来后十年不曾踏出国门，而这回出国不满一个月，就可以来谈理想了。

胡适对待苏俄的态度，仿佛是一场秋风扫过《晨报副刊》，吹得原本已水面静波的苏俄讨论，起了涟漪。但这场讨论却没有继续深入下去，因为徐志摩为着自己的那点儿情感的私事再次分了心。他放下了他的报纸，要准备与陆小曼结婚。

爱是一场最好又最坏的修行

古怪而尴尬的婚礼

在与王赓等人的功德林宴会后，徐志摩与陆小曼一直没有见上面，直到徐志摩到北京接办《晨报副刊》，陆小曼也没能见到他。两人得以团聚，还是因为陆小曼看到徐志摩登在报纸上的文章，才知道冤家在北京办报纸。这才寻了过去。

陆小曼到了北京后，徐志摩便在北京中街寻了一处院子，一起住下。事业正是风声水起的时候，而身边又有佳人陪伴，徐志摩的日子真是快乐得不知从何处说起。但是，陆小曼的家人，不会甘心让自己的女儿没名没分就这样跟着徐志摩，他们要的是一场明媒正娶的婚礼。可徐申如会同意吗？怕是很难，好在徐志摩有胡适。胡适不但是徐志摩事业上的伙伴，也是生活中益友，最重要的是，他还是徐申如最信服的人。所以，徐志摩便写了封信：

"……爸最信服你，他也知道你是怎样知我爱我的，你如其与他恩切的谈一次天，一定是事半功倍的。总之老阿哥，烦你也烦到底了……总算是你自己弟弟妹妹的大事，做哥哥的不能不帮忙到底，对不对？且等着你回来，我们甜甜的报酬你就是。……"

陆小曼也央求胡适道："先生！并非是我老脸皮求人，求你在他爹娘面前讲情，因为我爱摩，亦须爱他父母，同时我亦希望他二老亦爱我，我受人冷眼不少了，我冤的地方只你知道……"胡适哪有不帮忙的道理。为了劝服徐申如，他在1926年春节前，特地到硖石停留了两天。

其实，就算没有胡适的劝说，徐申如自己也知道，他的这个儿子只要打定了主意，是无论如何也拉不回来的。他拗不过儿子，但还有最后一线希望，于是，他对徐志摩说，除非得到张幼仪本人同意，否则，便不能娶陆小曼进门。徐志摩只得同意。

于是，张幼仪回来了，再一次成了徐志摩感情世界的局内人。六十年后，张幼仪还清楚地记得那次会面。仿佛是为了最后确认一次那早已经轰动中国的离婚事件，徐申如问幼仪："你和我儿子的离婚是真的吗？"

"是啊。"幼仪的语气平和。听了他的回答，徐申如露出迷惑的神情，幼仪看出，那里面还有难过。"那么，你反不反对他与陆小曼结婚？"

"我不反对。"幼仪摇摇头说。她看到，徐申如把头一撇，失望极了。他劝服徐志摩的最后一道防线，就这样崩溃了。而当时的徐志摩则高兴得从椅子上跳了起来，乐不可支。他张开双臂，仿佛要拥抱整个世界。可是，他的这个举动，却让指上的玉戒从开着的窗子飞了出去。徐志摩惊恐万状。那是陆小曼送他的订婚戒。幼仪觉得，这似乎预示着徐志摩与陆小曼之间，会发生些什么。

但无论如何，这婚到底还是结成了。徐志摩为了这场婚礼，连他的报纸也无暇顾。最终，《晨报副刊》因为这位大主编的热情降低而沉寂。所以，靠着《晨报副刊》团结一处的新月社众人，也因"新月灵魂"的"魂不守舍"而云散。

1926 年夏天，梁实秋在北平家里接到一张请柬：

夏历七月七日即星期六正午十二句钟洁樽候叙

志摩

小曼拜订

座设北海董事会

虽然没有写明为什么设宴，但因那张请柬很别致，梁实秋一看，大抵就能猜出这不是一般性质的宴会，再一打听，便知那是徐志摩与陆小曼的

订婚宴。

梁实秋去了。他觉得设宴的北海董事会是个好地方，亭榭厅堂，方塘清泉，因平日里并不对游人开放，故而显得幽静宜人。可梁实秋去的那一天，那里一点儿也不清静。得有百来号人吧，杨今甫、丁西林、任叔永、陈衡哲、陈西滢、唐有壬、邓以蜇……梁实秋在当时年纪小，"忝陪末座，却喝了不少酒"。

在梁实秋出国留学前，与徐志摩并不是特别相熟，仅见过几面。后来留学其间，他曾给徐志摩主编的《晨报副刊》投稿，而最重要的是，他们有一些共同的朋友，因此回国后梁实秋便与徐志摩立刻相识了。但此时的梁实秋对陆小曼与徐志摩事情还未十分了解，而他的正是从这场宴会衣香鬓影，名流云集的宴会中听到了许多关于此事的信息。

中国人的宴会，向来不止吃饭这么简单，交流感情，交换新闻才是正经，更何况，这可是徐志摩与陆小曼的订婚宴。徐陆的这段风流，在这场宴会上，再次被众人翻搅得沉渣泛起。有人说，诗人与名媛，是天作之合；有人说离婚的男人与有夫之妇，是不成体统。梁实秋听着这些议论，觉得结婚离婚本是男女双方的事，与第三人无关。的确如此，但转念想想便知，如果这只是风流才子俏佳人的一时游戏，那的确也不过就是市井间茶余饭后的闲谈。可现如今，他们竟办了婚宴当了真，那么，这件事便与礼制扯上了关系，不再是笑笑就能过去的事，因此，所有人在这时都恨不得化身道德评判官。于是，众人欢喜微笑脸一转，就只剩了一张窃窃议论的嘴。

并不是看不见那些异样的眼神，但既然徐志摩与陆小曼能走到这一步，当然不会因这点议论止步。一个半月后，1926 年 10 月 3 日，农历八月二十七日，他们举行了结婚仪式。陈寅恪和赵元任，专程从清华赶到；从来只穿西装的金岳霖，为了当伴郎特地借了长袍马褂穿上；德高望重的梁启超，为他们证婚，而正是梁启超当日发表的证婚词，让这场婚礼旷古绝今。

"徐志摩，你这个人性情浮躁……你离婚再娶就是用情不专的证明！陆小曼，你和徐志摩都是过来人，我希望从今以后你能恪遵妇道，检讨自己的个性和行为，离婚再婚都是你们性格的过失所造成的，希望你们不要一错再错自误误人，不要以自私自利作为行事的准则，不要以荒唐和享乐作为人生追求的目的，不要再把婚姻当作是儿戏，以为高兴可以结，不高兴可以离，让父母汗颜，让朋友不齿，让社会看笑话。……我希望这是你们两个人这一辈子最后一次结婚！……"

也只有梁启超能这样教训徐志摩。他心疼自己的徒弟，了解他的为人，清楚地知道徐志摩的浪漫理想，过分单纯。他正在用自己冲动的感情，为自己编织一张苦恼的罗网。所以，梁启超希望能在徐志摩走向灭顶的灾祸前，拉他一把。如果梁启超对徐志摩是"爱之深，责之切"，那他对陆小曼，却是无半点好感可言。在他眼里，陆小曼就是一滩祸水。他那番棍棒一样的话打在陆小曼头上，只是为了提醒她，不要把自己的徒弟"弄死"。

然而，一切只是徒劳。徐志摩与陆小曼的相遇，注定是一场现实照进理想的悲剧。徐志摩的信仰，将他的生活带进了窄仄的甬道，也将陆小曼由一场极致的幸福推向了一场极致的悲凉。

1926 年 11 月，在北京的张幼仪突然接到徐申如夫妇从天津拍来的电报："请携一佣来我们旅馆见。"幼仪很惊讶。她知道那时徐志摩与陆小曼刚刚结婚南下，回到硖石老家。照理说，陆小曼这才刚见公婆，怎么徐申如会在这个时候到天津来？

幼仪没有多想，她尽快到了天津见了徐家二老。幼仪发现，两位老人今天异常烦恼，此前，她从未见过他们这样。怎么回事？

先开口的是徐母，她气极了，说话的语速很快，声音在发抖："陆小曼第一次来看我们，竟然要求坐红轿子。"幼仪一听，便明白二老之所以这么快便离开硖石老家，全因陆小曼不讨喜。也难怪徐母不开心，那种红轿子，

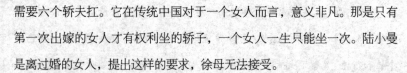
需要六个轿夫扛。它在传统中国对于一个女人而言，意义非凡。那是只有第一次出嫁的女人才有权利坐的轿子，一个女人一生只能坐一次。陆小曼是离过婚的女人，提出这样的要求，徐母无法接受。

所以，徐母生气了，但陆小曼令她不满的地方，还不止这一处："还有啊，吃饭的时候，她才吃了半碗，就可怜兮兮地让志摩帮他把剩下的半碗吃完！那饭还是凉的哪！志摩吃了说不定会生病哪！"说到这里，徐申如也忍不住插话："吃完饭我们正准备上楼休息，可是你看陆小曼接下来要干什么。她竟然让我儿子抱他上楼！那楼梯有五十多级……"

"你有没有见过这样的懒的女人呀？她的脚连缠都没有缠过的！"徐母几乎是在尖叫。

二婚的女人坐红轿子，剩饭让丈夫吃，要丈夫抱他上楼，这哪一样是传统中国儿媳妇能干的事情？陆小曼真是把能惹的祸几乎全惹了。但幼仪心里清楚，陆小曼所有的举动在她自己看来，也许不过是夫妻间的生活情调。这个在北京城顶顶有名的交际名媛，习惯了寻找快乐，过惯了被追捧的生活，纵使结了婚，心恐怕也回不了家的。所以，陆小曼与她不同。她可以为了婚姻过笼中鸟一样的生活，但陆小曼，即便结了婚，也定然要张扬个性；她活着，为了丈夫为了儿子，但陆小曼活着的目的，不仅仅是丈夫与公婆。所以，陆小曼不讨喜，简直是不可避免的事。

徐家二老来找幼仪，因为她是徐家的"干女儿"，他们视她为徐家不可缺的人，在他们眼里，张幼仪才是一个好儿媳妇应该有的样子。但徐家二老的举动无形中让幼仪处于极尴尬的位置。她知道，徐志摩一定会为这件事情发火，这不，她才刚刚把徐家二老接到北京，徐志摩的电话便打来了："一定是你写信让爸妈去找你的，是不是！"

"不是，我为什么要这么做？"

"这叫陆小曼没面子！"

的确，真正没面子。哪有新儿媳妇刚进门，公婆就离开，跑去找前儿媳妇的？徐志摩没有想到，陆小曼进门后父母会给他这样的难堪。但与徐志摩的忿闷相比，陆小曼反倒显得轻松，没了老人的监督，生活显得自有情趣。她与徐志摩种花种草，游山玩水，倒也自在。

可是，随着北伐战争开始，硖石渐渐地卷进战争，所以，这对新婚夫妇，不得不结束他们的清静生活。1926 年 12 月，徐志摩和陆小曼为避兵灾，乘船到了上海。

上海来得有些仓促来了，以后生活怎么过？徐志摩自有打算，教书。早有光华大学聘他任教，如果学校按时付薪，日子倒也可以过得下去。其实，回北京倒也是一条路，但他不愿去，因为北京的学校经常欠薪，而《晨报副刊》他也不愿再接手，所以现在，他决定在上海待下来。但直觉告诉徐志摩，上海并不适合自己。

新月书店上市记

那场北伐战争，结束了徐志摩清闲的日子，而他的新月同仁中，有许多也因这场战事被迫从北京南迁至上海。真是个不好的时节，梁实秋后来回忆说：

"这时节北方还在所谓'军阀'的统治之下，北平的国立八校经常的在闹索薪风潮，教员的薪奉积欠经年，在请愿、坐索、呼吁之下每个月也只能领到三几成薪水，一般人生活非常狼狈，学校情形也不正常，有些人开始逃荒，其中一部分逃到上海。徐志摩、丁西林、叶公超、闻一多、饶子离等都在这时候先后到了上海。胡适之先生也是在这时候到了上海居住。同时有一批批的留学生自海外归来。那时候留学生在海外受几年洋罪之后很少有不回来的，很少有人在外国久长居留作学术研究，也很少人耽于物质享受而留连忘返。如潘光旦、刘英士、张禹九等都在这时候卜居沪滨。"

这场"逃荒"让许多人或许狼狈,但新月同仁在上海重新聚合。这多少,成了徐志摩今后黯淡生活中难得珍贵的快乐。

徐志摩不喜欢上海,他正愁这里没有合自己脾胃的事情可以做,现在,难得新月同仁还能有机会这样聚在一处,不甘寂寞的徐志摩总能想出事来做。徐志摩想做事,也还有更现实的原因:到上海这段日子,他实在是有些缺钱花。别说陆小曼那大手笔的花钱态度,就是省,每月也得有二百圆。所以,更是要做些事情。做什么呢?文人只会写点东西,没有其他特长,那么,办书店就是个不错的主意。

有了想法,那只剩下执行。徐志摩奔走最力,又是邀股东,又是租房子,好不忙碌。1927年6月,上海环龙路环龙别墅,书店开张,名字就叫"新月书店"。余上沅任经理兼编辑部主任。这书店什么样?

蓝底白字的招牌,挂在铁棍上,棍上还有涂金新月标志。书楼两层,楼下是发行所,摆着书桌与书架;墙上挂着江小鹣的油画与朱孝臧写的招牌。楼上正房是编辑室,也挂着名人字画,还放了沙发;后面的亭子间是会计处,布置简单。新月社开张,第一天来的人挺多,据说有位叫严家迈的先生特地从江湾赶来,到了新月书店上上下下,里里外外看了一圈后,回家写了篇《新月书店参观记》登在报上,其细致程度竟连书店的方位与乘车路线都详尽道出。所以有人说,这篇《新月书店参观记》其实是书店自己人写的,权做广告宣传,而那位严家迈先生,就是梁实秋本人也说不定。

新月书店的成立,让大伙儿写的书有了自己的刊行基地。而书店第一批印行的书中,就有徐志摩的诗集《翡冷翠的一夜》和散文集《巴黎的鳞爪》。徐志摩的散文,写得也是极好,甚至比他的诗更有味道。他的文句或清新绝俗,或柔艳美丽。无论是什么样的文字,总有澎湃的情感。所以有人说,世间没有哪种情感是徐志摩表达不清的。

书店办起来了,七八月以后,众人又商量着办起了《新月》杂志。创刊号上,徐志摩就表明了他们的"新月态度":要从恶浊的底里解放圣洁的泉源，要从时代的破烂里规复人生的尊严。真是宏大的抱负，巨大的使命。但即便有如此责任，但众人履行起来，似乎要比常人轻松。都是会写文章的人，干的是当行本色。就算缺稿子，徐志摩组织一两次饭局，谈笑间，大家便把稿子凑齐了。

就这样，《新月》成了继《晨报副刊》后，新月同仁表达自己，展现自己的又一阵地。到此，新月社终于有了成熟面孔。而所有谈论中国新诗历史的人，从此以后再也避不开"新月诗派"。

只是，这一群人一时际会聚在了一起，组织不严密，野心也不大，每个人或多或少都还有些自由主义的倾向，各有各的路数，所以矛盾不能说没有。比如，徐志摩热情高涨的时候，考虑欠周，没跟大家商量，就一厢情愿地给《新月》定了名，把社长给了胡适，使得大家不满。不满的话传了出去，胡适也一度想要退出。这是小事，严重的是，办刊的方针出了分歧。

胡适与罗隆基主张新月要谈政治，而徐志摩与邵洵美等人却主张"向后转"，不谈政治。

徐志摩谈论政治的时候很少很少，或许是因为当年在英国与曼殊斐儿见面时，她希望他不搞政治。她曾愤愤地对徐志摩说，现代政治的世界，不论哪一国，只是一乱堆的残暴，和罪恶。曼殊斐儿于徐志摩，是女神般的存在。她的一番话，对徐志摩产生的影响力可想而知。

分歧大了，有一些人便走了，新月一度陷入危机。但徐志摩还是勉力维持着，总算撑了下来，但这一切在叶公超眼中，却并不是个好兆头："新月同仁的书生本色和天真心性。以这些人写文章或研究学问会有成就，要他们办杂志开书店，是注定了要失败的的"。这话不是没有道理。胡适也曾就新月内部的矛盾，发了如下感慨："我们的民族是个纯粹个人主义的民族，只能人自为战，人自为谋，而不能组织大规模的事业……岂但不能组织大公司，简直不能组织小团体……"

新月成员间的矛盾，不用看其他，单看《新月》编辑的名字总有不同

便可见端倪。先是徐志摩、闻一多、饶孟侃一起编了几期，后来换了梁实秋、潘光旦、叶公超、饶孟侃、徐志摩一起。但就算新月曾因罗隆基等人的政治言论而屡陷麻烦，就算徐志摩邵洵美也总是要为成员们惹出的麻烦善后，新月成员间还是和睦的。办刊方针不一，并不影响他们之间的情谊。也许，这是他们共同的西方教育背景，让他们形成了民主的做事绅士风格，或许也仅仅是他们每个人的性情使然，抑或许，这也是那个时代的风致与气度。

婚姻的泥潭

离国民政府首都南京咫尺之遥的上海，十里洋场一片灯红酒绿。上海是陆小曼长大的地方，她在这里最热衷的事情之一，便是唱戏捧角。捧角，她捧红了袁美云、袁寒云；唱戏，她把自己唱成了不输专业演员的最佳票友。多少人为了请她登台，亲自登门邀她演出，又有多少人以一睹台上的陆小曼为荣。这就是一代名媛的名声与魅力。陆小曼在这里甚至不必特别应酬，不过几个月，就把整个大上海交际圈玩在了手心，纸醉金迷的都市被她撩拨得愈发令人迷醉。

陆小曼到了哪里，都是陆小曼。一代名媛到了哪里，生活都是一样过。在福煦路四明新村高级住宅区里，陆小曼租了一幢每月银洋一百的洋楼，楼里有男仆、丫头，衣着入时不输主人家，这是名媛的排场。除了这些，名媛的排场，也是买东西可以不问价格，不问家中是否需要，只随高兴；名媛的排场，还是一月最少银洋五百（合人民币两万元一月）的开销。这位名媛，排场太大，所以排到最后，不过一场无度的挥霍。

若只是挥霍，倒也没什么可以怨的。陆小曼本来就是这样的女人，从小到大一直都是。她受的教育与成长的环境，决定了她生来就是被捧在手里养着，养不养得起，那要看徐志摩自己的本事。但问题在于，陆小曼不止挥霍了钱，也挥霍了她与徐志摩的日子。

何竞武的女儿何灵琰是徐志摩与陆小曼干女儿。四十多年后，何女士回忆起住在上海福煦路四明新村的陆小曼时说："干娘房间里总是阴沉沉地垂着深色的窗帘，连楼上的客堂间和小吸烟间也是如此。她是以夜为昼的人。不到下午五六点钟不起，不到天亮不睡，每天到上灯以后才觉得房子里有了生气。"看得出来，那时的陆小曼，染上了鸦片瘾。其实陆小曼自己也知道，吃鸦片烟不是好事，但她本是多病的人，当年在北京简直就把医院当家那样住。而自从那个叫翁瑞午的男人劝她吸了几口鸦片烟之后，她竟觉得百病全消。

那翁瑞午，也是个英俊潇洒的人，而且同样出身不凡。他是翁同龢的侄孙，父亲翁绶琪，是前清光绪年间举人，金石书画造诣深厚，家中收藏甚富。翁瑞午小时在父亲影响下，也研习书画。后来拜了名医丁凤山为师，学了一手精妙推拿，挂牌行医，医名甚佳。翁瑞午能认识陆小曼，也正是因为那一手推拿。

陆小曼初到上海时旧病复发，虽遍寻名医，但治疗效果并不好。于是便有朋友介绍翁瑞午来为小曼推拿。经翁瑞午推拿诊治的陆小曼，觉得精神大好，徐志摩因此对翁瑞午感激不尽，而翁瑞午也因此成为徐志摩夫妻二人的常客，与他们成了朋友。

陆小曼与翁瑞午，都爱戏剧，都喜绘画。共同的爱好从来都是人与人情感的粘合剂，而陆小曼时时发作的病情，也需这个英俊漂亮的年轻人推拿舒解。尽管翁瑞午的推拿手艺好，但终归治不了本。且陆小曼也实在经不起那病时时复发的折腾。于是，他听了翁瑞午的劝，开始吸鸦片烟。哪有不上瘾的道理。从此，陆小曼的生活里多了烟榻、烟枪和烟灯。她一天也离不开这阿芙蓉带给她的慰藉。而隔着烟灯，在烟榻的另一头，翁瑞午一起斜斜躺在那里。

陆小曼似乎越来越离不开翁瑞午的陪伴，翁瑞午也愈来愈频繁地出现

在徐志摩家中，频繁到他在陆小曼身边的时间，比徐志摩更多。于是，坊间便有了茶余饭后聊天的话题。徐志摩自然看在眼里，听在耳里。但他倒是豁达，他说："男女的情爱，既有分别，丈夫绝对不许禁止妻子交朋友，何况芙蓉软榻，看似接近，只能谈情，不能做爱。所以男女之间，最规矩最清白的是烟榻。"

这是开解别人，还是在安慰自己？或许只有徐志摩自己知道。

生活就像戏，每个人都是被命运钦点的观众。所以，无论徐志摩再怎样豁达，他都必须面对陆小曼与翁瑞午带给他的纷乱。

那是一场名叫《玉堂春》的戏，在夏令配克电影院演出。戏台上没有角儿，都是票友。一个是陆小曼，演苏三；一个是徐志摩，演红袍；演王金龙的不是别人，正是翁瑞午。这场戏，本身是极好极轰动，因为演戏的人极具专业水准。但这不是这场戏最让人关注的地方，它轰动的效应，是它引得一家无聊小报，添油加醋地写了一篇下流文章，影射了陆小曼与翁瑞午间的风流八卦，攻讦了徐志摩的品格。

于是，陆小曼与翁瑞午的话题，从台面下，被摆到了台面上。徐志摩终于意识到，他活在世俗里：

"我想在冬至节独自到一个偏僻的教堂里去听几折圣诞的和歌，但我却穿上了臃肿的袍服上舞台去串演不自在的'腐'戏。我想在霜浓月淡的冬夜独自写几行从性灵暖处来的诗句，但我却跟着人们到涂蜡的跳舞厅去艳羡仕女们发金光的鞋袜。"

他与陆小曼浪漫热烈的爱，到了最后终是还原成是泥泞。这才是日子。这与他原先的期望太不相同。原本以为，陆小曼会是他这辈子的成绩与归宿，原本以为，陆小曼会像原来一样看他写的文章，鞭策他，带给他灵感。但现在，他的妻子整日笼在鸦片的烟雾中，渐渐模糊看不清身影。

哪能不心疼？徐志摩知道，鸦片根本解救不了陆小曼，他不是没有设法振奋陆小曼的志气。他总是劝她，少抽烟，少打牌；他甚至为了不使陆小曼埋没天分，而让她给自己即将出版的书写序。但陆小曼提着笔不到一会就像个孩子似的喊累，一个字都没有写出来。几番下来，徐志摩也只得干笑着作罢。1928 年 12 月 28 日，徐志摩送给陆小曼一本《曼殊斐儿日记》做新年礼物。他希望这位高雅丽质的女性，能给陆小曼激励，但陆小曼让徐志摩失望了。她没有如徐志摩殷切期望地那样振作，她甚至觉得徐志摩在婚后变得不如先前那般浪漫，对她管头管脚，不让她打牌，不让她抽鸦片烟，真是拘束极了。

最终，徐志摩累了，他对陆小曼的爱，似乎再也不如原先那样饱满。所以，他的日记里出现了这样的句子："最容易化最难化的是一样东西——女人的心；过去的日子只当得一堆灰，烧透的灰，字迹都不见一个。"有人说，徐志摩是因爱而生的。爱是他灵魂的全部滋养与灵感的全部动力。看来的确如此。现在，他与陆小曼的感情出现了问题，于是，他倦了。

"这几天，就没全醒过，总是睡昏昏的……脑筋里几乎完全没有活动，该做的事不做，也不放心上，不着急……想做诗，别说诗句，诗意都还没有影儿，……昨晚写信只觉得一种拿腔拿调在我的筋骨里，使得我说话上只选抵抗力最小的道走。字是不经挑择的，句是没有法则，更说不上章法……"

对生活多大的失望才能如此？这段日子的文字，字字透着从心底升起的幻灭。但如果仅把对陆小曼的失望，视问题徐志摩倦怠的原因，那未免肤浅：

"志摩的单纯的信仰，换个说法，即是'浪漫的爱'。浪漫的爱，有一个显著的特点，就是这爱永远处于可望而不可即的地步，永远存在于追求的状态中，永远被视为一种极圣洁极高贵极虚无缥缈的东西。一旦接触实

际，真个的与这样一个心爱的美貌女子自由的结合，幻想立刻破灭。原来的爱变成了恨，原来的自由变成了束缚，于是从头来再开始追求心中的'爱，自由和美'。这样周而复始的两次三番的演下去，以至于死。……"

这是梁实秋对徐志摩的评价是，毕竟是朋友，还是他看得透彻。诚然如他所言，徐志摩从与陆小曼在一起的那一刻开始，他的"爱"便从此失去的吸引力，他的灵感失去了新鲜的动力；于是，他从理想的云端上，看到了浪漫的灰烬。

再别康桥

日子还是消沉，按着徐志摩一贯的心性，家事不顺心，浪漫成了灰，他哪里有其他心思想事情。也许新月的工作可以让他的情绪稍稍平复，但时局的混乱却只让他更加烦闷。本来北伐战事就令徐志摩怨念丛生，眼下又发生了"济南惨案"，徐志摩终于第一次开始为国事难受。

"这几天我生平第一次为国事难受……这回却既不是纯粹感情问题，也不是理性所解剖的现象，一方面日本人当然是可恶，他们的动作，他们的态度，简直没有把我们当作"人"看待，且不说国家与主权，以及此外的一切体面的字样，这还不是"欺人太甚"？有血性的谁能忍耐？但反过来说，上面的政府也真是糟，总司令不能发令的，外交部长是欺骗专家，中央政府是昏庸老朽的收容所，没一件我们受到人家侮辱的事可以追原到我们自己的昏庸。……我们未尝不想尽点责任，向外国说几句话，但是没有'真理'就没有壮气，我们的话没有出口，先叫自己的甜头给压住了。我们既不能完全一任感情收拾起良心来对外说谎，又不能揭开了真相对内说实话，这是我们智识阶级现下的两难。"

徐志摩手上有自己的刊物，也有自己的书店，但这样的时事评论，不是写在报纸上，他只把它们记在日记里。他有政治的激情，却少了参与的热情。徐志摩无论自己多想诗化他的生活，无论多么不想谈论政治，但他终究不过是时代的蝼蚁。

在那样一个思想激荡的年代里，鲁迅谁都不听，于是他战斗；胡适选择了自己的栖身之地，有了着落；而徐志摩，他只关注自己的内心。对政治，他没有自己的坚定理念，所以一旦时事起了波折，别人有价值观可以依凭，或战斗，或协调，而他终无依附，情感矛盾亦可想而知。但徐志摩对自己的这种状态不是没有反思，他也曾有过自剖：

"爱和平是我的生性。在怨毒、猜忌、残杀的空气中，我的神经每每感受一种不可名状的压迫。记得前年奉直战争时我过的那日子简直是一团黑漆，每晚更深时，独自抱着脑壳伏在书桌上受罪，仿佛整个时代的沉闷盖在我的头顶。"

"我当初也并不是没有我的信念与理想。有我崇拜的德性，有我信仰的原则。有我爱护的事物，也有我痛疾的事物。……我恨的是这时代的病象，什么都是病象：猜忌、诡诈、小巧、倾轧、挑拨、残杀、互杀、自杀、忧愁、作伪、肮脏。我不是医生，不会治病；我就有一双手，趁它们活灵的时候，我想，或许可以替这时代打开几扇窗，多少让空气流通些，浊的毒性的出去，清醒的洁净的进来。"

这样平和的性情，在那时是不是有些不合时宜？当时他在《新月》创刊号上提出"尊严与健康"就曾遭到鲁迅等人的斥责。这样的时代，尊严是谁的尊严，而健康又是谁的健康？这一切，让他对自己一向信奉的西方理念产生了严重的怀疑，他的精神产生了一次空前的危机。于是，他在家事与国事的纠缠中，苦闷彷徨得无以复加，这个总是感情用事的冲动青年，再一次在情感的迷茫中，失落了希望。

徐志摩的境况，胡适看在眼里也替他心疼。所以，在一次会餐后，胡适对徐志摩说："到外头走走吧，呼吸点新空气，得点新材料，也许他的生活能真的换个方向。"朋友的建议也正符合他自己的想法。去走走吧，或许回来以后，一切会不一样。

另外要说的是，徐志摩此次出国还准备带些玉器古董去卖，一来补充旅费，二来贴补些家用。看来，徐志摩的生活确是陷入了窘境。这个从小长在殷实家境中的少爷，如今也真是苦了他。

1928年6月，徐志摩带着古董登上了加拿大轮船"皇后"号。先到东京见了在日本度假的陈西滢夫妇；7月5日到了纽约，见了老朋友恩厚之，期间还见了蒋介石的太太陈洁如；8月4日，他到了英国，回到剑桥。

轻轻的我走了，

正如我轻轻的来；

我轻轻的招手，

作别西天的云彩。

那河畔的金柳

是夕阳中的新娘

波光里的艳影，

在我的心头荡漾。

软泥上的青荇，

油油的在水底招摇；

在康河的柔波里，

我甘心做一条水草

那树荫下的一潭，

不是清泉，是天上虹

揉碎在浮藻间，

沉淀著彩虹似的梦。

寻梦？撑一支长篙，

向青草更青处漫溯，

满载一船星辉，

在星辉斑斓里放歌

但我不能放歌，

悄悄是别离的笙箫；

夏虫也为我沉默，

沉默是今晚的康桥！

悄悄的我走了，

正如我悄悄的来；

我挥一挥衣袖，

不带走一片云彩。

这是他最有名的诗。再别康桥。

一首优美的抒情诗，投射了徐志摩这些年的情怀起落。十年前，潇潇洒洒地来，那时少年壮志；六年前，在这里写下"盼望我含笑归来"，而如今真当归来，却只带着生活的泥水与悲哀的心碎。

这里风光依旧，康河的水，依旧柔波荡漾；河底的水草，仿佛从未改变过它的模样。河上升起的轻雾，将远山渲染成写意的水墨，那些黄绿相错的浓淡，便轻轻晕开了轻柔的妙意。空灵的晚风将夕阳揉碎在行人悠闲的步间，点滴的光影便跳荡着向前。徐志摩静静坐在康河岸边柔软的草甸上，寂寂的眼神凝对着岸上招摇的垂柳。它曼妙的枝条，正轻抚康河静静的水流。他的眼，随着河水的鳞光穿过三环洞桥，皱起细腻的波纹。

一切都一样，一切都已经改变。只因物是，人非。他不再是当年的他，青春难再，壮志未酬。当年一别，追着希望而去，如今再别，却是挥别了希望与豪情。

康桥留给徐志摩太多故事，青草更青处，也许还埋着当年的青涩浪漫和那段未完成的初恋；星辉斑斓里，仿佛仍在闪着当年的豪情与耀眼的心灵革命。不忍看，不愿想，它们就像一面镜子，照出了十年后徐志摩残缺的爱与梦想。而那云上的梦想落入凡尘，便只剩泥土。所以，悄悄来，悄悄走，连那夜虫都为他沉默。挥一挥衣袖，不带走一片云彩，只怕惊醒那场仿佛几世纪前的美梦。

9月20日，徐志摩离开了欧洲，前往印度。10月见了泰戈尔。总算，在这位可敬长者的有生之年，徐志摩兑现了自己的承诺，亲自到印度来看看他。在印度待了三个星期，11月回到上海。

回到上海，一切都没有改变。

在出国的四个月间，徐志摩并没有放下病弱的妻子。一如三年前他为了她走天涯一般，徐志摩几乎每到一站，都写信给陆小曼汇报行程，告诉她沿途风物；与三年前一样，他依然要在信里劝慰妻子振作。唯与三年前不同的是，那缺少了年少的激情，已成了苦口婆心：

"上海的生活想想真是糟。陷在里面时愈陷愈深；自己也觉不到这最危险，但你一跳出时，就知道生活是不应得这样的。"

"我越想越觉得我俩有赶快 wake up（振作）的必要。上海这种生活实在是要不得。……曼，你果然爱我，你得想想我的一生，想想我俩共同的幸福；先求养好身体，再来做积极的事。……一无事做是危险的，饱食暖衣无所用心，决不是好事。你这几个月身体如能见好，至少得赶紧认真学画和读些正书。要来就得认真，不能自哄自，我切实希望你能听摩的话。"

只可惜，他的眉一句也没有听进去他殷切的希望。上海还是上海，陆小曼依然流连烟榻，花钱依然大方。徐志摩远行期间，徐申如曾有一次特地坐着火车到上海去见陆小曼。他对陆小曼劝道："你一个人，也不用住这样大的房子，倒不如搬到乡下来跟我们一起住，留一个佣人看房子吧。"看得出来，徐申如那时，怀着最后一丝善意想要改善他与陆小曼的关系，但是，陆小曼没有应。从此以后，徐申如再也没有跟陆小曼说过话。他也许一生都没有原谅这个害了他儿子的女人，以致于最后徐母病逝，他宁愿与儿子撕破脸，都没有允许陆小曼戴孝。

徐志摩回来以后，除了光华大学的教书职位外，南京中央大学邀他兼课，中华书局也请他编选文学丛书。几样工作加起来，月收入翻了几番，得有一千圆以上吧。这在当时可不是小数目，但是，到了陆小曼花起来的时候，还是少。徐志摩无奈，只能借债了。

这段日子，是徐志摩生命中最平庸的时刻，用他自己的话说，是"疲塌不振"。这境遇真是惨淡透了。现在想来，梁启超在他婚礼上的那番陈词，真是一语成谶。徐志摩给自己婚姻，给自己的生活，设想了一个虚无的境界。他骗了自己，最终他必须忍受幻灭的莫大痛苦：

阴沉，黑暗，毒蛇似的蜿蜒，

生活逼成了一条甬道：

一度陷入，你只可向前，

手扪索着冷壁的粘潮，

在妖魔的脏腑内挣扎，

头顶不见一线的天光

这魂魄，在恐怖的压迫下，

除了消灭更有什么愿望？

生活是一条通道，没有温情，只有丑陋与黑暗。徐志摩曾经对生活抱

有多么热烈的希望，那现在，他对生活的绝望就有多么强烈。生活于他，已然成了"毫无意义"的代名词。"除了消灭更有什么愿望？"真是哀莫大于心死，他几乎要主动放弃生活了。但幸好，他还有朋友。朋友就是这样，就算他们暂时无法将你从生活的泥潭中拉出来，但至少，他们不会让你继续往下沉陷。

北平，不如归去

1930 年 1 月，胡适在北大任教务长。作为徐志摩的老朋友，他实在不忍心看着徐志摩毁掉，于是便劝他离开上海到北京来。局外人看事总是比当事人清楚些，他警告徐志摩，陆小曼年轻，需要受点磨折。说不定徐志摩离开了，她会反省反省自己。否则，再这样混下去，他们会闹出怎样的笑话都不知道。

徐志摩原本是想在上海继续待下去，否则他不会在这时还打起精神来创办新刊物《诗刊》；光华大学的职位他也不想放弃。但后来，光华闹学潮，当局出面干涉，形势极为不利，让他无法再待下去。而且，上海的生活也真的不能再受了。北方有他的朋友，新月同仁现在大多去了北方。所以，他终是下定决心北上。

1931 年 2 月 24 日，徐志摩到了北京。

工作不成问题，北京大学给他安排了职位，月薪三百元，女子大学也有八小时课上，月薪二百八十元。住处也不是问题，就住胡适家。胡适住在米粮库胡同四号，那是一所洋楼。徐志摩叫那里百松园——那里有一长方形院落，竟是一片松林。徐志摩住在胡适家二楼的一间，这是他问胡适讨来的。很大一间房，向阳，还有暖炉，书香可爱。

3 月 2 日，徐志摩开始正式上课。教书，备课，闲时到北海去散散步，也和胡适他们聚在一处，吃饭看戏。然后，便是给陆小曼写信。陆小曼的生活还是老样子，在眼前时都劝不住，现在离了这样的远距离还能如何？最心烦的，还是陆小曼平日的花销实在太大。

钱的问题，我是焦急得睡不着。现在第一盼望节前发薪，但即节前有，寄到上海，定在节后。而二百六十元转眼即到，家用开出支票，连两个月房钱亦在三百元以上，节还不算。我不知如何弥补得来？借钱又无处开口。我这里也有些书钱、车钱、赏钱，少不了一百元。真的踌躇极了。本想有外快来帮助，不幸目前无一事成功，一切飘在云中，如何是好？钱是真可恶，来时不易，去时太易。我自阳历三月起，自用不算，路费等等不算，单就附银行及你的家用，已有二千零五十元。节上如再寄四百五十元，正合二千五百元……我想想，我们夫妻俩真是醒起才是！若再因循，真不是道理。再说我原许你家用及特用每月以五百元为度。我本意教书而外，另有翻译方面二百可恃，两样合起，平均相近六百，总还易于维持。……我奔波往返，如同风里篷帆。身不定，心亦不定。莎士比亚如何译得？结果仅有学校方面五百多，而第一个月又被扣了一半。眉眉亲爱的，你想我在这情形下，张罗得苦不苦？同时你那里又似乎连五百都不够用似的，那叫我怎么办？

曾有一次，胡适在徐志摩面前说："男人应尽力赚出钱来为女人打扮。"徐志摩觉得这是"太革命"的话。然而现在，他正实践着胡适的"革命"。他想尽一切方法为稻粱谋，为陆小曼的生活开销想办法。这个原本出身富裕，在文坛上大名鼎鼎的人物，为了让妻子省一些，就是这样掰着指头数给自己的妻子听，自己的日子现在过得有多么窘迫。这个体面的人，最困窘的时候，大夏天竟然只有一件白褂可穿，因为没有钱做新衣。没钱，学校又经常欠薪，所以只能借，问朋友借，向熟人借，找高利贷借，好不辛苦。

徐志摩给陆小曼写了很多信，尽管他对上海的日子避之无恐不及，但

她对陆小曼还是断不了牵挂。他的每一封信里都是思念，每一分思念背后都是他对陆小曼耐心的劝导以及对生活窘境的无奈。抱怨免不了，因为生活艰辛妻子又不解人意，但他很爱陆小曼，很爱。他娶了她，养着她，想尽了一切办法为她；他爱陆小曼很深。如果不深，那么他只要养活了她就可以，但他不仅要养活了她，更要养好了她。他希望世人能看到她是个优秀的女人，希望自己的妻子能有属于自己的光环。但是，上海真的不能再待了。她劝小曼到北京去，苦苦地，近乎哀求：

"因为我是我，不是洋场人物。于我固然有损，于你亦无是处。幸而还有几个朋友肯关切你我的健康和荣誉，为你我另开生路，固然事实上似乎有不少不便，但只要你这次能信从你爱摩的话，就算是你牺牲，为我牺牲。就算你和一个地方要好，我想也不致要好得连一天都分离不开。况且北京实在是好地方。你实在是过于执一不化，就算你这一次迁就，到北方来游玩一趟：不合意时尽可回去。难道这点面子都没有了吗？"

但无论如何，这个时候的陆小曼不理解徐志摩的苦心。她给徐志摩的回应，直截了当，几近残忍：

"我是自幼不会理家的，家里也一向没有干净过，可是倒也不见得怎样住不惯。像我这样的太太要能同胡太太那样料理老爷恐怕有些难吧，天下实在很难有完美的事呢。

……北京人多朋友多玩处多，当然爱住，上海房子小又乱地方又下流，人又不可取，还有何可留恋呢！来去请便吧，浊地本留不得雅士，夫复何言！"

也许，陆小曼真的无法理解徐志摩的想法。她是交际名媛。这四个字意味着，陆小曼过惯了声色场的风光生活。名媛的日子离不开交际圈，那里是她生活的一部分。"上海房子又乱地方又下流，人又不可取"，这是在赌气吧？也许还有些自怨自艾。下流的地方说的难道不是她的烟榻？不可取的人，你敢说不是她与翁瑞午么？被丈夫这样说，即便自己吃鸦片烟真的只是为了让身体舒服一些，但依着陆小曼的脾气，破罐子破摔的话也就这样说了出来。

其实，陆小曼未必真的不想去北京与徐志摩在一起，毕竟，她的交际盛名是在那里传开的；而且与丈夫在一处，也免去了两地相思的苦不是？但她就是不去，为什么？或许还因为林徽因在那里。这是陆小曼最无法释怀的地方。

古城的旧情旧人

如果这个世界上只有一个女人是陆小曼无法面对的，那也只能是林徽因。因为她是徐志摩第一个爱上的女人，是徐志摩没有实现的理想。这个女人即便跟了别人，也还有能力让徐志摩为她神不守舍，无法对她忘情。那还是1925年，徐志摩收到林徽因的电报，说极想听到他的消息，哪怕只有一句也行。这件事，被徐志摩写到了诗里：

啊，果然有今天，就不算如愿，

她这"我求你"也就够可怜！

"我求你"，她信上说，"我的朋友，

给我一个快电，单说你平安，

多少也叫我心宽。"叫她心宽！

扯来她忘不了的还是我——我，

虽则她的傲气从不肯认服；

害得我多苦，这几年叫痛苦

带住了我，像磨面似的尽磨！

还不快发电去，傻子，说太显——

或许不便，但也不妨占一点

颜色，叫她明白我不曾改变，

咳何止，这炉火更旺似从前！

我已经靠在发电处的窗前；

可这件事情的结果，伤透了徐志摩的心，原来，林徽因竟然不只给他一个人发电报，不只跟徐志摩一人这样说，所以，徐志摩——

震震的手写来震震的情电，

递给收电的那位先生，问这

该多少钱，但他看了看电文，

又看我一眼，迟疑的说："先生，

您没重打吧？方才半点钟前，

有一位年青先生也来发电，

那地址，那人名，全跟这一样，

还有那电文，我记得对，我想，

也是这……先生，你明白，反正

意思相像，就这签名不一样！"——

"咦！是吗？噢，可不是，我真是昏！

发了又重发；拿回吧！劳驾，先生。"——

林徽因仅用了一封电报几行字，就挑动了徐志摩心神，要知道，那时候徐志摩与陆小曼已经进入谈婚论嫁的时候了。这样的女人，在女人眼里，不讨好，但偏偏在男人眼中，却就如同宝贝。徐志摩的那帮朋友中，有谁不喜欢她呢？她是林下美人，风姿出众；她才华出众，是当时的四大才女之一。就是这样的林徽因，让陆小曼放心不下。可偏偏，徐志摩才刚到北京没多久，就与林徽因见了好几面。那时林徽因在得着肺病，徐志摩也总以探病的名义见他去，但谁能说，正在生活中挣扎的徐志摩，见了林徽因——最初的梦想载体，心中潜伏的情愫没有一点点复苏呢？

其实，早在1月间，徐志摩到在北京看望重病的梁启超时，便去看望了因病留在北京休养的林徽因。他当时给陆小曼去了封信，说林徽因病了。陆小曼太了解徐志摩，她深信见了病中的林徽因，自己的丈夫一定是床前床后地照顾着。但那次，陆小曼的确多虑了一些，当时徐志摩并没有见林徽因几次，况且本身也不会照顾病人。

可是，如果那一次徐志摩真的没有机会照顾林徽因，那么这一次，他与林徽因之间却有了情感的互动。病中的林徽因多愁伤感；而徐志摩正被上海的家弄得身心疲惫。现在，他们在旧时的城市相遇，又能一起吟诗作赋，参加社交活动，似乎一切又回到那年泰戈尔来华，甚至回到了那年的康桥那个烟雨朦胧的季节，他们一起读着慈济的《夜莺》。他似乎又听到那个扎着两条小辫，笑容清澈的女子，笑着对他说："我看到一句诗：I feel the flowers growing on me（我觉得鲜花一朵朵地开在我身上）。这个意境多美。"

陈年的感情，是陈年的酒，坛子一开，便有化不开的浓香。徐志摩把自己的心浸在这阵香里。据说，那时的林徽因居住的北总布胡同三号，俨然成了徐志摩的第二个家。林徽因与梁思成待他如上宾，而徐志摩也经常在这里过夜。而这里，也是让一向温婉的冰心难得写下讽刺文章的"太太的客厅"。

七十多年后，林徽因与徐志摩都已离开尘世，林徽因的儿子梁从诫在评价母亲的那段往事时曾说：

"我一直替徐想，……若多活几年对他来说更是个悲剧，和陆小曼肯定过不下去。若同陆离婚，徐从感情上肯定要回到林这里，将来就搅不清楚，大家都将会很难办的。林也很心痛他，不忍心伤害他，徐又陷得很深……"

看来，那年的徐志摩与林徽因的互动，在实质上已然有损林徽因家庭的和谐。这是爱了吧，但他们谁都不会言明。罗敷有夫，使君有妇。林徽

因一生活在理智与规矩中，她不会承认自己在这个时候爱上了旧情人。徐志摩因情感经验的波折亦不算少，或许是这些年的磨折，让他的气血受了损，亦或许是他真的放不下陆小曼，所以他也没有说。

所以，那爱恋便只能永远止于心中，而那忧伤，就像远山的云雾，只是轻轻一点，但却挥不去，绕不开。

陆小曼了解徐志摩。她知道，林徽因是徐志摩心里永远的理想化身。都说徐志摩在陆小曼那里最终实现了爱与美的理想，但这理想的源头，正来自林徽因不是吗？比起已经实现的理想，那个没有追到的梦境，一定永远美丽着。所以，与徐志摩结婚后的陆小曼才会对徐志摩说："别的女人我不管，但唯有林徽因你不能见。"但是，他的丈夫仅去了北京不过几天，就见了林徽因好久次，而当时外头关于徐林二人的浮言也更是让她不得不往最坏的方面想。

也许不想与情敌见面，是骄傲女人的共性。她们的倔强与坏脾气，不过是因为太爱你；可那份骄傲又不允许她们失了矜持与身段，所以她只能跟自己别扭，假装一切都不在乎。

别扭归别扭，对徐志摩陆小曼毕竟有爱。她听了徐志摩的劝，拜了贺天健学画。进步也真大。当徐志摩拿着她的画带到北京给胡适他们欣赏时，这些眼光挑剔的文人都觉得小曼的画好，加以时日必成大器。陆小曼也真的关心徐志摩，只是像她自己说的，从小被娇惯大了，连家事都不会做，再说，她本就不是小媳妇，你又能如何能指望她体贴入微呢？所以，她的关心便只从情感的最直接处产生，比如，她觉得坐飞机危险，于是便劝徐志摩，回来万万别坐飞机了吧，还是坐火车好。

徐志摩是个浪漫的男人，感情太重，所以他经不起离别的苦，经常坐着飞机在北京上海间往来。陆小曼说，你别坐飞机，坐火车吧，省省钱也好，不会因为坐火车丢了面子。其实陆小曼哪里知道，徐志摩正是为了省钱才坐飞机。他实在是穷得买不起火车票，而他在民航公司有朋友，经常送他免费机票，这才每次都坐飞机回。

我若离去，后会无期

北京正是暮春时节，深夜的五凤城数百盏五彩纱灯将中央公园的牡丹花映出别样的色调。吴其昌和他的妻子还在赏花，享受所谓的"明春"景致。这时，远处古柏影丛中飘出说笑声。他从杂乱的声浪中，竟听出家乡硖石口音来。声浪渐近，他看到了表哥徐志摩。徐志摩见到吴其昌，停下来，一手斜撑着身边的古柏，一边对着吴其昌说："怎么样？北京好不好？住得舒不舒服？我这次来，可是坐着飞机来的哦。"说到飞机时，徐志摩脸上有了难掩的兴奋，"从上海坐到天津，人家送的票，我回上海的时候，还想坐飞机走哪。"

这是吴其昌记忆里，关于徐志摩的，最不平凡的影像。

徐志摩喜欢坐飞机。飞在空中，会让他觉得自己像晚上挂在蓝天上闪亮的星星一样，不再是一个地球上的人，不再是个凡人。万物众生，悲欢离合都那样渺小。那样的时刻，灵魂飞过高山大湖，飞离了闹市。

"是人没有不想飞的，老是在这地面上爬着够多厌烦，不说别的。飞出这圈子，飞出这圈子！到云端里去，到云端里去！哪个心里不成天千百遍的这么想？飞上天空去浮着，看地球这弹丸在大空里滚着，从陆地看到海，从海再看回陆地。凌空去看一个明白——这才是做人的趣味，做人的权威，做人的交代。这皮囊要是太重挪不动，就掷了它，可能的话，飞出这圈子，飞出这圈子！"

飞出这圈子，因为这世界让他失望。努力争取来的自由婚姻让他失望，现实的难题让他失望，他几乎在这俗世里丧失了自我。想飞，不再是他的幻想的浪漫，却是有些绝望的呼喊。但是陆小曼从来未曾注意到他的丈夫已经深陷入生活的泥潭不可自拔，但即便是她注意到了又能如何？她自己，也在生活里挣扎颓废。

徐志摩给陆小曼写了信，但陆小曼总是积累到不得不回时，才懒懒提笔。

好不容易提了笔也总是写些气话，或者猜疑他的丈夫是不是跟旧情人见面了，再不然，就是伸手要生活费。她写给徐志摩的信里，再也没有原来的软语温存。有时，徐志摩从北京急急赶回来看她，她也不过是倒在烟榻上，与翁瑞午一起吞云吐雾。翁瑞午从未离开过陆小曼的生活。在徐志摩离开的这段日子里，他全然成了徐志摩家里的另一个主人。而陆小曼似乎也并不避讳与他暧昧的相处，即便是在徐母跟前，以致徐家老太太气得跟张幼仪诉苦：

"家里来了个姓翁的男人，这个人现在住在家里，现在他是她的男朋友哦！那天我叫佣人做了冰箱里放的一块火腿，陆小曼很不高兴，说我们不能吃，因为那是留给翁先生的。还有啊，还有，志摩他教书，喉咙一定疼死了，还坐了那么久的飞机回来，要累死了，我让佣人把参片给志摩做了等他回来吃。结果你听陆小曼说什么，她说：'不能做，那是留给翁先生的。'你听听，这到底是谁的地方，是公婆的，是媳妇的，到是那个姓翁的！我再也住不下去啦，我要到你那里去跟你一起住……"

徐母这样生气，可徐志摩还是那句话，一起吸烟不会出事。有一天，徐志摩回到家里，见到陆小曼与翁瑞午躺在一起吸烟，徐志摩没说什么，只是也爬上烟榻，在陆小曼身边躺下。就这样，三个人横七竖八在烟榻上躺了整整一夜。徐志摩真的一点儿也不在意吗？当然在意。他在写给陆小曼的信里，已经说得很清楚：

你的困难，由我看来，……而完全是在积习方面。积重难返，恋土情重是真的。（说起报载法界已开始搜烟，那不是玩！万一闹出笑话来，如何是好？这真是仔细打点的时机了。）我对你的爱，只有你自己最知道，前三年你初沾上习的时候，我心里不知有几百个早晚，像有蟹在横爬，不提多么难受。但因你身体太坏，竟连话都不能说。我又是好面子，要做西式绅士的。所以至多只是短时间绷长着一个脸，一切都都在心里。如果不是我身体茁壮，我一定早得神经衰弱。我决意去外国时是我最难受的表示。

徐志摩是要做绅士的，只是这绅士举动，陆小曼并没有看在眼里，就算看在眼里，也顾不得去照顾丈夫的感受，她只顾着放纵自己，只顾着沉溺。也许是知道，徐志摩定然不会离开她，所以徐志摩不在家时，她也会写信告诉他，她想他了，但当徐志摩真的回了家，陆小曼的回应却并不热情。

我这次回来，咱们来个洋腔，抱抱亲亲如何？这本是人情，你别老说那是眉一种人才做得出，就算给我一点满足，我先给你商量成不成？我到家时刻，你可以知道，我即不想你到站接我，至少我亦人情的希望，在你容颜表情上看得出对我一种相当的热意。

徐志摩原以为久未见面的爱人，也该有个相当的表示，一进门，张开双臂来个亲切的拥抱。但妻子永远坐着，躺着，将一口鸦片烟往嘴里送，她顾不得看刚刚进门的丈夫。为此徐志摩无不伤心，就像得不到爱宠的孩子。

日子就这样在纠葛中过去。徐志摩依然在北京与上海间奔波，依然在经济的艰难与家事的窘困中周折不断。转眼便是 1931 年 10 月，徐志摩再次决定回一趟南方。同样，还是坐免费的飞机，不同的是，这次离开以前，他几乎见到了所有北平的朋友。

刘半农记得，徐志摩决定了回南方以后，他曾邀了几个朋友，给徐志摩饯行，一夕清谈。

熊西弗记得，那几天北风起了，徐志摩有天晚上到他家里，炉火边两天畅谈了一番。那夜，徐志摩对他说："我也算经过了各种生活，但还没有体验过战场生活呢。我想到战场杀敌，我恨不得战死沙场。今天的诗人，战死沙场恐怕是最好的归宿。"

叶公超还记得，那天徐志摩神采飞扬地怂恿他一起去上海。只是他去上海无事可干，所以，没有被徐志摩说动。

许地山后来有一次跟郑振铎说，那次徐志摩决定回南方之前，曾与他

在前门遇见。巧的是，那天梁思成、林徽因也在。许地山还记得，徐志摩那天在前门喧嚣的人群中，悠悠地，带点玩笑地说："我要回南方一趟，说不定啊，永远不回北平了。"

那段时间，徐志摩还去拜访了凌叔华。在她那里，徐志摩看到凌叔华抄写了徐志摩写的一篇游记。让徐志摩觉得奇怪的是，凌叔华在这文章上写了开玩笑似的一句话："志摩先生千古。"徐志摩大异，说："哪能千古了呢？"

在他走的前一天，徐志摩再次去梁家找梁思成和林徽因。只是夫妇不在，徐志摩苦等他们不回，于是便留下便条，上书："定明早六时起飞，此去存亡未卜。"林徽因回来以后看到了这句话，心中一阵烦闷，于是打了电话给徐志摩。他在电话那头对她说："放心，我得留着生命做更伟大的事业呢。"

……

与北京的朋友几乎全都打过了招呼后，徐志摩动身南行。

1931 年 11 月 17 日，他到了上海。却不料，他与陆小曼大吵了一架。还是为了小曼抽鸦片烟的事，徐志摩劝了小曼几句。不知为什么，陆小曼竟大发脾气，抓起烟枪就往徐志摩掷去。徐志摩倒是躲闭了过去，只是他的眼镜掉在了地上，碎了。

一切似乎都碎了，所有的希望与所有的期待。徐志摩没有说话，只是一转身出了门。那天晚上，他没有回家，去了陈定山家里。当徐志摩看到陈定山家里摆着烟榻时，苦笑着说："我也真想吸吸看，这到底是怎样的滋味。"

这位离家出走的丈夫，第二天下午便回了家。他料到妻子没有好脸色对他，但他绝没有想到，陆小曼竟写了一封言辞刻薄的信，放在桌前等着他看。陆小曼看到，徐志摩在读了她写的信，那张脸上亦是悲，亦是痛。她正等着徐志摩的斥骂，结果他什么也没有说，提着箱子出了门。陆小曼看在眼里，却没有阻拦。她想，徐志摩总会回来的，每一次，他都回来了。

但是，陆小曼还是觉得心里不踏实，有些后怕。徐志摩太平静。他没有骂她，也没有怨她。虽然陆小曼清楚，徐志摩是永远不会对她大声责骂的，但这一次，徐志摩的平静，仿佛在她心里凿了一个洞，让她空荡荡地没有着落。他离开，她后悔。怎么办？只得提笔写封信去，没有其他办法。

"前天晚上我亦不知道怎样写的那封……我这才受悔呢！还来得及么？你骂我亦好，怨我亦该，我没有再说话的权了！我忍心么？我爱！你是不会怨我的亦决不骂我我知道的！可是我自己已明白了自己的错比你骂我还难受呢！我现在已拿回那了，你饶我吧！……你非信我爱你的诚心，你要我用笔形容出来，是十支笔都写不出来的。摩呀……今天先生说些话便有我心痛的利害，咳！难道说我这几个朋友还疑心我还看不起你么？可是我近来自己亦好怕我自己，我不如先的活了，有时我竟觉得我心冷得如灰一样，对于无论何事都没有希望，只想每天糊乱的过去，精乏力尽后倒床就睡。我前年的样子又慢慢的回来了，我自己的本性又渐渐的躲起来了，他人所见的我——不是我本来的我了。……"

看来，各自有各自的苦楚。从这信里看，陆小曼与徐志摩的朋友们定是说了她不少难听的话。不用想也知道，无非是绕着鸦片与翁瑞午，再不然就是劝她振作，也许还有人说她看不上徐志摩也说不定。这个从小在光环与赞誉里长大的孩子，听着这样的话，不会舒服。

其实陆小曼不是不争气。想她小时候贪玩，不肯学，后来父亲狠狠给了她一耳光。那次，她没有哭闹，只是从此以后开始发愤，终成一代才女。那次，她或许并不是对学问有多大热情，或许也不过是想证明自己若是想学也定然不会比别人差。那年她有心力证明，但这一次，不知为何，她却再也振作不起精神。因为这病弱的身子？因为鸦片？还是因为她对生活失去了信心？

她说，她心冷得如灰一样，对于无论何事都没有希望。也许，陆小曼和徐志摩一样，从浪漫幻想的云端直直落入了生活的泥潭中。人们总说徐志摩因陆小曼沉沦，可陆小曼又何尝不是因徐志摩给她的希望太美好，这才离开原来的生活，随着他走近对浪漫的期望里，最后一样困在现实里不可自拔呢？

所以，陆小曼离开王赓，是幸或不幸？陆小曼认识徐志摩，是幸或不幸？她出身名门，自小便是家人掌上的明珠，长大后更是所有人的娇宠。她是交际场上万众瞩目的明星，人人围着她转。嫁给王赓，她一样有享不尽的风光。丈夫是人中龙凤，并不辱没自己的名声。难得的是，王赓在婚后，并没有过分干涉她的生活，该跳的舞还去跳，该有的聚会还是聚，玩得再疯，也不会有人来指责她的不是，至少，王赓的朋友没有说她半句坏话。陆小曼，仍然活在耀眼的光环里，生活富足无忧。

现在，她还是陆小曼，她只是想活在原来的生活里，但却没有发现生活的轨迹已然转变。徐志摩成全了她对生活的幻想，却没有成全她真正的现实。徐志摩成全了小曼，小曼也成全了徐志摩，但最终，徐志摩又何尝不是害了陆小曼，陆小曼同样害了徐志摩。

陆小曼那封道歉的信寄了出去，只是，徐志摩没有收到。

1931 年 11 月 20 日《北京晨报》刊发了一条消息：

"京平北上机肇祸，昨在济南坠落！

机身全焚，乘客司机均烧死，天雨雾大误触开山。

济南十九日专电：十九午后二时，中国航空公司飞机由京飞平，飞行至济南城南三十里党家庄，因天雨雾大，误触开山山顶，当即坠落山下。本报记者亲往调查，见机身全焚毁，仅余空架。乘客一人，司机二人，全被烧死，血肉焦黑，莫可辨认。邮件被焚后，邮票灰仿佛可见，惨状不忍睹……"

乘客一人，是徐志摩。徐志摩死了，飞机失事。

就在这前一天早上，11 月 19 日，徐志摩还给梁思成发去电报，说他20 号要到北京了，嘱咐他下午三点找辆车去南苑机场接他。也就在那一天，幼仪见到了徐志摩。幼仪听他说，他要立刻回北平了，一样是坐飞机走。幼仪不明白，他为什么这么着急离开，而且她总觉得，坐飞机不好。她劝过徐志摩。当时，徐志摩笑着说，不用担心，不会有事的。

只是，到了 20 号，梁思成派去南苑机场接徐志摩的车，没有等到他；而那天晚上，幼仪也接到了噩耗。

那天晚上，幼仪与朋友打了几圈麻将，回到家时已经是第二天凌晨。就在她刚刚入睡不久，便被佣人叫醒，说是有位中国银行里供职的先生在楼下等她，有电报送来。幼仪见了这位送信的先生，他说："徐志摩搭乘的飞机，撞山坠毁了。徐志摩死了。"幼仪似乎正在半梦半醒间，她听了这消息，竟一时没有反应，仿佛在做一个久远的梦。直到送信的先生说："我去过陆小曼那里，她不肯去认领徐志摩的遗体。她不相信徐志摩遇难的消息是真的。"这句话一下点醒了幼仪，她仿佛看见陆小曼关上前门将自己埋进烟雾中的样子。那一刻，是幼仪此生最恨陆小曼的时候。陆小曼怎么可以不认领徐志摩的遗体，这难道就是她口口声声说的爱情吗？

曾经有人问张幼仪，你爱徐志摩吗？张幼仪说："如果责任是爱，对父母的孝敬是爱，那么我爱他。在他爱过的三个女人里，说不定我最爱他。"她还说，陆小曼不爱徐志摩，因为她竟然可以放着自己丈夫的遗体不管只顾着悲痛。陆小曼没有办法面对徐志摩死去的事实。但张幼仪必须想办法解决所有的事。就像当年徐志摩的母亲离世，是她一手操办了丧礼一样，这一次，她再一次像个正室一样，决定了徐志摩死后的仪式。而陆小曼，则被悲痛与悔恨夺走了所有力量。当她终于有勇气面对徐志摩遗体时，她作为现任的妻子，甚至没有办法超越幼仪的权威，为他的丈夫决定寿衣与棺材的样式。

徐志摩的离开，对他的朋友而言，简直就像是一场梦。那样一个活泼有朝气的人，昨天还在你的席间高谈阔论，怎么今天就这样安静地躺着。他们简直无法想象，没有了徐志摩的朋友圈，将会是怎样的光景。

那光景是惨淡的。新月因为失了灵魂而终于黯淡，减灭了光辉。而林徽因与凌叔华，也因争存他生前的日记与书信而起了争执。据说林徽因借着胡适的帮助，从凌叔华那里得来了徐志摩的部分日记与书信，那些文字中，

有关于她与徐志摩的康桥旧事。从此，她再也没有把这些文字示人。她为什么这样做？没有人知道，为了名声，还是为了给自己留一份仅属于她与徐志摩的单独的纪念？没有人知道。

朋友们都爱徐志摩，爱他的单纯与那浪漫的理想。在那样一个纷乱的年代，他的理想与浪漫，带给世人一个关于自由、爱与美的信仰。他们写了很多文章来纪念这个单纯的诗人与浪漫的理想主义者，称颂他的人格与单纯，但就是这样一群朋友，在陆小曼说想要将徐志摩的作品集齐发表时，竟得不到回应。他们不回应，并不是因为他们不爱志摩，或许只是因为发起人是陆小曼。

朋友们大都认为，陆小曼生前的挥霍与放浪令徐志摩的生活与精神都陷入了危机，令他不得不在北京与上海间来回跑，令他不得不乘飞机两地奔波，最终他因飞机失事而横死。所以，陆小曼在徐志摩死后，遭到了众人的冷眼。这样的女人想为徐志摩出版文集，朋友们心中放不下芥蒂。就连徐志摩的乡亲都没有原谅陆小曼。他们甚至没有允许她与自己的丈夫合葬。最终，她的一世风流被留在苏州，与埋在硖石的徐志摩，离得依旧很远。

因为徐志摩的死，陆小曼才华的光艳，被她的缺点彻底地掩盖。人们只记得那样一个在交际场上挥金如土的陆小曼，忘记还有一个才情出众，不顾世俗评判，活出自我个性的陆小曼。但是，不顾世俗评判，才是她所生长的那个年代，给她的最残酷审判。

徐志摩死了，一生短暂而热烈。三十几岁，留几段感情给后人品咂，创一个文学流派，供世人瞻仰，但他的墓碑却只题着"诗人徐志摩"。诗人，是他理想与信仰的全部精髓所在，无须再多解释，短短五字，却最好地概括了他短暂而可观的一生。

悄悄是别离的笙箫

说不出的"我爱你"

所有人都在怀念徐志摩。张幼仪的怀念最实际，她操持了徐志摩身后所有的事务。替他照顾年迈的父亲；陆小曼的怀念，最是情理之中。她在徐志摩死后，终身素服，从此绝迹交际场；而林徽因的怀念最特别。那天梁思成去济南处理徐志摩善后。他从飞机失事现场带回一块飞机残片。这块残片，被林徽因挂在墙头，一直到她也离开这个世界，才被摘下。

怀念，于林徽因而言有着不同的意味。因为《康桥日记》的遗失，她与徐志摩之间的记忆，便专属于她。所以，那段旧日的旖旎情怀，从往事变成了故事，又从故事变成了传说。

有人猜，林徽因是爱着徐志摩的，只是她太理性，太聪明。

很多民国才女，或爱得热烈，或爱得纯朴。她们的爱情执着而绝决，如张爱玲，如蒋碧微，如萧红。这些才女们并不是不聪明，她们身上绝不乏智慧。她们的才艺与领悟力，民国以后再难寻找。可她们在爱情中，却总是笨拙地伤到自己。或许，正因为她们对爱的顽强执着，太过锋利，生生割断她们情感中那根聪慧的弦，所以傻了，所以伤了。但林徽因的感情，却是民国才女中少有的例外。她是真的聪明，流水一样灵活而柔软地避开了执着的锋刃，在风花雪月的迷阵中，全身而退。

所以，林徽因走了，离开了那个过分浪漫的徐志摩，离开了这个已有家室的男人。她的家世与她天性中的高傲，都令她无法背叛自己家庭的声望。她的心性与智慧，帮她实现了情感与理智的平衡，帮她圆满了自己的幸福——她将未来许给了梁思成，另一个家世显赫、年轻有为的男人。

也有很多人猜，林徽因并不爱徐志摩。或许这就是真相，就连林徽因自己也说，像她这样一个在旧伦理教育熏陶下长大的姑娘，根本无法想象与一个大自己八九岁的男人谈恋爱。她又说，她知道徐志摩在追求自己，但她只是敬佩，尊重这位诗人，当然也尊重他给她的爱情；她还说，徐志摩所追求的，不过是被他理想化与诗化的林徽因，而不是真正的林徽因；她甚至说，徐志摩虽然浪漫，但俗气。一段在世人看来曼妙而伤感的爱情，被当事人用理性的话，做了最不浪漫的总结。

但不爱，或许只是对外人言的话。也许康桥时期的懵懂少女对诗人突如其来的热烈感情攻势无法作出更多的回应，但此后，徐志摩一次次的温情的示意，她不会不懂。

那年，已然是林徽因与梁思成互定终身以后了。记得是 1923 年春天。就在这一年，徐志摩仍然为林徽因写了《涡提孩》译本的《引子》：

"我一年前看了 Undine（涡堤孩）那段故事以后，非但很感动，并觉其结构文笔并极精妙，当时就想可惜我和母亲不在一起，否则若然我随看随讲，她一定很乐意听。此次偶尔兴动，一口气将它翻了出来，如此母亲虽在万里外不能当面听我讲，也可以看我的译文。译笔很是粗忽，老实说我自己付印前一遍都不曾复看，其中错讹的字句，一定不少，这是我要道歉的一点。其次因为我原意是给母亲看的，所以动笔的时候，就以她看得懂与否做标准，结果南腔北调杂格得很，但是她看我知道恰好，如其这故事能有幸传出我家庭以外，我不得不为译笔之芜杂道歉。"

这段话里，没有"林徽因"，只有"母亲"。但这每一个"母亲"都可被换成"林徽因"。这便是徐志摩迷恋林徽因的方式。有些话，不能写却不得不写。那样的感情含在句子里，明知你读到未必能懂，但还是奢望你可以看穿文字的隐藏读懂对你的迷恋。这段文字，后人在考证时都能看得明白，如何如相信当年冰雪聪明的林徽因看不透？但林徽因还是走了，与梁

思成一起去了美国。徐志摩也不得不暂时放下与她的纠葛。是的,只是暂时,因为后来,徐志摩因生活困境回北平时,二人的情感再度萌发。只是那一次,徐志摩与林徽因一样,选择了后退。

但是,徐志摩的死,让林徽因的情感闸门终于打开。最终她不得不承认,徐志摩献给她的感情,是她最珍贵的纪念:

"别丢掉

这一把过往的热情,

现在流水似的,

轻轻

在幽冷的山泉底,

在黑夜在松林

叹息似的渺茫,

你仍要保存那真!

一样的月明,

一样是隔山灯火,

满天的星,

只是人不见,

梦似的挂起,

你问黑夜要回

那一句话——你仍得相信

山谷中留着

有那回音!"

只是,林徽因永远是那个林徽因。你永远听不清她心曲的真正音节。

她永远,只对你做一个口形,你细细看,那分明是:"我爱你。"

你的离去，我的孤寂

"请你告诉志摩我这三年来寂寞受够了，失望也遇多了，现在倒能在寂寞和失望中得着自慰和满足。告诉他我绝对的不怪他，只有盼他原谅我从前的种种不了解。但是路远隔膜误会是所不免的，他也该原谅我。我昨天把他的旧信一一翻阅了。旧的志摩我现在真真透澈的明白了，但是过去，现在不必重提了，我只求永远纪念着。"

林徽因给胡适写这封信的时候是 1927 年。彼时，她与梁思成到美国不过三年而已。不过三年，失望却多了，寂寞却多了。哪能不失望，梁思成太稳固，所以沉稳有了却总失了风情。梁思成自己也承认，做林徽因的丈夫不容易。他的妻子思想活跃得让他总有些跟不上。所以两人初到美国时，时时总有争吵，这磨合期过得如在刀山剑树上一般。所以，林徽因寂寞了。寂寞的女人从来只做两件事——寻安慰与怀念。

安慰，林徽因早两年便寻了，就是那封让徐志摩写下《拿回吧！劳驾，先生》的电报。也不能怪她给许多人发一样的电报。心空了，最好的补剂是情感的安慰。她只是出于本能，毫无遮掩地向爱她的朋友们渴求一点慰藉。

现在，她还剩怀念。怀念那些令她充实的人，怀念那些曾填满她内心空洞的事。所以，徐志摩曾带给她的心悸便在这个时候慢慢渗入她的骨髓。她把他的旧信一一翻阅。从寂寞的眼望去，在梁思成那稍显沉闷的情绪底色中，徐志摩热烈而浪漫的情感，才真真正正透澈起来。

但还能如何。徐志摩已经结婚了，他的柔情从此只给一个人；而林徽因永远是林徽因，她必须是完美的女性，必须用一切来维系她的尊贵与名声。所以，过去的现在不必重提，她只纪念，永远。哪怕此生注定了孤寂，她也甘心坐在寂寞的船上，自己拉纤。

林徽因的孤寂垒成了她自私的情感。她在梁思成宽容的爱里任性地跳

着，顽皮像个孩子。但这样宽容的丈夫从未被写进她的诗里。她活在徐志摩的诗里，最终，她也只让徐志摩走近她的诗：

这一定又是你的手指，

轻弹着，

在这深夜，稠密的悲思。

我不禁颊边泛上了红，

静听着，

这深夜里弦子的生动。

一声听从我心底穿过，

忒凄凉

我懂得，但我怎能应和？

生命早描定她的式样，

太薄弱

是人们的美丽的想象。

除非在梦里有这么一天，

你和我

同来攀动那根希望的弦。

《深夜里听到乐声》，林徽因 1931 年 9 月写下的诗。那正是她在北平养病，与徐志摩情意复苏的时候。命运捉弄人，再美的过往也敌不过现实的一瞬，所以，她懂，却不能应和，她只会在梦中攀动希望的弦。他的相思，你的惆怅，虽然表达的方式特殊，但仍是这样直直铺在纸上，你的丈夫看到了，是不是也有隐痛划过心头？看来你并没有考虑，你只是至情至性地表达自己的情绪，把那个爱过你的男人写进诗里。

盛世欢宴，曲终人散

1934 年，徐志摩去世三年。

火车路过硖石，正是黄昏。火车长叹一声，停住脚步。林徽因趴在窗口，看着远山黑色的轮廓与星点的灯火。她与丈夫梁思成一起，在浙南武义宣平镇考察完建筑，正前往上海。硖石，就这样跳进她的旅途，就像这里的一个朋友，总在别人想不到的时候莅至，带来笑声与勇气，而他在她的生命中出现，谁又能说不是偶然？

> 我是天空里的一片云，
>
> 偶尔投影在你的波心——
>
> 你不必讶异，
>
> 更无须欢喜——
>
> 在转瞬间消灭了踪影。
>
> 你我相逢在黑夜的海上，
>
> 你有你的，我有我的，方向；
>
> 你记得也好，
>
> 最好你忘掉，
>
> 在这交会时互放的光亮！

都说徐志摩的这首诗是为她而写，都说是她成就了徐志摩生命里最美丽的初恋，但谁又能说，那次生命的偶然相交，没有成全现在的林徽因。他教会她爱情的第一种滋味，也教会她诗的浪漫与美丽。但是为什么，徐志摩为了她漂洋过海追过来，用情之深感天动地，她都没有选择他？是因为徐志摩是诗，太浪漫，不适合过日子；是因为梁思成是"建筑"，踏实稳重，这才是生活的良伴。林徽因一向理智，她懂得哪一种选择对女人而言更好。所以，尽管她日后与梁思成的生活少了多彩的颜色，但终归安稳。而选择

了徐志摩的陆小曼，多了热烈，也惹了愁端。

林徽因从来没有说过，她爱徐志摩，只是，这无意经过碛石时动心的一瞬，便已泄露了她从不言明的秘密。她眼前浮现出那张孩子似的脸，浅浅笑着。是笑那些在他离开后，世人对他的评定吗？他是从不介意这些评价的人。在许多浅陋刻薄的攻讦面前，徐志摩表现出的，往往是怜悯同原谅；他仿佛永远洁净着心灵，高高抬着头，用完整的诚挚支撑他心中的勇气。这是林徽因眼中的徐志摩。然而就是这样的徐志摩，最终也不得不低头在他的理想之下。

林徽因静静望着窗外，火车已经开动，带她离开这座偶然的小城。松林在黑夜里叹息，往事沉在暗夜里，模糊不可辩。风凛冽地撞开她的心，仿佛要吹尽心头的热情。身边的丈夫只是静静陪着她，为她披上一件外衣。

林徽因知道，徐志摩离开得太早。世人惋惜，但对他自己而言又何尝不是一种解脱。徐志摩的生命，唯其短暂，所以可观。他在那短短的一生里，便经历了其他人用长长一辈子都未必能尝遍的，所有爱恨嗔痴。他太不一样，与时代格格不入。无论后人对这个时代有怎样的评价，颓废的也好，赳赳霸气也罢。那似乎都不像是徐志摩的年代。他浪漫但不颓废，他有志气但不霸气，写的文章讽刺的夸赞的都很到位，但都透着绅士气，平静而温和。

伤逝，这样的人过早离开人世，于世人而言究竟是幸或不幸，但无论如何，林徽因知道，此刻的徐志摩，正享着生命中，难得的平静。

他说他爱水，爱空中的飞鸟，爱车窗外掣过的田野山水。星光的闪动，草叶上露珠的颤动，花须在微风中的摇动，雷雨时云空的变动，大海中波涛的汹涌，都是触动他感兴的情景，都是他的灵感。现在，他与青山同体，坐拥心中最美的风景。

徐志摩其文

再别康桥

轻轻的我走了,

正如我轻轻的来;

我轻轻的招手,

作别西天的云彩。

那河畔的金柳,

是夕阳中的新娘;

波光里的艳影,

在我的心头荡漾。

软泥上的青荇,

油油的在水底招摇;

在康河的柔波里,

我甘心做一条水草!

那榆荫下的一潭,

不是清泉,是天上虹,

揉碎在浮藻间,

沉淀着彩虹似的梦。

寻梦?撑一支长篙,

向青草更青处漫溯，

满载一船星辉，

在星辉斑斓里放歌。

但我不能放歌，

悄悄是别离的笙箫；

夏虫也为我沉默，

沉默是今晚的康桥！

悄悄的我走了，

正如我悄悄的来；

我挥一挥衣袖，

不带走一片云彩。

十一月六日中国海上

（1928 年 12 月 10 日《新月》第 1 卷第 10 号）

148

偶然

我是天空里的一片云，

偶尔投影在你的波心——

你不必讶异，

更无须欢喜——

在转瞬间消灭了踪影。

你我相逢在黑夜的海上，

你有你的，我有我的，方向；

你记得也好，

最好你忘掉，

在这交会时互放的光亮！

（1926年5月27日《晨报副镌·诗镌》第9号）

我不知道风是在哪一个方向吹

我不知道风
是在哪一个方向吹——
我是在梦中，
在梦的轻波里依洄。

我不知道风
是在哪一个方向吹——
我是在梦中，
她的温存，我的迷醉。

我不知道风
是在哪一个方向吹——
我是在梦中，
甜美是梦里的光辉。

我不知道风
是在哪一个方向吹——
我是在梦中，
她的负心，我的伤悲。

我不知道风

是在哪一个方向吹——

我是在梦中，

在梦的悲哀里心碎！

我不知道风

是在哪一个方向吹——

我是在梦中，

黯淡是梦里的光辉。

（1928年3月10日《新月》第1卷第1号）

沙扬娜拉十八首

一

我记得扶桑海上的朝阳，
黄金似的散布在扶桑的海上；
我记得扶桑海上的群岛，
翡翠似的浮沤在扶桑的海上——
沙扬娜拉！

二

趁航在轻涛间，悠悠的，
我见有一星星古式的渔舟，
像一群无忧的海鸟，
在黄昏的波光里息羽优游，
沙扬娜拉！

三

这是一座墓园；谁家的墓园
占尽这山中的清风，松馨与流云？
我最不忘那美丽的墓碑与碑铭，
墓中人生前亦有山风与松馨似的清明——
沙扬娜拉！（神户山中墓园）

四

听几折风前的流莺，

看阔翅的鹰鹞穿度浮云，

我倚着一本古松瞑眸：

问墓中人何似墓上人的清闲？——

沙扬娜拉！（神户山中墓园）

五

健康、欢欣、疯魔、我羡慕

你们同声的欢呼"阿罗呀嗐！"

我欣幸我参与这满城的花雨，

连翩的蛱蝶飞舞，"阿罗呀嗐！"

沙扬娜拉（大阪典祝）

六

增添我梦里的乐音——便如今——

一声声的木屐、清脆、新鲜、殷勤，

又况是满街艳丽的灯影，

灯影里欢声腾跃，"阿罗呀嗐！"

沙扬娜拉！（大阪典祝）

七

仿佛三峡间的风流，

保津川有青嶂连绵的锦绣；

仿佛三峡间的险巇，

飞沫里趁急矢似的扁舟——

沙扬娜拉！（保津川急湍）

八

度一关湍险，驶一段清涟，
清涟里有青山的倩影；
撑定了长篙，小驻在波心，
波心里看闲适的鱼群——
沙扬娜拉！（同前）

九

静！且停那桨声胶爱，
听青林里嘹亮的欢欣，
是画眉，是知更？像是滴滴的香液，
滴入我的苦渴的心灵——
沙扬娜拉！（同前）

十

"乌塔"：莫讪笑游客的疯狂，
舟人，你们享尽山水的清幽，
喝一杯"沙鸡"，朋友，共醉风光，
"乌塔，乌塔！"山灵不嫌粗鲁的歌喉——
沙扬娜拉！（同前）

十一

我不辨——辨亦无须——这异样的歌词，
像不逞的波澜在岩窟间吽嘶，
像衰老的武士诉说壮年时的身世，
"乌塔乌塔！"我满怀滟滟的遐思——

沙扬娜拉！（同前）

十二

那是杜鹃！她绣一条锦带，
迤逦着那青山的青麓；
啊，那碧波里亦有她的芳躅，
碧波里掩映着她桃蕊似的娇怯——
沙扬娜拉！（同前）

十三

但供给我沉酣的陶醉，
不仅是杜鹃花的幽芳；
倍胜于娇柔的杜鹃，
最难忘更娇柔的女郎！
沙扬拉娜！

十四

我爱慕她们体态的轻盈，
妩媚是天生，妩媚是天生！
我爱慕她们颜色的调匀，
蝴蝶似的光艳，蛱蝶似的轻盈——
沙扬娜拉！

十五

不辜负造化主的匠心，
她们流盼中有无限的殷勤；
比如薰风与花香似的自由，

我餐不尽她们的笑靥与柔情——
沙扬娜拉！

十六

我是一只幽谷里的夜蝶：
在草丛间成形，在黑暗里飞行，
我献致我翅羽上美丽的金粉，
我爱恋万万里外闪亮的明星——
沙扬娜拉！

十七

我是一只酣醉了的花蜂：
我饱啜了芬芳，我不讳我的猖狂。
如今，在归途上嘤嗡着我的小嗓，
想赞美那别样的花酿，我曾经恣尝——
沙扬娜拉！

十八

最是那一低头的温柔，
像一朵水莲花不胜凉风的娇羞，
道一声珍重，道一声珍重，
那一声珍重里有蜜甜的忧愁——
沙扬娜拉！

（1925 年 8 月中华书局《志摩的诗》）

翡冷翠的一夜

你真的走了，明天？那我，那我，……
你也不用管，迟早有那一天；
你愿意记着我，就记着我，
要不然趁早忘了这世界上
有我，省得想起时空着恼，
只当是一个梦，一个幻想；
只当是前天我们见的残红，
怯怜怜的在风前抖擞，一瓣，
两瓣，落地，叫人踩，变泥……
唉，叫人踩，变泥——变了泥倒干净，
这半死不活的才叫是受罪，
看着寒伧，累赘，叫人白眼——
天呀！你何苦来，你何苦来……
我可忘不了你，那一天你来，
就比如黑暗的前途见了光彩，
你是我的先生，我爱，我的恩人，
你教给我什么是生命，什么是爱，
你惊醒我的昏迷，偿还我的天真，
没有你我哪知道天是高，草是青？
你摸摸我的心，它这下跳得多快；
再摸我的脸，烧得多焦，亏这夜黑
看不见；爱，我气都喘不过来了，

别亲我了；我受不住这烈火似的活，

这阵子我的灵魂就像是火砖上的

熟铁，在爱的锤子下，砸，砸，火花

四散的飞洒……我晕了，抱着我，

爱，就让我在这儿清静的园内，

闭着眼，死在你的胸前，多美！

头顶白杨树上的风声，沙沙的，

算是我的丧歌，这一阵清风，

橄榄林里吹来的，带着石榴花香，

就带了我的灵魂走，还有那萤火，

多情的殷勤的萤火，有他们照路，

我到了那三环洞的桥上再停步，

听你在这儿抱着我半暖的身体，

悲声的叫我、亲我、摇我，咂我，……

我就微笑的再跟着清风走，

随他领着我，天堂、地狱，哪儿都成，

反正丢了这可厌的人生，实现这死

在爱里，这爱中心的死，不强如

五百次的投生？……自私，我知道，

可我也管不着……你伴着我死？

什么，不成双就不是完全的"爱死"，

要飞升也得两对翅膀儿打伙，

进了天堂还不一样的得照顾，

我少不了你，你也不能没有我；

要是地狱，我单身去你更不放心，

你说地狱不定比这世界文明

（虽则我不信，）像我这娇嫩的花朵，

难保不再遭风暴，不叫雨打，

那时候我喊你，你也听不分明，——

那不是求解脱反投进了泥坑，

倒叫冷眼的鬼串通了冷心的人，

笑我的命运，笑你懦怯的粗心？

这话也有理，那叫我怎么办呢？

活着难，太难，就死也不得自由，

我又不愿你为我牺牲你的前程……

唉！你说还是活着等，等那一天！

有那一天吗？——你在，就是我的信心；

可是天亮你就得走，你真的忍心

丢了我走？我又不能留你，这是命；

但这花，没阳光晒，没甘露浸，

不死也不免瓣尖儿焦萎，多可怜！

你不能忘我，爱，除了在你的心里，

我再没有命，是，我听你的话，我等，

等铁树儿开花我也得耐心等；

爱，你永远是我头顶的一颗明星：

要是不幸死了，我就变一个萤火，

在这园里，挨着草根，暗沉沉的飞，

黄昏飞到半夜，半夜飞到天明，

只愿天空不生云，我望得见天，

天上那颗不变的大星，那是你，

但愿你为我多放光明，隔着夜，

隔着天，通着恋爱的灵犀一点……

六月十一日，一九二五年翡冷翠山中

（1926年1月2日《现代评论》第3卷第56期）

我等候你

我等候你。

我望着户外的昏黄

如同望着将来，

我的心震盲了我的听。

你怎还不来？希望

在每一秒钟上允许开花。

我守候着你的步履，

你的笑语，你的脸，

你的柔软的发丝，

守候着你的一切；

希望在每一秒钟上

枯死——你在哪里？

我要你，要得我心里生痛，

我要你的火焰似的笑，

要你的灵活的腰身，

你的发上眼角的飞星；

我陷落在迷醉的氛围中，

像一座岛，

在蟒绿的海涛间，不自主的在浮沉……

喔，我迫切的想望

你的来临，想望

那一朵神奇的优昙

开上时间的顶尖！

你为什么不来，忍心的？

你明知道，我知道你知道，

你这不来于我是致命的一击，

打死我生命中乍放的阳春，

教坚实如矿里的铁的黑暗，

压迫我的思想与呼吸；

打死可怜的希冀的嫩芽，

把我，囚犯似的，交付给

妒与愁苦，生的羞惭

与绝望的惨酷。

这也许是痴。竟许是痴。

我信我确然是痴；

但我不能转拨一支已然定向的舵，

万方的风息都不容许我犹豫——

我不能回头，运命驱策着我！

我也知道这多半是走向

毁灭的路；但

为了你，为了你

我什么也都甘愿；

这不仅我的热情，

我的仅有的理性亦如此说。

痴！想磔碎一个生命的纤微

为要感动一个女人的心！

想博得的，能博得的，至多是

她的一滴泪，

她的一阵心酸，

竟许一半声漠然的冷笑；

但我也甘愿，即使

我粉身的消息传到

她的心里如同传给

一块顽石，她把我看作

一只地穴里的鼠，一条虫，

我还是甘愿！

痴到了真，是无条件的，

上帝他也无法调回一个

痴定了的心，如同一个将军

有时调回已上死线的士兵。

枉然，一切都是枉然，

你的不来是不容否认的实在，

虽则我心里烧着泼旺的火，

饥渴着你的一切，

你的发，你的笑，你的手脚；

任何的痴想与祈祷

不能缩短一小寸

你我间的距离！

户外的昏黄已然

凝聚成夜的乌黑，

树枝上挂着冰雪，

鸟雀们典去了它们的啁啾，

沉默是这一致穿孝的宇宙。

钟上的针不断的比着

玄妙的手势，像是指点，

像是同情，像是嘲讽，

每一次到点的打动，我听来是

我自己的心的

活埋的丧钟。

（1929年10月10日《新月》第3卷第8号）

海韵

一

　　"女郎，单身的女郎，
　　你为什么留恋
　　这黄昏的海边？——
　　女郎，回家吧，女郎！"
　　"啊不；回家我不回，
　　我爱这晚风吹。"——
　　在沙滩上，在暮霭里，
　　有一个散发的女郎——
　　徘徊，徘徊。

二

　　"女郎，散发的女郎，
　　你为什么彷徨
　　在这冷清的海上？
　　女郎，回家吧，女郎！"
　　"啊不；你听我唱歌，
　　大海，我唱，你来和。"——
　　在星光下，在凉风里，
　　轻荡着少女的清音——
　　高吟，低哦。

三

"女郎，胆大的女郎！
那天边扯起了黑幕，
这顷刻间有恶风波，——
女郎，回家吧，女郎！"
　"啊不；你看我凌空舞，
学一个海鸥没海波。"——
在夜色里，在沙滩上，
急旋着一个苗条的身影，——
婆娑，婆娑。

四

"听呀，那大海的震怒，
女郎，回家吧，女郎！
看呀，那猛兽似的海波，
女郎，回家吧，女郎！"
"啊不；海波他不来吞我，
我爱这大海的颠簸！"——
在潮声里，在波光里，
啊，一个慌张的少女在海沫里，
蹉跎，蹉跎。

五

"女郎，在哪里，女郎？
在哪里，你嘹亮的歌声？
在哪里，你窈窕的身影？

在哪里，啊，勇敢的女郎？"

黑夜吞没了星辉，

这海边再没有光芒；

海潮吞没了沙滩，

沙滩上再不见女郎，——

再不见女郎！

（1925 年 8 月 17 日《晨报·文学旬刊》）

去罢

去罢，人间，去罢！
我独立在高山的峰上；
去罢，人间，去罢！
我面对着无极的穹苍。

去罢，青年，去罢！
与幽谷的香草同埋；
去罢，青年，去罢！
悲哀付与暮天的群鸦。

去罢，梦乡，去罢！
我把幻景的玉杯摔破；
去罢，梦乡，去罢！
我笑受山风与海涛之贺。

去罢，种种，去罢！
当前有插天的高峰；
去罢，一切，去罢！
当前有无穷的无穷！

（1924年《小说月报》第15卷第4号）

为要寻一个明星

我骑着一匹拐腿的瞎马，

向着黑夜里加鞭；——

向着黑夜里加鞭，

我跨着一匹拐腿的瞎马。

我冲入这黑绵绵的昏夜，

为要寻一颗明星；——

为要寻一颗明星，

我冲入这黑茫茫的荒野。

累坏了，累坏了我胯下的牲口，

那明星还不出现；——

那明星还不出现，

累坏了，累坏了马鞍上的身手。

这回天上透出了水晶似的光明，

荒野里倒着一只牲口，

黑夜里躺着一具尸首。——

这回天上透出了水晶似的光明！

（1924 年 12 月 1 日《晨报六周年纪念增刊》）

雪花的快乐

假如我是一朵雪花，
翩翩的在半空里潇洒，
我一定认清我的方向——
飞扬，飞扬，飞扬，——
这地面上有我的方向。

不去那冷寞的幽谷，
不去那凄清的山麓，
也不上荒街去惆怅——
飞扬，飞扬，飞扬，——
你看，我有我的方向！

在半空里娟娟的飞舞，
认明了那清幽的住处，
等着她来花园里探望——
飞扬，飞扬，飞扬，——
啊，她身上有朱砂梅的清香！

那时我凭借我的身轻，
盈盈的，沾住了她的衣襟，
贴近她柔波似的心胸——

消溶，消溶，消溶——

溶入了她柔波似的心胸！

（1925 年 1 月 17 日《现代评论》第 1 卷第 6 期）

这是一个懦怯的世界

这是一个懦怯的世界，

容不得恋爱，容不得恋爱！

披散你的满头发，

赤露你的一双脚；

跟着我来，我的恋爱，

抛弃这个世界

殉我们的恋爱！

我拉着你的手，

爱，你跟着我走；

听凭荆棘把我们的脚心刺透，

听凭冰雹劈破我们的头，

你跟着我走，

我拉着你的手，

逃出了牢笼，恢复我们的自由！

跟着我来，

我的恋爱！

人间已经掉落在我们的后背，——

看呀，这不是白茫茫的大海？

白茫茫的大海，

白茫茫的大海，

无边的自由，我与你与恋爱！

顺着我的指头看，

那天边一小星的蓝——

那是一座岛，岛上有青草，

鲜花，美丽的走兽与飞鸟；

快上这轻快的小艇，

去到那理想的天庭——

恋爱，欢欣，自由——辞别了人间，永远！

（1925年8月中华书局《志摩的诗》）

苏苏

苏苏是一个痴心的女子：

像一朵野蔷薇，她的丰姿；

像一朵野蔷薇，她的丰姿——

来一阵暴风雨，摧残了她的身世。

这荒草地里有她的墓碑：

淹没在蔓草里，她的伤悲；

淹没在蔓草里，她的伤悲——

啊，这荒土里化生了血染的蔷薇！

那蔷薇是痴心女的灵魂，

在清早上受清露的滋润，

到黄昏时有晚风来温存，

更有那长夜的慰安，看星斗纵横。

你说这应分是她的平安？

但运命又叫无情的手来攀，

攀，攀尽了青条上的灿烂，——

可怜呵，苏苏她又遭一度的摧残！

（1925 年 12 月 1 日《晨报七周年纪念增刊》）

她是睡着了

她是睡着了——
星光下一朵斜欹的白莲；
她入梦境了——
香炉里袅起一缕碧螺烟。
她是眠熟了——
涧泉幽抑了喧响的琴弦；
她在梦乡了——
粉蝶儿，翠蝶儿，翻飞的欢恋。

停匀的呼吸：
清芬，渗透了她的周遭的清氛；
有福的清氛，
怀抱着，抚摩着，她纤纤的身形！

奢侈的光阴！
静，沙沙的尽是闪亮的黄金，
平铺着无垠，
波鳞间轻漾着光艳的小艇。

醉心的光景：
给我披一件彩衣，啜一坛芳醴，
折一枝藤花，

舞，在葡萄丛中颠倒，昏迷。

看呀，美丽！
三春的颜色移上了她的香肌，
是玫瑰，是月季，
是朝阳里的水仙，鲜妍，芳菲！

梦底的幽秘，
挑逗着她的心——纯洁的灵魂，
像一只蜂儿，
在花心恣意的唐突——温存。

童真的梦境！
静默，休教惊断了梦神的殷勤；
抽一丝金络，
抽一丝银络，抽一丝晚霞的紫曛；

玉腕与金梭，
织缣似的精审，更番的穿度——
化生了彩霞，
神阙，安琪儿的歌，安琪儿的舞。

可爱的梨涡，
解释了处女的梦境的欢喜，
像一颗露珠，
颤动的，在荷盘中闪耀着晨曦！

（1925 年 8 月中华书局《志摩的诗》）

她怕他说出口

（朋友，我懂得那一条骨鲠，
难受不是？——难为你的咽喉；）
"看，那草瓣上蹲着一只蚱蜢，
那松林里的风声像是箜篌。"

（朋友，我明白，你的眼水里
闪动着你的真情的泪晶；）
"看，那一双蝴蝶连翩的飞；
你试闻闻这紫兰花馨！"

（朋友，你的心在怦怦的动，
我的也不一定是安宁；）
"看，那一对雌雄的双虹！
在云天里卖弄着娉婷；"

（这不是玩，还是不出口的好，
我顶明白你灵魂里的秘密；）
"那是句致命的话，你得想到，
回头你再来追悔那又何必！"

（我不愿你进火焰里去遭罪，

就我——就我也不情愿受苦！）

"你看那双虹已经完全破碎；

花草里不见了蝴蝶儿飞舞。"

（耐着！美不过这半绽的花蕾；

何必再添深这颊上的薄晕？）

"回走吧，天色已是怕人的昏黑，——

明儿再来看鱼肚色的朝云！"

（1925 年 4 月 25 日《晨报·文学旬刊》）

我有一个恋爱

我有一个恋爱，

我爱天上的明星，

我爱它们的晶莹：——

人间没有这异样的神明！

在冷峭的暮冬的黄昏，

在寂寞的灰色的清晨，

在海上，在风雨后的山顶：——

永远有一颗，万颗的明星！

山涧边小草花的知心，

高楼上小孩童的欢欣，

旅行人的灯亮与南针：——

万万里外闪烁的精灵！

我有一个破碎的魂灵，

像一堆破碎的水晶，

散布在荒野的枯草里：——

饱啜你一瞬瞬的殷勤。

人生的冰激与柔情，

我也曾尝味，我也曾容忍；

有时阶砌下蟋蟀的秋吟：——

引起我心伤，逼迫我泪零。

我袒露我的坦白的胸襟，

献爱与一天的明星；

任凭人生是幻是真，

地球存在或是消泯：——

大空中永远有不昧的明星！

（1925 年 8 月中华书局《志摩的诗》）

起造一座墙

你我千万不可亵渎那一个字，
别忘了在上帝跟前起的誓。
我不仅要你最柔软的柔情，
蕉衣似的永远裹着我的心；
我要你的爱有纯钢似的强，
在这流动的生里起造一座墙；
任凭秋风吹尽满园的黄叶，
任凭白蚁蛀烂千年的画壁；
就使有一天霹雳震翻了宇宙，——
也震不翻你我"爱墙"内的自由！

（1925 年 9 月 5 日《现代评论》第 2 卷第 39 期）

客中

今晚天上有半轮的下弦月；

我想携着她的手，

往明月多处走——

一样是清光，我说，圆满或残缺。

园里有一树开剩的玉兰花；

她有的是爱花癖，

我爱看她的怜惜——

一样是芬芳，她说，满花与残花。

浓荫里有一只过时的夜莺；

她受了秋凉，

不如从前浏亮——

快死了，她说，但我不悔我的痴情！

但这莺，这一树花，这半轮月——

我独自沉吟，

对着我的身影——

她在那里，啊，为什么伤悲，凋谢，残缺？

（1925 年 12 月 10 日《晨报副镌》）

多谢天！我的心又一度的跳荡

多谢天！我的心又一度的跳荡，
这天蓝与海青与明洁的阳光，
驱净了梅雨时期无欢的踪迹，
也散放了我心头的网罗与纽结，
像一朵曼陀罗花英英的露爽，
在空灵与自由中忘却了迷惘：——
迷惘，迷惘！也不知来自何处，
囚禁着我心灵的自然的流露，
可怖的梦魇，黑夜无边的惨酷，
苏醒的盼切，只增剧灵魂的麻木！
曾经有多少的白昼，黄昏，清晨，
嘲讽我这蚕茧似不生产的生存？
也不知有几遭的明月，星群，晴霞，
山岭的高亢与流水的光华……
辜负！辜负自然界叫唤的殷勤，
惊不醒这沉醉的昏迷与顽冥！

如今，多谢这无名的博大的光辉，
在艳色的青波与绿岛间萦洄，
更有那渔船与帆影，亭亭的黏附
在天边，唤起辽远的梦景与梦趣：

我不由的惊悚，我不由的感愧；

（有时微笑的妩媚是启悟的棒槌！）

是何来倏忽的神明，为我解脱

忧愁，新竹似的豁裂了外箨，

透露内裹的青篁，又为我洗净

障眼的盲翳，重见宇宙间的欢欣。

这或许是我生命重新的机兆；

大自然的精神！容纳我的祈祷，

容许我的不踌躇的注视，容许

我的热情的献致，容许我保持

这显示的神奇，这现在与此地，

这不可比拟的一切间隔的毁灭！

我更不问我的希望，我的惆怅，

未来与过去只是渺茫的幻想，

更不向人间访问幸福的进门，

只求每时分给我不死的印痕，——

变一颗埃尘，一颗无形的埃尘，

追随着造化的车轮，进行，进行……

（1925 年 8 月中华书局《志摩的诗》）

我来扬子江边买一把莲蓬

我来扬子江边买一把莲蓬；
手剥一层层莲衣，
看江鸥在眼前飞，
忍含着一眼悲泪——
我想着你，我想着你，啊小龙！

我尝一尝莲瓤，回味曾经的温存：——
那阶前不卷的重帘，
掩护着同心的欢恋，
我又听着你的盟言，
"永远是你的，我的身体，我的灵魂。"

我尝一尝莲心，我的心比莲心苦；
我长夜里怔忡，
挣不开的恶梦，
谁知我的苦痛？
你害了我，爱，这日子叫我如何过？

但我不能责你负，我不忍猜你变，
我心肠只是一片柔：
你是我的！我依旧将你紧紧的抱搂——
除非是天翻——但谁能想象那一天？

（1925 年 10 月 29 日《晨报副镌》）

再休怪我的脸沉

不要着恼，乖乖，不要怪嫌

我的脸绷得直长，

我的脸绷得是长，

可不是对你，对恋爱生厌。

不要凭空往大坑里盲跳：

胡猜是一个大坑，

这里面坑得死人；

你听我讲，乖，用不着烦恼。

你，我的恋爱，早就不是你：

你我早变成一身，

呼吸，命运，灵魂——

再没有力量把你我分离。

你我比是桃花接上竹叶，

露水合着嘴唇吃，

经脉胶成同命丝，

单等春风到开一个满艳。

谁能怀疑他自创的恋爱？

给我勇气，啊，唯一的亲亲！

给我勇气，我要的是力量，
快来救我这围城，
再休怪我的脸沉，
快来，乖乖，抱住我的思想！

四月二十二日

（1926 年 4 月 29 日《晨报副镌·诗镌》第 5 号）

决断

我的爱：
再不可迟疑；
误不得
这唯一的时机，

天平秤——
在你自己心里，
哪头重——
法码都不用比！

你我的——
哪还用着我提？
下了种，
就得完功到底。

生，爱，死——
三连环的迷谜；
拉动一个，
两个就跟着挤。

老实说，
我不希罕这活，
这皮囊，——

哪处不是拘束。

要恋爱，
要自由，要解脱——
这小刀子，
许是你我的天国！

可是不死
就得跑，远远的跑；
谁耐烦
在这猪圈里捞骚？

险——
不用说，总得冒，
不拼命，
哪件事拿得着？

看那星，
多勇猛的光明！
看这夜，
多庄严，多澄清！

走吧，甜，
前途不是暗昧；
多谢天，
从此跳出了轮回！

（1925 年 11 月 25 日《晨报副镌》）

两地相思

— 他 —

今晚的月亮像她的眉毛，

这弯弯的够多俏！

今晚的天空像她的爱情，

这蓝蓝的够多深！

那样多是你的，我听她说，

你再也不用疑惑；

给你这一团火，她的香唇，

还有她更热的腰身！

谁说做人不该多吃点苦？——

吃到了底才有数。

这来可苦了她，盼死了我，

半年不是容易过！

她这时候，我想，正靠着窗，

手托着俊俏脸庞，

在想，一滴泪正挂在腮边，

像露珠沾上草尖：

在半忧愁半欢喜的预计，

计算着我的归期：

啊，一颗纯洁的爱我的心，

那样的专！那样的真！

还不催快你胯下的牲口，

趁月光清水似流，

趁月光清水似流，赶回家

去亲你唯一的她！

二　她——

今晚的月色又使我想起，

我半年前的昏迷，

那晚我不该喝那三杯酒，

添了我一世的愁；

我不该把自由随手给扔，——

活该我今儿的闷！

他待我倒真是一片至诚，

像竹园里的新笋，

不怕风吹，不怕雨打，一样

他还是往上滋长；

他为我吃尽了苦，就为我

他今天还在奔波；——

我又没有勇气对他明讲

我改变了的心肠！

今晚月儿弓样，到月圆时

我，我如何能躲避！

我怕，我爱，这来我真是难，

恨不能往地底钻；

可是你，爱，永远有我的心，

听凭我是浮是沉；

他来时要抱，我就让他抱，

（这葫芦不破的好，）

但每回我让他亲——我的唇，

爱，亲的是你的吻！

（1926年6月10日《晨报副镌·诗镌》第11号）

当徐志摩遇上林徽因

徐志摩

一生一双人

鲤跳

那天你走近一道小溪，

我说："我抱你过去，"你说："不；"

"那我总得搀你，"你又说："不。"

"你先过去，"你说，"这水多丽！"

"我愿意做一尾鱼，一支草，

在风光里长，在风光里睡，

收拾起烦恼，再不用流泪：

现在看！我这锦鲤似的跳！"

一闪光艳，你已纵过了水；

脚点地时那轻，一身的笑，

像柳丝，腰哪在俏丽的摇；

水波里满是鲤鳞的霞绮！

七月九日

（1931 年 1 月 10 日《新月》第 3 卷第 10 号）

两个月亮

我望见有两个月亮：
一般的样，不同的相。

一个这时正在天上，
披散着雀毛的衣裳；
她不吝惜她的恩情，
满地全是她的金银。
她不忘故宫的琉璃，
三海间有她的清丽。
她跳出云头，跳上树，
又躲进新绿的藤萝。
她那样玲珑，那样美，
水底的鱼儿也得醉！
但她有一点子不好，
她老爱向瘦小里耗；
有时满天只见星点，
没了那迷人的圆脸，
虽则到时候照样回来，
但这份相思有些难挨！

还有那个你看不见，

虽则不提有多么艳!

她也有她醉涡的笑,

还有转动时的灵妙;

说慷慨她也从不让人,

可惜你望不到我的园林!

可贵是她无边的法力,

常把我灵波向高里提:

我最爱那银涛的汹涌,

浪花里有音乐的银钟;

就那些马尾似的白沫,

也比得珠宝经过雕琢。

一轮完美的明月,

又况是永不残缺!

只要我闭上这一双眼,

她就婷婷的升上了天!

四月二日月圆深夜

(1931 年 4 月 20 日《诗刊》第 2 期)

你去

你去，我也走，我们在此分手；
你上那一条大路，你放心走，
你看那街灯一直亮到天边，
你只消跟从这光明的直线！
你先走，我站在此地望着你，
放轻些脚步，别教灰土扬起，
我要认清你的远去的身影，
直到距离使我认你不分明。
再不然我就叫响你的名字，
不断的提醒你有我在这里，
为消解荒街与深晚的荒凉，
目送你归去……

不，我自有主张，
你不必为我忧虑；你走大路，
我进这条小巷，你看那棵树，
高抵着天，我走到那边转弯，
再过去是一片荒野的凌乱：
有深潭，有浅洼，半亮着止水，
在夜芒中像是纷披的眼泪；
有石块，有钩刺胫踝的蔓草，
在期待过路人疏神时绊倒！

当徐志摩遇上林徽因
徐志摩
一生一双人

但你不必焦心，我有的是胆，

凶险的途程不能使我心寒。

等你走远了，我就大步向前，

这荒野有的是夜露的清鲜；

也不愁愁云深裹，但须风动，

云海里便波涌星斗的流泆；

更何况永远照彻我的心底，

有那颗不夜的明珠，我爱你！

（1931 年 10 月 5 日《诗刊》第 3 期）

为的是

女人：

我对你祈祷，

我对你礼拜，

我对你乞讨，——

为的是……

女人：

我为你发痴，

我为你颓废，

我为你做诗，——

为的是……

女人：

我拿你咒骂，

我拿你凌迟，

我拿你践踏，——

为的是……

（1930 年 6 月上海《金屋月刊》第 9、10 期合刊）

难忘

这日子——从天亮到昏黄，

虽则有时花般的阳光，

从郊外的麦田，

半空中的飞燕，

照亮到我劳倦的眼前，

给我刹那间的舒爽，

我还是不能忘——

不忘旧时的积累，

也不分是恼是愁是悔，

在心头，在思潮的起伏间，

像是迷雾，像是诅咒的凶险：

它们包围，它们缠绕，

它们狞露着牙，它们咬，

它们烈火般的煎熬，

它们伸拓着巨灵的掌，

把所有的忻快拦挡……

（1932年7月30日《诗刊》第4期）

石虎胡同七号

我们的小园庭，有时荡漾着无限温柔；
善笑的藤娘，袒酥怀任团团的柿掌绸缪，
百尺的槐翁，在微风中俯身将棠姑抱搂，
黄狗在篱边，守候睡熟的珀儿，它的小友，
小雀儿新制求婚的艳曲，在媚唱无休——
我们的小园庭，有时荡漾着无限温柔。

我们的小园庭，有时淡描着依稀的梦景；
雨过的苍茫与满庭荫绿，织成无声幽冥，
小蛙独坐在残兰的胸前，听隔院蚓鸣，
一片化不尽的雨云，倦展在老槐树顶，
掠檐前作圆形的舞旋，是蝙蝠，还是蜻蜓？——
我们的小园庭，有时淡描着依稀的梦景。

我们的小园庭，有时轻喟着一声奈何；
奈何在暴雨时，雨槌下捣烂鲜红无数，
奈何在新秋时，未凋的青叶惆怅地辞树，
奈何在深夜里，月儿乘云艇归去，西墙已度，
远巷薔露的乐音，一阵阵被冷风吹过——
我们的小园庭，有时轻喟着一声奈何。

我们的小园庭，有时沉浸在快乐之中；

雨后的黄昏，满院只美荫，清香与凉风，

大量的寒翁，巨樽在手，骞足直指天空，

一斤，两斤，杯底喝尽，满怀酒欢，满面酒红，

连珠的笑响中，浮沉着神仙似的酒翁——

我们的小园庭，有时沉浸在快乐之中。

（1923 年 8 月 6 日《文学周报》第 82 期）

月下雷峰影片

我送你一个雷峰塔影，

满天稠密的黑云与白云；

我送你一个雷峰塔顶，

明月泻影在眠熟的波心。

深深的黑夜，依依的塔影，

团团的月彩，纤纤的波鳞——

假如你我荡一支无遮的小艇，

假如你我创一个完全的梦境！

（1925年8月中华书局《志摩的诗》）

雷峰塔

那首是白娘娘的古墓
（划船的手指着野草深处）；
客人，你知道西湖上的佳话，
白娘娘是个多情的妖魔。

她为了多情，反而受苦，
爱了个没出息的许仙，她的情夫；
他听信了一个和尚，一时的糊涂，
拿一个钵盂，把他妻子的原形罩住。

到如今已有千百年的光景，
可怜她被镇压在雷峰塔底，——
一座残败的古塔，凄凉地，
庄严地，独自在南屏的晚钟声里！

（1923 年 10 月 12 日《晨报·文学旬刊》）

再不见雷峰

再不见雷峰，雷峰坍成了一座大荒冢，

顶上有不少交抱的青葱；

顶上有不少交抱的青葱，

再不见雷峰，雷峰坍成了一座大荒冢。

为什么感慨，对着这光阴应分的摧残？

世上多的是不应分的变态；

世上多的是不应分的变态，

发什么感慨，对着这光阴应分的摧残？

为什么感慨，这塔是镇压，这坟是掩埋——

镇压还不如掩埋来得痛快！

镇压还不如掩埋来得痛快，

发什么感慨，这塔是镇压，这坟是掩埋！

再没有雷峰，雷峰从此掩埋在人的记忆中，

像曾经的幻梦，曾经的爱宠；

像曾经的幻梦，曾经的爱宠，

再没有雷峰，雷峰从此掩埋在人的记忆中。

九月西湖

（1925 年 10 月 5 日《晨报副镌》）

一个祈祷

请听我悲哽的声音，祈求于我爱的神：
人间哪一个的身上，不带些儿创与伤！
哪有高洁的灵魂，不经地狱，便登天堂：
我是肉薄过刀山，炮烙，闯度了奈何桥，
方有今日这颗赤裸裸的心，自由高傲！

这颗赤裸裸的心，请收了罢，我的爱神！
因为除了你更无人，给他温慰与生命，
否则，你就将他磨成齑粉，散入西天云，
但他精诚的颜色，却永远点染你春朝的
新思，秋夜的梦境；怜悯罢，我的爱神！

（1923 年 7 月 1 日《晨报·文学旬刊》）

悲思

悲思在庭前——

不；但看

新萝憨舞，

紫藤吐艳，

蜂恣蝶恋——

悲思不在庭前。

悲思在天上——

不；但看——

青白长空，

气宇晴朗，

云雀回舞——

悲思不在天上。

悲思在我笔里——

不；但看

白净长毫，

正待抒写，

浩坦心怀——

悲思不在我的笔里。

悲思在我纸上——

不；但看

质净色清，

似在觑盼，

诗意春情——

悲思不在我的纸上。

悲思莫非在我……

心里——

心如古墟，

野草不株，

心如冻泉，

冰结活源，

心如冬虫，

久蛰久嗫——

不，悲思不在我的心里！

五月十三日

（1923 年 5 月 20 日《努力周报》第 53 期）

希望的埋葬

希望，只如今……
如今只剩些遗骸——
可怜，我的心……
却教我如何埋掩？

希望，我抚摩着
你惨变的创伤；
在这冷默的冬夜——
谁与我商量埋葬？

埋你在秋林之中，
幽涧之边，你愿否？
朝餐泉乐的玲珑，
暮偎着松茵香柔。

我收拾一筐的红叶，
露凋秋伤的枫叶，
铺盖在你新坟之上——
长眠着美丽的希望！

我唱一支惨淡的歌，

与秋林的秋声相和；
滴滴凉露似的清泪，
洒遍了清冷的新墓！

我手抱你冷残的衣裳，
凄怀你生前的经过——
一个遭不幸的爱母，
回想一场抚养的辛苦！

我又舍不得将你埋葬，
希望，我的生命与光明——
像那个情疯了的公主，
紧搂住她爱人的冷尸。

梦境似的惝恍，
毕竟是谁存谁亡？
是谁在悲唱，希望！
你，我，是谁替谁埋葬？

"美是人间不死的光芒"，
不论是生命，或是希望！
便冷骸也发生命的神光，
何必问秋林红叶去埋葬？

（1923 年 1 月 28 日《努力周报》第 39 期）

你是谁呀？

你是谁呀？

面熟得很，你我曾经会过的，

但在哪里呢，竟是无从记起；

是谁引你到我密室里来的？

你满面忧怆的精神，你何以

默不出声，我觉得有些怕惧；

你的肤色好比干蜡，两眼里

泄露无限的饥渴；呀！他们在

逬泪、鲜红、枯干、凶狠的眼泪，

胶在睫帘边，多可怕，多凄惨！

——我明白了：我知晓你的伤感，

憔悴的根源；可怜！我也记起，

依稀，你我的关系像在这里，

那里，云里雾里，哦，是的是的！

但是再休提起：你我的交谊，

从今起，另辟一番天地，是呀，

另辟一番天地；再不用问你

——我希冀——"你是谁呀"？

（1923 年 5 月 4 日《时事新报·学灯》）

月夜听琴

是谁家的歌声，
和悲缓的琴音，
星茫下，松影间，
有我独步静听。

音波，颤震的音波，
穿破昏夜的凄清，
幽冥，草尖的鲜露，
动荡了我的灵府。

我听，我听，我听出了
琴情，歌者的深心。
枝头的宿鸟休惊，
我们已心心相印。
休道她的芳心忍，
她为你也曾吞声，
休道她淡漠，冰心里
满蕴着热恋的火星。

记否她临别的神情，
满眼的温柔和酸辛，

你握着她颤动的手——
一把恋爱的神经！

记否你临别的心境，
冰流沦彻你全身，
满腔的抑郁，一海的泪，
可怜不自由的魂灵？

松林中的风声哟！
休扰我同情的倾诉；
人海中能有几次
恋潮淹没我的心滨？

那边光明的秋月，
已经脱卸了云衣，
仿佛喜声地笑道：
"恋爱是人类的生机！"

我多情的伴侣哟！
我羡你蜜甜的爱唇，
却不道黄昏和琴音
联就了你我的神交！

（1923 年 4 月 1 日《时事新报·学灯》）

草上的露珠儿

草上的露珠儿

颗颗是透明的水晶球，

新归来的燕儿

在旧巢里呢喃个不休；

诗人哟！可不是春至人间

还不放开你

创造的喷泉，

嗤嗤！吐不尽南山北山的璠瑜，

洒不完东海西海的琼珠，

融和琴瑟箫笙的音韵，

饮餐星辰日月的光明！

诗人哟！可不是春在人间，

还不开放你

创造的喷泉！

这一声霹雳

震破了漫天的云雾，

显焕的旭日

又升临在黄金的宝座；

柔软的南风

吹皱了大海慷慨的面容,

洁白的海鸥

上穿云下没波自在优游;

诗人哟!可不是趁航时候,

还不准备你

歌吟的渔舟!

看哟!那白浪里

金翅的海鲤

白嫩的长鲵,

虾须和蟛脐!

快哟!一头撒网一头放钩,

收!收!

你父母妻儿亲戚朋友

享定了希世的珍馐。

诗人哟!可不是趁航时候,

还不准备你

歌吟的渔舟!

诗人哟!

你是时代精神的先觉者哟!

你是思想艺术的集成者哟!

你是人天之际的创造者哟!

你资材是河海风云,

鸟兽花草神鬼蝇蚊,

一言以蔽之：天文地文人文；

你的洪炉是"印曼抹乃欣"，
永生的火焰"烟士披里纯"，
炼制着诗化美化灿烂的鸿钧；

你是高高在上的云雀天鹨，
纵横四海不问今古春秋，
散布着希世的音乐锦绣；

你是精神困穷的慈善翁，
你展览真善美的万丈虹，
你居住在真生命的最高峰。

（1969年台湾传记文学出版社《徐志摩全集》第1集）

春

　　康河右岸皆学院，左岸牧场之背，榆荫密覆，大道纡回，一望葱翠，春尤浓郁，但闻虫鸟语，校舍寺塔掩映林巅，真胜处也。迩来草长日丽，时有情耦隐卧草中，密话风流。我常往复其间，辄成左作。

河水在夕阳里缓流，
暮霞胶抹树干树头；
蚱蜢飞，蚱蜢戏吻草光光，
我在春草里看看走走。

蚱蜢匐伏在铁花胸前，
铁花羞得不住的摇头，
草里忽伸出只藕嫩的手，
将孟浪的跳虫拦腰紧拶。

金花菜，银花菜，星星斓斓，
点缀着天然温暖的青毡，
青毡上青年的情耦，
情意胶胶，情话啾啾。

我点头微笑，南向前走，
观赏这青透春透的园囿，

树尽交柯，草也骄偶，
到处是缱绻，是绸缪。

雀儿在人前猥盼亵语，
人在草处心欢面赧，
我羡他们的双双对对，
有谁羡我孤独的徘徊？

孤独的徘徊！
我心须何尝不热奋震颤，
答应这青春的呼唤，
燃点着希望灿灿，
春呀！你在我怀抱中也！

（1923 年 5 月 30 日《时事新报·学灯》）

康桥再会罢

康桥，再会罢；

我心头盛满了别离的情绪，

你是我难得的知已，我当年

辞别家乡父母，登太平洋去，

（算来一秋二秋，已过了四度春秋，浪迹在

海外，美土欧洲）

扶桑风色，檀香山芭蕉况味，

平波大海，开拓我心胸神意，

如今都变了梦里的山河，

渺茫明灭，在我灵府的底里；

我母亲临别的泪痕，她弱手

向波轮远去送爱儿的巾色，

海风咸味，海鸟依恋的雅意，

尽是我记忆的珍藏，我每次

摩按，总不免心酸泪落，便想

理篋归家，重向母怀中匐伏，

回复我天伦挚爱的幸福；

我每想人生多少跋涉劳苦，

多少牺牲，都只是枉费无补，

我四载奔波，称名求学，毕竟

在知识道上，采得几茎花草，

在真理山中，爬上几个峰腰，
钧天妙乐，曾否闻得，彩红色，
可仍记得？——但我如何能回答？
我但自喜楼高车快的文明，
不曾将我的心灵污抹，今日
我对此古风古色，桥影藻密，
依然能坦胸相见，惺惺惜别。

康桥，再会罢！
你我相知虽迟，然这一年中
我心灵革命的怒潮，尽冲泻
在你妩媚河身的两岸，此后
清风明月夜，当照见我情热
狂溢的旧痕，尚留草底桥边，
明年燕子归来，当记我幽叹
音节，歌吟声息，缦烂的云纹
霞彩，应反映我的思想情感，
此日撒向天空的恋意诗心，
赞颂穆静腾辉的晚景，清晨
富丽的温柔；听！那和缓的钟声
解释了新秋凉绪，旅人别意，
我精魂腾跃，满想化入音波，
震天彻地，弥盖我爱的康桥，
如慈母之于睡儿，缦抱软吻；
康桥！汝永为我精神依恋之乡！
此去身虽万里，梦魂必常绕

汝左右，任地中海疾风东指，
我亦必纡道西回，瞻望颜色；
归家后我母若问海外交好，
我必首数康桥；在温清冬夜
腊梅前，再细辨此日相与况味；
设如我星明有福，素愿竟酬，
则来春花香时节，当复西航，
重来此地，再捡起诗针诗线，
绣我理想生命的鲜花，实现
年来梦境缠绵的销魂踪迹，
散香柔韵节，增媚河上风流；
故我别意虽深，我愿望亦密，
昨宵明月照林，我已向倾吐
心胸的蕴积，今晨雨色凄清，
小鸟无欢，难道也为是怅别
情深，累藤长草茂，涕泪交零！

康桥！山中有黄金，天上有明星，
人生至宝是情爱交感，即使
山中金尽，天上星散，同情还
永远是宇宙间不尽的黄金，
不昧的明星；赖你和悦宁静
的环境，和圣洁欢乐的光阴，
我心我智，方始经爬梳洗涤，
灵苗随春草怒生，沐日月光辉，
听自然音乐，哺啜古今不朽

——强半汝亲栽育——的文艺精英：

恍登万丈高峰，猛回头惊见

真善美浩瀚的光华，覆翼在

人道蠕动的下界，朗然照出

生命的经纬脉络，血赤金黄，

尽是爱主恋神的辛勤手绩；

康桥！你岂非是我生命的泉源？

你惠我珍品，数不胜数；最难忘

骞士德顿桥下的星磷坝乐，

弹舞殷勤，我常夜半凭阑干，

倾听牧地黑野中倦牛夜嚼，

水草间鱼跃虫嘤，轻挑静宴；

难忘春阳晚照，泼翻一海纯金，

淹没了寺塔钟楼，长垣短堞，

千百家屋顶烟突，白水青田，

难忘茂林中老树纵横；巨干上

黛薄茶青，却教斜刺的朝霞，

抹上些微胭脂春意，忸怩神色；

难忘七月的黄昏，远树凝寂，

像墨泼的山形，衬出轻柔暝色，

密稠稠，七分鹅黄，三分桔绿，

那妙意只可去秋梦边缘捕捉；

难忘榆荫中深宵清唳的诗禽，

一腔情热，教玫瑰嚼泪点首，

满天星环舞幽吟，款住远近

浪漫的梦魂，深深迷恋香境；

难忘村里姑娘的腮红颈白；

难忘屏绣康河的垂柳婆娑，

婀娜的克莱亚，硕美的校友居；

——但我如何能尽数，总之此地

人天妙合，虽微如寸芥残垣，

亦不乏纯美精神；流贯其间，

而此精神，正如宛次宛士所谓

"通我血液，浃我心脏"，有"镇驯

矫饬之功"；我此去虽归乡土，

而临行怫怫，转若离家赴远；

康桥！我故里闻此，能弗怨汝

僭爱，然我自有谰言代汝答付；

我今去了，记好明春新杨梅

上市时节，盼我含笑归来，

再见罢，我爱的康桥！

（1923 年 3 月 12 日《时事新报·学灯》）

夏日田间即景（近沙士顿）

柳林青青，

南风熏熏，

幻成奇峰瑶岛，

一天的黄云白云，

那边麦浪中间，

有农妇笑语殷殷。

笑语殷殷——

问后园豌豆肥否，

问杨梅可有鸟来偷；

好几天不下雨了，

玫瑰花还未曾红透；

梅夫人今天进城去，

且看她有新闻无有。

笑语殷殷——

"我们家的如今好了，

已经照常上工去，

不再整天无聊，

不再逞酒使气，

回家来有说有笑，

疼他儿女——爱他妻；

呀！真巧！你看那边，

蓬着头，走来的，笑嘻嘻，

可不是他，（哈哈！）满身是泥！"

南风熏熏，

草木青青，

满地和暖的阳光，

满天的白云黄云，

那边麦浪中间，

有农夫农妇，笑语殷殷。

（1923 年 3 月 14 日《时事新报·学灯》）

沙士顿重游随笔

一

许久不见了，满田的青草黄花！

你们在风前点头微笑，仿佛说彼此无恙。

今春雨少，你们的面容着实清癯；

我一年来也无非是烦恼跟踪；

见否我白发骈添，眉峰的愁痕未隐？

你们是需要雨露，人间只缺少同情。——

青年不受恋爱的滋润，比如春阳霖雨，照洒沙碛永

远不得收成。

但你们还有众多的伴侣；

在"大母"慈爱的胸前，和晨风软语，听晨星骈唱，

每天农夫赶他牛车经过，谈论村前村后的新闻，

有时还有美发罗裙的女郎，来对你们声诉她遭逢的

薄幸。

至于我的灵魂，只是常在他囚羁中忧伤岑寂；

他仿佛是"衣司业尔"彷徨的圣羊。

二

许久不见了，最仁善公允的阳光！

你们现正斜倚在这残破的墙上，

牵动了我不尽的回忆，无限的凄怆。

我从前每晚散步的欢怀，

总少不了你殷勤的照顾。

你吸起人间畅快和悦的心潮，

有似明月钩引湖海的夜汐；

就此荏苒临逝的回光，不但完成一天的功绩，

并且预告晴好的清晨，吩咐勤作的农人，安度良宵。

这满地零乱的粟花，都像在你仁荫里欢舞。

对面楼窗口无告的老翁，

也在饱啜你和煦的同情：

他皱缩昏花的老眼，似告诉人说：

都亏这养老棚朝西，容我每晚享用莫景的温存：

这是天父给我不用求讨的慰藉。

三

许久不见了，和悦的旧邻居！

那位白须白发的先生，正在趁晚凉将水浇菜，

老夫人穿着蓝布的长裙，站在园篱边微笑。

一年过得容易，

那篱畔的苹花，已经落地成泥！

这些色香两绝的玫瑰的种畤在八十老人跟前，

好比艳眼的少艾，独倚在虬松古柏的中间，

他们笑着对我说结婚已经五十三年，

今年十月里预备金婚；

来到此村三十九年，老夫人从不曾半日离家，

每天五时起工作，眠食时刻，四十年如一日；

莫有儿女，彼此如形影相随，

但管门前花草后园蔬果，

从不问村中事情，更不晓世上有春秋，

老夫人拿出他新制的杨梅酱来请我尝味，

因为去年我们在时吃过，曾经赞好。

四

那灰色墙边的自来井前，上面盖着栗树的浓荫，

残花还不时地堕落，

站着位十八的郎，

他发上络住一支藤黄色的梳子，衬托着一大股蓬松的

褐色细麻，

转过头来见了我，微微一笑，

脂江的唇缝里，漏出了一声有意无意的"你好！"

五

那边半尺多厚干草，铺顶的低屋前，

依旧站着一年前整天在此的一位褴褛老翁，

他曲着背将身子承住在一根黑色杖上，

后脑仅存几茎白发，和着他有音节的咳嗽，上下颤动。

我走过他跟前，照例说了晚安，

他抬起头向我端详，

一时口角的皱纹，齐向下颌紧叠，

吐露些不易辨认的声响，接着几声干涸的咳嗽。

我瞥见他右眼红腐，像烂桃颜色（并不可怕），

一张绝扁的口，挂着一线口涎。

我心里想阿弥陀佛，这才是老贫病的三角同盟。

六

两条牛并肩在街心里走来，

卖弄他们最庄严的步法。

沉着迟重的蹄声，轻撼了晚村的静默。

一个赤腿的小孩，一手扳着门枢，

一手的指甲腌在口里，

瞪着眼看牛尾的撩拂。

七

一个穿制服的人，向我行礼，

原来是从前替我们送信的邮差，

他依旧穿黑呢红边的制衣，背着皮袋，手里握着一
叠信。

只见他这家进，那家出，有几家人在门外等他，

他捱户过去，继续说他的晚安，只管对门牌投信，

他上午中午下午一共巡行三次，每次都是刻板的面目；

雨天风天，晴天雪天，春天冬天，

他总是循行他制定的责务；

他似乎不知道他是这全村多少喜怒悲欢的中介者；

他像是不可防御的运命自身。

有人张着笑口迎他，

有人听得他的足音，便惶恐震栗；

但他自来自去，总是不变的态度。

他好比双手满抓着各式情绪的种子，向心田里四撒；

这家的笑声，那边的幽泣；

全村顿时增加的脉搏心跳，歔欷叹息，

都是他盲目工程的结果，

他哪里知道人间最大的消息，

都曾在他褴旧的皮袋里住过，

在他干黄的手指里经过——

可爱可怖的邮差呀！

（1923 年 3 月 13 日《时事新报·学灯》）

梦游埃及

龙舟画桨
地中海海乐悠扬；
浪涛的中心
有丑怪奋斗汹张；

一轮漆黑的明月，
滚入了青面的太阳——
青面白发的太阳；
太阳又奔赴涛心，将海怪
浇成奇伟的偶像；
大海化成了大漠；
开佛伦王的石像
危峙在天地中央；
张口把太阳吃了
遍体发骇人的光亮；
巨万的黄人黑人白人
蠕伏在浪涛汹涌的地面；
金刚般的勇士
大倜步走上了人堆；

人堆里呶呶的怪响

不知是悲切是欢畅；

勇士的金盔金甲

闪闪亮亮

烨烨生火；

顷刻大火燔燔，火焰里有个

伟丈夫端坐；

像菩萨，

像葛德，

像柏拉图，

坐镇在勇士们头颅砌成的

莲台宝座；

一阵骇人的金电，——

这人宝塔又变形为

大漠里清静静地

一座三角金字塔：

一个个金字，都是

放焰的龙珠；

塔像一只高背的骆驼，

驮着个不长不短的

人魔——他睁着怪眼大喊道：——

"奴隶的人间，可曾看出

此中的消息呀？"

（1923 年 5 月 14 日《时事新报·学灯》）

地中海中梦埃及魂入梦

（埃及，古埃及！）

昨夜你古希的精灵，

洒一瓢黝黄的月彩，

点染我的梦境；

（埃及，古埃及！）

我梦魂在海上游行，

听波涛终古的幽骚，

终古不平之鸣；

（埃及，古埃及！）

我鼓梦棹上溯时潮，

递湍险，访史乘的泉源，

遨游云间宫堡；

（埃及，古埃及！）

在尘埃之外逍遥，

解脱了时空的锁链，

自由地翔翱；

（埃及，古埃及！）

超轶了梦境的神秘，

超轶了神秘的梦境，

一切人生之迷；

（埃及，古埃及！）

颠破了这颗不破的梦壳，

方能到真创造的庄严地，

凝成人间千年万年，

凝不成的理想结晶体；

（埃及，古埃及！）

开佛伦王寂寞的偶像无恙！

开佛伦王寂寞的理想无恙！

开佛伦王寂寞的梦乡无恙！

（埃及，古埃及！）

尼罗河畔的月色，

三角洲前的涛声，

金字塔光的微颤，

人面狮身的幽影！

是我此日梦景之断片，

是谁何时断片的梦景？

（1923 年 9 月 4 日《时事新报·学灯》）

威尼市

我站在桥上，

这甜熟的黄昏，

远处来的箫声和琴音——点儿、线儿，

圆形、方形、长形，

尽是灿烂的黄金，

倾泻在波涟里，

澄蓝而凝匀。

歌声，游艇，

灯烛的辉莹，

梦寐似生，

——细缊——

幻景似消泯，

在流水的胸前——

鲜妍，绻缝——

流，流，

流入沉沉的黄昏。

我灵魂的弦琴，

感受了无形的冲动，

怔忡，惺忪，

悄悄地吟弄，

一支红朵蜡的新曲，

出咽的香浓；

但这微妙的心琴哟，

有谁领略，

有谁能听！

（1923年4月28日《时事新报·学灯》）

马赛

马赛，你神态何以如此惨淡？

空气中仿佛释透了铁色的矿质，

你拓臂环拥着的一湾海，也在迟重的阳光中，

沉闷地呼吸；

一涌青波，一峰白沫，一声呜咽；

地中海呀！

你满怀的牢骚，

恐只有蟠白的阿尔帕斯——永远

自万尺高处冷眼下瞰——深浅知悉。

马赛，你面容何以如此惨淡？

这岂是情热猖獗的欧南？

看这一带山岭，筑成天然城堡，

雄阔沉着，

一床床的大灰岩，

一丛丛的暗绿林，

一堆堆的方形石灰屋——

光土毛石的尊严，

朴素自然的尊严，

淡净颜色的尊严——

无愧是水让（ceganne）神感的故乡，
廊大艺术灵魂的手笔！

但普鲁冈司情歌缠绵真挚的精神，
在黑暗中布植文艺复兴种子的精神，
难道也深隐在这些岩片杂草的中间，
惨雾淡抹的中间？

马赛，你惨淡的神情，
倍增了我别离的幽感，别离欧土的怆心；
我爱欧化，然我不恋欧洲；
此地景物已非，不如归去；
家乡有长梗菜饭，米酒肥羔，
此地景物已非，不堪存想。
我游都会繁庶，时有踟蹰墟墓之感，
在繁华声色场中，有梦亦多恐怖；
我似见莱茵河边，难民麋伏，
冷月照鸠面青肌，凉风吹褴褛衣结，
柴火几星，便鸡犬也噤无声音；

又似身在咖啡夜馆中，
烟雾里酒香袂影，笑语微闻，
场中有裸女作猥舞，
场背有黑面奴弄器出淫声；

百年来野心迷梦，已教大战血潮冲破；

如今凄惶遍地，兽性横行；

不如归去，此地难寻干净人道，

此地难得真挚人情，不如归去！

（1922 年 12 月 17 日《努力周报》第 33 期）

当徐志摩遇上林徽因

徐志摩

一生一双人

地中海

海呀！你宏大幽秘的音息，不是无因而来的！

这风稳日丽，也不是无因而然的！

这些进行不歇的波浪，唤起了思想同情的反应——涨，

落——隐，现——去，来……

无量数的浪花，各各不同，各有奇趣的花样，——

一树上没有两张相同的叶片，

天上没有两朵相同的云彩。

地中海呀！你是欧洲文明最老的见证！

魔大的帝国，曾经一再笼卷你的两岸；

霸业的命运，曾经再三在你酥胸上定夺；

无数的帝王、英雄、诗人、僧侣、寇盗、商贾，曾经在你怀抱中得意，

失志，

灭亡；

无数的财货、牲畜、人命、舰队、商船、渔艇，曾经沉入你无

底的渊壑；

无数的朝彩晚霞，星光月色，血腥，血糜，曾经浸染涂糁你的面庞；

无数的风涛、雷电、炮声、潜艇，曾经扰乱你平安的居处；

屈洛安城焚的火光，阿脱洛庵家的惨剧，

沙伦女的歌声，迦太基奴女被掳过海的哭声，

维雪维亚炸裂的彩色，

尼罗河口，铁拉法尔加唱凯的歌音……

都曾经供你耳目刹那的欢娱。

历史来，历史去；

埃及、波斯、希腊、马其顿、罗马、西班牙——

至多也不过抵你一缕浪花的涨歇，一茎春花的开落！但是你

呢——

依旧冲洗着欧非亚的海岸，

依旧保存着你青年的颜色，

（时间不曾在你面上留痕迹。）

依旧继续着你自在无挂的涨落，

依旧呼啸着你厌世的骚愁，

依旧翻新着你浪花的样式，——

这孤零零地神秘伟大的地中海呀！

（1922 年 12 月 24 日《努力周报》第 34 期）

留别日本

我惭愧我来自古文明的乡国，
我惭愧我脉管中有古先民的遗血，
我惭愧扬子江的流波如今涸浊，
我惭愧——我面对着富士山的清越！

古唐时的壮健常萦我的梦想：
那时洛邑的月色，那时长安的阳光；
那时蜀道的啼猿，那时巫峡的涛响；
更有那哀怨的琵琶，在深夜的浔阳！

但这千余年的痿痹，千余年的懵懂：
更无从辨认——当初华族的优美、从容！
摧残这生命的艺术，是何处来的狂风？——
缅念那遍中原的白骨，我不能无恫！

我是一枚飘泊的黄叶，在旋风里飘泊，
回想所从来的巨干，如今枯秃，
我是一颗不幸的水滴，在泥潭里匍匐——
但这干涸了的涧身，亦曾有水流活泼。

我欲化一阵春风，一阵吹嘘生命的春风，

催促那寂寞的大木，惊破他深长的迷梦；
我要一把倔强的铁锹，铲除淤塞与臃肿，
开放那伟大的潜流，又一度在宇宙间汹涌。

为此我羡慕这岛民依旧保持着往古的风尚，
在朴素的乡间想见古社会的雅驯、清洁、壮旷；
我不敢不祈祷古家邦的重光，但同时我愿望——
愿东方的朝霞永葆扶桑的优美，优美的扶桑！

（1925 年 8 月中华书局《志摩的诗》）

西伯利亚

西伯利亚：——我早年时想象
你不是受上天恩情的地域：
荒凉、严肃，不可比况的冷酷。
在冻雾里，在无边的雪地里，
有局促的生灵们，半像鬼、枯瘦、
黑面目、伛偻、默无声的工作。
在他们，这地面是寒冰的地狱，
天空不留一丝霞采的希冀，
更不问人事的恩情，人情的旖旎；
这是为怨郁的人间淤藏怨郁，
茫茫的白雪里渲染人道的鲜血，
西伯利亚，你象征的是恐怖、荒虚。

但今天，我面对这异样的风光——
不是荒原，这春夏间的西伯利亚，
更不见严冬时的坚冰、枯枝、寒鸦；
在这乌拉尔东来的草田，茂旺、葱秀，
牛马的乐园，几千里无际的绿洲，
更有那重叠的森林；赤松与白杨，
灌属的小丛林，手挽手的滋长；
那赤皮松，像巨万赭衣的战士，

森森的、悄悄的，等待冲锋的号示，

那白杨，婀娜的多姿，最是那树皮，

白如霜，依稀林中仙女们的轻衣；

就这天——这天也不是寻常的开朗：

看，蓝空中往来的是轻快的仙航，——

那不是云彩，那是天神们的微笑，

琼花似的幻化在这圆穹的周遭……

一九二五年过西伯利亚倚车窗眺景随笔

（1926 年 4 月 15 日《晨报副镌·诗镌》）

在车中

这回爬上乌拉尔的高冈，哈哈，
紫色的黄昏罩，三千里路的松林；
这边是亚细亚，那边是欧罗巴——
巨蟒似的青烟蜒，蜒上了乌拉山顶。

回望你那从来处的东——啊东方！
那一顶没有颜色的睡帽——西伯利亚，
深林住一个焦黄的老儿头——啊老黄，
你睡够了啊，为什么老是这欠哈？

再看那欧罗巴；堪怜的破罗马
拿破仑的铁蹄；威廉皇的炮弹花；
莱茵河边的青□；一个折烂了的玩偶□家！
阿尔帕斯的白雪，啊，莫斯科的红霞！

（1983年香港商务印书馆《徐志摩全集》第1集）

图书在版编目（CIP）数据

当徐志摩遇上林徽因 / 吉家乐，姜文漪编著. — 北京：中国华侨出版社，2013.7（2019.11重印）

ISBN 978-7-5113-3890-7

Ⅰ.①当… Ⅱ.①吉…②姜… Ⅲ.①随笔—作品集—中国—当代 Ⅳ.①I267.1

中国版本图书馆CIP数据核字（2013）第190369号

当徐志摩遇上林徽因

编　　著：	吉家乐　姜文漪
责任编辑：	滕　森
封面设计：	冬　凡
文字编辑：	李翠香
美术编辑：	游梽渲
经　　销：	新华书店

开　　本：700mm×1000mm　1/16　印张：32　字数：512千字

印　　刷：三河市华成印务有限公司

版　　次：2013年10月第1版　2021年4月第3次印刷

书　　号：ISBN 978-7-5113-3890-7

定　　价：78.00元

中国华侨出版社　北京市朝阳区西坝河东里77号楼底商5号　邮编：100028

法律顾问：陈鹰律师事务所

发 行 部：(010)58815875　　　传　真：(010)58815857

网　　址：www.oveaschin.com　　E-mail：oveaschin@sina.com

如果发现印装质量问题，影响阅读，请与印刷厂联系调换。